법은 객관적인가

법은 객관적인가

초판 1쇄 펴낸날 | 2025년 5월 31일

지은이 | 매슈 헨리 크레이머
옮긴이 | 이민열
펴낸이 | 고성환
펴낸곳 | (사)한국방송통신대학교출판문화원
　　　　(03088) 서울특별시 종로구 이화장길 54
　　　　전화 1644-1232
　　　　팩스 02-741-4570
　　　　홈페이지 press.knou.ac.kr
　　　　출판등록 1982. 6. 7. 제1-491호

출판위원장 | 박지호
책임편집 | 이두희
문장손질 | 명수경
본문 디자인 | 티디디자인
표지 디자인 | 김민정

ISBN 978-89-20-05177-7　93360

값 29,000원

■ 에피스테메에서 펴낸 책을 구입하고, 읽어 주신 독자님께 고마운 마음을 전합니다. 이 책은 「저작권법」에 따라 보호받는 저작물로, 무단 전재와 복제를 금하며, 이 책의 전부 또는 일부를 이용하려면 반드시 저작권자와 (사)한국방송통신대학교출판문화원 양쪽의 동의를 받아야 합니다. 파본이나 잘못 만들어진 책은 바꾸어 드립니다.

법은 객관적인가

OBJECTIVITY
AND THE RULE OF LAW

매슈 헨리 크레이머 지음

이민열 옮김

에피스테메
EPISTEME

OBJECTIVITY AND THE RULE OF LAW

Copyright ⓒ Matthew H. Kramer 2007 All rights reserved.

Korean translation copyright ⓒ 2025 by Korea National Open University Press
Korean translation rights arranged with Cambridge University Press through EYA Co.,Ltd.

이 책의 한국어판 저작권은 EYA Co.,Ltd.를 통해 Cambridge University Press와 독점 계약한 (사)한국방송통신대학교출판문화원에 있습니다. 「저작권법」에 의하여 한국 내에서 보호를 받는 저작물이므로 무단 전재 및 복제를 금합니다.

머리말

나는 이 책에서 논의 주제를 둘러싼 토론에 독창적인 기여를 하면서도 그 주제들에 접근할 수 있는 개관을 제시하려고 노력했다. — 복잡한 생각의 핵심을 뽑아내고 장황한 산문을 피하기 위해 용어가 대체로 중요하기 때문에—철학의 전문적인 용어를 아예 쓰지 않을 수는 없었지만 전문적인 문구가 처음 등장할 때마다 (때로는 그 이후에도) 그것을 설명하고자 했다. 같은 이유에서 각주를 완전히 없애지는 않았지만 최소한으로 줄였다. 이 책에 제시된 생각은 때때로 복잡하지만, 폭넓은 독자에게 명확하게 전달하고자 최선을 다했다.

제1장에서 분명하게 드러나겠지만, 객관성은 여러 개의 차원을 갖는 현상이다. 법과 관련하여, 또한 인간 사고와 활동의 대부분의 다른 영역과 관련하여, 객관성이라는 개념은 몇 가지 별개의 의미로 사용된다. 그렇게 여러 가지 의미가 섞여 있긴 하지만, 객관성이란 개념은 그 모든 것을 아우르는 구조적 통일성을 갖고 있다. 특히 객

관성의 각 차원은 이에 대응하는 주관성의 차원과 반대되는 것으로 정의된다. 법적 객관성은 다양한 측면에서 법의 지배와 사람의 지배를 구분한다.

《철학과 법학 입문서》 시리즈에 들어가는 책이라 지면의 한계가 있어 법의 객관성을 온전히 다루려면 고찰해야 할 몇 가지 중요한 주제를 탐구하는 것을 삼갔다. 탐구하지 않은 것 중 하나는 대부분의 법체계가 의사결정의 여러 층위를 포함한다는 사실이다. 일부 공무원이 내린 결정은 더 고위 계층 공무원이 내린 결정에 종속된다. 사법과 행정 권한의 위계구조는 법체계의 작동이 객관성을 지닌다고 보는 모든 분석에 도전이 되는 몇 가지 문제를 제기한다. 이러한 문제들은 이 책에서는 분량의 한계 때문에 거론되지 않았지만, 이후의 저술에서 다룰 예정이다. (그중 몇몇 문제는 Kramer 2004a 제4장에서 다루었다.) 여기서 다루지 않은 또 다른 두 가지 중요한 쟁점은, 법적 명령의 위반 중 많은 수가 적발되지 않는다는 사실과 위반이 적발되더라도 누가 위반했는지 파악되지 않아 체포되지 않는다는 사실이다. 지면이 충분했더라면—법-정부 공무원legal-governmental officials이 그들 체제의 명령을 이행하는 능력의 한계에 관한—그 쟁점들을 적발된 불법에 대해 공무원들이 행사하는 재량에 대한 제1장의 고찰에 포함시켜 다루었을 것이다.(Kramer 2001, 65-73에서 나는 법적 명령의 적발되지 않은 위반이 발생함으로써 제기되는 이론적 어려움 중 일부와 씨름했다. 그 난점 중 몇 가지와 이와 관련된 몇몇 문제들에 대한 논의는 Reiff 2005에서 자세히 다루었다.)

분량의 한계 때문에 방금 언급한 주제들을 비롯한 관련된 주제들을 건너뛸 수밖에 없었지만, 이 책은 제목 Objectivity and the Rule of Law에 요약된 두 가지 현상의 주요 요소에 대한 개론을 제시한다. 그리고 그 요소들의 얼기설기한 복잡한 구조를, 비록 전부 다 살핀 것은 아니지만, 탐구했다. 그렇게 하면서 객관성과 법의 지배의 연관성의 밀접함을 드러내고자 했다. 그리고 더 넓게는 그 연관성이 제기하는 철학적 난제의 깊이와 흥미로움을 드러내고자 했다.

이 책은 리버흄 트러스트 전공 연구 펠로우십 Leverhulme Trust Major Research Fellowship의 첫해에 집필했다. 연구를 지원해 준 리버흄 트러스트에 진심으로 깊은 감사의 말씀을 드린다. 대단히 유익한 논평을 해 준 많은 분들께 감사를 표해야겠다. 리처드 벨러미 Richard Bellamy, 보아즈 벤-아미타이 Boaz Ben-Amitai, 브라이언 빅스 Brian Bix, 제럴드 브래들리 Gerard Bradley, 알렉스 브라운 Alex Brown, 이언 카터 Ian Carter, 숀 코일 Sean Coyle, 대니얼 엘스틴 Daniel Elstein, 존 피니스 John Finnis, 스티븐 게스트 Stephen Guest, 케네스 히마 Kenneth Himma, 브라이언 라이터 Brian Leiter, 조지 레차스 George Letsas, 피터 립턴 Peter Lipton, 마크 맥브라이드 Mark McBride, 샐러딘 멕클레드-가르시아 Saladin Meckled-Garcia, 리즈 모컬 Riz Mokal, 마이클 오츠카 Michael Otsuka, 스티븐 페리 Stephen Perry, 코니 로저티 Connie Rosati, 기드온 로젠 Gideon Rosen, 스티브 스미스 Steve Smith, 그리고 이매뉴얼 보이어키스 Emmanuel Voyiakis가 그들이다. 리처드 벨러미는 친절하게도 제1장의 초고를 2005년 11월 유니버시티 칼리지 런던 University College London의 세미

나에서 발표할 수 있도록 초청해 주었다. 로라 도너휴Laura Donohue와 아말리아 케슬러Amalia Kessler는 2006년 10월 스탠퍼드 대학교 로스쿨Stanford University Law School에서 제1장의 일부를 논문으로 발표할 수 있게 친절을 베풀어 주었다. 그리고 조앤 베리Joan Berry와 데브라 사츠Debra Satz는 그즈음 스탠퍼드 대학교 철학과Stanford University Philosophy Department에서 제1장 전체를 개관하는 자리를 친절히 마련해 주었다. 매우 값진 논평을 해 준 이 시리즈의 편집자인 윌리엄 에드먼슨William Edmundson과 이 책의 초고에 대해 특히 통찰력 있는 논평을 해 주었던 익명의 독자에게도 특별한 감사를 전한다.

잉글랜드 케임브리지에서
2006년 6월

차례

- 머리말 5
- 옮긴이 해제 11

제1장 객관성의 차원들
    1.1. 간략한 서론   47
    1.2. 객관성의 유형   48
    1.3. 간결한 결론   205

제2장 법의 지배의 요소
    2.1. 법의 본질에 관하여   210
    2.2. 도덕적 이상으로서 법의 지배   273
    2.3. 결론   337

제3장 객관성과 법의 도덕적 권위
    3.1. 관찰상 마음 독립성 문제에 대한 서론   343
    3.2. 권위 원칙   345
    3.3. 약한 관찰상 마음 독립성?   352
    3.4. 강한 관찰상 마음 의존성과 불확정성   363
    3.5. 다른 유형의 불확정성   370
    3.6. 만연한 불확정성은 왜 도덕적 권위를 파괴하는가?   376
    3.7. 외관상 경쟁하는 몇 가지 견해   386
    3.8. 결론   409

- 참고문헌에 관한 안내 412
- 참고문헌 416

일러두기

- 이 책은 케임브리지 대학교 출판부 Cambridge University Press에서 펴낸 《철학과 법학 입문서 Cambridge Introductions to Philosophy and Law》 시리즈의 한 권으로, 매슈 헨리 크레이머 Matthew H. Kramer의 *Objectivity and the Rule of Law*의 한국어판입니다.
- 원서의 이탤릭체는 **굵은 고딕**으로, 고딕체는 얇은 고딕으로 표기하였으며, 책에 실린 주석은 모두 원서에 실린 주석 그대로입니다. 읽는 이의 이해를 돕기 위한 옮긴이 주석은 괄호로 넣었으며, 따로 옮긴이 표기를 하였습니다.
- 이 책은 장(1.)-절(1.1.)-편(1.1.1.)의 형태로 구성되어 있습니다.

옮긴이 해제

'법이 객관적이다'라는 명제를 거부하고 '법은 주관적이다'라는 명제를 채택하려는 유혹은 도처에 있다. 어떤 특정 차원에서 법이 완전히 객관적이지는 않다는 관찰로부터, 법은 전면적으로 주관적이라는 결론을 끌어내기 쉽기 때문이다.

그리고 그런 추론 과정을 통해 특정 차원 또는 전체 차원에서 법의 주관성을 믿는 사람은 입법과 해석에 있어서 특정한 태도를 취하는 경향성을 갖는다. 입법에 있어서는 목적과 수단이 법체계의 작동과 기능을 구조 그리고 도덕적·정치적 권위에 어떤 해를 끼치는지를 생각하지 않게 된다. 그런 사람 중 일부는 법관이 말하는 것이 곧 법이라는 냉소적인 법현실주의에 빠져 법 해석에서는 논증대화의 전제가 성립될 수 없다고 포기하는 위험에 빠진다. 다른 일부는 그저 여론을 동원하거나 언어를 수사적으로 활용함으로써 원하는 결과를 법관이 말하게 하는 데 집중하는 태도를 취하는 위험에 빠진다. 이러한 태도는 결국 법의 지배, 즉 법치주의를 훼손하는 위협을 구성한다. 그러나 정말로 법이 주관적이라면, 법치주의를 말하거나 법의 지배의 훼손을 이야기하는 것 자체가 잘못된 전제 위의 헛소리가 될 것이다.

20세기 중후반 이후 '객관성의 붕괴'를 선언하거나 전제한 주장이 꽤나 영향력을 행사했거나 행사하고 있다. 비판법학은 법은 궁극적으로 권력과 이데올로기의 산물이라는 입장에서 법의 객관성과 도덕적 정당성 모두를 해체하는 주장을 펼쳤다. 포스트모더니즘과 언어적 전회를 기반으로 한 규범 회의주의는 규범 명제의 진리치를 인식할 수 없다는 주장 또는 그러한 진리 자체가 존재하지 않는다는 반실재론적 입장을 확산시켰다. 또한 어떤 철학자는 법에 관하여 다수의 사람들이 어떻게 의견이 수렴하는가만 중요하고 무엇이 법의 내용인가에 관한 객관적인 논증은 있을 수 없다고 주장한다. 이러한 입장은 법의 도덕적 권위의 기반을 무너뜨린다. 이는 단지 철학자들만의 관심거리가 아니다. 이에 대한 적절한 대응이 없다면 결국 법의 제정, 집행, 해석은 객관성의 제약은 없이 그저 그때그때 각자가 가장 중요하게 생각하는 목적과 이익에 종속적으로 이루어져도 무방하다는 허가가 나오는 셈이 될 것이기 때문이다.

《법은 객관적인가 *Objectivity and the Rule of Law*》는 20세기 후반 이후 심화되어 온 두 가지 철학적 흐름—객관성에 대한 회의주의의 확산과 법적 권위에 대한 규범적 해명의 요구—에 대한 응답으로 기획된 저작이다. 이 책은 법실증주의 내부에서 규범실재론과 객관주의를 철학적으로 정초하고자 하는 체계화 시도라고 할 수 있다. 크레이머는 객관성이 존재론·인식론·의미론적 차원에서 해석의 옳고 그름을 판단할 수 있는 기준이 실제로 존재한다는 점을 철학적으로 방어한다. 이를 통해 규범의 객관적 존재 조건과 판단 가능성을 부인하거나 축소하여 법의 제정, 집행, 해석에 참여하는 이들의 자율성 더 나아가 자의에 의존하여 법의 지배를 훼손하는 것을 방지하고자 한다.

크레미어는 법의 권위를 선제적 이유의 제시와 같은 '기능적 역할'에 환원하는 해명과도 거리를 둔다. 법은 실재하는 규범적 구조이므로, 단지 이유 제공 장치로 축소시켜서는 안 된다는 것이다. 그는 또한 비판법학의 해체주의나 반실재론적 규범주의가 법의 지배와 규범적 정당성을 성립 불가능하게 만든다고 본다. 그는 이러한 입장이 도덕적 판단의 무의미화, 법적 정당성의 불가피한 정치화, 규범적 대화의 붕괴로 귀결된다는 점을 우려하며, 객관성 개념의 복원 없이는 자유민주주의적 법질서도 유지될 수 없다고 본다.

따라서 《법은 객관적인가》는 현대 법철학이 규범적 판단의 주관화를 통해 법의 권위와 정당성을 해체하는 흐름에 맞서, 법적 규범의 존재와 작동이 철학적으로 객관적이고 실재적인 구조를 지닐 수 있음을 변호하며 존재론·인식론·의미론적 조건 아래에서 어떻게 설명될 수 있는가를 해명하는 중대한 기획을 감행한 책이다.

이와 같은 변호와 해명의 기획은 만만찮게 까다로운 것이다. 객관성 관념 자체가 애매한 복합적 관념이어서, 얽혀 있는 논의의 차원을 제대로 풀어내고 분리하여 정리하기가 대단히 어렵기 때문이다. 체계적 접근이 없다면 면밀하지 않게 그저 '법은 객관적인가?'라는 질문에 곧바로 '법과 관련하여 이러저러한 주관적으로 보이는 현상이 있으므로 법은 주관적이다'라는 답에 이르기 쉽다. 그리고 더 나아가 '그래서 법의 도덕적 권위는 없다. 설사 법의 도덕적 권위가 있더라도 그것은 객관적 규범으로서 갖는 도덕적·정치적 성질 때문이 아니라 다른 기능에 있을 뿐이다'라는 주장으로 나아가기 쉬울 것이다.

크레이머는 객관성이라는 복합적 개념을 여섯 가지 차원으로 나눔으로써 분석의 명쾌한 기반을 닦는다. 그리고 먼저 그 객관성의 차원과 법의 지배(모든 법체계가 기능하는 데 필요한 조건의 집합)의 연관성을 다룬다. 그다음으로 자유민주주의 전통에 뿌리를 둔 도덕적·정치적 이상인 **법의 지배**와의 연관성을 다룬다. 이를 통해 목적으로 삼았던 법규범의 존재와 작동이 객관적이며 실재한다는 변호와 함께 어떤 조건에서 그럴 수 있는가를 해명하는 과업을 성공적으로 해냈다.

매슈 헨리 크레이머Matthew H. Kramer는 이러한 과업을 성공적으로 해낼 만한 지적 여정을 걸어왔다. 그는 코넬 대학교 철학과를 졸업하고 하버드 대학교에서 법학전문학위(J.D.)를, 케임브리지 대학교에서 철학박사학위와 법학고등연구학위(LL.D.)를 받았다. 현재 케임브리지 대학교의 법률 및 정치철학 교수이자 케임브리지 처칠

칼리지의 펠로우이다. 학부에서는 법학을 강의하고 감독하며, 대학원 LL.M. 프로그램에서 법학 및 정치철학 주제를 강의하고 있다. 그는 메타윤리, 규범윤리, 법철학 및 정치철학 분야에 다작을 하면서도 수준 높은 글을 쓰기로 정평이 나 있다. 구겐하임 재단 펠로십(2001), 레버흄름 트러스트 주요 연구 펠로십(2005) 등 여러 주요 연구상을 수상하기도 했다.

크레이머는 이처럼 법학과 철학 분야에서 쌓은 대가로서의 솜씨를 십분 발휘하여, 법의 객관성이 가하는 제약을 구체화할 수 있는 토대가 되는 틀을 대가만이 할 수 있는 매우 명쾌한 설명을 통해 제시한다. 그 덕분에 이 책은 《하버드 로 리뷰 *Harvard Law Review*》의 서평에서 "이 책의 주요 독자는 철학, 법학, 정치학을 공부하는 학생들이지만, 크레이머 교수의 명료한 산문은 법과 객관성의 관계를 더 온전히 이해하고자 하는 법률가와 학자들에게도 큰 도움이 된다."고 평했듯, 교육적 가치와 학술·실무적 가치를 동시에 가지게 되었다. 학생과 학자에게는 중요한 문제에 대해 길을 잃지 않도록 체계적인 길을 알려 주는 안내서가 될 수 있다. 또 법 실무를 다루는 사람들이 그 해법에 분명한 제약이 있는 실무상 발생하는 쟁점들을 허투루 다루어 법의 지배를 훼손하지 않도록 해 주는 소중한 자료가 될 것이다. 더 나아가 시민들은 자신의 정치적 이상이 법의 지배에 부합하는지를 점검하고 자신에게 압도적 중요성을 가지는 어떤 명분으로 법의 지배를 훼손하는 요구를 하는 것은 아닌지 검토할 수 있는 중요한 사고의 기회를 가질 수 있을 것이다.

책은 무척 짜임새 있게 서술되어 있지만 또한 많은 개념이 등장하기도 한다. 그래서 그저 흐름대로 읽어 나가다 보면 지금 무엇을 논의하고 있는지 파악하기 어려울 수 있다. 그래서 이 글의 남은 부분에서는 이 책의 주요 논제와 그 핵심 근거를 요약한다. 이 개요를 통해 등장하는 논의의 위치를 정확하게 파악한다면 이해에 큰 도움이 될 것이다. 무엇보다도 책을 다 읽고 나서 개요를 통해 책의 내용을 되새겨 보고, 필요할 때마다 정확한 부분을 다시 찾을 수 있다면 좋겠다.

✦ ✦ ✦

제1장은 객관성의 차원들을 다룬다. 먼저 예비적 논의(1.1.)로 알아야 할 점은, 객관성과 법의 지배 둘 다, 복합적으로 다면적이라는 것이다. 그래서 각 차원의 객관성과 법의 지배가 서로 어떻게 관련을 맺고 있는지 살펴보려면 여러 가지 별개의 객관성의 형태들을 각각 들여다볼 필요가 있다.

객관성의 유형(1.2.)을 일별하자면 객관성은 존재론·인식론·의미론적 객관성으로 구별할 수 있다. 존재론적 객관성은 다시 마음 독립성과 확정적 타당성, 통일적 적용 가능성으로 분류할 수 있다. 인식론적 객관성은 개인을 초월하는 판결 가능성과 불편부당성으로 분류할 수 있다. 의미론적 객관성은 진리 적합성이다.

마음 독립성으로서의 객관성(1.2.1.)이란 무엇인가? 어떤 현상이 마음 독립적이라는 의미에서 객관적이라는 선언은 현상의 존재와 성격이 그 누구의 생각에도 달려 있지 않다는 것이다. 마음 독립성은 두 가지 분류 차원을 가진다.

첫째 차원의 분류로, 마음 독립성의 유형은 우선 약한 것과 강한 것 두 가지로 나누어 살펴볼 수 있다. 약한 독립성은 어떤 것의 발생이나 존재 계속이 특정 개인의 마음 활동에 달려 있지 않다는 것을 의미한다. 강한 독립성은 어떤 것의 발생이나 존재 계속이 집단의 그 어떤 구성원들의 정신적 기능에도 개별적으로든 집단적으로든 달려 있지 않다는 것을 의미한다. 약한 독립성은 어떤 것의 본성이 특정 개인이 어떠하다고 여기는 바에 달려 있지 않는 것으로 나타난다. 강한 독립성은 어떤 것의 본성이 집단의 구성원들이 개별적으로든 집단적으로든 어떠하다고 여기는 바에 달려 있지 않는 것으로 나타난다.

또한 둘째 차원의 분류로, 마음 독립성은 존재상의 마음 독립성과 관찰상의 마음 독립성이라는 두 유형으로도 분류할 수 있다. 먼저 존재상 마음 독립성이란, 어떤 것의 존재가 마음 활동과 독립적인 성질을 말한다. 일반적인 법규범은 약하게 마음 독립적이다. 특정 개인의 정신 기능이 소멸하여도 일반 법규범은 여전히 존재하기 때문이다. 그러나 법규범은 마음과 정신 활동이 모두 다 사라진다면 존립할 수 없기 때문에 강하게 마음 독립적이지는 않다. 가장 개별화된 지시와 같은 일부 법규범은 약하게 마음 독립적이지도 않다.

그 개별 지시를 내리고 받은 특정 공무원의 마음과 정신 활동이 사라진다면 존립할 수 없기 때문이다.

다음으로 관찰상 마음 독립성이란, 어떤 것의 내용이 마음 활동과 독립적인 성질을 말한다. 일반적 법규범은 적어도 약하게 마음 독립적이라는 점은 쉽게 확인할 수 있다. 특정 개인이 법이 어떻다고 생각하는 바와 독립적으로, 서로 상호 작용하는 많은 공무원이 공유하는 법이 있기 때문이다. 그리고 일반적 법규범은 관찰상 강한 마음 독립성도 갖고 있다. 즉 법체계 작동과 관련된 공동체가 법을 잘못 파악하는 것이 가능하다. 이에 반대하는 견해가 있기는 하다. 이 견해는 법체계의 작동은 관행적 실천이므로, 관련된 공동체가 법을 잘못 파악하는 것은 불가능하다고 주장한다. 그러나 이 견해는 (i) 일차적인 태도와 믿음을 품는 것(공무원들이 법규범의 존재와 내용에 관하여 일정한 태도와 믿음을 공유하는 것)과 (ii) 그 일차적 마음 상태의 내용에 관하여 이차적 이해(일차적 태도와 믿음에 의해 확립되고 고정된 것이 무엇인가에 대한 이해)를 갖는 것을 구별하지 못하여 생겨난 것이다. 이 점은 기존의 법 해석이 틀렸다는 이유로 판례를 변경하는 경우를 생각해 보면 알 수 있다. 법원이 판례를 변경한 경우, 과거의 법 해석이 틀렸거나 지금의 법 해석이 틀렸거나 적어도 둘 중 하나는 성립한다. 그러므로 과거의 법원이건 지금의 법원이건 적어도 어느 한쪽에서 오류를 범했다는 것이 논리적으로 도출될 수밖에 없다. 그러므로 법규범의 관찰상 마음 독립성은 약한 독립성이 아니라 강한 독립성이다. 즉 법 공무원들도 법을 집단적으로 잘못 파악할 수 있다. 다만, 법 공무원들이 자신의 오해를 교정하지 않는 경우에는, 이 오해는 법체계의 내용으로 흡수되는 것은 사실이다. 이는 이전까지의 법규범을 새로운 법규범으로 사실상 교체한 것이 되므로, 존재상의 마음 독립성이 약하다는 점을 다시금 일깨워 주는 사례이다.

확정적 타당성으로서의 객관성(1.2.2.)이란 특정 관할에서, 사람들의 행위의 법적 결과가 지배적인 법규범에 의거하여 확정적으로 정해지는 성질을 말한다. 확정적으로 타당한 답이 있는 정도는 법 공무원에게 남겨진 재량의 범위와 반비례한다. 법적 질문에 대한 답 중 어느 것도 부당하지 않을 경우 공무원의 재량은 무제한적이다.

불확정성은 실수량scalar 속성이다. 즉 있거나 없기만 한 (전부 또는 전무의) 속성이 아니라, 다양한 정도로 성립하는 속성이다. 어떤 현상은 전적으로 불확정적일 수도 있지만 그렇지는 않을 수도 있다. 불확정성이 전적인 것이 아닌 경우, 여러 개의 상반되는 답들이 각각 타당하기는 하지만, 이와는 다른 많은 답은 부당하다.

법현실주의자들을 비롯한 분석법리학자들 중 대부분이 법체계가 광범위한 불확정성 문제를 겪고 있다고 보았다. 그러나 이는 불확정성을 과대평가한 것이다. 이러한 과대평가의 이유는 여러 가지가 있다.

첫째, 상소심에서 다투어지는 어려운 사건을 잘못 일반화했다. 상소심 사건은 오히려 예외적인 경우이고, 대부분의 법의 문제는 다투어지지도 않는다.

둘째, 확정성과 입증 가능성을 구별하지 못했다. 확정성은 타당한 답의 범위 문제이다. 확정적일수록 타당한 답의 범위가 좁다. 반면에 입증 가능성은 모든 합당한 사람들을 만족시킬 수 있는 입증을 할 수 있는 정도의 문제이다. 여러 가지 원인으로 인한 사람들의 인식적 한계 때문에 입증 가능성이 낮다고 하더라도 법적 문제 자체에 대한 타당한 답의 범위는 좁아서 확정성은 높을 수 있다. 마찬가지로, 확정성과 예측 가능성을 구별하지 못하는 것도 불확정성에 대한 과대평가를 낳는다.

셋째, 불확정성 그 자체를 과잉단순화해서, 상충하는 논거가 존재하기만 하면 불확정성이 있다고 이해했다. 그러나 상충하는 논거가 똑같은 무게를 갖거나 비교가 불가능한 성질을 지닌 경우에만 불확정성이 있고, 그런 경우는 드물기 때문에, 이 이해는 틀렸다.

넷째, 불확정성과 불확실성을 구별하지 못했다. 불확실성은 확신을 가질 수 없는 믿음의 상태(인식론적 상태)이다. 반면에 불확정성은 정당화의 타당성이 같은 상태(존재론적 상태)이다. 그런데 어떤 답이 명백히 타당하다고 공동체가 잘못 믿고 있을 때 불확실성은 없지만 불확정성은 있을 수 있다. 그리고 확정적 답이 있는데도 공동체가 이에 대해 접근할 수 있는 인식적 상태에 있지 않을 때에는 불확정성은 없지만 불확실성은 있는 것이다. 따라서 이 둘을 구별하지 못하는 것은 잘못이다.

다섯째, 규칙 따르기에 대한 포괄적 분석을 제시하는 철학적 노력에 걸림돌이 되는 장애가, 법에만 특별히 불확정성을 낳는다고 잘못 생각했다. 규칙 따르기에 대한 포괄적 분석 제시에 있는 장애란 다음과 같다. 어떤 규칙 R 따르기를 예화한다고 이야기되는 사실들은, 그 규칙 R뿐만 아니라 무제한적으로 많은 수의 규칙들과 일관된다. 그러나 우선, 이런 의미의 불확정성 때문에 규칙 따르기라는 관념에 문제가 생긴다고 본다면, 과학이나 수학의 법칙에도 규칙 따르기란 있을 수 없다고 보는 견해로 귀결될 수밖에 없다. 즉 그런 문제가 생긴다고 해도, 그 문제는 법에만 특별히 생기는 것이 아니다. 게다가 사실 그 장애는 규칙 따르기 관념이 토대임을 가리킬 뿐이다. 어떤 관념이 토대라는 것은 그것에 대한 더 심층적이고 더 명료한 추론에 의해 설명하는 분석이 가능하지 않다는 것이다. 그러나 모순율과 동일률도 토대이다. 그렇지만 모순율과 동일률을 따르는 것이 불가능하거나 정당화되지 않는 것은 아니다. 따라서 규칙 따르기 관념이 토대라는 지적은, 규칙 따르기 자체가 불가능하다거나 정당화되지 않는다는 근거가 되지는 못한다. 그러므로 규칙 따르기에 대한 포괄적 분석 제시에 있을 수 있는 난점이 법에만 불확정성을 광범위하게 낳는다는 견해는 틀린 것이다.

여섯째, 공무원의 재량이 법체계 작동에서 불확정성을 낳는다고 잘못 이해했다. 이 이해에 의하면 추상적인 법규범 내용이 아니라 실행 과정에서 효력이 주어지는 것으로서의 법규범의 내용을 살펴보면 공무원의 재량이 개입되므로 법적 결과가 미정이라는 것이다. 공무원이 이렇게 처분할 수도 있고 저렇게 처분할 수도 있으니 법적 결과가 불확정적이라는 것이다. 그러나 우선, 이는 처분에 따라 제재를 받을 수 있는 상태에 있음과 제재를 실제로 받음을 구별하지 못한 것이다. 어떤 법을 위반하는 사람 모두가 빠짐없이 그 법에서 제재를 받는다는 결과가 불가피하게 따라 나오지 않는다는 이유로, 법적 결과가 미정이라고 할 수 없다. 모든 위반자는 제재와 관련된 처분에 좌우되는 법적 상태에 있게 되는 것은 불가피하게 따라 나오기 때문이다. 다음으로, 이는 아무런 기속을 받지 않는 재량과 기속을 받는 재량을 구별하지 않은 것이다. 기속을 받지 않는 재량은 광범위한 불확정성을 낳는다. 그러나 자유민주주의 체계와 같이 적법절차와 평등원칙에 의한 기속을 받는 곳에서 재량은 광범위한 불확정성을 낳지 않는다.

그러나 불확정성은 과소평가되어서도 안 된다. 드워킨과 같은 논자는 특정한 관할에서 발생할 수 있는 모든 또는 사실상 모든 법적 문제에 대해 유일무이하게 타당한 답이 있다고 주장한다. 이러한 주장은 두 가지 유리한 근거를 갖고 있기는 하다. 첫째, 보충적인 법적 규준의 존재이다. 즉 법적 문제에 대한 답이 법률과 법원 판결, 행정부의 명령·규칙 및 헌법 조항 같은 익숙한 법원에 의해서뿐만 아니라 그러한 법원에 내재해 있는 가장 호소력 있는 도덕 원리에 의해서도 정해진다는 것이다. 둘째, 불확정성과 입증 불가능성은 구별된다. 그리고 이 두 가지 근거 때문에 불확정적인 법적 문제의 범위가 줄어든다는 것은 분명하다. 그러나 이러한 주장은 두 가지 이유 때문에 지나치게 대담하다. 첫째, 도덕적·정치적 가치들이 통약불가능성과 가치 다원주의를 극복하는 방식으로 모두 들어맞는다는 점을 논증하기 어렵다. 둘째, 법적 개념에는 제거할 수 없는 모호성이 있다. 개념의 모호성은 회색지대를 만들어 내며, 회색지대에는 확정적으로 타당한 답이 없다.

객관성의 또 다른 측면은 통일적 적용 가능성(1.2.3.)이다. 통일적 적용 가능성은 법규범이 각각의 사람의 선호나 경향성과 무관하게 모든 사람에게 법적 명령으로서 의무적이라는 데, 즉 정언명령성을 가진다는 데 있다. 어떤 원인에 의해서 법을 준수하려는 성향이 강한 사람이건 아닌 사람이건 상관없이 똑같이 그 규범이 효력을 가지며 적용되는 성질을 갖는 것이다. 이는 여러 종류의 차별적 적용 가능성과 대조된다.

다만 법규범이 정언명령을 지닌다는 명제에는 몇 가지 중요한 단서가 더해져야 한다. 첫째, 그 명제는, 법규범을 위반한 법적 결과가 다른 사람이 동일한 법규범을 위반한 법적 결과와 동일할 것을 의미하지 않는다. 예를 들어 살인죄를 저지른 사람도 양형 요인 때문에 부과받는 형벌은 다를 수 있다. 그러나 이런 경우에도 살인이라는 행동 양식에 끌리는지 아니면 반발하는지와 무관하게 살인이 금지된다는 점에서, 그 핵심에는 정언명령성이 있다.

둘째, 성질이 다른 법규범에 있어서 통일적 적용 가능성은 다른 양태로 나타난다. 살인 금지와 같이 의무를 부과하는 법은 계약을 체결하거나 재산을 유증할 법적 권한을 부여하는 법과는 그 성질이

다르다. 법적 권한을 부여하는 법은 사람들에게 일정한 목표를 달성할 기회를 제공할 뿐이다. 그래서 그 기회를 실제로 활용해야 한다는 명령을 하지는 않는다. 다만 권한을 부여하는 법이 가능하게 만든 결과를 발생시키길 원하는 사람이라면 누구나 해당 권한의 행사를 위한 조건 또는 절차를 준수해야만 할 것이라는 점에서 통일적 적용 가능성으로서의 객관성이 있는 것이다.

셋째, 법의 정언명령성이 통일적 적용 가능성의 한 종류이긴 하지만 이 두 속성이 간단하게 등가는 아니다. 정언명령성의 결여는 통일적 적용 가능성의 결여를 필함하지 않는다. 예를 들어 권한을 부여하는 법은 가언명령이지만 통일적 적용 가능성이 있다. 또한 일부 측면에서의 통일적 적용 가능성의 결여가 정언명령성의 결여를 필함하지 않는다. 예를 들어 백인에게는 모두 살인을 금지하지만 흑인에 대해서는 흑인을 살해하는 것만 금지하는 법을 가정하면, 그런 법은 통일적으로 적용 가능하지는 않지만 정언명령성은 있다.

대부분의 경우 통일적 적용 가능성에서의 이탈은 도덕적으로 유해하다. 그러나 일부 경우에는 정말로 도덕적으로 유해한지 여부에 의문이 제기되기도 한다. 예를 들어 불법행위법에서 과실 기준은 일반적으로 합리적인 사람이 취했을 주의의 수준을 준거로 하여 규정된다. 그리고 그런 정도의 주의를 행사할 지성이나 물리적 민첩성이 부족한 사람들에게도 적용된다는 점에서 통일적 적용 가능성을 갖는다. 능력과 지능에 기초하여 규범이 개별화되지 않는 것이다. 이 지점에서 능력과 지능이 부족한 사람에게 똑같은 규준을 부과하는 것은 도덕적으로 바람직하지 않은 것이 아닌가(그래서 통일적 적용 가능성에서의 이탈이—규범의 일정 정도의 개별화가—도덕적으로 오히려 유익한 것이 아닌가) 하는 의문이 제기될 수 있다. 그러나 이 경우에도 통일적 적용 가능성의 유지를 뒷받침하는 근거가 있다. 첫째, 피고의 행동으로 생긴 피해를 배상받지 못하는 것 또는 다른 사람(납세자)이 배상의 대가를 지불하는 것은 공정하지 않다. 둘째, 사람들의 신체적 또는 정신적 능력의 부족을 준거로 하여 사람들을 구별하여 법을 적용하는 것은 미끄러운 경사길이 된다. 그래서 형사책임에 대해서도 같은 식의 항변을 채택해야 하는 결과를 낳을 수 있다. 즉 자신은 법 준수 능력이 다른 사람보다 적기 때문에 책임을 지지 않아야 한다는 항변을 채택할 수밖에 없게 된다. 그리고 이는 피해를 입은 사람의 입장에서도 불공정할 뿐만 아니라 그런 면제를 적용받는 사람들이 사회의 온전한 구성원으로서 인정받지 못하는 문제도 낳는다.

객관성의 다음 차원은, 개인을 초월하는 판별 가능성으로서의 객관성(1.2.4.)이다. 이는 인식론적 객관성이다. 인식론적 객관성은 그 영역 내의 존재자들을 능숙하게 탐구하는 사람들이 그 존재자들 각각의 본성이나 특성에 관해 의견이 일치할 수 있는 성질을 말한다. 어떤 현상의 인식론적 객관성은, 그 현상에 관한 개인들의 믿음이 수렴하는 현저한 경향성에 있다.

인식론적 객관성, 즉 개인을 초월하는 판별 가능성으로서의 객관성은 전부 또는 전무의 속성이 아니라 실수량 속성이다. 따라서 인식론적으로 더 객관적일 수도 있고 덜 객관적일 수도 있으며, 따라서 문제 되는 쟁점들 사이에서 의견일치를 끌어내는 정도가 서로 다를 수 있다.

존재상의 강한 마음 독립성이 있다고 하더라도 개인을 초월하는 판별 가능성이 꼭 있는 것은 아니다. 그래서 어떤 법이 어떤 내용으로 존재한다 하더라도 이에 대하여 의견의 수렴을 가져올 법적 방법론이 합의되어 있지 않을 수도 있다. 또한 확정적 타당성으로서의 객관성이 있다고 해서 개인을 초월하는 판별 가능성이 꼭 있는 것은 아니다. 어떤 법적 문제에 대하여 타당한 유일무이한 답이 있지만 법 전문가들이 의견을 달리하며 합의를 볼 방법론을 찾지 못할 수도 있다.

일반적으로 기능하는 법체제에서는 대부분의 경우, 개인을 초월하는 판별 가능성으로서의 객관성이 높다. 그러나 소수의 어려운 사건의 경우에는 개인을 초월하는 판별 가능성으로서의 객관성의 정도는 그보다 낮다.

객관성의 인식론적 형태 중 또 다른 하나는 불편부당성으로서의 객관성(1.2.5.)이다. 이는 무사심함과 열린 마음에 있으며 초연함이나 비개인성으로 지칭할 수 있다. 이것은 편견이나 당파성과 대조되며 충동적임과 변덕스러움과도 대조된다. 법적 맥락에서 이 객관성은 법이 제정되는 단계와 실행되는 단계에 적용될 수 있다. 객관성의 다른 측면과 마찬가지로 이것은 다양한 정도로 실현될 수 있는 실수량 속성이지 전부 또는 전무의 속성이 아니다.

불편부당성은 중립성과 구별된다. 불편부당성은 결정이 내려지는 조건에 관한 속성이다. 반면에 중립성은 결정의 결과에 관한 속성을 지칭한다. 중립성의 속성은 사회 내의 사람들이 누리고 지는 이득과 부담의 기존 분배의 유지에 있다. 이득과 부담의 기존 분배를 유지하면 중립적이고, 바꾸면 비중립적이다. 법은 모든 측면에서 중립적일 수는 없다. 단지 일부 측면에서만 중립적일 수 있다. 그래서 단적으로 중립적일 수는 없다. 반면 법은 엄격하게 불편부당할 수 있다. 법체계의 작동이 불편부당한지 물을 때는 그 효과가 아니라 법 공무원의 결정이 내려지고 실행되는 과정에 관해 묻는 것이다.

불편부당성은 무사심함과 열린 마음이라는 요소로 구성된다. 무사심함으로서의 불편부당성은, 어떤 문제에 대한 판단을 내리는 사람이 판단을 받는 사람 중 어느 쪽과도 개인적 이해관계가 없거나 그런 개인적 이해관계에서 물러서서 판단하려는 노력이 성공할 때 달성된다. 입법하는 의원의 경우에 유권자의 대표로서의 기능 때문에, 불편부당성에서 이탈을 막는 것이 자유민주주의 정치체계의 작동을 위해서 순전히 좋기만 한 것은 아니다. 반면에 판사와 행정가가 매우 높은 정도의 무사심함을 갖추는 것이 중요하다는 점은 사실상 다툼의 대상이 되지 않는다.

열린 마음의 한 가지 뚜렷한 구성요소는 편견과 편애가 없다는 것이다. 또 하나의 중심적인 구성요소는 변덕스럽지 않고 충동적이지 않은 것이다. 법체계에서는 판사와 다른 법 공무원은 그들이 답을 떠올린 법적 문제와 관련된 모든 합당하게 확인 가능한 사실들을 알게 하는 기법을 활용할 필요가 있다.

불편부당성으로서의 객관성이 요구되는 이유, 즉 법적 결정에 유의미한 편견이 없도록 하고 추측과 변덕이 아니라 합당하게 접근 가능한 모든 정보에 기초할 것이 요구하는 근거는 무엇인가? 첫째, 그렇게 해야 확정적으로 타당한 결론(결과)을 산출할 가능성을 높인다. 둘째, 법체계의 작동 과정 그 자체가 공정하게 되도록 그리고 공정한 것으로 인식되도록 돕는다. 작동 과정 그 자체가 공정하지 않다면 그것만으로도 영향받는 사람에 대한 존중의 결여를 보여 주는 것이다.

불편부당성으로서의 객관성은 법 공무원들의 노력과 법 공무원들의 행위를 통제하는 규준의 적절성에 따라 달성 정도가 달라진다.

진리 적합성으로서의 객관성(1.2.6.)은 의미론적 관념이다. 의미론적 객관성은 사람들의 주장과 그 주장의 대상인 사물 사이의 관계에 관한 것이다. 의미 있는 서술적 진술을 특정 영역에서 할 수 있다면, 그리고 그 진술들 중 많은 수가 각각 참이거나 거짓이라면 그 영역은 그 정도만큼 더 또는 덜 의미론적으로 객관적이다. 이와 반대로, 어떤 영역에서 아무런 의미 있는 서술적 진술도 할 수 없다면 또는 그 영역 안에서 이루어진 진술 모두가 아무런 진리치를 갖지 않는다면, 그 영역은 의미론적 객관성이 결여된 것이다.

탈인용脫引用 해명에 의하면 참의 성격은 다음과 같은 등식에 의해 주어진다.

명제 "p"는 p인 경우 오직 그 경우에만 참이다.
명제 "p"는 not-p인 경우 그리고 오직 그 경우에만 거짓이다.

이와 같은 최소주의적 진리 해명(탈인용 진리 해명)하에서는, 법적 진술의 의미론적 객관성은 그 진술에 탈인용 기법을 적용할 수 있는지에 달려 있다. 그리고 법적 진술에 대해서는, 이러한 기법을 적용할 수 있다. 예를 들어 "살인은 미국 전역에서 법적으로 금지된 행동 양태이다"라는 진술은 살인이 미국 전역에서 법적으로 금지된 행동 양태인 경우 오직 그 경우에 참이며, 살인이 미국 전역에서 법적으로 금지된 행동 양태인 것은 아닌 경우 오직 그 경우에만 거짓이다. 따라서 법적 진술은 의미론적으로 객관적이다.

법적 담론juridical discourse 내의 의미 있는 서술적 진술이 확정적 진리치를 가진다는 점을 확립하는 것은 중요하다. 극단적인 법현실주의자와 같이 이를 부인하는 전통이 있으므로, 이런 전통을 물리치기 위해서 필요하기 때문이다. 다만 의미론적 객관성과 마음 독립성과 확정적 타당성 같은 다른 차원의 객관성의 구분을 적절하게 염두에 두고 나면 어떤 담론이 의미론적으로 객관적이라고 말한다고 해서 그 자체만으로 칭찬이 되는 것은 아니라는 점을 알 수 있다. 이를테면 창조론자나 나치도 일정한 경험적 주장들을 하고 그 경험적 주장들은 의미론적 객관성을 갖고 있지만, 그렇다고 해서 그런 경험적 주장들이 참이거나 그런 경험적 주장에 근거한 규범적 주장이 타당한 것은 아니다. 그것은 그 주장들에 대해 의미 있게 참과 거짓을 이야기할 수 있다는 것만 말해줄 뿐이다.

이때까지 살펴본 유형 이외에 객관성의 유형이 또 있을까? (1.2.7.) 관련성이 미약하거나, 이미 제시한 유형에 포괄되지 않는 유형은 없는 것 같다.

우선 법의 내용과의 관련성이 미약한 객관성의 차원들이 있다. 하나는 합리적 필연성으로서의 객관성 관념이다. 그것은 어떤 것을 위반하면 합리적 존재로서 자기모순을 범하게 되는 것으로서의 객관성이다. 법적 명령을 잘못 이해하거나 위반하는 사람이 꼭 순전한 비합리성을 보여 주는 것은 아니다. 그래서 거짓인 법명제의 주장이 합리적 필연을 어기는 것은 아니다. 따라서 법의 영역에서 합리적 필연성으로서의 객관성은 유관성이 낮다. 물론 법적 명령을 어기는 것은, 자유민주주의 사회와 같이 법적 의무가 합당성을 갖고 있는 곳에서는, 대부분 비합당하다. 그러나 비합당성은 합리적 필연성으로서의 객관성과는 구별되는 성질이다.

다른 하나는 한결같음으로서의 객관성이다. 한결같음으로서의 객관성 가운데 앞에서 다룬 객관성 항목에 포섭되지 않는 성질은 불변성과 편재성으로서의 객관성이다. 그러나 이는 법규범의 내용의 일반적 특징은 아니다. 법은 언제든 변경될 수 있고 변경되곤 하므로 불변적이지 않다. 또한 관할에 따라 다르므로 어디에서나 같은 내용으로 존재하는 것도 아니다.

다음으로 이미 제시한 유형에 포괄되는 객관성 관념들이 있다. 교정 가능성으로서의 객관성 관념은 마음 독립성, 확정적 타당성으로서의 객관성 관념으로 포괄된다. 착각이 아님으로서의 객관성은 마음 독립성으로서의 객관성으로 포괄된다. 이 점은 특히, 착각에 의한 속성과 반응 중심적 속성을 구별하면 뚜렷해진다. 반응 중심적 속성(붉음의 성질 등)은, 그 본성이 인간의 실제 또는 잠재적 경험을 언급하지 않고서는 온전히 명기될 수 없다는 뜻에서 마음 의존적이긴 하다. 그렇지만 그런 경험을 할 수 있는 존재와의 관계에서 특정한 성질을 지닌다는 뜻에서는 마음 독립적으로 객관적이다. 그래서 반응 중심적 속성은 착각과는 다르다. 그래서 법이 반응 중심적 속성을 가진다고 해서 착각이 아님으로서의 객관성을 갖추지 못하였다고 볼 수 없다. 이유 민감성으로서의 객관성은 개인을 초월하는 판별 가능성과 불편부당성에 의해 모두 포괄된다.

결론적으로(1.3.) 법체계에 특징적인 객관성의 여섯 가지 주요 차원에는 존재론적 객관성(① 마음 독립성, ② 확정적 타당성, ③ 통일적 적용 가능성), 인식론적 객관성(④ 개인을 초월하는 판별 가능성, ⑤ 불편부당성 두 가지), 의미론적 객관성(⑥ 진리 적합성)이 있다.

✦ ✦ ✦

제2장에서는 법의 지배의 요소를 살펴본다. 법의 지배의 특성들은 모든 기능하는 법체계에 존재하지만, 그 특성들이 수행하는 역할은 법체계별로 주된 측면에서 다를 수 있다. 객관성과 법의 지배의 복잡한 관계를 파악하려고 한다면 객관성의 차원이 여럿이라는 점뿐만 아니라 법의 지배라는 이념 내에서도 분열이 여럿 있다는 점을 경계해야 한다.

법의 본질(2.1.)에 관한 이 책의 분석은 법의 지배의 중심적 요소에 대한 론 풀러의 해명에 크게 기댈 것이다. 풀러가 뽑아낸 여덟 가지 원칙은 다음과 같다.

1. 일반적 규범을 통해 작동한다.
2. 그 체계의 규범은 그 규범에 의해 행동이 평가되는 사람들에게 권위를 가진 구체에 의해 공포된다.
3. 그 체계의 규범은 소급적이지 않고 장래적이다.
4. 그 체계의 규범에 대한 권위 있는 정식은 (적어도 법적 전문지식을 갖춘 사람들에게) 불투명하게 이해할 수 없는 것이 아니라 이해할 수 있는 것이다.
5. 그 체계의 규범들은 서로 논리적으로 일관되며, 그 규범들에 의해 부과되는 의무들을 다함께 이행할 수 있다.
6. 그 체계의 규범은 적용받는 사람들의 능력을 현저하게 넘어서

는 것을 명령하지 않는다.
7. 그 체계의 규범의 내용은 매우 자주 전면적으로 바뀌지 않고, 익숙해질 정도로 충분히 긴 시간 동안 대부분 바뀌지 않은 채로 있다.
8. 그 체계의 규범은 규정하는 것에 따라 일반적으로 시행되며, 그래서 그 규범에 대한 정식(법전상의 법)은 그 규범이 시행되는 방식(실제상의 법)과 합치한다.

법체계의 존재는 풀러주의 합법성 원칙 각각의 충족이 어떤 문턱 수준 아래에서 있지 않을 것을 전제한다. 다만 문턱 수준을 넘어선 다음의 충족 정도는 법체계의 존부와는 관계없다. 그런 수준에서 충족 정도가 높아지는 것은 그 체계의 강건함의 문제이지 법체제로서의 존재 자체의 문제는 아니다.

일반적 규범에 의한 통치(2.1.1.)는 법체계에 필수적이다. 어떤 통치체계도 그것이 일반적 법규범들을 통해 작동하지 않는다면 법체계로 간주될 수 없다.
일반적 규범은 상황 특수적 지시와 구별되어야 한다. 그리고 또한 특정 개인에게 발령되는 명령과도 구별되어야 한다. 즉 법규범의 일반성은 규범이 관련되는 여건과도 관련되고 그 규범이 규율하는 사람과도 관련된다.
기능하는 법체계라면 일반적 규범을 통해 작동해야 한다고 말하는 것은, 그런 법체계라면 어느 것이나 일반적 규범만 가지고서 작동할 수 있다고 말하는 것은 아니다. 특정인에게 발령되는 특수적 지시는, 무엇보다도 개별 문제들에 그 체제의 일반적 규범들이 관련 있게 하기 위해서도, 어느 법체계에서든 불가결할 것이다.

그러나 법체계의 작동이 일반적 법규범을 통해 이루어져야 함은 분명하다. 그렇지 않을 경우는 다음과 같은 문제가 생긴다. 공무원들이 모든 각각의 상황을 다른 모든 각각의 상황과 별도로 다루는 방식으로 사회를 통치하려고 한다면, 사회와 체제 모두 혼돈에 빠질 정도로 조정되지 못할 것이다. 그래서 체제의 규범을 정식화함에 있어 발령의 일반성을 완전히 피하는 것은 언제나, 법의 지배에 많은 중심적 특성들을 성립하지 못하게 할 것이다.

공개적 확인 가능성(2.1.2.)도 법체계의 필요조건이다. 그 어떤 법체계도 규범의 내용이 체계의 관할 내에 있는 사람들에게 전적으로 공개되지 않은 채로 머물러 있다면 인간 행동을 지도하고 지시할 수 없다. 법체계는 그 명령 및 그 밖의 규범의 적용을 받는 사람들이 확인할 수 있도록 만들어야 한다. 법의 권위 있는 정식에 전적으로 또는 거의 접근할 수 없다면 일반적 법규범을 통한 행위의 조정은 좌절될 것이다.

기능하는 법체계의 규범은 장래성(2.1.3.)을 갖추어야 한다. 장래적 규범이 없는 법체계는 매우 티무니없는 것으로 법체계의 효율적인 기능을 위해서뿐만 아니라 그런 체제의 존재 자체를 위해서도 불가결하다. 법이라고 불리는 것이 나중에 등장한 시점에는 규율 대상이 되는 시점의 사람들의 행동을 지도하는 효능이 아예 없을 것이기 때문이다.

명확성(2.1.4.) 역시 기능하는 법체계의 요건이다. 명령 및 법체계의 그 밖의 규범은 합당하게 명확한 언어로 정식화되어야 한다. 그렇지 않으면 법의 기본적 기능을 수행할 수 없다.

기능하는 법체계는 법규범의 상충과 모순 금지(2.1.5.)도 요구한다. 상충하는 법적 의무는 있을 수 있는 일이며 논리적으로 부적절한 것은 아니지만, 결코 함께 이행될 수는 없다. 반면에 모순되는 의무와 자유는 진정으로 공존할 수 없다. 법체계가 존재하려면 이러한 상충과 모순은 (명확히 특정될 수 없긴 하지만) 어떤 수준 이하로 유지되어야 한다.

법체계가 존재하려면 국민이 법규범을 준수하는 것이 가능해야 한다는 속성, 즉 준수 가능성(2.1.6.)을 일정 수준 이상 만족해야 한다.

기능하는 법체계는 시간이 흘러도 안정적(2.1.7.)이라는 속성도 필요로 한다. 법체계가 지속되려면 과도한 변동성 때문에 생기는 방향 감각 상실을 피해야 한다. 그러므로 완전한 법체계가 변하지 않는 것이 아니라 규범의 변경 속도와 규모에 그어지는 한계가 그 체계의 기능성을 위해 불가결하다.

기능하는 법체계가 존재하려면 요구되는 마지막 속성은 정식과 실행의 합치(2.1.8.)이다. 법의 정식과 실행은 합치되어야 한다. 정식과 실행이 합치되지 않으면 체제의 규범적 구조 내에서 어마어마한 불확정성을 낳을 것이기 때문이다.

법전상의 법과 실제상의 법이 일치되도록 법을 시행하는 것은 법공무원들의 해석적 능숙함과 기량에 의존한다. 그러나 대부분은 각각의 공무원의 역할의 판에 박힌 수행을 통해 실현되므로 법체계가 존재하기 위한 수준으로 충족되는 것은 몹시 어려운 일은 아니다.

이와 같은 요소들은 모두 애초에 법체계에 의한 규율이 있다고 보려면 일정 수준 이상 충족되어야 하는 것들이다. 즉 그 충족 정도가 문턱(임계점) 이하로 떨어지게 되면 그것은 법체계라고 할 수 없다.

그런데 이와 같은 의미의 법의 지배는 법규범 또는 법체제의 유익성이나 해악성을 불문한 법체제의 존재를 위한 필요충분조건의 실현이다. 법의 지배는 장기간 대규모로 사악한 목적을 추구하는 데도 불가결하다. 그런 면에서 그것은 도덕적 이상으로서 법의 지배(2.2.)와는 다르다. 도덕적·정치적 이상으로서의 법의 지배(2.2.)를 유익성과 해악성을 불문한 법철학적 현상으로서의 법의 지배와 구별하여 **법의 지배**라고 표기하여 살펴보자. 법철학적 현상으로서의 법의 지배의 요소는, 도덕적·정치적 이상으로서의 법의 지배의 요소이기도 하며, 각각 도덕적·정치적 중요성을 갖는다.

먼저 일반규범에 의한 통치(2.2.1.)를 살펴보자. 일반규범 없이는 법체계가 법체계로서 기능할 수 없다. 그런데 이러한 일반성은 도덕적·정치적 함의도 갖는다. 개별화된 지시와 고도로 특수한 정식은 바로 그 특유한 제한성 때문에 편애와 차별을 낳아 평등과 공정 그리고 적법절차와 긴장관계에 있게 된다.

공개적 확인 가능성(2.2.2.), 즉 공개적으로 합당한 확인 가능성을 갖춘다는 요건은 다음과 같은 점에서 도덕적·정치적으로 중요하다. 우선 첫째로, 법체계의 존재에 의해 가능하게 되는 선—공공질서, 사회적 조정, 개인의 자유 확보 등등—은 공포 원칙에서 상당히 이탈하면 몹시 줄어들 것이다. 둘째, 법을 부과하는 의무가 공포되지 않는다면, 국민은 그 법의 내용에 맞게 행동할 공정한 기회를 전혀 제공받지 못하게 되는데 그럼에도 불구하고 이에 대하여 제재한다면 수범자로서 존중받지 못한 것이다. 셋째, 토론의 자유가 있는 사회에서, 공중의 구성원들에게 법규범들의 내용이 접근 가능한 경우 이 규범들은 토론과 이의의 대상이 되도록 공개되어 있을 것이다. 넷째, 법이 공포될 경우 공중의 구성원이 법이 그 내용에 따라 시행되는지 아닌지 확인할 입지에 있게 되어, 법의 적용에 대해서도 공중의 검토를 촉진한다.

장래성(2.2.3.), 즉 법규범이 소급적이지 않아야 할 도덕적·정치적 근거는 다음과 같다. 첫째, 소급법은 사람들이 법의 새로운 규정을 준수하여 행위할 공정한 기회를 갖지 못하게 한다. 정당한 기대의 빈번한 파괴는 직접 관련된 개인들에게 불공정할 뿐만 아니라 경제의 효율적인 작동을 비롯해 법체제의 계속된 기능성을 무너뜨리는 경향이 있을 것이다. 그 경우에는 정당한 기대가 지나치게 빈번하게 파괴됨으로 인해 생긴 해로움은 사회의 경제에서뿐만 아니라 그 사회 안에 사는 사람들의 삶의 사실상 모든 다른 측면에서도 느껴질 것이다.

명확성(2.2.4.)을 지지하는 도덕적·정치적 고려 사항은 다음과 같다. 불명확한 법은 인간 행동을 지시하고 조정하는 법체계의 역할의 이행에서 벗어나게 만들며 그럼으로써 국민의 법적 의무, 법적 허용, 법적 권한에 대한 공정한 고지를 제공하지 못한다. 또한 법 전문가도 어찌할 바를 모르게 하는 내용이 될 정도로 불명확하다면 법체계 작동의 효율성을 손상하며 그런 작동을 통해서 얻을 수 있는 선들의 실현도 손상한다.

충돌과 모순 금지(2.2.5.)를 지지하는 도덕적·정치적 근거는 다음과 같다. 어느 누구도 무슨 행동을 하건 자신의 행동에 대하여 제재의 책임을 지게 되는 상황에 처하는 경우는 일부의 경우를 제외하고는 불공정하므로, 상충하는 의무의 부과는 법의 지배를 손상시킨다. 모순적 의무는 만연하지 않아도 그 자체로 법의 지배에 언제나 해가 된다. 잠정적으로라도 유익한 역할을 결코 하지 않기 때문이다.

준수 가능성(2.2.6.)도 도덕적·정치적 이상으로서의 법의 지배에 필요불가결하다. 의무를 부과하는 규범이 국민 모두 또는 대부분의 능력 밖에 전적으로 있는 의무를 정하는 법체계가 되지 않도록 해야 한다. 그런 법은 법의 지시 및 조정 기능에 유독한 효과를 끼치며 그런 법이 설정하는 요구는 불공정하게 과도하기 때문이다. 이는 의무를 부과하는 법뿐만 아니라 권한을 부여하는 법에도 마찬가지로 적용되는 이치이다. 예를 들어 계약 체결을 위해 규정된 절차는, (필요하다면 법 전문가의 도움을 받은) 보통의 인간 능력 내에 있어야만 한다.

다만 준수 가능성 원칙은 '당위'가 '가능'을 함축한다는 원칙을, 물리적으로 불가능한 것은 당위가 될 수 없다는 의미로 이해한다. 즉, 그것은 모든 인간의 물리적 능력에 뚜렷이 벗어나는 것들을 하지 못했다는 이유로 사람들에게 법적 제재를 부과하지 말 것을 일반적으로 권고한다. 따라서 준수 가능성 원칙은 주의를 성실히 기울였을 때에도 손해에 대하여 책임을 지는 엄격책임과 양립 가능하다.

시간이 흘러도 안정적임(2.2.7.) 역시 법의 지배에 필요하다. 어떤 통치체계의 대부분의 규범이 시간이 흘러도 합당하게 항상적이지 않다면, 법체제의 작동을 통해 얻을 수 있는 주된 절실한 선들이 실현되지 못할 것이다. 법이 안정적이지 않으면 국민의 도덕적 행위 자성에 대한 법 공무원의 적절한 정도의 존중과 사회의 경제질서의 효율성 등과 같은 중요한 선이 상실된다.

정식과 실행의 합치(2.2.8.)도 도덕적·정치적 중요성을 가진다. 정식과 실행이 불합치하는 경우, 법의 정식은 인식적으로 신뢰할 수 없게 되는 데 더해 도덕적·정치적 해악을 낳는다. 이기심, 편견, 변덕을 동기로 행위하는 공무원은 그들이 직면한 법과 상황을 오해하기 쉬울 뿐만 아니라 도덕적으로 의무적이거나 적합한 것에서 벗어날 가능성도 높을 것이다. 게다가 공무원의 불편부당성은 그 자체가, 즉 본유적·도덕적 가치를 갖는다. 그것은 도덕적으로 타당한 결정을 내리도록 하는 데 도움을 줄 뿐만 아니라, 도덕적으로 타당한 이유들로 그런 결정을 내리도록 하는 데 도움을 준다. 정식과 실행의 합치로부터의 개별적인 이탈과 실패는 법체계의 일반적 기능성을 위험에 빠뜨리지는 않겠지만, 그 제한된 범위 내에서는 그 체계의 전반적인 도덕적 입지의 기반을 거의 언제나 훼손할 것이다.

결론(2.3.)적으로 법의 지배라는 법철학적 현상과 법의 지배라는 도덕적·정치적 이상은 몇 가지 차이점을 갖지만 대단한 친연성을 갖는다.

✦✦✦

제3장에서는 객관성과 법의 도덕적 권위 사이의 관계를 살펴본다. 먼저 관찰상 마음 독립성 문제에 대한 예비적 논의(3.1.)로서, 공무원의 결정이 사악하거나 삐뚤어져 있다고 하더라도, 강한 관찰상 마음 독립성은 지속될 것이라는 점을 기억하는 것이 중요하다. 그래서 법체계와 관련된 실천적 중요성을 가진 모든 문제에 대하여, 법 규범의 강한 관찰상 마음 독립성은 염려하거나 추구되어야 할 것이라기보다는 주어진 것이다. 이는 다른 객관성의 차원이 염려하거나 추구되어야 할 것인 점과 대조된다. 따라서 이하에서 이야기할 권위 원칙은 부당하다.

권위 원칙(3.2.)이란, 법체계는 그 체계의 규범이 강하게 관찰상 마음 독립적이지 않다면 도덕적으로 권위가 있을 수 없다는 논제이다.

이 논제는, 우선 사소하다. 법체계로서 존재하지 않고서는 도덕적으로 권위가 있는 법체계가 결코 될 수 없다는, 정보를 새롭게 주지 않는 주장과 그다지 다르지 않기 때문이다.

또한 이 논제는 오도한다. 법의 강한 관찰상 마음 독립성이 법체제의 도덕적 권위의 필요조건이지만 법체제의 사악함의 필요조건은 아니라고 시사하기 때문이다. 그러나 실제로 이 원칙을 통해 논쟁을 하고 있었던 철학자들은, 어떤 법체계가 도덕적 권위를 가질 전망을 조금이라도 가지려면 법에 있어서 높은 수준의 확정성이 필요한가라는 질문에 관한 논쟁을 하고 있었던 것이다. 즉 법의 도덕적 권위와 확정적 타당성으로서의 객관성의 연관성에 관한 논쟁을 하고 있었던 것이다. 법의 도덕적 권위와 관찰상 마음 독립성으로서의 객관성의 연관성이 아니라 말이다. 권위 원칙은, 쟁점을 후자의 문제인 것처럼 잘못 생각하게 만든다.

권위 원칙의 내용을 조금 바꾸면 유익하게 되는가? 즉 권위 원칙―법체제는 그 규범의 관찰상 마음 독립성이 강하지 않으면 도덕적으로 권위 있을 수 없다고 주장하는 원칙―을 혼합 권위 원칙 Hybrid Authoritativeness Doctrine―법체제는 그 규범이 강한 관찰상 마음 독립성 또는 약한 관찰상 마음 독립성이 있지 않으면 도덕적으로 권위 있을 수 없다고 주장하는 원칙―으로 바꾸면 유익해지는가? 그렇지 않다. 그 둘 사이에는 아무런 실천적인 차이가 없다. 둘 다 도덕적 권위 문제에 관하여 실천적으로 유익하게 규명해 주는 바는 없지만 각각은 참이다. 왜냐하면 관찰상 마음 독립성은 도덕적 권위와 무관하게 법체계라면 갖고 있는 것이기 때문이다.

법의 도덕적 권위에 직접적으로 관련된 것은 관찰상 마음 독립성이 아니라 확정성이다(3.4.). 물론 법규범의 관찰상 마음 의존성이 강하다면 법의 도덕적 권위는 성립할 수 없다. 그러나 이는 마음 의존성 문제 때문이 아니라, 그런 마음 의존성이 커다란 불확정성을 낳기 때문이다. 그리고 법의 도덕적 권위를 훼손하는 커다란 불확정성은 다른 원천에서도 초래될 수 있다.

즉 강한 관찰상 마음 독립성의 부재는 불확정성의 부재를 초래하기는 하지만, 그 이외의 다른 유형의 불확정성(3.5.)도 있다. 즉 불확정성은 법규범의 관찰상 마음 독립성이 강하더라도 만연할 수 있다. 명확성 원칙 위반, 규범망 내의 모순의 만연, 규범의 정확한 해석과 부정확한 해석을 구별할 아무런 객관적 규준이 없는 것도 불확정성을 발생시킨다. 그리고 이와 같이 법의 강한 관찰상의 의존성 이외의 이유로 생긴 것이라 할지라도 도덕적 권위에 해가 된다는 점은 변하지 않는다. 규범의 해석이 평가되고 채택되어야 하는 실천적 층위에서 불확정성은 그 원천이 무엇인지 불문하고 불확정성은 법의 도덕적 권위에 해가 된다.

그런데 만연한 불확정성은 왜 도덕적 권위에 파괴적인가(3.6.)? 첫째, 만연한 불확정성은 사람들의 행동을 지도하고 방향을 정하는 기능을 해내지 못할 가능성이 매우 높다. 그래서 행위 조정을 통해 이루어지는 법의 중심 기능 달성을 좌절시킨다. 둘째, 법규범이 불확정이라면 법규범이 그것을 준거로 내려지는 결정에 대한 정당화 역할을 하지 못하여 그만큼 도덕적 권위를 잃는다.

외관상 경쟁하는 몇몇 견해(3.7.)를 살펴볼 필요가 있다. 우선 라이터와 콜먼은 자유주의가 깊이 헌신하는 것 가운데 확정성의 요구는 없다고 주장한다. 라이터와 콜먼의 주장은 불확정성에 관한 저자의 주장과 어긋나는 것 같아 보인다. 그러나 실제로는 그렇지 않다. 저자의 논의는 포괄적 불확정성 상황에 집중한 것이다. 그리고 콜먼과 라이터는 무제한적 현상으로 불확정성을 언급하고 있는 것이 아니다. 그래서 콜먼과 라이터가 불확정성이 법체제의 도덕적 권위를 위험에 빠뜨리지 않는다고 할 때 불확정성에 관한 저자의 주장과 조화될 수 없는 것을 이야기하는 것이 아니다.

그런데 월드론은 어려운 법적 문제에 대한 확정적으로 타당한 답의 존재 여부가 그 문제들을 다루는 법 공무원의 노력의 도덕적 정당성 및 권위에 관련이 없다고 주장한다. 그는 법적 영역에서 개인을 초월하는 판별 가능성이 부족하기 때문에 설사 어려운 법적 문제들에 대한 확정적으로 타당한 해법이 존재한다고 하더라도 자의성이 없다는 것을 보장해 주지 않는다는 점을 짚는다. 그리고 법 공무원들이 그런 문제에 대한 확정적으로 타당한 해법—그런 해법이 있는 경우에도—에 대한 아무런 특권적인 인식적 접근 기회를 갖고 있지 않기 때문에, 확정적으로 타당한 답이 있건 없건, 선출되지 않은 공무원들이 사람들의 중대한 이익에 영향을 미치는 쟁점에 결정적인 발언권을 가지는 것은 의문스러운 기반 위에 있다고 주장한다.

결국 월드론은, 논쟁적인 사건이건 판에 박힌 사건이건, 법의 확정성은 법의 도덕적 권위에 아무런 실천적 함의를 갖지 않는다는 주장도 함께하고 있는 것이다. 그러나 이 주장은 틀렸다. 왜냐하면 법 규범이 정말로 불확정적이라면, 국민과 공무원의 법에 관한 모든 확신과 논의는 착각과 모조 정당화에 불과할 것이기 때문이다. 그들은 법규범의 내용을 지시의 독립적인 원천이자 결정의 구속력 있는 근거로 다룰 수는 있지만, 법이 어떠어떠한 내용이다라는 그들의 믿음은 착각이며, 법 공무원들이 자신들의 결정을 뒷받침하려고 개진하는 정당화는 진짜처럼 보이는 가짜 정당화에 불과하다. 유익한 법체제의 작동이 집단적 망상일 수는 없다. 도덕적 권위 있는 법체계의 작동은 진정한 해석과 정당화를 가져야 한다. 그러므로 법의 관찰상 마음 독립성에서 확보되는 확정성을 포함하여, 법의 확정성은 법의 도덕적 권위의 필요조건이다. 비록 작은 비율의 불확정성은 체계의 기능성 및 도덕적 권위와 양립 가능하지만, 만연한 불확정성은 법체계에 치명적이며, 확정적 타당성으로서의 객관성 없이는 법도 도덕적으로 권위 있는 통치도 불가능하다.

결론적으로(3.8) 법의 객관성의 각각의 모든 차원은 법철학적 현상으로서의 법의 지배에도 그리고 도덕적·정치적 이상으로서의 **법의 지배**에도 필요불가결하다.

❖ ❖ ❖

이와 같은 매슈 헨리 크레이머의 분석은 우리 사회의 법의 제정, 집행, 해석에서 중요한 실천적 지침을 줄 수 있다. 이 분석은 객관성의 차원을 가리지 않고 법과 관련된 어떤 현상을 들어 법이 주관적이라고 선언하면서, **법의 지배**를 아무런 실천적 의의가 없는 것으로 만드는 주장을 논박할 수 있게 해 준다. 더 나아가 법과 관련된 논의나 결정이, 각각의 법의 객관성 차원과 연관된 **법의 지배** 원칙을 어떤 점에서 위반하게 되는가를, 관련된 원칙의 도덕적 함의 훼손에 주목하여 더욱 세밀하게 판별할 수 있는 기준을 제시해 준다.

제 1 장

객관성의 차원들

1.1. 간략한 서론

객관성과 법의 지배의 관계에 대한 만족스러운 해명은 객관성의 본성과 법의 지배의 본성이 투명하며, 명확하게 밝혀져야 할 것은 오로지 그 둘의 관계뿐이라는 가정에서 시작할 수 없다. 제1장과 제2장에서 분명하게 드러나게 될 점은, 객관성과 법의 지배 둘 다 복합적이고 다면적이라는 것이다. 그 둘이 서로 어떻게 관련을 맺고 있는지 유익하게 고찰하려면 서로 구별되는 객관성의 형태들을 살펴볼 필요가 있다.

제1장에서는 객관성의 여러 측면 또는 차원을 구분하여 설명하고, 제2장에서는 도덕적으로 중립적인 통치 방식으로서의 법의 지배와 도덕적 이상으로서의 **법의 지배**를 구별할 것이다. 제3장에서는

객관성의 여러 측면과 법의 도덕적 권위 사이의 관계 중 일부를 고찰하겠다. (세 장 모두 객관성과 법의 지배 또는 **법의 지배** 사이의 여러 가지 관계를 논할 것이다.) 나의 논의는 법철학자, 도덕철학자, 정치철학자를 사로잡았던 몇 가지 주요 쟁점에 관한 일반적인 개관을 제시하는 것이지, 모든 것을 망라하는 해명을 제시하는 것이 아니다. 이러한 개관은 그 주제에 대한 포괄적인 논의라면 주의를 쏟을 수많은 복잡한 사항을 불가피하게 생략하겠지만, 그 복잡한 사항들을 헤아리는 준거가 되어야 할 가장 중요한 구분들을 강조하는 것만으로 충분하겠다.

1.2. 객관성의 유형

일상 담화에서든 철학적 논쟁에서든 사람들은 몇 가지 다기多岐한 형태로 객관성의 개념을 거론하게 된다. 그 영역의 지도를 제공하기 위해 이 장에서는 몇 가지 부수적 관념과 함께 객관성의 여섯 가지 주요 관념을 살펴보겠다. 비록 객관성의 주요 측면은 대부분 중첩되며 또한 각각이 다른 측면과 온전히 양립 가능하긴 하지만, 그 관념들 중 어느 것도 다른 관념으로 전적으로 환원될 수는 없다. 그중 셋은 그 지향에 있어서 존재론적ontological이고, 둘은 인식론적epistemic이며, 하나는 의미론적semantic이다. 즉, 셋은 사물의 본성과 존재에 관한 것이고, 둘은 이성적 행위자가 사물에 대한 믿음을 형성하는 방식에 관한 것이며, 하나는 사물과 행위자의 믿음을 표현하

객관성의 유형(Types)

객관성의 속(Genus)	객관성의 종(Species)
존재론적(Ontological)	마음 독립성(Mind-Independence) 확정적 타당성(Determinate Correctness) 통일적 적용 가능성(Uniform Applicability)
인식론적(Epistemic)	개인을 초월하는 판별 가능성(Transindividual Discernibility) 불편부당성(Impartiality)
의미론적(Semantic)	진리 적합성(Truth-Aptitude)

는 진술 사이의 관계에 관한 것이다. 객관성의 개념을 적절히 설명하려면 이러한 차이점을 고려해야 하며, 또한 객관성의 별개의 측면들 중 일부에서도 중차대한 구분선을 그어야 한다.

여기서 자세히 설명할 객관성의 여러 차원은 법의 영역을 훨씬 넘어서는 커다란 중요성을 지닌다. 실제로 그중 일부는 법철학보다 철학의 다른 분야에서 훨씬 더 엄밀하게 탐구되어 왔으며, (이 장의 말미에 가서야 논하게 될) 몇 가지 부수적 차원은 법규범의 내용에 극히 제한적으로 적용된다. 그럼에도 불구하고 객관성의 여섯 가지 주요 측면은 많은 지성적 분야에서 중심적일 뿐만 아니라 법적 사고와 담론에서도 특별한 중요성을 지닌다. 임의의 분야나 탐구, 판단 또는 요구가 객관적일 수 있는 광범위한 면들을 살펴보겠지만, 그렇게 살펴보는 이유는 바로 법의 객관적인 면을 확인하기 위해서이다. 게다가 법이 객관성을 갖는 면뿐만 아니라 갖지 않는 면도 밝혀낼 필요가 있다.

1.2.1. 마음 독립성으로서의 객관성

모든 형태의 객관성objectivity은 그것에 상응하는 형태의 주관성의 반대反對이다. 이 반대관계는 마음 독립성Mind-Independence으로서의 객관성에서 가장 뚜렷하다. 객관성의 첫 번째 관념인 이 마음 독립성으로서의 객관성은 일상 담화와 철학적 논쟁 모두에서 다른 어느 관념보다 더 흔히 거론된다. 마음 독립성으로서의 객관성 관념을 언급하는 경우, 어떤 현상이 객관적이라는 선언은 그 현상의 존재와 성격이 그 누구의 생각에도 달려 있지 않은 독립적인 것이라는 주장이다. 그런 선언이 일반적으로 적용되는 영역 내에서, 개별 존재자 또는 사건에 관한 사실은 그 누구의 믿음beliefs이나 지각知覺, perceptions에 달려 있지 않다.

이 첫 번째 유형의 객관성을 적절하게 파악하기 위해서는 몇 가지 두드러지는 구분선을 주목해야 한다. 그런 구분선 중 하나는 (i) 개별 개인separate individuals의 관점 그리고 (ii) 공동체 내에서 또는 다른 종류의 집단적 과업collective enterprise 내에서 협동하는 개인들의 공유된 관점shared views 사이에 그어진다.[1] 때때로 이론가들이 특정 주제에 대한 마음 독립성을 확언할 때, 그들은 단지 그 주제에 관한

---

1 물론 내가 언급하는 공유된 견해는 단순히 공유되는 것에 그치지 않는 경우가 많다. 종종 각 참가자가 그러한 견해를 갖는 주요 이유는 사실상 모든 다른 참가자가 그러한 견해를 갖고 있고 자신이 그러한 견해를 갖기를 기대한다는 것을 알고 있기 때문이다. 협동적 작업에 참여하는 사람들 사이에서 일어나는 견해의 복잡한 맞물림은 이 장에서 상세히 다룰 필요가 없다.

사실이 어떤 특정 개인의 믿음이나 태도를 초월한다transcend는 점을 나타내고 있을 뿐이다. 개별 개인이 마음 독립성을 확언한 주제에 관한 사실이, 집단으로서 상호 작용하는 개인들(이를테면 법체계의 운용을 함께 수행하는 판사를 비롯한 법 공무원들)에 의해 공유된 믿음이나 태도에 파생적일 수는 있다고 본다. 이 이론가들은, 어떠한 특정 개인의 견해도 문제의 주제에 대해 실제로 참인 것을 정하는 데 결정적이지 않지만, 개인들이 하나의 집단으로서 그들의 상호 작용에서 공유하는 이해는 문제의 주제에 대해 실제로 참인 것을 정하는 데 결정적이라고 주장한다. 이것을 '약한 마음 독립성'이라고 지칭하기로 하자. 이것은 이론가들이 개별 개인에게는 부인하는 역할인 성향적 사실을 구성하는 역할을 집단에 귀속시킬 때 주장하는 객관성의 유형이다. 그 온건한 종류의 객관성은 **강한 마음 독립성**과 분명하게 대조를 이룬다. 강한 마음 독립성은 어떤 현상의 존재나 본성이 그 어떤 개별 개인(들)의 견해에서도 그리고 하나의 집단으로서 개인들을 묶는 공통된 견해나 확신에 의해서도 정해지지 않을 경우에 언제나 성립하는 것이다. 강한 마음 독립성이 어떤 영역 내에서 지배적인 한, 그 영역 내의 특정 사태의 성립에 대한 사람들의 합의는 그 특정된 사태의 실제 성립의 필요조건도 충분조건도 아니다. 사물이 어떠한가는 사물이 어떻게 생각되는가와 무관하다.

    마음 독립성의 두 번째 주된 유형 구별을 살펴보기 전에, 명료화를 위한 설명을 간략히 해 두는 것이 좋겠다. 어떤 현상이 약하게 마음 독립적일 경우, 그 존재와 본성은 어떤 집단 구성원들 사이에 공유되는 믿음과 태도에 의해 (그리고 그 결과로 나오는 행동 패턴에 의해) 정해진다. 그러나 그 믿음과 태도가 그 집단의 모든 구성원들 사이에서 공유될 필요는 없다. 대규모 결사와 공동체에서는, 말 그대로 모든 사람이 공유하는 믿음과 확신은 극히 드물다. 약한 마음 독립성 상태―'약한 마음 의존성'이라고 특징지어도 마찬가지로 좋을 상태―에서 전형적으로 있는 것은 만장일치라는 공상적인 상황이 아니라, 어떤 집단의 구성원들 대부분의 믿음과 태도가 수렴하는 상황이다. 예를 들어 캐나다의 능숙한 영어 사용자들이라는 느슨하게 결합된 집단을 생각해 보라. 이 사용자들 대부분이 'ain't'의 사용을 (익살스러운 효과를 위해 일부러 사용한 것이 아니라면) 공식적인 말하기나 쓰기에서 부적절한 것으로 여기고 그들 중 대부분이 공식적인 상황에서 그 속어의 사용을 피한다면, 캐나다 영어는 공식적인 담화에서 'ain't'의 사용을 금지하는 약하게 마음 독립적인 규칙을 포함하는 것이다. 공식적인 상황에서도 'ain't'의 사용을 피하지 않는 캐나다의 일부 능숙한 영어 사용자들이 십중팔구 있을 것이다. 그런 사실이 있다 하더라도 이는 앞서 언급한 규칙의 존재와 완전히 양립 가능하다. 약하게 마음 **독립적인** 현상으로서 어떤 존재자 X의 지위와 강하게 마음 **의존적인** 현상으로서 어떤 존재자 Y의 지위 사이의 차이는 바로, (Y의 존재나 본성과는 달리) X의 존재나 본성이 어떠한 특정 개인의 견해에 의해 정해지지 않는다는 데 있다. 대신에 존재자 X의 지위는 어떤 집단의 대부분의 구성원들 사이에 지배적인 견해와 행동에 의해 정해진다. 전형적으로, 어떤 집단의 다수 구성원들 사이의 수렴만으로도—이는 모든 구성원들 사이의 수렴에는 미치지 못하는 것인데—약하게 마음 독립적인 현상이 존재하게끔 하거나 그 본성을 확립하는 데 충분하다. 게다가, 어떤 특정한 쟁점에 대해 집단 구성원 사이에 거의 수렴이 없고 그렇게 수렴이 없다는 사실이 어떤 약하게 마음 독립적인 존재자 X(이를테면 공식적 상황에서 'ain't'의 사용을 금지하는 언어적 규범 같은 존재자)의 존재를 배제하는 경우, X의 약하게 마음 독립적인 성격은 그럴 경우 그런 존재자가 존재하지 않는다는 바로 그 사실을 증거로 하여 입증된다. X가 강하게 마음 독립적이지 않고 약하게 마음 독립적이라는 바로 그 이유 때문에, 집단 구성원의 견해가 충분히 수렴되지 않는 것은 X가 존재하지 않는다고 보게 하는 요소이다.

그런데 법적 명령이 강하게 마음 독립적인가 아니면 약하게 마음 독립적인가(또는 둘 다 아닌가)의 질문을 제대로 해결하기 위해서는 또 하나의 주요한 이분법적 구별에 주의를 기울일 필요가 있다. 그것은 바로 존재상 마음 독립성existential mind-independence과 관찰상 마음 독립성observational mind-independence의 구별이다.[2] 어떤 것은 그것의 발생occurrence이나 존재 지속continued existence이 어떤 마음(들)의 존재와 정신적 활동의 발생을 전제로 하지 않는 경우 오직 그 경우에만 존재상으로 마음 독립적이다. 모든 자연적 대상은 이런 의미

---

2   많은 작가들이 다양한 용어로 표현한, 존재상 마음 독립성과 관찰상 마음 독립성의 차이에 대한 훌륭하고 명료한 설명으로는 Moore 1992, 2443-2444; Svavarsdóttir 2001, 162쪽을 참조.

에서 마음 독립적이다. 또한 펜이나 주택과 같은 수많은 인공물들도 이런 의미에서 마음 독립적이다. 비록 이 인공물들이 마음과 정신 활동이 없다면 결코 만들어지지 않았을 것이지만—즉, 비록 그 기원에서 그 인공물들이 존재상 마음 의존적이었기는 하지만—그들의 존재 지속 역시 그 발생과 마찬가지로 마음의 존재와 마음 활동이 벌어지는 것을 전제로 하지는 않는다. 설사 마음을 가진 모든 존재가 곧장 사라진다고 하더라도 주택은 일정 시기 동안 존속할 것이다.

어떤 것은 (그 형상과 질료로 구성되며 그 존재 자체를 포함하는) 그 본성이 어떠한 관찰자가 그 본성을 어떻게 여기는지에 의존하지 않는 경우 오직 그 경우에만 관찰상 마음 독립적이다. 존재상 마음 독립적인 것이라면 어느 것이나 관찰상 마음 독립적이기도 하지만, 관찰상 마음 독립적인 모든 것이 존재상 마음 독립적인 것은 아니다. 예를 들어 의도적 행위intentional action를 살펴보자. 의도적 행위의 발생이라면 어느 것이나, 그 행위의 정신적 요소가 된 의도가 발생한 마음의 존재를 전제로 한다. 그러나 그 행위의 본성은 어떠한—그 행위를 수행한 사람을 포함해서—관찰자가 그것의 본성이라고 믿는 것이 무엇인가에 달려 있지 않다. 설사 모든 관찰자가 그 행위를 X 유형의 행위라고 생각한다고 할지라도 그것은 실제로는 그와 반대인 Y 유형의 행위일 수도 있다.(예를 들어 모든 관찰자가 그 행위를 정의로운 행위라고 생각한다고 할지라도 그것은 실제로 불의한 행위일 수 있다. 고대 그리스 시대에 승전국의 모든 국민이, 자신들이 복속시킨 패전

마음 독립성의 유형

	존재상	관찰상
약한	어떤 것의 발생이나 존재 지속이 어떠한 특정 개인의 정신 활동에 달려 있지 않음	어떤 것의 본성이 어떠한 특정 개인이 그렇다고 여기는 바에 달려 있지 않음
강한	어떤 것의 발생이나 존재 지속이 어떠한 집단 구성원들의 개별적 또는 집단적인 정신적 기능에 달려 있지 않음	어떤 것의 본성이 어떠한 집단의 구성원들이 개별적으로 또는 집단적으로 그렇다고 여기는 바에 달려 있지 않음

국의 국민을 노예로 만드는 것을 정의로운 행위라고 여겼다고 하더라도 그것은 실제로 불의한 행위일 수 있다. 타인을 노예로 만드는 것은 의도적 행위라서 정신 활동을 전제로 하므로 존재상 마음 의존적이지만, 그것이 갖는 불의한 행위로서의 본성은 승전국의 사람들이 그 행위를 정의롭다고 여기는지와 관계없이 불의하므로 관찰상 마음 독립적이다. -옮긴이)

 그렇다면 법의 마음 독립성을 고찰할 때, 우리는 강한/약한 구분과 존재상/관찰상 구분 모두에 예민하게 주의를 기울여야 한다. 그 문제를 조금 생각해 보면, 법의 존재상의 지위가 우리의 초점일 경우, 일부 법(가장 일반적인 법규범)은 약하게 마음 독립적인 반면 다른 법(가장 개별화된 지시)은 약하게 마음 독립적이지도 않다. 가장 일반적인 법규범이 적어도 약하게 마음 독립적이라는 것은 꽤나 명백하다. 가장 일반적인 법규범의 존재는 각 개인의 정신 활동에 따라 성립하거나 성립하지 않는 것이 아니다. 일반적 법규범의 다수의 서로 다른 집합이, 다수의 서로 다른 개인이 태어나고 죽는다고 해서 출현했다가 사라지는 것은 아니다. 또 어느 누구도 그것에 대해 생각해 보지 않았다고 해서 아무런 법규범도 없는 것이 아니다. 반면에 어떤 사람의 믿음이나 공상, 태도, 확신은 그것을 품은 특정 개인의 마음에 존재상 의존적이다. 그래서 모든 일반적 법규범은, 그 존재가 뿌리부터 주관적이지는 않다는 점에서 그런 것들과는 다르다. (상당히 이례적인 여건에서는 예외가 있을 수 있다. 군주제에서 공무원들은 통치하는 왕의 정신적 활동이 영원히 멈출 때마다 일부 일반법이 존재하지 않는 것으로 보는 관행을 고수할 수도 있다. 그런 질서가 특이하긴 하지만 명백히 가능하기도 하다. 그래도 단 한 사람의 생애를 넘어서 지속되는 법체계에서는 그렇게 강하게 마음 의존적인 일반법이 있는 경우는 극히 한정된 경우에 불과할 것이다.)

우리가 일반법으로부터 물러나 개별화된 명령을 살펴보면, 존재상 마음 독립성을 조금이라도 찾아볼 수 있는 경우는 드물다. 언제나 그런 것은 아니지만—판사나 다른 법 공무원에 의해—특정 사람에게 발령된 명령은 그 명령 수령자의 정신 활동이 영구히 중지된다면 유효한 것으로 남아 있지 않을 것이다. 개별화된 명령의 발령을 통해 추구했던 그 어떤 결과도, 어떤 다른 수단을 통해 (아마도 원래의 수령자 대신에 행위할 어떤 다른 개인이나 개인들에게 명령을 발령함으로써) 달성되어야만 할 것이다. 그렇다면, 개별적으로 발령된 법적 명령은 기껏해야 존재상 마음 의존적이다. 법적 요건으로서 그것이 계속 존재하는 일은 특정한 사람의 마음에서 정신 활동이 발생하는 것을 전제로 한다.

이와는 대조적으로, 일반적 법규범의 효력의 지속은 어떠한 특정 개인의 정신 기능을 거의 언제나 초월할 것이다. 그렇다 하더라도, 그런 규범의 존재상 마음 의존성은 강한 것이 아니라 약한 것이다. 그런 법규범은 마음과 정신 활동이 모두 다 사라진다면 존립할 수 없다. 그런 규범은 일정한 사람들(가장 주목할 사람들로 판사를 비롯한 법 공무원들)이 그 규범들에 관한 일정한 태도와 믿음을 집단적으로 유지하는 한에서만 법규범으로서 남아 있다. 법 공무원들이 사람들 행동의 법적 결과를 평가하는 권위 있는 규준으로 현행 법들을 다루는 성향이 수렴되지 않는다면, 그 법들은 더 이상 존재하지 않을 것이다. 분명히, 법체계 내의 일반적 명령 중 일부—이를테면 무단횡단을 금지하는 조례—는 설사 한결같이 집행되지 않는다invariably unenforced고 할지라도 계속 법으로 존재할 수 있다. 그런 명령에 의해 부과된 요구는 실천적으로 작동하지 않지만 계속 법적 의무로 남아 있는 것이다. 그러나 작동하지 않는 법적 의무가 계속 법적 의무로 존재하는 바로 그 이유는 수많은 다른 법적 의무들이 법 공무원의 활동을 통해 상당히 규칙적으로 시행되고quite regularly given effect, 법 공무원에게 그 법적 의무들을 구속력 있는 요구로 다루는 성향이 있다는 것이다. (규칙적으로 실행되지 않는 그 법적 요구는-옮긴이) 다른 많은 법적 요구가 규칙적으로 시행된다는 바로 그 사실 때문에 법체제가 기능하는 체계로 존재하는 것이다. 법체계 내에서 대부분의 명령과 다른 규범들의 규칙적인 시행이 없다면 그 체계와 그 체계의 갖가지 규범은 사장될 것이다. 요약컨대, (작동하지 않는 법을 포함해서) 법의 법으로서의 존재 지속은 법 공무원의 결정과 노력에 달려 있다. 그런데 이러한 결정과 노력은 의식 있는 행위자의 믿음과 태도 및 성향을 반드시 포함한다. 그러므로 법의 법으로서의 존재 지속은 강하게 마음 독립적이지 않다. 일반적 법규범의 존재상 마음 독립성은 약한 것에 불과하다.

　법규범은 어떤 식으로 관찰상 마음 독립적인가? 법규범은 관찰상 강하게 마음 독립적인가 아니면 약하게 마음 독립적인가? 우리는 관찰상의 지위와 관련해서 일반적 법규범이 적어도 약하게 마음 독립적이라는 사실은 곧바로 알 수 있다. 어쨌거나 이미 언급한 바와 같이, 존재상 마음 독립적인 것은 어느 것이나 관찰상 마음 독립적이기도 하다. 법체계의 존재에 전제된 마음 상태와 사건은 서로 상호 작용하는 많은 공무원이 공유하는 것이다. 그 마음 상태와 사건은 어떠한 특정 개인이 그것들이 어떠하다고 생각하는 바와 명백히 독립적이다. 그러나 법규범이 관찰상 강하게 마음 독립적인지 아니면 약하게 마음 독립적인지 규명하는 문제는 더 복잡하다. 안드레이 마머Andrei Marmor를 비롯한 몇 명의 철학자들은 법의 관찰상 마음 독립성이 약한 것에 불과하다는 점에 의문을 품지 않는다. 마머는 먼저, 어떤 개념이 강하게 마음 독립적인 것과 관련될 경우 "**전체 화자 공동체가** 〔그 개념의〕 진정한 지시체 또는 외연을 잘못 파악하는 상황을 상상하는 것이 가능하기는 하다"라고 지적한다. 그리고 나서 마머는 선언한다. "그러나 〔법체계의 작동 같이〕 관행적 실천에 의해 성립하는 개념의 경우에는 화자가 모조리 그 지시에 실패한다는 것은 그럴 법하지 않다. 해당 개념이 사회적 관행에 의해 성립한다면,

관련된 공동체가 그 지시체를 잘못 파악하는 것은 불가능하다." 마머는 단호하게 선언한다. "〔사회적 관행의 규범〕 내용에 대해 우리가 이미 알고 있는 것보다 더 알아낼 것은 없다."³ 그러나 실제로는 마머가 시사하는 것보다 사태가 더 복잡하다. 그의 논평은 전적으로 틀린 것은 아니지만 지나치게 단순화한 것이다. (법의 관찰상 강한 마음 독립성에 대한 아래의 논의에서는, 우연히도, 일반적 규범과 개별화된 지시를 구별할 필요가 전혀 없다. 각각의 경우, 관찰상 마음 독립성은 언제나 강하다.)

법의 어떤 특정한 점에 관해서도, 관할의 전체 법 공무원 공동체가 법을 잘못 알고 있는 것은 실제로 가능한 일이다. 법 공무원은 그들이 공유하는 믿음과 태도의 내용과 함의에 대해 집단적으로 틀릴 수 있으며, 그래서 그 믿음과 태도가 존속시키는 어떤 법규범의 본성에 대해서도 틀릴 수 있다. 틀릴 수 없다고 가정하는 것은 (i) 그들이 일차적인 태도와 믿음first-order attitudes and beliefs과 (ii) 그 일차적 마음 상태의 내용에 대한 이차적인 이해second-order understanding를 구별하지 못하는 것이다. 공무원들이 어떤 법규범의 존재와 내용에 대해 일정한 태도와 믿음을 공유한다는 사실이, 그 규범의 존재를 확립하고 내용을 고정하기는 한다. 그러나 그들이 그러한 태도와 믿음을 공유한다는 사실은, 그 사실에 의해 확립되고 고정된 것이 무엇

---

3 Marmor 2001, 138쪽 원문에서의 강조. 마머의 입장에 대한 복잡한 변형은 Locke 1975〔1689〕, 제4권 제4장에 나오는 유명한 논의의 바탕이 된다. 마머의 입장에 매우 가깝지만 다소 온건한 논의로는 Greenawalt 1992, 48쪽의 간략한 논의가 있다.

인가에 대해 집단적으로 스스로 오해할 가능성을 배제하지 못한다. 사람들의 일차적 믿음과 그 일차적 믿음에 대한 이차적 믿음 사이에 잘못된 이해의 틈이 생겨날 가능성은 언제나 있다.

마머가 일차/이차 구분을 누락했기 때문에 그의 분석은 일어날 법한 많은 상황에 적용될 때 실제로 부정합성不整合性을 낳게 된다. 어떤 관할의 법원이 특정한 법에 대한 그들의 이전以前 해석이 틀렸다고 선언한다고 가정해 보자. 그들은 이제 그 법이 어떤 다른 방식으로 이해되고 적용되었어야 한다고 (그리고 앞으로 그렇게 다른 방식으로 이해되고 적용되어야 한다고) 주장한다. 만일 사법부 구성원들이 이 법 해석 문제에 대해 공언할 때 현재 시점에서 집단적으로 결코 틀릴 수 없다면, 그들이 이전 시점에서 특정 법에 대해 현재는 부인된 해석을 지지했을 때는 틀릴 수 있었다고 결론 내려야만 한다. 반대로 그들이 이전 시점에서 집단적으로 결코 틀릴 수 없었다면, 그들이 스스로 과거에 틀렸다고 여기는 현재 그들이 틀린 것이다. 마머가 그런 상황을 어떤 식으로 분석하려고 하든 간에, 법 해석의 문제에 대해 법 공무원들이 집단적으로 오류를 범했다는 결론에 이를 수밖에 없다. 법 공무원이 집단적으로 무오류적無誤謬的이라는 마머의 주장은 스스로를 훼손한다.

그러므로 법규범의 관찰상 마음 독립성은 약한 독립성이 아니라 강한 독립성이다. 그럼에도 불구하고, 마머가 완전히 틀린 것은 아니다. 어떤 관할의 법 공무원들이 자신의 공유된 믿음과 태도가 낳은 어떤 법규범(들)의 내용과 함의를 집단적으로 잘못 이해하고 이후에 그것을 교정하지 않는다면, 그 오해는 그때부터 그와 관련되는 법의 특정한 쟁점(들)에서 결정적으로 작용할 것이다. 이는 사실상 그 이전까지의 법규범(들)을 새로운 법규범(들)으로 교체한 것과 마찬가지이다. 그런 결과는 특히 영미법의 선례구속원칙에 의해 포괄되는 법의 영역이라면 어느 영역에서나 일어날 것임이 명백하다. 새로운 법규범(들)은 이전 법규범(들)과 약간만 다를 것이지만—그 차이는 그 규범(들)에 대한 몇 가지 좁은 함의에만 있을 수 있다—실제로는 대체된 이전 규범(들)의 내용과 함의에 대한 법 공무원의 잘못된 이해 때문에 발생한 어떤 차이는 분명히 있을 것이다. 이후 그 새로운 법적 규준(들)에 따른 법 공무원들의 판단은 그 자체로는 잘못된 것이 아닐 것이다. 그 판단은 공무원들의 집단적인 실수collective misstep의 여파aftermath 안에 존재하므로, 법과 일치할tally with 것이기 때문이다. 법 공무원들은 새 규준(들)을 이전의 규준(들)과 같은 것으로 인식했던 점에서는 잘못 판단한 것이지만, 새 규준(들)을 구속력 있는 것으로 다루는 점에서는 잘못 판단한 것이 아니다. (이 일반적인 논지에는 제한된 예외가 있을 수 있다. 어떤 법체계의 공무원들이, 그들로 하여금 일정한 기간 내에 저지른 판단의 잘못을 깨달을 때마다 그 잘못된 판단을 바로잡을 것을 요구하는 규범을 고수한다면, 그리고 그 규범이 적용될 수 있는 대부분의 여건에서 그 규범을 준수한다면, 어떤 새로운 여건 집합에서 그 규범을 준수하지 않는 것은, 원래의 실수에 의해 생성된 새로운 법적 규준의 효력을 일시적으로 떨어뜨릴 것이다. 그러나 그 규범을 준수하지 않는 추가적인 오류는—교정되지 않는다면—

원래의 실수와 함께 공무원에게 구속력 있는 것으로서 법체계의 작동 기제 내로 재빨리 흡수될 것이다.)

물론, 기존의 법규범에 대한 공무원의 집단적 오해로 인해 생성된 새 법규범은 그 자체가 미래에 잘못 적용될 대상이 될 수 있다. 그것이 실제로 그런 방식으로 왜곡을 겪는다면, 그것은 그 왜곡의 결과로 나온 어떤 법규범에 의해 대체될 것이다. 공무원들의 집단적 오류를 통해 어떤 법적 규준(들)을 다른 법적 규준(들)으로 대체하는 결과에 이르는 과정은, 끝없이 되풀이될 수 있다. 법적 변화는 많은 경로를 통해 일어날 수 있는데, 오류의 연쇄succession of errors도 그중 하나이다.

따라서 비록 마머가 법규범의 관찰상 마음 독립성이 강한 것이 아니라 약한 것이라고 주장한 점에서는 부정확했지만, 그의 논급은 법규범의 **존재상** 마음 독립성이 결코 강하지 않다는 사실을 일깨워 주는 데 기여한다. 법 공무원들은 자신의 공유된 믿음과 태도가 지탱하는 법의 함의를 집단적으로 잘못 판단할 수 있지만, 그들의 오류는 (이후에 교정되지 않는다면) 재빨리 그 법의 내용으로 들어가 지배적인 규준의 일부가 된다. 더군다나—앞서 인용된 논급에서—마머가 관행적인 개념의 지시적 외연에 관한 실수를 공동체 전체가 범하는 것이 불가능하다고 애초에 주장하지 않았음을 주목해야 한다. 그는 그런 실수를 범하는 것이 그럴 법하지 않다고만 주장했을 뿐이다. 이러한 주장은 과장된 것이지만 전적으로 오도誤導된 것은 아니다. 우리의 실천의 산물에 대한 인식적 접근이 자연세계의 현상에 대한 인식적 접근보다 더 직접적이라는 논제에는 얼마간의 가치가 있다. 비록 그 논제로 인해 사람들의 일차적 믿음과 그 일차적 믿음의 내용과 함의에 대한 이차적 믿음 간의 불일치 가능성이 희미하게 지워져서는 안 되지만, 그 논제는 때때로 우리가 만들어 내지 않은 실체에 대한 이해보다는 우리의 관념에 대한 이해에 더 큰 확신을 느낄 수 있다는 점을 적절하게 시사한다. 그것이 우리의 실천에 대한 이해의 교정 불가능성에 관한 독단으로 굳어지지 않게 하는 한계 내에서라면, 확신의 상대적 수준에 관한 그 기본적인 신조는 적절하다. 그 신조는 체스 규칙처럼 매우 좁고 정확하게 경계가 그어진 관행의 경우에 특히 설득력이 있지만, 대규모의 법체계를 구성하는 규칙과 같은 매우 분산된 관행의 경우에도 얼마간의 설득력을 가지고 있다.

간단히 말해, 법체계의 일반적 규범이 마음 독립적이라는 뜻에서 객관적인지 고찰할 때 복합적인 결론이 나와야 한다. 그런 규범은 존재상 그리고 관찰상 마음 독립적이지만, 존재상 마음 독립성은 약한 반면에 관찰상 마음 독립성은 강하다. 존재상 마음 독립성이 약하기 때문에, 강한 관찰상 마음 독립성 때문에 발생했던 인식과 실제 사이의 틈은 모두 최소화된다. 법 공무원들이 집단적으로 오류를 피함으로써가 아니라, 교정되지 않은 오류라면 어느 것이나 관련된 관할의 법의 내용으로 수용되게 함으로써 최소화되는 것이다. 다시 말해서, 공무원의 집단적 인식과 법의 실제 사이의 간극은 인식에 따라 실제를 반복적으로 재형성함으로써 재빨리 제거된다. 더구나, 법 공무원들이 자신의 실천과 그 실천의 산물에 대단히 익숙하기 때문에, 집단적으로 인식된 것과 실제적인 것 사이의 틈은 상대적으로 드물 수밖에 없다.

이 논의를 끝내기 이전에, 잠재적으로 제기될 수 있는 한 가지 반론을 누그러뜨려야겠다. 존재상 마음 독립성으로서의 객관성에 대한 나의 논평은, 법체계와 그 안의 규범이 그 성격에 있어서 관행적이라고 전제했다. 그런 논평은 법실증주의가 법이론으로서 타당하다는 것을 추가로 전제하는 것으로 보일지 모른다. 이 때문에 일부 독자들은 불편한 기분을 느낄지도 모르겠다. 그들은 실증주의가 참이든 아니든, 법의 객관성에 대한 해명은 법실증주의의 참을 주어진 것으로 다루어서는 안 된다고 논할지도 모르겠다. 그들은 나의 해명이 법실증주의자와 자연법론자 사이의 논쟁에서 중립적이지 않았다고 불평할 것이다. 그런 우려는 모두 적절하지 못하다. 법실증주의자가 법의 관행성을 주장하는 것은 사실이다. 그렇지만 최소한의 설득력을 갖춘 모든 자연법 이론도 법의 관행성을 주장한다. 법실증주의자와 대부분의 자연법론자들은, 법이 관행적인지 여부에 대해 의견이 불일치하는 것이 아니라, 법이 배타적으로 관행적이기만 한 것인가를 두고 의견이 불일치하는 것이다. 많은 자연법론자들은 모든 법체계의 규범이 기본적 도덕 원리를 포함하며, 그 법규범으로서의 지위가 공무원의 관행적 실천에 달려 있지 않다고 주장한다. 몇몇 자연법론자들은 더 나아가, 특정 법체계 내에서 공무원들이 법으로 분류한 규범 중 일부는 진정으로 법이 아니며, 끔찍할 정도로 악랄한 규범은 그런 지위에서 배제된다고 주장한다. 자연법론자들은 이 쟁점에서 실증주의자와 의견이 어긋나지만, 그 어떤 법체계에서도 대부분의 법이 그 기원에서 관행적인지 여부에 대해 의견이 어긋나는 것은 아니다. 모든 사람 또는 거의 모든 사람은 후자의 질문(그 어떤 법체계에서도 대부분의 법이 관행적인가-옮긴이)에 대한 답이 '예'라는 것을 인정한다.[4] 그러므로 분석법리학에 있어서 법실증주의자와 자연법론자에 의해 똑같이 법규범으로 분류될 모든 법규범에 적용할 때—그래서 법실증주의자가 분류할 대부분의 법규범과 자연법론자가 분류할 대부분의 법규범에 적용할 때—그런 규범의 존재상의 마음 독립성에 대한 나의 해명은 실증주의와 자연법론 사이에서 중립적이다. 더군다나, 그 해명은 자연법론자들의 특유한 주장을 수용하도록 쉽게 확장될 수 있다. 그런 이론가들은 그 해명을 받아들이면서, 일부 일반적인 법규범은 관찰상 마음 독립성뿐

---

[4] 로널드 드워킨은, 아마도 논쟁의 가운데 과장해서, 후자의 질문에 대한 답이 '예'라는 것을 부정하는 것에 가까웠다. Dworkin 1986, 136-139쪽을 참조. 드워킨에 대한 비판적 반론은 Kramer 1999a, 146-151쪽을 참조. 미국 헌법을 구체적으로 언급하는 드워킨의 입장의 장점이 무엇이든 간에, 모든 법체계의 주요 구성요소에 적용되는 일반적인 법학 이론으로서는 그럴 법하지 않다. 어쨌든 법체계가 관행이 아니라 서로 수렴하는 독립적인 도덕적 믿음의 배열을 통해 작동한다는 드워킨의 견해를 받아들인다고 해도, 법규범의 약한 존재상 마음 독립성에 대해 여기서 말한 내용을 수정할 필요는 없을 것이다. 드워킨은 법이 존재상 약한 마음 독립성을 가질 뿐이라는 점을 분명히 인정한다. 수정해야 할 것은 법의 약한 존재상 마음 독립성이 그 관행성에 있다는 나의 제안일 뿐이다. 드워킨을 따르는 사람은 그 대신, 약한 존재상 마음 독립성이 공무원과 시민이 품고 있는 도덕적 믿음 집합의 중첩적 산물로서의 법의 본질에 있다고 주장할 것이다.

만 아니라 존재상 마음 독립성도 약한 것이 아니라 강하다는 주장을 덧붙일 수 있다. 더 구체적으로 말하면, 약하지 않고 강한 존재상의 마음 독립성을 가진 것은, 자연법론자들에 의해 어떠한 관행적 실천과 무관하게 법규범으로 특징지어지는 기본적 도덕 원리이다. 〔물론 자연법론자들은 어떤 특정한 관할의 법으로서 그 도덕 원리의 지위가 존재상 강하게 마음 독립적이라고는 주장하지 않을 것이다. 법체계 내의 모든 사람들의 마음이 영원히 기능하지 않게 된다면 그 어떤 법체계도 존속할 수 없다. 그러므로 자연법론자들은 특정한 관할의 법으로서 도덕 원리는 존재상 약하게만 마음 독립적이라는 점을 수용할 것이다. 그러나 자연법론자들은 그 원리들이 그 자체가 법으로서 약한 존재상 마음 독립성이 아니라 강한 존재상 마음 독립성을 가진다고 할 것이다. 그 어떤 마음도 존재하지 않아 결과적으로 법체계가 존재하지 않는다고 하더라도, 그 원리들은 어떤 법체계라도 있다면 그런 법체계에 속할 법으로서 초시간적으로 남을 것이다. 적어도 자연법론자들은 그렇다고 믿는다.〕

1.2.2. 확정적 타당성으로서의 객관성

법의 객관성이 쟁점이 될 때, 아마도 가장 일반적으로 주목받는 객관성의 차원은 확정적 타당성determinate correctness일 것이다. 이 주제를 고찰하는 철학자와 보통 사람들은 임의의 특정 관할에서 사람들의 행위의 법적 결과가 지배적인 법규범에 따라 확정적으로 정해지는지 확인하는 데 특별한 관심을 가진다. 법적 질문들에 대한 확정적으로 타당한 답이 있는 정도는, 구체적인 판단에 도달하는 데 있어서 법 공무원에게 남겨진 재량leeway의 범위에 반비례한다. 그 재량은 유일무이하게 타당한 답이 있는 법적 질문에 관해서는 사라진다. (물론 모든 법 공무원은 유일무이하게 타당한 답이 무엇인지 발견하려고 할 때 자신의 판단력을 행사해야 하며, 일반적으로 타당한 답에 어떻게 효력을 부여할 것인가를 숙고할 때 얼마간의 판단 여지latitude를 가질 것이지만 말이다.) 법적 질문에 둘 이상의 타당한 답이 있는 경우에도 타당한 답의 범위는 작을 수 있다. 그럴 경우, 법 공무원에게 남겨진 재량은 엄격하게 제한된 것이다. 더 일반적으로, 시사한 바와 같이, 그 재량의 범위는 타당한 답의 범위의 폭에 정비례한다.(타당한 답의 범위의 폭이 넓으면 재량의 범위도 넓다.-옮긴이)

어떤 법적 질문에 대한 가능한 답 중 어느 것도 부당하지 않다면, 모든 답이 부당하지 않다는 의미에서 타당하다. 그런 경우 법 공무원의 재량은 무제한적이다. 특정한 법적 질문에 대한 모든 답이 다른 답만큼 좋다(또는 나쁘다). 불확정성은, 확정적 타당성으로서의 법적 객관성의 부정否定, negation으로서, 그런 상황에서 만연하게 된다. 법체계의 지배적인 규범이 특정한 법적 질문이 포괄하는 문제들을 전혀 다루지 못하거나,―그 이유가 무엇이든―그 문제를 처리하는 데 있어 결론이 완전히 열린 구조일 수 있다. 어느 경우든, 그 법적 질문에 대한 객관적 답이 없는 것이다. 모든 답이 (부당하지 않다는 뜻에서in the sense of not being incorrect) 타당하지만, 어떤 답도 확정적으로 타당하지는 않다.

법적 질문에 대한 객관적 답의 존재에 대한 주장은, 그 질문을 둘러싼 불확정성이 철저하지 않고 느슨한 것에 그칠 때도 지탱될 수 없다. 불확정성은 실수량實數量, scalar 속성이다. 즉, 그것은 다양한 정도로 성립한다. 주어진 법적 주제는—그 주제에 관한 어떤 질문에 대한 답이 어느 것이나 다른 여느 답보다 정말로 조금도 더 낫지 않다면—전적으로 불확정적일 수 있다. 그러나 골칫거리가 되는 법적 질문을 둘러싼 불확정성은 그렇게 전적인 불확정성은 아니다. 비록 그런 질문에 대한 여러 개의 상반되는 답들이 각각 타당할 수는 있지만, 이와는 다른 많은 답은 부당할 것이다. 예를 들어 어떤 특정한 행위 집합이 살인죄의 사례로 적절하게 분류될 수 있는가라는 문제가 불확정적이라고 가정해 보자. 그에 대한 '예'라는 답은 '아니요'라는 답보다 조금도 더 낫거나 못하지 않다. 살인 금지의 적용 가능성과 적용 불가능성의 논거가 서로 맞먹기 때문이다. 그렇더라도 그 질문에 대한 일부 답들은 명백히 틀린 답이 될 것이다. 예를 들어, 어떤 특정된 행위 집합은 그 행위들이 화요일에 발생한 경우 오직 그 경우에만 살인죄의 사례로 적절하게 분류될 수 있다고 답한다면, 그 사람의 답은 명백히 틀린 것이다. 그렇게 화요일에 초점을 맞춘 답과 비슷하게 잘못된 답이라면 어느 것이나 틀린 답으로 거부될 수 있겠지만, 그럼에도 불구하고 살인이 저질러졌는지 아닌지의 질문에 대해서는 '예'와 '아니요' 중 무엇이라고 답할지 결정할 근거가 없는 경우가 있다. 그런 경우에는 그 질문에 대한 답들 중 어느 것도 객관적으로 타당하지 않다. 확정적 타당성으로서의 객관성이 없는 것이다. 비록 그 질문이 생성한 불확정성이 전적인 것은 아닐지라도 말이다. 불확정성의 정도는 그중 어떤 답을 하든 그 객관적 타당성을 훼손할 정도로—'예'와 '아니요'의 답을 모두 포괄할 정도로—충분히 크다.

1.2.2.1. 과대평가된 불확정성

그렇다면 한 가지 분명한 질문이 제기된다. 법은 어느 정도나 확정적 타당성으로서의 객관성을 가지는가? 즉, 법규범은 사람들의 행동의 법적 결과를 어느 정도나 정하는가? 법적 질문에 확정적으로 타당한 답은 어느 정도나 있을 수 있는가? 몇몇 저자들은 이 질문(또는 일련의 질문들)에 회의적인 비관주의로 답했다. 그런 회의주의는 미국에서 때때로 두드러지게 유행했다. 1920년대와 1930년대의 법현실주의자와 1970년대와 1980년대의 비판법학자들이, 법 공무원의 재량을 법이 진정 제약하는 것은 아니라는 관념을 악명 높을 정도로 널리 설파했다. 그들은 법규범의 정합성과 의미 있음meaningfulness 자체를 심히 회의적으로 보면서, 그 어떤 법체계에도 불확정성이 만연해 있다고 주장했다. 비록 법현실주의로 매우 느슨하게 묶인 몇몇 이론가들은 철학적으로 정교했지만, 법적 불확정성에 대해 글을 쓴 법현실주의 운동의 구성원들은 그렇지 않았다. 그리고 이후 비판법학자들에서 나온 불확정성 선포 중 많은 수는 한층 더 피상적이고 철학적으로 훈련이 되어 있지 않은 것이었다. 법현실주의와 비판법학 학파가 각각 그 논쟁을 촉발시켰으며 짧은 기간 추종자들을 얻었지만, 둘 다 그 자체의 독단과 과장법의 무게 때문에 상당히 빨리 무너졌다. 확실히, 이 두 운동(특히 법현실주의)에서 나온 최고의 저술은 유익하게 신랄한 것이었으며, 이후의 분석법리학의 사고에 흔적을 남겼다. 그럼에도 불구하고 이 두 학파 모두 녹슬게 했던 빈약하고 철학에 무지한 회의주의가 빨리 쇠퇴한 것은 다행이었다.

1.2.2.1.1. 상소심 사건에 근거한 정당화되지 않는 일반화. 왜 분석법리학자들은 법체계가 광범위한 불확정성 문제를 겪고 있다는 생각에 간헐적으로 빠져들곤 했던 것일까? 그들의 혼동 배후에 있는 제일의 그리고 가장 분명한 요인은, 그들의 법학 교수법과 연구에서 전형적으로 집중하는 상소심 사건에서 현명하지 못하게 외삽extrapolate하는 경향이다. 하급 법원에서 상소되는 사건은 서로 대립하여 균형을 이루고 있는 고려 사항들이 부딪히는 난해한 쟁점이 포함되어 있는 것이 보통이다. 법대생과 법이론가 모두 지루하고 일상적인 사건보다 훨씬 더 많은 관심을 기울이는 흥미롭고 까다로운 사건이 법체계가 다루는 무수한 상황을 대표한다고 생각하는 유혹에 빠지곤 한다. 그러나 사실 이러한 사건은 흥미진진한 만큼이나 이례적이다. 로스쿨에서 공부하는 판례집에는 전혀 나오지 않는 평범한 사건, 사람들의 행위로 인한 법적 결과가 너무도 명확해서 소송으로 이어지지 않는 일련의 상황이 법체계가 직면하는 대표적인 상황이다. 법체계의 운영은 대부분 흥미롭지 않을 정도로 간단하기 때문에 논란이 되는 상소 사건에 관심을 쏟는 법학자들이 간과하는 경우가 많다.

이러한 사건에 대한 학자들의 집착은 법체계의 불확정성에 대해 매우 과장된 인식을 조장할 수 있다.

1.2.2.1.2. 입증 불가능성 대 불확정성.

법체계가 광범위한 불확정성 문제를 겪고 있다는 과장된 감각이 생긴 두 번째 이유는 많은 이론가들이 확정성determinacy과 입증 가능성demonstrability을 구별하지 못했기 때문이다.[5] 법적 질문에 대한 답은 확정적으로 타당할 수 있다. 즉 유일무이하게 타당하거나, 타당하다는 점에서 다른 모든 답과는 다른 작은 범위의 답들에 속할 수 있다. 설사 그 타당성이 그 문제에 대해 주의 깊게 성찰한 거의 모든 합리적인 사람들을 만족시킬 수 있을 정도로 입증될 수는 없더라도 말이다. 법적 분쟁을 해결하는 어떤 방식이 확정적으로 타당할determinately correct 경우, 이는 어느 한 사람이라도 그렇게 분별하는지 여부와는 무관하게 확정적으로 타당한 것이다. 이와는 대조적으로, 분쟁의 해결은 양식 있는 사람들에 의해 인식되고 지지될 수 있는 경우에만 입증 가능하게 타당하다. 분명하게 드러날 바와 같이, 확정적 타당성은 입증 가능한 타당성을 필함하지entail 않는다. 입증 가능한 타당성은 전자보다 더 많은 것을 포함한다. 마찬가지로 분명하게 드러날 바와 같이, 어려운 상소심 사건에서 주된 법적 문제에 대한 답이 입증 가능하게 타당한 경우는 매우 드물다. 그런데, 확정적 타당성이 입증 가능한 타당성

---

5 이 구분은 Tamanaha 2004, 103-105쪽에서 심각하게 훼손되었다.

을 필함하지 않기 때문에, 입증 가능한 타당성의 속성이 없다는 사실이 확정적 타당성이 없다는 사실을 필함하지 않는다. 임의의 특정한 상소심 사건에서, 입증 가능하게 타당한 답(들)이 있을 가능성은 매우 낮다고 하더라도, 주된 법적 문제(들)에 대한 어떤 확정 가능한 답(들)이 있을 수도 있다.

이 기초적인 논지는, 이 장의 이후 절에서 더 살펴볼 것이지만, 법이 불가피하게 불확정성으로 뒤덮여 있다고 선언하는 저자들이 놓치는 경우가 빈번하다. 그런 저자들은 어려운 사건에서 발생하는 의견 불일치를 해소할 수 없다는 점을 간단히 지적하고는, 그런 사건에서 중요한 문제들에 대한 확정적으로 타당한 답이 없다고 단언한다. 그 단언에 터 잡아 그들은 법이 불확정성으로 뒤덮여 있다는 결론에 도달한다. 그런데 이 저자들이 어려운 사건의 특이한 사례로부터 법에 관한 일반적 결론을 끌어내서는 안 되었다는 사실을 제쳐두더라도, 그런 사건에서 확정적으로 타당한 답이 없다는 그들의 그 앞 단계의 추론도 거부해야 한다. 그런 사건들 중 일부에는 확정적으로 타당한 답이 없을 수도 있지만, 법 공무원(또는 다른 사람들)이 임의의 개별 사건에서 적합한 결과에 대해 서로 격렬히 견해를 달리한다는 사실만으로는 그 사건에 대한 어떤 결론도 확정적으로 적절하지 않다는 점을 입증하기에 충분하지 않다. 의견 불일치가 완강하게 계속된다는 사실은 그 자체로는 그 의견 불일치와 관련된 난제에 유일무이하게 타당한 해법이 존재하는지 여부와는 아무런 관련이 없다. 오로지 확정성과 입증 가능성의 구별을 누락하기 때문에 관련이 있다고 생각하게 만드는 것이다. 어려운 사건에서 공무원들 사이에 의견 불일치가 끈질기게 지속된다는 사실을 언급함으로써 불확정성에 관한 주장을 정당화하기를 바라는 이론가는, 자신의 입장을 적절한 논증으로 뒷받침해야만 할 것이다. 그런 이론가는, 예를 들어 의견 불일치의 끈질긴 지속이 이와 관련된 사람들의 기질적·지성적·이데올로기적 한계 때문이 아니라 확정적으로 타당한 답이 없기 때문에 생기는 것이라고 볼 견고한 이유를 보여 주어야만 할 것이다.

확정적 타당성과 입증 가능한 타당성의 구별과 매우 밀접하게 관련되어 있는 것이, 확정성과 예측 가능성predictability의 비등가성 그리고 불확정성과 예측 불가능성의 비등가성이다. 많은 어려운 사건에서 쟁점의 결과는, 그 분쟁에서 쟁점들이 엉클어져 있고 그 쟁점들에 대한 사람들의 견해가 결과적으로 불일치하기 때문에, 예측 불가능할 것이다. 판사나 다른 법 공무원들이 격렬하게 다툼이 되는 문제를 어떻게 다룰지 사전에 정확하게 콕 집어서 예측하는 것은 대단히 어려울 수 있다. 그러나 그런 여건에서 공적인 결정의 예측 불가능성은 입증 가능하게 타당한 답이 없기 때문에 생긴 것이고, 입증 가능하게 타당한 답이 없다는 것이 확정적으로 타당한 답이 없다는 것을 필함하지 않기 때문에, 예측 불가능성과 불확정성은 등가 equivalent가 아니며 공외연적共外延的, coextensive이지도(외연이 같지도-옮긴이) 않다. 물론 이 둘은 경우에 따라 때때로 함께 성립하기도 하지만, 한결같이 함께 성립하는 것은 아니다. 확정성과 예측 가능성의 경우에도 이는 거의 마찬가지이다. 방금 전의 논의로 분명해졌듯이, 확정성은 예측 가능성을 필함하지 않는다. 예측 가능성이 확정성을 필함하는 것도 아니다. 판사나 그 밖의 법 공무원이 확정적으로 타당한 답이 없는 법의 문제에 직면할 때, 그들이 그 문제를 어떻게 다룰지는, 각각의 공무원이 특정 결과를 뚜렷하게 편애하기 때문에 충분히 예측 가능할 수도 있다. (아마도 관련 공무원들은 특정 결과에 대한 편애를 예측 가능하게 공유할 수도 있고, 그래서 그 문제에 대한 그들의 당파적인 규율을 예측 가능하게 만들 수도 있다.) 따라서 우리가 예측 불가능성으로부터 불확정성을 타당하게 추론할 수 없는 것과 마찬가지로, 우리는 예측 가능성으로부터 확정성을 타당하게 추론할 수 없다.[6]

1.2.2.1.3. **불확정성의 과잉단순화.** 일부 학자들이 법적 불확정성을 과도하게 강조하는 세 번째 요인은, 불확정성 그 자체에 대한 과잉단순화된 이해이다. 몇몇 이론가들은 어떤 법적 문제에 대한 주요한 잠재적 대응 각각을 찬성하는 신빙성 있는 논지가 있다는 것을 드러낼 수 있다면 곧 그 법적 문제는 불확정적이라고 생각하는 것으로 보인다. 그 문제에 대한 ('예'와 '아니요' 같은) 경쟁하는 주요한 답들 각각을 찬성하는 그럴 법한 논거를 제시할 수 있다는 점을 보여 주

---

[6] 이 후자의 논지에 대한 적절한 인식은 Greenawalt 1992, 39쪽을 참조. Tamanaha 2004, 87-90쪽에서는 불확정성과 예측 불가능성의 구분이 처음에는 소실된 채 논의가 이루어졌지만 결국 이 논지가 인정되었다.

고 난 뒤, 이 이론가들은 확정적으로 타당한 답이 없다고 곧장 결론을 내린다. 그런 결론이 어떠한 개별 사건에서 참이든 아니든, 그런 식의 논증을 기초로 개진된다면 지나치게 안이해서 수용하기 어려운 처리가 된다. 그런 식의 논증이 간과하는 것은, 불확정성은 단순히 상충하는 고려 사항들의 충돌과 같지 않다는 점이다. 불확정성은 동등하게 강한 또는 통약불가능하게 강한, 상충하는 고려 사항들의 충돌에 있다. 즉 불확정성은, 어떤 쟁점에 대한 양측의 경쟁하는 주장들이 서로 대립하여 균형을 이루고 있다거나 그 강도의 서열을 정해 줄 그 어떤 비교도 할 수 없는 경우에만 성립한다. 똑같은 무게를 가진 평형 상태 또는 통약불가능하게 강한 평형 상태의 상황에서는 경쟁하는 주장 중 어느 것도 다른 것보다 더 낫지 않다. 그런 상황이 존재하는 경우에는 진정한 불확정성이 있는 것이다. 그러나 그런 상황은, 서로 대립하는 (그리고 서로 대립하여 균형을 이루고 있을 수도 있고 아닐 수도 있는) 고려 사항들이 존재하는 상황보다 훨씬 드물다. 그래서 어떤 쟁점의 각 측에서 근거로 삼을 수 있는 고려 사항들이 존재한다는 사실만 그저 언급하면서 그 쟁점을 해결할 확정적으로 타당한 방법이 없다고 추론하는 것은, 시작부터 성공할 가망이 없는 명백히 불합리한 추론이다. 법체계 내에 불확정성이 만연하다는 선언이 그런 종류의 불합리한 추론에 기대는 경우가 너무나 자주 있다.

1.2.2.1.4. 불확정성 대 불확실성. 많은 법이론가들이 법적 불확정성을 과장하는 경향이 생기는 네 번째 이유는 이미 제시된 요인들 중 일부와 중첩되는 것으로, 불확정성indeterminacy과 불확실성uncertainty을 구별하지 못한다는 것이다.[7] 불확실성은 부적절한 믿음의 상태(인식론적 상태)이다. 반면에 불확정성은 정당화의 타당성이 같은 상태(존재론적 상태)이다. 어떤 사람이 어떤 법적 질문에 대한 타당한 답에 대해 확신하지 못한 경우, 그리고 더 나아가 그 질문에 대한 확정적으로 타당한 답이 있는지 확신하지 못하는 경우, 그 사람이 그 질문에 확정적으로 타당한 답이 존재하지 않는다고 말할 입지에 있다고는 도저히 볼 수 없다. 그 사람은 타당한 답의 특정 내용에 관한 판단을 철회해야 하는 것과 꼭 마찬가지로 그 주제에 대한 판단도 철회해야 한다. 그 사람의 믿음은 그 논점에 대한 그 어떤 판단을 뒷받침하기에도 불충분하다. 이와는 달리, 누군가가 어떤 법적 질문에 확정적으로 타당한 답이 없다고 선언한다면, 그 사람은 그 문제에 대한 답이 불확실하다고 말하고 있는 것이 아니다. 오히려 그 사람은 그 문제에 대한 '예'라는 답도 '아니요'라는 답도 다른 답보다 우월하지superior 않다고 주장하고 있는 것이다. (만일 그 문제가 '예' 또는 '아니요'라고 적절하게 답할 수 없는 문제라면, 예를 들어 최저임금의 적절한 수준에 관한 문제라면, 확정적 타당성을 부인하는 주장은 그 문제에 대해 경쟁하는 주요한 답 중 어느 것도 다른 답보다 우월하지 않다는 주장에

---

7 이 구분은 Dworkin 1996, 129-139쪽에서 적절히 강조되었다.

해당한다.) 어느 답이나 경쟁하는 답(들)보다 낫지 않다는 자신의 주장을 실질적으로 논증하기 위해서는, 서로 대립하는 고려 사항들이 균형을 이루고 있다는 점 또는 그것들이 서열이 매겨질 수 없는 성격이라는 점을 보여 주어야만 한다. 그런 실질적 논증이라면 그 어떤 것이든, 단지 불확실성이 있다는 점만을 지적하는 것으로는 이루어지지 않는다. 그런 실질적 논증은, 적어도 어떤 특정한 답이 다른 여느 답보다 낫다는 점을 입증하려는 만족스러운 노력이 제시해야 할 논증만큼이나 견고한 논증으로 뒷받침되어야 할 것이다. 불확실성은 그런 실질적 논증의 기초가 전혀 아니다.

다툼의 대상이 되는 주된 주제가 꼬여 있는 복잡성을 갖고 있으며 주장의 각 측에 상당한 정당화 근거가 있는 사건에서는, 많은 식견 있는 관찰자들이 그 사건의 타당한 처리가 무엇인가에 대해 확신하지 못할 뿐 아니라 그 사건에 대한 타당한 처리방법을 원칙적으로 얻을 수 있는지 여부에 관해서도 확신하지 못할 수도 있다. 그렇다고 해도, 방금 드러난 바와 같이, 그 논점들에 대해 큰 불확실성을 느끼는 관찰자는 누구든 그 사건에 대한 확정적으로 타당한 답이 가능하지 않다고 말할 입지에 있지는 않다. 그 불확실성이 극복되기 전까지 그들은 그 사건이 어떻게 처리되어야 하는가라는 문제에 대한 확정적인 타당한 답의 존재를 긍정하거나 부정하는 일을 삼가야 한다. 그들이 가져야 하는 의견은 '판단을 하지 못하겠다'는 것이어야 한다. 그러나 법이론가들이 어려운 사건들을 검토하고 그 사건들에 대한 확정적으로 타당한 결론의 가능성에 대해 그들 자신이 확신하지 못하겠다거나 다른 식견 있는 관찰자들이 확신하지 못하겠다는 점을 보고하고는, 그 사건들에 있어서 법이 불확정적이라고 여기는 일이 지나치게 흔하다. 불확실성에서 불확정성으로 그렇게 미끄러져서는 안 된다. 그것은 명백히 시작부터 가망이 없는 불합리한 추론이다. 그리고 그런 불합리한 추론은 분석법리학 이론가들이 사람들의 행동에 대한 법적 규제라는 주제에 관한 불확정성의 크기를 과대평가하도록 한다. 물론 그 불합리한 추론의 왜곡 효과는 이론가들이 어려운 사건에서의 법을 법 전체로 일반화하는 추가적인 오류를 범할 때 더 악화된다. (일부 경우 불확실성에서 불확정성으로 미끄러지는 것은, 법규범의 약한 존재상 마음 독립성이 법규범의 강한 관찰상 마음 독립성과 결합되어 있다는 점을 이해하지 못해서 생긴 파생적인 결과이다. 많은 저자들은, 해당 관할의 법 공무원들의 전부 또는 대부분이 어떤 법적 질문에 대한 확정적으로 타당한 답의 내용이나 존재 자체에 대해 확신이 없다면, 그 문제에 대한 확정적으로 타당한 답이 있을 수 없다고 가정하는 것으로 보인다. 이런 가정은, 법규범의 관찰상 마음 독립성이 법규범의 존재상 마음 독립성처럼 약한 것일 뿐이라면 충분한 근거가 있는 가정일 것이다. 그러나 법규범으로서의 법규범이 법 공무원들의 공유된 일차적 믿음과 태도를 구성적 기저로 삼고 있다고 하더라도, 법규범에는 그 공무원들 자신의 이차적 이해를 넘어설 수 있는 내용과 함의가 주어져 있다. 예를 들어 매우 잔인한 형벌의 부과를 금지하는 헌법 조항과 같은 법규범을 생각해 보자. 법 공무원은 그것이 다양한 형벌 처분에 어떤 관련이 있는지 확인하기 위해 그 규범의 내용을 성찰할 필요가 있을 것이다.

그렇게 함으로써 전부 또는 대부분의 공무원은 이런저런 유형의 형벌의 정당성에 대해 확신을 느끼지 못할 수 있다. 그럼에도 불구하고 그들이 확신을 느끼지 못하는 각각의 문제에 대해 유일무이하게 타당한 답이 있을 수도 있다. 어떤 법규범의 함의 중 일부에 대한 그들의 당혹감은, 법 공무원들이 법을 만드는 활동을 한다고 해서 법규범이 갖는 함의의 확정성이 없는 것이 아니기 때문에 생긴다.)

1.2.2.1.5. 불확정성 대 궁극성. 법적 불확정성의 과대평가를 불러오는 또 하나의 요인—다섯 번째이자 여기서 자세히 설명한 요인 중 철학적으로 가장 광범위한 영향을 미치는 요인—은 일부 분석법리학 이론가들(특히 비판법학자들Critical Legal Scholars)이 특정한 심층적인 철학적 난제에 현혹되는 경향이 있다는 것이다. 예를 들어 그런 이론가들은, 루트비히 비트겐슈타인Ludwig Wittgenstein과 다른 몇몇 저명한 현대 철학자들이 규칙 따르기를 구성하는 사실들을 특정하려는 시도에 놓여 있는 가공할 만한 장애물을 강조했음을 주목한다.[8] 최대한으로 간결하게 요약하자면, 이 철학자들이 밝혀낸 근본적인 문제는, 어떤 특정된 사실관계도, 그 사실들이 예화例化, instantiate하거나 구성構成, constitute한다고 생각되는 어떤 규칙 R뿐만 아니라

---

8 이러한 장애물 중 일부와 그 장애물이 법학 이론화에 미치는 함의(또는 함의의 결여)에 대한 최근의 훌륭한 해명으로는 Green 2003, 1932-1946쪽을 참조. Landers 1990; Schauer 1991, 64-68; Greenawalt 1992, 71-73; Coleman and Leiter 1995, 219-223; Endicott 2000, 22-29; Bix 2005; Patterson 2006도 함께 참조.

무제한적으로 많은 수의 규칙들과도 일관된다는 점이다. 그래서 왜 그 특정된 사실들이, 왜 그 사실들과 일관된 수많은 다른 규칙들이 아니라 특별히 R을 예화하거나 구성하는 것인지 답해야 한다는 압박을 받는다. 분석법리학 이론가들이 이 문제를 중요하고 심원한 것으로 여기는 일이 정당하기는 하다. 그런데 분석법리학 이론가들은 거기서 더 나아가 아예 길을 잃고는 그 문제가 법체계의 작동을 완전히 에워싸는 거대한 불확정성의 기반이 된다고 여기는 데까지 나아간다. 실제로는, 그 문제는 법의 그 어떤 불확정성에 관해서도 타당한 추론의 기반이 전혀 되지 못한다.

우선 한 가지 이유는 비트겐슈타인 문제는 법에서 규칙 따르기에만 적용될 수 있는 것이 아니라 다른 모든 영역의 규칙 따르기에도 적용될 수 있는 것이기 때문이다. 예를 들어 그 문제는 수학, 논리학, 일상언어의 규칙 따르기에도 적용될 수 있다. 그러므로 만일 그 문제가 법적 문제에 대한 모든 답의 확정적 타당성을 어떻게든 훼손한다면, 그것은 방금 언급한 영역들에서의 확정성도 마찬가지로 훼손한다. 자신들이 법적 규칙의 확정성에 대해 회의적이라는 이유로 우쭐대는 분석법리학 이론가들은 2＋2의 합이 불확정적이라는 견해를 지지하게끔 되기 전에 망설여야 할 것이다.

더 중요한 점은, 비트겐슈타인 문제는 법적 문제(또는 다른 영역에서의 문제)에 대한 답의 확정적 타당성과는 실제로는 아무런 관련이 없다는 것이다. 그것이 제기하는 난제는, 다양한 활동 내에서 규칙을 실제로 따르는 데 아무런 걸림돌이 되지 않고, 규칙 따르기에 대한 포괄적인 분석을 제시하려는 철학적 노력에만 걸림돌이 될 뿐이다. 비트겐슈타인이 규칙 따르기에 대한 자신의 성찰로 확립하고자 했던 것이 정확히 무엇인가는, 그의 저작을 연구하는 전문가들 사이에 격렬한 논쟁이 되는 주제이다. 그러나 그 전문가 중 비트겐슈타인이 수많은 활동에서 규칙 따르기가 지탱될 수 없다untenable거나 환상에 불과하다illusive는 점을 간접적으로라도 밝히려고 했다고 주장할 사람은 아무도 또는 거의 아무도 없다. 비트겐슈타인이 그 활동들 또는 그 활동들 내에서 도달된 적절한 판단이 믿을 만하지 않다는 점을 보여 주려고 했다고는 도저히 볼 수 없다. 그와는 반대로, 이 영역에서 그의 저술은, 그런 활동 및 판단에 관한 일정한 철학적 사고에 대한 도전으로 읽는 것이 최선의 독해이다. 더 구체적으로 말하자면 그의 저술은 그런 활동과 판단의 토대foundation를 찾는 것이 철학의 과업이라는 관념에 대한 도전이다. 대신에 그런 활동과 판단은 그 자체의 토대를 스스로 갖고 있다고 한다.

여기서 채택하는 방식으로 비트겐슈타인을 이해한다면, 그의 중심적인 목적이 규칙 따르기라는 관념이 기본적이라는 점을 보여 주는 것이었음을 인식하게 된다. 다시 말해서 규칙 따르기 관념은 더 심층적이고 더 명료한 추론에 의해 설명되도록 분석될 수 없는 것이다. 여기에는 몇 가지 간단한 비유analogy가 이해하는 데 도움이 되겠다. 어떤 사람이 무모순율의 비순환적인 철학적 토대를 제공하고자 한다고 가정해 보자. (무모순율이란 어떤 명제와 그 명제의 부정이 결코 동시에 참인 경우는 있을 수 없다는 논리법칙이다.) 그런 기획은 어느 것이나 헛되고 무의미할 것이다. 왜냐하면 그런 토대를 제공하려는 논제가 타당하다는 점을 보여 주려는 각각의 단계에서 모순율의 참을 전제할 수밖에 없기 때문이다. 이 논제의 정합성 자체가 그런 전제에 달려 있을 것이다. 그 법칙에 어긋나는 모든 것이 자기모순적이라는 사실 이외에는, 모순율의 참을 뒷받침하는 더 심층적인 근거는 없다. 그 법칙을 뒷받침하는 것으로 제시될 수 있는 그 어떠한 다른 근거도, 방금 진술된 궁극적 근거에 불가피하게 기댈 수밖에 없다. 전적으로 순환적이지만 그 순환성 때문에 문제가 생기지 않는 그 궁극적 근거는 무모순율이 필요로 했던 유일한 토대이며, 온전히 적절할 수 있는 유일한 토대이다. (왜냐하면 다른 토대인 것처럼 보이는 것은 어느 것이나 그 자체가 그 궁극적 근거에서 파생되는 것이기 때문이다.) 무모순율은, 그것보다 더 심원한profound 그 어떤 것을 준거로 정당화되거나 해명될 성격의 것이 아니라는 점에서, 기본적basic이다.

이런 맥락에서, 귀납(과거의 규칙성에서 미래의 규칙성을 추론하는 것)에 대한 데이비드 흄David Hume의 비판도 살펴보자.[9] 흄이 귀납에 대한 비판으로 달성하고자 했던 것이 정확히 무엇인가는, 규칙 따르기에 대한 비판으로 비트겐슈타인이 달성하고자 했던 목표가 정확히 무엇인가만큼이나 전문가들 사이에서 논쟁의 대상이 되는 주제이다. 그러나 흄의 논증이 분명히 보여 준 것 중 하나는, 귀납에 대

---

9 흄의 비판이 제기한 몇 가지 쟁점에 대해서는 Stroud 1977, 51-67쪽을 참조.

한 그 어떠한 온전한 정당화도 순환적일 것이라는 점이다. 과거의 규칙성에서 미래의 규칙성의 추론 가능성을 지지하는 논제를 뒷받침하는 것으로 이야기되는 그 어떤 토대도 그 자체가 그 논제의 참을 전제해야만 할 것이며, 그래서 모조模造, ersatz 토대가 될 것이다. 무모순율처럼 (관찰된 규칙성 자체가 드러내는 한계 내에서) 귀납의 적절성을 긍정하는 일반적인 원리tenet가 귀납 자체의 근거이다. 귀납은 그 자체보다 더 심층적이거나 더 단단한 것에 의해 뒷받침될 수 있는 성격의 것이 아니다.

비트겐슈타인이 규칙 따르기 관념이 무모순율 그리고 귀납의 적절성을 긍정하는 일반적 원리와 기본적이라는 점에서 비슷하다는 점을 밝혀냈다고 이해하는 것이 최선이다. 어떤 특정된 사실들이 어떤 특정한 규칙을 어떻게 예화하는지 또는 구성하는지를 설명하려는 시도는 어느 것이나, 그 시도가 입증하려고 하는 것을 전제해야만 할 것이다. 이런 식으로 이해했을 때, 규칙 따르기 관념에 대한 비트겐슈타인의 비판은 규칙 따르기 관념보다 더 심층적인 것을 준거準據로 해서 그 관념을 분석하려는 철학적 시도가 모두 헛되다는 것을 함축한다. 그런(규칙 따르기와 같은 기본적인-옮긴이) 관념은 비순환적인 철학적 분석에 대해 불투명하다.(비순환적인 철학적 분석에 의해 해명될 수 없다.-옮긴이) 그러나 비트겐슈타인의 비판은, 규칙 따르기가 그 자체로 헛되다거나 그 어떤 면에서든 문제적이라고 함축하는 것이라고는 도저히 볼 수 없다. 그의 비판으로부터는 불확정성에 관한 그 어떤 추론도 타당하게 도출될 수 없다. 다양한 영역에서 규칙의 적용 가능성 또는 적용 불가능성에 관한 문제는, 여전히 확정적으로 타당한 방식으로 답변 가능할 것이다. 이는 다양한 명제들의 정합성 또는 부정합성의 문제가 무모순율에 의해 확정적으로 타당한 방식으로 계속 답변 가능한 것과 마찬가지이다. 임의의 특정 규칙을 구성하거나 예화하는 사실들은 계속 존재할 것이다. 설사 그 자체로서 그것의 지위가 더 나아간 철학적 해명further philosophical explication을 통해 규명될 수 있는 성격의 것이 아니라고 할지라도 말이다. 그 사실들은, 그 사실들이 구성하거나 예화하는 규칙을 행동에 적용받는 사람들에 의해, 특정한 판단을 계속 명할 것이며 그와 어긋나는 판단은 불허할 것이다. 그러한 사실들이 철학적 분석의 대상이 될 수 있는 성격이 아니라는 점은, 그것이 판단을 명하는 힘을 가지고 있다는 점을 조금도 바꾸지 못한다. 법체계와 같은 활동에서 모든 것이 불확정적이라는 점을 드러내기는커녕, 비트겐슈타인의 비판은 그런 활동에서 모든 것을 있던 그대로 둔다. 그렇지 않다고 생각하는 것은, 어떤 실천의 분석 불가능한 근본적인 것들이 정말로 그 실천의 근본적인 것들이라는 점을 제대로 이해하지 못하는 것이다. 비록 그런 것들의 분석 불가능한 성격이 철학적 해명을 좌절시키기는 하지만, 그 실천 내에서 그 근본적인 것들이 효력이 있다는 점은 조금도 손상하지 못한다. 그것들의 효력 있음operativeness은 우리가 그것들에 대한 비순환적인 철학적 해명을 제시할 수 있는지 여부에 달려 있지 않다.

1.2.2.1.6. **실행 재량.** 바로 앞의 여러 문단에서는 일부 분석법리학 이론가들이 불확정성에 대해 과장된 주장을 하게끔 하는 철학적으로 중대한 요인을 검토했다. 여기서는 법에 (그리고 법과 매우 비슷한 제도적 구조를 가진 다른 영역들에도) 특유한 마지막 요인을 간략하게 검토하겠다. 사실상 모든 발전된 법체계는 체계의 규범의 실행을 복잡하게 하는 제도적 특성들을 포함할 것이다. 지금 할 논의는 일부 비판법학자들을 비롯한 분석법리학 이론가들이 법체계의 작동working에서 불확정성이 만연해 있다고 추정하게끔 유도했던 한 가지 특성에 집중할 것이다. 그런 이론가들은, 법규범이 그 자체로 임의의 상황에 확정적으로 적용될 수 있거나 적용될 수 없다는 점은 인정할 수도 있겠지만, 그렇게 인정하더라도 그 규범들의 실제 실행은 일정한 공무원들의 (가장 뚜렷하게는 경찰 책임과 감독 책임이 있는 공무원과, 경찰과 감독에 기초해서 임의의 집행 절차를 개시하고 유지할 책임이 있는 검사 같은 공무원들의) 상당히 큰 재량하에 놓이는 경우가 보통이라고 지적할 것이다. 이 이론가들은 법규범의 실행에서 재량적 요소discretionary element가 있다는 점이 법적 불확정성이 만연하다는 그들의 선언을 뒷받침하기에 충분하다고 결론 내린다.[10]

공무원이 행사할 수 있는 법적 재량legal discretion은 어느 것이나, 일반적인 정치도덕 원리general principles of political morality가 허용하는 범위 내에서 보유되는 것이다. 임의의 개별 사건에서, 이 도덕 원리는

---

10 이런 종류의 주장에 대한 반론은 Greenawalt 1992, 53-56쪽을 참조. 내 반론은 그린 월트의 주장과는 다르지만, 이 둘은 상호 보완적이다.

관련된 공무원의 확정적 행위경로를 명할 수도 있다. 그 정도만큼pro tanto, 공무원에게 법적 재량이 있다고 해도 도덕적 재량moral discretion 은 수반되지 않는다. 그러나 도덕적 재량에 관한 이 논지는 비판법학자들에게 성공적으로 응수하는 데 충분하지 않다. 왜냐하면 그들의 선언은 법이 불확정적이라는 것이지 규범 일반이 불확정적이라는 것이 아니기 때문이다. 정치도덕 원리가 해당 관할에서 법으로 수용되어 공무원이 도덕적으로 부적절하게 법을 실행하면 위반하게 되는 법적 명령으로 되지 않는 이상, 공무원에게 도덕적 재량이 없다는 점만으로는 그들의 법적 재량을 축소하지 못한다. 그러므로 공무원들이 법적 재량을 보유한다는 것이 그들의 법체계 운영의 객관성에 문제가 된다면, 그들에게 도덕적 재량이 없다고 주장해 보았자 그 자체로는 객관성을 구출하지 못한다. 그렇다면 공무원이 도덕적으로 제약된다는 점에 초점을 맞추는 대신 우리는 그들의 법적 재량이 그들의 법체계 내에서 법적 문제에 대한 답의 확정적 타당성을 훼손하는지 여부를 직접 물어야 할 필요가 있다.

(매우 추상적인 수준에서) 어떤 관할의 형사법체계 내에서 공무원 재량의 행사를 중심으로 살펴보자. 회의주의적인 분석법리학 이론가들이 보여 줄 필요가 있는 것은, 적용될 수 있는 형사법의 명령에 의해 정해지는 법적 결과의 발생을 불확정적으로 만드는 재량이 존재한다는 점이다. 그 회의론자들은, 경찰, 검사, 그 밖의 법 공무원 쪽에서 법적 재량의 행사 때문에, 범죄를 저질렀음이 확인될 수 있는 많은 사람들이 유죄를 선고받지 않거나 처벌받지 않는다는 사실

을 지적한다. 회의론자들은, 형벌이라는 결과가 그 사람들에게 생기지 않는 경우가 상당히 빈번하다는 사실―또는 더 정확히 말해서 형벌을 받지 않는 결과가 공무원 재량의 법적으로 허용되는 행사 때문에 생긴다는 사실―을 법 공무원들이 형사법의 명령에 따라 정해진 법적 결과 중 어느 것이든 나오지 않게 할 권한이 부여되어 있다 authorized to pretermit는 그들의 견해의 타당성을 입증하기에 충분한 것으로 여긴다. 따라서 사람들 행동의 법적 결과 문제에 대한 답변은 확정적 타당성이 없다고 이야기한다. 일단 우리가 추상적인 법규범 내용이 아니라 실행의 과정에서 효력이 주어지는 것으로서의 법규범의 내용을 살펴보면 법적 결과가 미정 up in the air이라는 점을 알게 된다고 회의론자들은 주장한다.

이 회의적 논증이 건전하지 못한 이유를 살펴보기 전에, 그 논증이 불확정성과 예측 불가능성을 억지로 함께 묶는 것은 아니라는 점을 주목해야 한다. (그 두 속성이 서로 별개라는 점은 이 장에서 논의한 바 있다.) 회의론자들은 법규범의 실행에 있어서 공무원 재량의 존재와 행사가 그 실행을 불가피하게 변덕스러운 것으로 만들 것이라고 주장하는 것이 아니다. 회의론자들은 법 공무원들이 대부분의 경우 예측 가능할 정도로 규칙적인 방식으로 그들의 재량을 행사한다는 점은 인정할 수도 있다. 그런 예측 가능성은 보장되는 것으로는 도저히 볼 수 없지만, 완전히 가능한 것이기는 하다. 그럼에도 불구하고 공무원들이 다양한 문제를 다룬 결과의 예측 가능성은 공유된 심리적 경향성과 같은 법외적인 요인들 extralegal factors 때문에 생기는 것이지, 법적 명령과 권리에 의거해서 생기는 것이 아니라고 회의론자들은 주장할 것이다. 그러한 조건은, 설사 그 조건들에서의 이탈이 규칙화되고 예측 가능할지라도, 명령과 권리가 사람들의 행위에 실제로 관련을 갖게 되는 방식에 대응하지 않는다. 가장 중요한 것은, 위에서 말한 이탈은 법적으로 허용된 재량 행사이며, 그런 이탈을 감행한 것을 전제로 공무원들의 그 어떠한 결정도 (그래서 관련법의 조건을 실행하는 것에 찬성하는 어떠한 결정도) 마찬가지로 법적으로 허용된다는 점이다. 그러므로 사람들의 행동에 실제로 적용되는 것으로서의 법은 불확정적이다. 왜냐하면 모든 결정은 어느 길로든 갈 수 있었기 때문이다. 어느 쪽으로든 내릴 수 있었던 결정이 타당했더라면, 집행을 하기로 하는 결정도 집행을 하지 않기로 하는 결정도 **확정적으로** 타당하다. 이것이 회의론적 논증의 결론이다.

비록 회의론적 논증이 불확정성과 예측 불가능성을 혼동하지는 않지만, 법적 명령과 법체계에 대한 과도하게 단순한 이해에 기대고 있다. 특히, 그 논증은 법체계의 명령 및 그 밖의 규범하에서 사람들의 행위에 결부되는 법적 결과에 대한 과도하게 단순한 이해simplistic understanding에 기대고 있다. 지금 우리는 형사법의 금지를 집중적으로 살펴보고 있다. 회의론자들은 일부 사람들이 이 금지를 위반했다는 점이 확인 가능하지만 그들이 경찰이나 검사와 같은 공무원들의 법적으로 허용되는 재량 행사의 결과로 처벌되지 않는다는 점에 주의를 촉구한다. 회의론자들은 처벌을 하지 않는 것이 법적 금지로 정해진 것에 어긋난다고 생각한다. 그러나 실제로는 법적 금지로 정해진 것은 회의론자들이 생각하는 것보다 더 미묘하다.

형사법의 조건에 내장되어 있는integral 것은 형사법을 위반하는 사람 모두가 빠짐없이 어떤 형벌을 받는 것이 아니라, 모든 위반자가 형사 처분에 좌우되는 법적 상태legal liability에 놓이는 것이다. 여기서 '처분에 좌우되는 상태'liability는 미국 법학자인 웨슬리 호펠드 Wesley Hohfeld가 그 용어에 부여한 의미로 쓰였다. 즉, 이는 사람의 법적 지위가 변경될 수 있음을 가리킨다(Kramer 1998, 20-21). 법적 지위의 변경은 스스로 또는 다른 사람이 어떤 법적 형성권legal power(s)을 행사함으로써 발생할 수 있다. 지금 다루고 있는 사안에서, 관련 있는 형성권은 범죄자에게 제재를 가할 책임이 있는 법 공무원이 가진다. (그런 형성권은 체포, 재판 전 절차, 재판, 형 선고의 과정과 같은 일련의 단계들의 복합적 연쇄를 거쳐 행사될 수 있는 경우가 전형적일 것이다.) 법적 명령을 위반하는 범죄를 저지른 어떤 사람 P에 대해 관련된 공무원이 형벌 조치를 취할 형성권을 행사한다면, P는 그 조치에 복종할 법적 의무를 질 것이다. P의 법적 상황legal situation은—새로운 법적 의무의 부과를 통해—P가 법적 명령을 위반했을 때 스스로 그와 같은 처분에 좌우되는 상태로 만든 그 면에서 변경될 것이다. 그러나 법적 명령 위반의 본질적 효과는 그 이후에 있을 수 있는 변경의 발생(이 발생은 관련 공무원의 집행 형성권의 행사에 달려 있다)이 아니라, 그런 변경을 겪을 수 있는 처분에 좌우되는 상태를 (위반한 사람-옮긴이) 자신이 발생시킨 것incurring of a liability to undergo such a change에 있다. 처분에 좌우되는 상태는, 이후의 의무 부과가 결코 이루어지지 않는다 하더라도 발생할 것이다. 경찰관 및 기타 관련 있는 법 공무원들이 자신의 재량을 행사하여 형벌을 가하기 위한 절차를 개시하기를 거부한다면, P는 그런 절차 뒤에 따르는 제재라면 어느 것에나 복종해야 할 의무를 지지는 않을 것이다. 그럼에도 불구하고 법을 위반함으로써 P는 바로 그런 의무를 질 수 있는 상태에 스스로를 빠뜨렸다. P가 그렇게 처분에 좌우되는 상태에 스스로를 빠뜨린 것은 그가 법적 명령을 위반하여 범죄를 저질렀다는 사실로부터 피할 수 없이 따라 나오는 것이며, 형벌이라는 처분을 받는지 여부와는 무관하게 발생하는 것이다.

이와는 대조적으로 P가 형사 처분을 받는다는 것은, 형벌을 가하기 위한 절차가 결정적 증거의 부족 같은 어떤 이유로 틀어질 수도 있다는 사실을 제쳐 놓더라도, 그가 법적 명령을 위반하여 범죄를 저질렀다는 것으로부터 불가피하게 따라 나오는 것이 아니다. P가 형벌을 부과하는 처분을 받는 것이 **불가피하게 따라 나오는 것이 아닌** 이유는, 처분에 따라 제재를 받을 수 있는 상태liability-to-be-subjected-to-sanctions를 규율하는 법체계의 규범이, 관련된 공무원에게 재량을 주는 법체계이기 때문이다. 그 재량을 부여받았기 때문에, 공무원은 P에 대한 형사 처분을 적용하는 일을 진행하느냐 아니면 유보하느냐 사이에서 선택할 법적 권한이 있으며, 그래서 그런 선택을 하는 것이 법적으로 허용된다. 그들이 형벌을 부과하는 처분을 내리지 않기로 결정한다고 하더라도, 그렇게 함으로써 그들의 법체계의 규범의 조건과 충돌하는 어떤 일도 한 것이 아니다. 그들은 그렇게 함으로써, 그들에게 재량을 부여한 규범의 조건과 충돌하는 그 어떤 일도 하지 않은 것이다. 이보다 덜 명백한 점이기는 하지만, 그 공무원들은 P가 위반한 법적 명령이 정한 조건과 충돌하는 그 어떤 일도 하지 않은 것이기도 하다. 어쨌거나, 방금 이야기한 바와 같이, P에 의한 명령 위반의 유일한 본질적 효과는, 처분에 따라 형벌을 받을 수 있는 상태에 스스로 놓임이기 때문이다. 처분에 좌우되는 상태는 그의 위반의 결과로 그에게 정말로 발생한 결과이다. 비록 그가 그 어떤 형벌도 이후에 받지 않는다 할지라도 말이다. 다시 말해 적용 가능한 법의 조건과 어긋나기는커녕, 공무원이 재량을 행사해서 P에 대해 형사 처분을 취하는 것을 포기하는 것을 포함하는 법적 상황은 법이 정한 조건에 온전히 일치하는 것이다. P는 그가 위반한 명령이 정해둔 바로 그 처분에 좌우되는 상태에 처하며, 공무원은 그런 사안에서 그들에게 재량을 부여한 규범에 의거해 허용되며 내릴 권한이 있는 결정(형사 처분을 포기하는 결정)을 내린다.

사람들의 행동에 실제로 적용되는 것으로서의 법적 명령이, 그런 명령의 실행에 있어 공무원의 재량이 존재하기 때문에 불확정적이라고 회의론자가 논할 때, 회의론자는 앞의 두 문단에서 강조된 주된 구별에 주의를 기울이지 못한 것이다. 처분에 따라 형벌을 받을 수 있는 상태에 있음과 형벌을 실제로 받음의 구별 말이다. 일단 그 구별을 고려하면, 법적 명령을 실행할 때 공무원의 재량이 존재한다고 해서 사람들 행동의 직접적인 법적 결과가 불안정하게 나오는 것이 아님을 알게 된다. 그런 결과는 명령을 부과하는 법의 지시

legal directives에 의해 정해진 바대로일 것이다. 즉, 법의 지시 중 어느 것이라도 위반한 사람이라면 누구나 처분에 따라 형벌을 받을 수 있는 상태에 처한다. 그런 결과는 그 지시를 실행하는 공무원 측의 재량의 존재 및 행사와 무관하게 직접 발생하는 것이다. 그러므로 위법 행위의 법적 결과가 미정이라는 관념은 매우 과도하게 단순화된 것이다.

그렇다면 회의론자들은 마지막 몇 문단에서 강조한 구별을 무시해서 길을 잘못 든 것이다. 그들이 그 구별에 주의를 기울이지 못하는 바람에, **추상적으로**in abstracto 존재하는 법적 지시의 확정성이, 사람들의 법적 지위를 실제로 제한할 때의 법적 지시의 확정성을 동반한다는is paralleled by 점을 보지 못한다. 법적 명령을 집행할 책임이 있는 공무원들이 그들의 임무를 수행함에 있어 재량이 부여되어 있다는 한낱 사실은, 그 법체제 작동의 객관성을 훼손하는 데 충분하지 않다. 그러나 비록 회의론적 논증이 안이한 것facile이기는 하지만, 그 논증에도 진리의 한 요소an element of truth가 있음은 분명하다. 그 진리의 요소가 얼마나 큰 것인가는 공무원이 부여받은 재량의 성격에 달려 있다.

그 체계의 지시를 실행함에 있어 원하는 대로 무엇이든 할 권한이 부여되어 있으며 원하는 대로 하는 것이 허용되는 통치체계system of governance가 있다고 가정해 보자. 그런 지시 위반이 발생할 때마다, 공무원들은 형벌을 실행하는 절차a procedure of punitive enforcement를 진행할지 유보할지에 대한 완전한 권한을 갖고 있으며, 진행하는 것도 유보하는 것도 언제나 허용된다. 그런 절차를 진행하는 것 또는 진행하지 않는 것 어느 쪽 선택이든, 그 이유가 무엇이든 또는 아무 이유도 없든 간에, 통치체계의 규범 내에서 효력 있고 허용되는 것이다. 임의의 공무원의 변덕만으로도 그런 모든 결정의 충분한 근거가 되며, 그 어떤 공무원도 같은 사건을 같게 다루거나 구별할 수 있는 사건을 차별화하는 노력을 기울이는 것이 조금도 요구되지 않을 것이다. 그 어떤 공무원도, 다른 공무원의 결정이든 자신의 과거 결정이든 고려에 넣지 않아도 된다. 그런데 이런 성격을 가진 통치체계라면 어느 체계에서나, 사람들의 법 위반 행위의 법적 결과 대부분이 정말로 미정이 될 것이다. 그리고 이후 장에서의 논의가 시사할 바와 같이, 그 결과는 진정한 법적 결과genuinely legal consequences가 아마도 아닐 것이다. 비록 위반 행위의 각 경우의 직접적인 법적 결과(즉, 처분에 따라 형사처분을 받을 수 있는 상태에 처함)가 확정적이기는 하지만, 그 뒤 일어나는 추가적인 법적 결과는 하나도 정해지지 않은 것radically unsettled이다. 악한이 실제로 형벌을 받는지 아닌지는, 임의의 관련 공무원의 변덕에 의해 결정되는 문제가 된다. 그 체계의 규범하에서는 그런 형벌을 가하는 절차가 공무원에 의해 진행되거나 유보되기 전까지는, 형벌이 내려져야 하는지 유보되어야 하는지에 관한 질문에 대한 아무런 확정적으로 타당한 답이 없다. 그 공무원이 실제로는 대단히 규칙적이며 조율된 방식으로 철저하게 재량을 행사한다 해도, 그들이 그렇게 포괄적인 재량을 부여받았다는 것만으로도 사람들의 법 위반 행위의 법적 결과 대부분을 불확정적으로 만들기에 충분하다. (이 문단에서 짚은 논점보다 더 강한 형태의 논점이, 공무원이 그 체계의 규범을 위반하지 않은 사람들에게도 형벌을 가할 형성권을 포괄적으로 부여받고 또 형벌을 가하는 것이 허용되는 사악한 통치체계에 대해 타당하게 성립하리라는 점을 주목하자. 나는 여기서는 그런 상황에 초점을 맞추지는 않았다. 이는 그저 여기서 내가 공박하고 있는 회의론자가 그런 상황을 거론하지 않았기 때문이다. 회의론자는 법이 실제로 위반된 경우의 법 집행에 있어서 공무원 재량의 존재에 주의를 촉구함으로써 법적 불확정성에 관한 그들의 타당성을 입증하려고 한다.)

방금 개괄한 것과 같은 통치체계와 관련해서 보자면, 회의론적 논증은—회의론적 논증이 형벌을 처분에 따라 받을 수 있는 상태와 형벌을 실제로 받는 것의 구별을 누락하기 때문에—여전히 지나치게 단순화된 것이긴 하지만 대체로 타당하다. 법 집행에 있어서 공무원의 재량이 완전히 아무런 기속도 받지 않는 것인 경우, 사람들의 위법 행위의 법적 결과 대부분은 미정이다. 그런 결과를 낳는 체계의 작동은 오직 미약하게만 확정적인 것일 터이다. 그럼에도 불구하고 회의론적 논증이 (회의론자들이 대상으로 삼고 있다고 말하는 법체계인) 서구 자유민주주의 법체계에 조금이라도 골칫거리를 제기한다는 주장은 의문스러워 할 좋은 근거들이 있다. 재량에 터 잡은 회의론적 논증이 서구 자유민주주의 법체계들에게 골칫거리가 되는 관련성을 갖고 있다는 점을 보여 주기 위해서, 회의론자는 그런 체계에서 작용하는 공무원의 재량이 전적으로 또는 대체로 기속을 받지 않는 것untrammeled이라는 점을 확립해야만 한다. 분명하게 드러나듯이, 재량은 그 제한성restrictedness의 형태나 정도가 다양할 수 있다. 서구 자유민주주의 법체계의 일부 또는 전부에 존재하는 공무원의 재량이, 바로 앞 문단에서 이야기한 체제의 공무원의 재량만큼 광범위한 것이라면, 회의론자들이 서구 민주주의 체계의 작동의 객관성을 의문시하는 주장은 정당화될 수 있다. 이와는 반대로, 서구 자유민주주의 법체계에서 공무원의 재량이 수많은 상황들을 다룸에 있어서 일관성 달성에 관한 상당히 엄격한 제약quite stringent restrictions concerning the attainment of consistency에 기속된다면hemmed in, 회의론적 논증은 그런 법체계 작동의 객관성에 손상을 주지 못한다. 자유민주주의 법체계의 작동에서 그 논증에 의해 불확정성이라고 이야기된 것은 만연한 것이기보다는 제한적인 것circumscribed rather than pervasive에 불과할 테니까 말이다.

그렇다면 자유민주주의적 통치체계 내에서 법적 명령의 실행에 있어서 공무원 재량이 사실상 기속되지 않은 것이라고 추정할 강한 이유들이 있는가? 아니면 그와 달리 그 재량이 훨씬 더 제한된 것이라고 추정할 탄탄한 이유들이 있는가? 이 질문에 대한 그 어떤 숙지된 답변도, 회의론자들이 수행한 적이 있는 모든 연구보다 훨씬 더 큰 규모의 대단히 광범위한 경험적 연구로부터 나와야만 할 것이다. 물론 여기서 그런 연구를 수행할 수는 없다. 그러나 그와 같은 연구가 수행된다면 어느 것이나 회의론자들의 주장에 반反하리라고 생각할 몇몇 이유들을 간략하게 고찰해 볼 수는 있겠다. 첫째, 자유민주주의 체제에서는 그 어떤 법 공무원에게도, 순전한 변덕을 법 집행의 근거로 삼을 법적 권한이 부여되어 있지 않으며 허용되어 있지 않다. 공무원이 내린 그런 결정(들)에 대한 아무런 신빙성 있는 이유가 없다면, 그리고 그 문제가 더 높은 층위의 권위에 의해 검토되는 적합한 절차를 거친다면, 그 공무원들은 질책을 받고 그 결정(들)은 효력을 갖지 않게 될 가능성이 매우 높다. 더 일반적으로―자유민주주의 사회라면 어디에서나―공무원이 법 위반자에게 형벌 절차를 진행하거나 유보하는 결정의 근거가 될 수 있는 고려 사항들의 종류에 대한 수많은 폭넓은 법적 제한이 있다. 예를 들어 극도로 비정상적인 여건을 제외하고는, 법 위반자 또는 법 위반으로 인한 피해자의 종교, 인종, 성별, 민족, 정치적 성향, 사회경제적 지위를 근거로 절차 진행 여부에 관한 결정을 내리는 것은 허용되지 않는다. 더 나아가, 과거와 현재의 결정은 미래에 허용되는 결정에 제약을 가한다. 법의 평등한 보호나 같은 것은 같게 다루어져야 한다는 오래된 절차적 정의원칙과 같은 일관성의 요구는, 유효하거나 허용되는 법 집행 결정이라면 어느 것이나 다른 법 집행 결정의 맥락 내에서도 유효하거나 허용되어야 한다는 유효성validity과 허용성permissibility에 제약을 부과한다. 마찬가지로, 공소시효에 관한 규칙은 공무원에게 법 위반의 발생에도 불구하고 법을 집행하지 않은 채로 오래 내버려 둘 경우 법적 명령을 집행할 법적 권한을 박탈한다. 물론 법적 명령의 실행에 관한 재량에 부과되는 이 제한들은 재량을 전적으로 제거하지는 않지만, 자유민주적 법체계의 작동에 관한 회의론적 선언에서 예상하는 것보다는 훨씬 더 엄격하게 그 재량을 제한한다.

그렇다면 몇 가지 면에서, 법적 지시의 실행에 있어서 공무원의 재량이 하는 역할에 집중하는 회의론적 논증은 겉으로만 그럴싸한 것이다. 그런 논증은, 추상적으로 성립한 바 대로의 법적 지시가 대부분의 여건에서 확정적 함의가 없다는 점을 보여 주지 못한다(그리고 보여 주려고 하지 않는다). 더구나, 처분에 따라 형벌을 받을 수 있는 상태에 있음과 실제로 형벌을 받음을 구별하지 못함으로써, 회의론자들은 불법적 행동의 직접적인 법적 결과의 확정성을 간과한다. 이에 더해, 법적 지시의 실행에서의 공무원 재량에 부과된 제한에 제대로 주의를 기울이지 않음으로써, 회의론자들은 그 재량의 범위를 현저히 과대평가한다. 이런 여러 가지 면에서, 회의론자들이 법 집행에 있어서 공무원의 재량에 대한 관찰로부터 끌어낸 결론은 과도한 것이다. 이런 주제에 대해 더 많은 것이 이야기될 수 있고 이야기되어야 한다는 것은 분명하다. (예를 들어 법적 명령의 위반 중 많은 수가 적발되지 않는다는 사실, 그리고 법적 명령 위반이 적발된 경우 중 많은 경우 위반자가 누구인지 밝혀지지 않는다는 사실을 고찰하기 위해서는 철저한 조사 및 연구가 필요하다.) 그러나 서구 자유민주주의에서 법 적용의 재량적 측면을, 비판법학자들이나 그 밖의 회의론자들이 법적 불확정성에 대한 그들의 과장된 선언의 타당성을 입증하는 증거로 제시하는 것은 건전하지 않다고 믿을 좋은 이유를 이미 살펴보았다.

앞 문단의 반反회의주의적 결론은, 법체계의 절차적 장치가 그 체계의 실체 규범이 남겨 둔 재량을 축소할 수 있는 여러 면을 고려에 넣으면 강화된다. 예를 들어 여러 가지 최종 판단 규칙—법원이 재판하는 사법 사건에서 중추적인 다툼의 대상이 되는 문제에 대해 확정적으로 타당한 답이 없을 때마다 피고가 승소해야 한다는 것과 같은 규칙—은, 그런 규칙이 없다면 사회의 법에 존재할 불확정성의 틈 중 일부를 제거한다. 그러나 그런 절차적 장치가 하나같이 바람직한 것은 아니다. 더구나 그중 어느 것도 불확정성을 완전히 제거하지는 못한다. 예를 들어 법원이 재판하는 어떤 개별 사건에서 다툼의 대상이 되는 중추적인 쟁점에 대한 확정적으로 타당한 답이 있는가라는 질문에는 확정적으로 타당한 답이 없을 수도 있다. (이런 종류의 난제는 이차적 불확정성과 관련된다.) 그럼에도 불구하고 최종 판단 규칙 및 그 밖의 절차적 장치들은, 법적 의사결정자가 도달해야 하는 유일무이하게 타당한 결과가 있는 사안의 범위를 크게 넓힐 수 있다. 회의론자들은 법체계의 행정적 작용과 사법적 작용이 그 체계의 명령과 권위 부여의 확정성을 줄이는 면에 집중해 왔다. 그들이 그런 체계의 확정성을 보강할 수 있는 행정 및 사법 작용의 면들도 주목한다면, 회의론적 발견을 과장해서 진술하는 경향이 줄어들 것이다.

1.2.2.2. 과소평가된 불확정성

비판법학자들이 기능하는 법체계의 불확정성 정도를 상당히 과장했다고 본다면, 다루어야 할 하나의 핵심적인 문제는 그들의 회의론적 주장을 거부하는 방향으로 어느 정도나 멀리 가야 하는가이다. 특정한 관할에서 발생할 수 있는 모든 또는 사실상 모든 법적 문제에 대해 유일무이하게 타당한 답이 있다고 주장하는 로널드 드워킨 Ronald Dworkin을 따라야 하는가?(Dworkin 1977; 1978, 279-290; 1985, 119-145; 1991) 한편으로, 그의 입장은 처음 보이는 것만큼 그렇게 이상한 것은 결코 아니다. 그는—적어도 미국의 법체계와 유관한 면에서 유사한 법체계에서는 모두—법적 문제에 대한 답이 법률과 법원 판결, 행정부의 명령·규칙 및 헌법 조항 같은 익숙한 법원法源, materials of law에 의해서뿐만 아니라 그러한 법원에 내재해 있는 가장 호소력 있는 도덕 원리에 의해서도 정해진다고 주장한다. 법원法源에서 보통 제시한 명시적인 정식formulations 그 자체만으로는 어떤 어려운 법적 문제에 대한 유일무이하게 타당한 답을 산출하지 않는 경우에도, 그 법원의 저변에 있는 가장 호소력 있는 도덕 원리들은 그런 답을 산출할 수 있다. 그런 원리는 법리적 개방구조성 juridical open-endedness을 모두 닫을 수 있다. 왜냐하면 각각의 어려운 문제에 대한 유일무이하게 타당한 도덕적 답이 결국 유일무이하게 타당한 법적 답이 될 것이기 때문이다.

도덕의 주요 원리들이 어떠한 개별 관할의 법에도 수용된다고 주장함으로써, 드워킨은 사실상 법령과 행정규칙, 조례, 법원의 법리, 계약 조항, 헌법 조항의 표면적으로 드러난 정식에만 집중하는 사람이 생각하는 것보다 훨씬 더 광범위한, 법의 방향을 결정하는 기준을 따르게 하는 것이다. 드워킨이 이해한 바 대로의 법체계 내의 결정의 근거가 되는 보고가 그토록 광범위하기 때문에, 그런 체계 내에서 모든 법적 문제에 대한 유일무이하게 타당한 답의 존재가 그렇게까지 그럴 법하지 않은 것은 아니다. 더군다나, 보충적 법적 규준 supplementary legal standards의 중요성에 관한 드워킨의 논지는 일반화될 수 있다. 일부 법체계에서 그 보충적 역할은 타당한 도덕 원리들이 채울 것이며, 이 도덕 원리들은 공무원의 의사결정을 법적으로 구속하는 근거로 기능할 것이다. 그러나 타당한 많은 도덕 원리들을 수용했다고 특징지을 수 없는 법체계에서조차, 몇몇 보충적 규준 supplementary standards이 작용할 것이다. 그 규준들은 법체제가 그 사회를 지배해 온 동안 축적된 관행적 도덕규범의 지침들일 수도 있다. 극도로 사악한 법체제에서는 그 보충적 규준은 그것에 기대는 공무원들을 권력욕으로 가득 찬 이익에 착취적으로 복무하는 뻔뻔한 원리들일 수도 있다. 더구나, ―유익한 것이든 유해한 것이든― 기능하는 법체계라면 어느 곳에서나 공무원들은 인간의 전형적인 욕구, 의도, 경향성에 관한 수많은 가정들에 의지할 것이며, 또한 일상 언어에 결부된 전형적인 의미에 관한 가정에도 의지할 것이다. 비록 그 상식적인 가정의 내용이 그 자체로는 어떠한 법리적인 의사결정의 규범적 근거가 되는 규준은 아닐지라도, 그 규범적 근거가 되는 규준들의 확정성은 크게 강화해 준다. 즉, 그것들은 어떤 관할에서 법령과 행정규칙, 조례, 법원의 법리, 그 밖의 다른 법적 규준이 임의의 특정한 여건 집합에 적용 가능한지 아닌지를 정하는 데 크게 기여한다. 사람들 행동의 법적 결과를 평가하는 방향을 결정하는 것으로서 그 관할의 법으로 수용된 도덕 원리들 및 그 밖의 원리들과 마찬가지로, 위에서 언급한 상식적 가정들은, 명시적으로 정식화된 법규범의 언어에 의해 열린 것으로 남겨진 불확정성의 틈을 닫는 데 도움이 될 것이다. 복잡한 법적 언어의 의미 및 관련성bearings을 이해하기 위해 판사와 그 밖의 법 공무원이 활용하는 전문적인 해석 기법에 관해서도 거의 같은 말을 할 수 있다. 이 점을, 모든 법적 문제에 유일무이하게 타당한 답이 있다는 드워킨의 주장의 타당성을 평가할 때 계속 염두에 두어야 한다.

드워킨에게 유리한 또 하나의 논점은, 불확정성과 입증 불가능성indemonstrability의 구별이다. 이 점을 우리는 이미 어느 정도 엄밀하게 살펴본 바가 있다. 드워킨이 법적 문제에 유일무이하게 타당한 답이 존재한다고 주장할 때, 그는 그런 답이 무엇인가에 관해 (일반 공중의 구성원들은 말할 것도 없고) 판사와 그 밖의 법 공무원이 한결같이 의견이 일치할 것이라고 함의하는 것이 전혀 아니다. 오히려 드워킨은 어려운 법적 난제를 둘러싼 의견 불일치가 해소되기 매우 어렵다는 점을 반복해서 강조한다. 확정적 타당성과 입증 가능성으로의 타당성의 구별은, 타당한 도덕 원리들이 도덕적으로 권위 있는 법체제의 법규범 가운데 속하기 때문에 그의 법리학 이론화에서 특히 두드러진다. 타당한 도덕 원리가 강하게 마음 독립적이며 그것도 관찰상 마음 독립적인 것에 그치지 않고 존재상으로도 마음 독립적이라는 점을 고려하면, 복잡하게 얽힌 법적 문제에 유일무이하게 타당한 답이 있다는 그의 주장은 이 문제에 대한 널리 합의된 답이 있다는 어떠한 주장도 필함하지 않는다. 그러므로 널리 합의된 유일무이한 답이 있다는 주장이 터무니없다고 해서, 유일무이하게 타당한 답이 있다는 주장이 터무니없는 것은 아니다.

다른 한편으로, 모든 법적 문제에 유일무이하게 타당한 답이 존재한다는 드워킨의 주장이 우스운 주장과는 거리가 멀긴 하지만, 그 주장은 과도하게 대담하다. 바로 앞의 세 문단에서 이야기한 모든 것에도 불구하고, 드워킨처럼 꼭 멀리 나가야 할 강력한 근거는 없다. 상당한 수의 어려운 법적 문제들에 확정적으로 타당한 답이 없다는 정통적인 (그리고 다소 안이한) 견해에 도전한 점에서는 드워킨이 옳지만, 그의 도전 전부가 성공하는 것은 아니다. 결정을 위한 법적 구속력 있는 근거로서 법에서 도덕 원리의 존재가, 그렇게 존재하지 않았다면 크게 벌어졌을 불확정성의 틈 중 많은 부분을 닫기는 하겠지만, 그 원리들이 그런 틈을 사실상 모두 제거한다는 관념은 그럴 법하지 않다. 균형을 이루고 있거나 통약불가능한 방식으로 서로 대립하는 고려 사항들과 관련된 몇 가지 쟁점이 남아 있음에는 의문이 없다. 이 문제에 대한 드워킨의 입장은 대립하는 도덕적 요소들의 통약불가능성이라는 관념을 그가 받아들이지 않는 입장, 그리고 이 태도와 함께 가는, 도덕의 가치 다원주의value-pluralism in morality를 거부하는 입장과 밀접하게 결합되어 있다. (도덕의 가치 다원주의란 기본적인 도덕적 가치들이 일정한 면에서 서로 충돌하여 때때로 맞교환이 이루어져야 한다는 논제이다.) 통약불가능성과 도덕 영역에서 가치 다원주의에 대한 그의 의문은 어느 정도는 건전하다. 사람들은 때때로, 특정한 절실한 선들certain desiderata을 조화시키는 일이 까다로운 까닭이 그렇게 조화시키는 일이 순전히 불가능하기 때문이라고 너무 쉽게 추정한다. 그럼에도 불구하고 그의 입장은, 모든 사안에 포괄적으로 적용하려는 의도로 제시된 것이라면 과도한 것이다. 도덕 원리들이 법체계가 처리해야 하는 문제라면 어느 것이나 every problem 유일무이하게 타당한 답을 산출할 것이라고 생각할 탄탄한 도덕적 근거는 없다. 도덕적·정치적 가치들이 통약불가능성과 가치 다원주의를 극복하는 방식으로 모두 들어맞는다는 점을 보여주기 위해, 드워킨은 무리한 논증far-fetched lines of argument에 기대야만 한다(Williams 2001, 13-14). 물론 그 문제는 여기서 할 수 있는 것보다 훨씬 더 많은 주의를 기울여 살펴볼 가치가 있다. 그러나 드워킨에게는 미안하지만, 타당한 도덕 원리를 포함하고 있는 체계를 포함하여 기능하는 법체계 모두가, 확정적인 타당한 답이 없는 법적 문제를 야기하는 상황에 직면할 것이라고 결론 내리는 것이 현명할 것이다.

이 결론은 많은 법적 개념의 제거할 수 없는 모호성을 인식하면 강화된다(Endicott 2000, 63-72, 159-167). 우리는 1.2.6.에서 잠시 모호성이라는 주제를 다시 살펴볼 것이다. 그 문제를 온전히 다루는 일은 이 책의 범위를 넘어선다. 그 문제의 한 가지 평범한 예에 대한 간결한 개요만으로도 내 현재 논의 목적에는 충분할 것이다. 6개월이 시험지 채점에 오롯이 쓰기에는 비합당하게 긴 기간인 반면, 3일은 그런 과업에 오롯이 쓰기에 합당할 정도로 짧은 기간이라고 가정하자. 그런데 6개월이 비합당하게 긴 기간이라면, 6개월에서 1초를 뺀 기간도 그렇다. 6개월이 비합당하게 길다고 여기게 만든 근거가 무엇이든 그것은 6개월에서 1초를 뺀 기간에도 적용된다. 반대로, 3일이라는 기간이 합당하게 짧다면, 3일 1초도 마찬가지로 합당하다. 이 두 기간 중 어느 하나는 합당하고 어느 하나는 합당하지 않다는 구별은 근거 없는 구별이다. 이런 맥락에서, 길이가 L인 임의의 기간과 길이가 L 더하기 1초 또는 길이가 L 빼기 1초인 기간 사이 구별에 관해 거의 같은 이야기를 할 수 있다. 변수 'L'에 대입되는 수치가 무엇이건 간에 L과 L 더하기 1초를 두고 또는 L과 L 빼기 1초를 두고 하나는 합당하고 하나는 합당하지 않다고 구별하는 것은 이치에 닿지 않는 자의적인 일일 것이다. 그런데 이를 전제로 하면, 합당하게 짧은 기간과 합당하게 긴 기간 사이의 구별을 정확한 선으로 그으려고 하는 사람은, 3일의 기간에 1초를 수없이 더해 나가면서 검토할 것이며, 마찬가지로 6개월의 기간에서 1초를—0에 이를 때까지—수없이 빼 나가면서 검토할 것이다. 전자의 길이의 합당성이 끝나는 지점에 딱 멈춰 거기 선을 긋거나, 후자의 길이에서 비합당성이 시작하는 지점에 딱 멈춰 거기 선을 긋는 것으로서 비자의적인 지점이란 없다. 그러므로 우리는 6개월의 기간(심지어 그보다 긴 기간)도 합당하게 짧다거나, 3일의 기간(또는 그보다 더 짧은 기간)도 비합당하게 길다고 판정할 수밖에 없게 되는 것 같다.(합당성이 끝나는 지점, 또는 비합당성이 시작하는 지점으로 정확히 선을 긋는 것은 모두 자의적이다. 그러므로 선을 그을 수 없다. 결국 1초를 더하거나 빼도 이전과

같다는 판단이 계속 이어져야 한다. ─옮긴이)

　이 역설은 고대로부터 알려져 왔으며, 합당/비합당의 구별만이 아니라 필요한 부분만 변경한다면mutatis mutandis 많은 다른 이분법과도 관련이 있다. 이 역설을 해결하기 위해(Sainsbury 1988, 25-48) 우리는 각각의 그런 이분법에는 경계선 사안이 되는 회색지대gray area가 있다는 것을 인정해야 한다. ─지대의 경계 자체가 모호한─ 회색지대 안에서는 임의의 특정한 경계선 현상이 관련된 이분법의 어느 쪽에 속하는가라는 질문에 아무런 확정적인 답이 없다. 그런데 그런 회색지대를 발생시키는 모호한 개념 가운데에는 법체계에서 등장하는 많은 주요 개념들도 있다. 그 법적 개념들은 모호성의 정도가 (그리고 그 실천적 중요성이) 서로 다르긴 해도 그 모두가, 확정적으로 타당한 답이 없는가라는 문제를 각각 만들어 낼 수 있다. 그런 문제 중 일부에 대해서는 그 문제가 생길 잠재성을 제거하는 것이 불가능하다. 왜냐하면 그 개념의 이런저런 표현으로 모호성을 없애려고 하는 그 어떤 수단도 앞 문단에서 개괄한 논증과 대략 비슷한 추론이 적용되는 개념들에 기댈 것이기 때문이다. 법체계 내에서의 모호성을 줄이는 일은 보통 가능하며 한 지점에 있는 모호성을 다른 지점으로 옮기는 일은 언제나 할 수 있지만, 모호성을 완전히 극복할 수는 결코 없다.

　그렇다면 불확정성은 비록 비판법학자들이 상상한 것보다는 훨씬 더 제한된 규모이기는 해도, 정말로 법체계 안에 존재한다. 불확정성은 추상적 규준으로서 성립하는 층위에서의 법규범에도 있다.

한층 더 강력한 이유로, 그것은 법 공무원들이 실제로 근거로 삼고 시행하는 층위의 규범에도 있다. 물론 그 불확정성의 정확한 범위—그리고 그것을 발생시키는 특수한 유형의 문제—는 법체계에 따라 다를 것이다. 확정성으로서의 객관성은, 각 법체계 전체의 실수량 속성이지, 전부 또는 전무의 속성이 아니다.

1.2.3. 통일적 적용 가능성으로서의 객관성

객관성의 또 하나의 두드러진 측면은 통일적 적용 가능성uniform applicability이다. 이 측면은 객관성의 다른 측면 또는 차원 중 일부와 중첩된다. 법이 어떤 관할 내에서 사람들에게 통일적으로 적용될 수 있다면, 그것은 그 관할 내의 모든 사람에게 똑같이 적용되는 것이다. 법규범의 통일적 적용 가능성은 여러 종류의 차별적 적용 가능성과 대조하여 이해해야 한다. 첫째, 통일적 적용 가능성은 정언명령성에 있다. 즉, 통일적 적용 가능성은 법규범이 각각의 사람의 선호나 경향성과 무관하게 모든 사람에게 법적 명령으로서 의무적mandatoriness이라는 데 있다. 예를 들어 살인 행위에 대한 법적 금지는, 평화주의에 자연스럽게 끌리는 사람이든 폭력적인 사디즘에 자연스럽게 끌리는 사람이든 상관없이 같은 효력으로 적용된다. 비록 그런 금지를 준수하는 것이 평화주의자들에게는 수월하고 사디스트들에게는 좌절감을 줄 정도로 넌더리나는 일이겠지만, 평화주의자들 역시 사디스트들만큼이나 살인을 범해서는 안 된다는 금지를 엄격하게 적용받는다. 마찬가지로, 그 금지는 투옥을 끔찍하게 두려워하는 사람과 자신의 환경과 전망에 결연하게 대처하기 때문에 두려움을 대체로 느끼지 않는 사람에게 똑같이 적용된다. 살인죄 유죄를 선고받으면 그 사람이 형벌을 정신이 아찔해질 만큼 무서운 것으로 인식하든 인식하지 않든 똑같은 형벌이 기다린다.

 법규범이 정언명령이라는 명제에 몇 가지 중요한 단서를 더해야 할 것이다. 하나의 단서는, 살인 금지 같은 법규범의 정언명령성 categorical imperativeness 은, 어떤 사람이 그런 규범을 위반한 모든 법적 결과가 다른 누가 그 규범을 위반한 법적 결과와 필연적으로 같다는 것을 의미하지는 않는다는 것이다. 그 결과들 중 일부, 이를테면 처분에 따라 형벌을 받을 수 있는 상태에 처함과 같은 직접적인 결과는 정말로 모든 사람들에게 같을 것이다. 그러나 그 밖의 법적 결과는 다를 수 있다. 그리고 그 차이는 부분적으로 또는 전적으로 사람들의 성향과 욕구의 차이 때문에 초래된 것일 수 있다. 사악한 이유로 살인을 저지른 타락한 욕구를 가진 사람은 보통, 훨씬 덜 비열한 이유로 살인을 범한 일반적으로 좋은 성품을 가진 사람보다는 더 무거운 형을 선고받을 것이다. 이런 종류의—사람들의 애호 성향이나 기질과 직접 관련되는—많은 악화 또는 완화 요인은, 다른 살인자들에게 형벌을 부과할 때 상대적으로 크거나 작은 재량을 요청할지도 모른다. 이 차이는 살인을 금지하는 법규범의 정언명령성과 완전히 일관된다. 그런 규범이 정언명령성을 가지는 이유는, 임의의 사람이 일정한 행동 양식에 끌리는지 아니면 반발하는지와 무관하게 그 행동 양식이 법적으로 그르기 때문이다. 그 규범에 따라 부과된 명령은 모든 사람들에게 부과된 명령이다. 명령으로서 그것의 지위는 그 누구의 목적이나 욕구에도 달려 있지 않다. 그 핵심적인 면에서, 법적 명령은 정언명령적이다. 법적 명령이 특정된 유형의 행동을 불허하면, 그 유형의 행동은 모든 사람들에게 똑같이 법적으로 불허된다. 비록 그 명령을 어긴 행위의 법적 결과의 가혹함이 모든 사람들에게 통일적이지는 않더라도 말이다.

정언명령성을 법에 귀속시키는 것에 대해 제한 조건이 되는 또 하나의 중대한 단서는 법규범의 이질성heterogeneity에 따라붙는 것이다. 살인을 금지하는 것과 같은 일부 법규범이 정언명령으로서 성질을 가짐은 명백하다. 그런 명령 각각은 일정한 방식으로 행위하거나 행위하지 말 것을, 그 누구의 목적의 내용과도 무관하게, 누구에게나 명령한다. 그러나 다른 법규범은 그 자체만으로는 그런 효과를 낳지 않는다. 이 맥락에서 중요한 구별이 의무를 부과하는 규범과 권한을 부여하는 규범의 구별이다(Hart 1961, 27-41). 분석법리학 이론가들은 지난 수십 년 동안 권한을 부여하는 법—예를 들어 사람들에게 계약을 체결하거나 재산을 유증할 법적 권한을 부여하는 법—이, 어떠한 특정 행동 양식을 채택할 것을 정언적으로 명하지 않는다는 점에서 의무를 부과하는 법과 다르다는 점을 강조해 왔다. 대신에, 법적 권한을 부여하는 법은 사람들에게 일정한 목표를 달성할 기회를 제공한다. 사람들은 자신의 목적에 따라 그 기회를 활용하거나 활용하지 않을 수 있다. 물론 권한을 부여하는 법이 가능하게 만든 결과를 발생시키길 원하는 사람이라면 누구나 해당 권한의 행사를 위한 조건이나 절차를 준수해야만 할 것이다. 그러나 권한을 부여하는 법 자체는 그것이 가능하게 하는 결과를 발생시키는 행위를 할 의무를 어느 누구에게도 지우지 않는다. 어떤 사람이 법적 권한 행사의 규정된 조건과 절차를 준수해야 한다는 것은, 그 사람이 그 권한을 행사하고자 하는 경우에만 (가언적으로-옮긴이) 성립되는 것이다. 사람들이 때로는 그들이 부여받은 법적 권한을 행사할 법적 의무를 진다는 것은 분명하다. 특히 법-정부 공무원legal-governmental official의 공적 권한에 그런 의무가 결부되어 있는 것을 흔하게 볼 수 있다. 그럼에도 불구하고 의무가 그런 성격을 가지는 것은, 그 공무원이 권한을 부여하게 만든 권한 부여 규범과 함께 의무를 부과하는 규범이 있기 때문이다. 권한 부여 규범 그 자체만으로는 어떠한 특정 행위나 기능의 수행을 의무적으로 만들지 못한다.

법의 정언명령성에 관한 또 하나의 단서는, 비록 정언명령성이 통일적 적용 가능성의 한 종種이긴 하지만, 이 두 속성이 결코 간단히 등가equivalent는 아니라는 점이다. 예를 들어 권한을 부여하는 법이 정언명령적이지는 않지만, (적어도 서구 자유민주주의에서는) 전형적으로 관할 내의 사람에겐 누구나 똑같이 적용된다는 의미에서, 전형적으로 통일적으로 적용 가능하다. 통상 그런 법이라면 어느 것이나, 그 법이 부여하는 권한(들)을 행사하길 바라는 사람이라면 누구나 따라야 하는 절차를 규정한다. 그런 절차 규정은 정언명령적이지 않다. 특정 결과를 원하지 않는 한 누구에게도 규정된 방식으로 행위할 것을 명령하지 않기 때문이다. 그러나 그런 법은 해당 관할 내에 사는 사람이라면 누구에게나 성립하는 가언명령conditional imperatives이다.

정언명령성의 결여가 다른 면에서의 통일적 적용 가능성의 결여를 필함하지 않듯이, 다른 면에서의 통일적 적용 가능성의 결여가 정언명령성의 결여를 필함하지도 않는다. 예를 들어 아프리카의 심한 인종주의 국가의 법이 백인에게는 모두 살인을 금지하지만 흑인에게는 같은 내용의 금지를 부과하지 않는다고 가정해 보자. 흑인이 다른 흑인을 살해하는 것은 금지되지만 백인을 살해하는 것은 허용된다. 이 두 가지 면에서 문제의 명령은 통일적으로 적용 가능한 것이 아니다. 그 법은 누가 무엇을 하는 것이 허용되는가에 대해 부과된 제한 면에서도 그리고 다른 사람들의 범죄에 대해 제공되는 보호 면에서도 피부색에 따라 다른 내용을 가진다. 그럼에도 불구하고 그 명령은 정언명령적이다. 거기서 확립된 명령은 사람들의 욕구와 목적에 기초해서 사람들을 구별하지 않는다. 살인을 범하는 행위 또는 처벌을 받을 수 있다는 전망에 대한 어떤 사람의 태도는 그 사람이 그런 행위를 수행하는 것이 법적으로 금지되는지 또는 허용되는지와 무관하다. 그 관할의 모든 백인은 살인이 법적으로 금지되어 있고, 그 관할의 모든 흑인은 흑인 살인이 법적으로 금지되어 있다. 그러므로 그 상상된 명령이 일부 뚜렷한 면에서 통일적으로 적용 가능한 것과는 거리가 멀지만, 정언명령적이라는 뜻에서는 통일적으로 적용 가능하다.

1.2.3.1. 통일성 대 개별화

앞의 몇 문단에서 분명하게 드러났듯이, 통일적 적용 가능성은 정언명령성을 훨씬 넘어서는 것이다. 통일적 적용 가능성은 수많은 종류의 이질적 적용 가능성disparate applicability과 대조된다. 이질적 적용 가능성의 유형 중 일부(인종 차별이나 종교 차별과 같은 것)는 대부분의 경우 유해하지만—법의 객관성에 관한 논의에서 특히 자주 거론되곤 하는—다른 유형은 그 도덕적 지위가 다소 덜 분명하다.[11] 아마도 그런 가장 뚜렷한 유형이 능력과 지능에 기초한 구별일 것이다. 영미법 내에서는, 그런 구별을 피하는 경우가 상당히 흔하다. 예를 들어 영미의 불법행위법에서 과실 기준은 일반적으로 합리적인 사람이 취했을 주의의 수준을 준거로 하여 규정되며, 그런 정도의 주의를 행사할 지성이나 물리적 민첩성이 부족한 사람들에게도 적용된다. 법률가들은 그런 기준을 '객관적'objective이라고 종종 칭하여 그 기준을 개별 피고의 특이한 결함shortcomings(정도의 차이가 있는 모자라거나 부족한 점을 말한다.-옮긴이)을 고려에 넣는 접근과 구별한다. 인정컨대, 어린이와 광인, 심각한 신체장애가 있는 사람들에게는 일부 예외가 설정된다. 그럼에도 불구하고 영미의 불법행위법은 통상적으로는, 합리적 주의 기준을 충족할 능력이 어떤 사람에게 있든 없든 무관하게 그 사람의 과실이 끼친 해악에 대해 책임을 지운다. 영미법의 몇몇 다른 분야도, 개별적인 약점을 고려하는 수용

---

11 주로 형법을 중심으로 이러한 문제 중 일부에 대한 섬세한 논의는 Greenawalt 1992, 100-119쪽을 참조.

적으로 주관적인 절차적 방법이 아니라 통일적 적용 가능성이라는 의미에서의 객관성objectivity-qua-uniform-applicability을 취한다는 점에서 대체로 비슷하다.

임의의 분야의 법이, 개인의 신체 및 정신상의 결함을 무시함으로써 통일적 적용 가능성의 태도를 유지해야 하는지 여부는 정해지지 않은moot 문제이다. 한편으로, 그런 결함을 고려하여 같은 행위를 한 사람들을 서로 다르게 대우하는 것은 인종, 종교, 민족적 편견에 의한 차별과 같이 확연히 드러나는 불공정한 차별은 아닐 것이다. 신체 또는 정신상 능력이 부족한 사람들에게 법적인 불법행위의 더 관대한 기준을 적용하여 그런 사람들에게는 개인적으로 더 부담이 되는 기준을 적용하지 않게 된다면, 몇몇 매우 뚜렷한 면에서 그런 사람들에게 더 공정할 것이다. '당위'가 '가능'을 함축한다는 원칙이 도덕의 격률로서 언제나 타당한 것은 아니지만(Kramer 2004a, 249-294; 2005) 보통은 타당하다. 주어진 여건에서 피할 수 없었던 뜻밖의 사건을 일으킨 사람에게 법적인 통치제도의 강제력을 동원하는 것은 불쾌한 면이 있다. 다른 한편으로, 영미법의 불법행위법의 (그리고 유관한 면에서 비슷한 분야의 법들에서) 현재의 입장을 찬성하는 쪽으로 작용하는 여러 가지 고려 사항들도 있다.

그런 고려 사항들 중 하나가 바로 공정성의 쟁점이다. 비록 불운한 피고가 질 손해배상책임이 그 사람에게 상당히 가혹한 부담이기는 하나, 기준에 미치지 못하는 피고의 행동으로 피해를 입은 무고한 피해자에게 배상을 하지 않는 것은—다른 조건이 동일하다면—한층 더 가혹하게 불공정한 일이다. 어쩌면 그런 경우 사법상의 배상 체계가 아닌 다른 체계가 적합할지도 모른다. 예를 들어 피해자에 대한 배상은 공적으로 조성되는 재원에서 나와야 할 수도 있다. 그러나 납세자들이 어떤 사람의 엉성한 행동으로 일어난 피해의 결과를 구제하는 부담을 져야 하는 이유가 압도적으로 명백한 것은 아니다. 사법상의 배상을 비판하는 논자들은, 다수의 사람들 중 일부가 일으키는 작은 사고의 비용을 분산하는 것이 표면상 개개인의 사정을 고려하는 제도라는 익숙한 논증을 거론하여 대응할지도 모르겠다. 그러나 그런 논증은 사람들이 안전하게 수행할 수 없는 활동에 참여하는 것을 삼갈 금전적 유인을 훼손하는 단점에 관한 추론에 의해 상쇄되고도 남는다.(그런 배상의 책임이 공유되지 않아야 사람들은 부정적 유인을 가져 위험한 활동을 삼갈 것이다. - 옮긴이) 공공배상기금보다 한층 덜 매력적인 것은, 다른 사람들의 부주의로 인해 피해를 본 사람이 직접 당사자의 보험에 기대야만 하는 체계일 것이다. (즉, 잠재적인 피해자가 다른 사람들의 행위로 인한 결과로 겪는 해악에 대해 배상을 받으려면 미리 보험료를 내고 보험에 가입해야 하는 정책 말이다.) 공공보조금으로 크게 지원받는 것이 아닌, 지속 가능한 직접 당사자 보험제도라면 어느 것이나, 다음 두 가지 바람직하지 못한 특성 중 하나를 뚜렷하게 가질 것이다. 다른 사람들의 부주의에 의해 더 빈번하게 해악을 입는 사람들이 그들의 보험보장을 위해 더 높은 보험료를 지불하거나, 다른 사람의 부주의로 인해 더 자주 피해를 입는 사람들이 더 높은 보험료를 내게 되거나, 아니면 모든 보험가입자들이 부주의가 초래한 사고의 비용을 떠안기 위해 더 높은 보험료를 내야만 할 것이다. 그러므로 사법의 배상체계가 불완전하다고 인정할 수는 있지만, 그것을 대체할 수 있는 다른 질서보다는 과실의 결과에 대한 구제 기제로서 단점이 덜한 체계일 것이다. 이러한 점과 그리고 동료 시민의 서투름 때문에 초래된 손해에 대해 아무런 배상을 받지 못할 경우 무고한 피해자가 겪는 불공정을 고려할 때, 영미의 불법행위법 내의 법률가들이 우둔한 사람들의 결함을 배상책임 존부를 판정하는 데 마음껏 고려하기를 꺼리는 것은 충분한 근거가 있는 것이다.

그렇게 꺼리는 입장을 뒷받침하는 또 하나의 고려 사항은 앞서 빠르게 훑고 지나간 바 있다. 임의의 사람의 특징적인 서투름clumsiness이나 우둔함oafishness이 야기한 사고들 중 많은 수는, 특정 활동을 하지 않음으로써 상당히 쉽게 피할 수 있다. 예를 들어 어떤 사람이—아마도 시력이 나쁘거나 신체를 움직이는 재주가 부족해서—수용 가능한 안전한 방식으로 차를 운전할 신체적 능력이 없는 경우, 애초에 운전하려는 것 자체가 잘못된 판단이다. 그 사람의 기준에 미치지 못하는 운전이 결국 사고로 이어진다면, 그 사람에게 과실을 귀속시키는 것은 그 충돌 직전에 있었던 서투른 운전만큼이나 애초에 운전하려 한 최초의 판단에 대해 비난하는 것이기도 하다. 그 사람이 운전하지 않음으로써 해악을 끼친 사고를 피할 수 있었기 때문에, 그 선택지를 활용하길 거부한 경우에는 너그러운 판단을 요구하기에는 약한 입지에 있게 된다. (물론, 대단히 심각한 비상사태가 발생했기 때문에 운전을 할 수밖에 없었다는 대단히 드문 사건이 발생한 경우라면, 능력의 부족을 그대로 고려에 넣는 것을 반대하는 서투름이나 우둔함으로 인한 사고를 아예 그 활동을 하지 않음으로써 피할 수 있었다는 이 논지는 보통의 효력을 잃게 될 것이다. 그런 경우에는 그 사람의 나쁜 운전은 과실이 없는 것으로 여겨질지도 모른다.)

영미 불법행위법의 현재 입장을 뒷받침하는 또 다른 요소는, 사람들의 신체적 또는 정신적 능력의 부족을 준거로 사람들을 구별해서 법을 적용하는 것은 미끄러운 경사길slippery slope이 될 수 있다는 것이다. 어쨌거나 뿌리 깊은 악의적인 성향inveterately malign disposition은 능력의 부족함inadequacy이나 무능력inability과 비슷하다. 어떤 사람이 그런 성향을 너무도 많이 보유하는 경우 그 사람은 품위와 사교의 통상적 기준을 준수할 능력이 없다. 그러나 불법행위법의 절차 또는 형사법의 절차가 그런 사람의 범죄가 자신의 뿌리 깊은 성향 때문이라면 언제나 무죄 방면을 해 줌으로써 뚜렷하게 유리하게 대우해야 한다는 것은 상당히 터무니없다. 그런 사람의 타락한 성품의 유래가—예를 들어 문제를 많이 겪었던 어린 시절에서 그 성품이 유래되었다는 사정이—형량의 단계에서 형사사법체계에서 고려될 수도 있음은 분명하다. 그래도 그 사람이 그의 뿌리 깊은 사악한 기질 때문에 모든 처벌을 피하는 무죄 선고를 받아야 한다는 발상은 터무니없다. 그런데, 과실 사건에서 피고가 오랫동안 지능이 낮다거나 신체적으로 서툴다는 사실이 그 사람의 부주의한 행동이 합리적 주의의 기준을 충족한다고 간주할 근거로 다루어진다면, 피고인의 뿌리 깊게 스며든 악한 세계관도 대체로 비슷한 방식으로 다루기를 거부할 강력한 이유가 없을 법하다. 과실 사건에서 무능력한 피고라면 누구나, 통상적인 합리성 기준에 미치지 못하는 자신의 무능력을 강조함으로써 자신을 변호할 것이다. 그렇게 되면 이에 상응하여, 고의적 불법행위를 범했다는 이유로 소를 제기당한 깊이 타락한 피고는, 자신의 행위의 악한 의도를 형성하고 추구하는 것을 자제할 능력이 없었다는 점을 강조함으로써 자신을 변호할 수도 있을 것이다. 그런 피고는 전적으로 자기 통제 밖에서 형성되었던 의도를 자신의 잘못으로 돌리는 손해배상책임을 져서는 안 된다고 주장할 것이다. 즉, 그의 뿌리 깊은 성격에서 저항할 수 없이 나오는 의도로 인해 발생한 손해에 대해서는 배상책임을 져서는 안 된다고 주장하면서, 이는 서투른 피고가 엉성한 행동이 야기한 손해에 대해 배상책임을 져서는 안 되는 것과 마찬가지라고 주장할 것이다. 비도덕적인 의도의 범죄자가 자신의 상황에 관해 도달한 결론을 거부하길 바란다면 같은 논리로pari passu 그의 논증의 주된 전제를 거부해야 한다. 즉, 불법행위법의 합리적 주의의 기준이, 우둔함이나 신체적 서투름 때문에 그 기준의 통상적 수준을 충족하지 못하는 사람들에게는 하향되어야 한다는 논제를 거부해야 한다.

방금 언급한 하향 논제에 의문을 제기하는 추가적 근거는, 남들보다 정신적·신체적 능력이 부족한 사람들에 대한 특별대우가 극심한 반발을 일으킬 정도로 불공정하지는 않다고 하더라도, 그런 사람들을 낙인찍을 가능성이 매우 높다는 것이다. 그들은 나머지 모든 사람들과 동등하게 자신의 행동에 책임을 져야 하는 온전한 성인이 아니라, 자신이 능력이 부족하다는 이유로 마음대로 행동할 여지가 법원에 의해 확대되는 인류의 격하된 종degraded specimens of humanity 으로 분류될 것이다. 그들 중 일부 또는 전부가 느끼는 그런 대우가 주는 모욕감이 배상의무에서 면제되는 이득에 의해 능가되더라도, 그런 모욕은 그들 자신에게도 그리고 그들이 나머지 사람들 모두와 상호 작용하는 사회에도 진정한 결점일 것이다. 합리적 주의의 통상적 기준 그 자체가 법원에 의해 적합한 수준으로 설정되는 한, 그 기준을 충족할 책임을 지는 것은 자신의 사회의 온전한 구성원으로서의 존엄의 지표 중 하나이다.

영미 불법행위법의 과실 심사 기준의 통일적 적용 가능성을 찬성하는 또 하나의 이유는, 그 심사의 실행이 행정비용을 낮춘다는 점이다. 판사와 그 밖의 공무원이 과실의 심사기준이 각각의 개인에게 얼마나 엄격하게 적용되어야 하는지 측정하기 위해 피고의 신체적·정신적 능력 부족을 조사해야 한다면, 과실에 관한 원칙을 시행하는 비용은 크게 증가할 것이다. 더군다나, 행정비용의 증가는 피고 쪽이 자신의 능력을 기망할 가능성 때문에 더 커질 것이다. 인정컨대, 더 큰 비용과 더 빈번하게 발생할 부정직에 대한 우려는 그 자체만으로는 결정적인 것이 아니다. 그렇지만 마지막 몇 문단에서 논의된 요소들과 결합되면 능력의 부족을 고려하지 않는 객관적 과실 기준을 유지하는 것을 정당화하기에 충분하다. 많은 형사사건에서 신체적·정신적 능력의 부족을 근거로 한 차별적 적용은 형량을 정하는 단계 그리고 그 이전 단계에서는 의문의 여지없이 바람직하다고 할지라도, 그것을 과실법의 영역으로 도입하는 것은 이득보다 해가 더 많을 것이다.

1.2.3.2. 통일적 적용 가능성 대 중립성

다른 주제로 옮겨 가기 전에, 영미 불법행위법에서 과실 심사기준의 통일적 적용 가능성으로서의 객관성에 대한 이 논급들이, 중요한 구별에 주의하도록 만들어 줄 수 있다는 점을 주목해야 한다. 통일적 적용 가능성은, 적어도 이 항에서 설명하는 내용으로서는, 중립성neutrality과 등가가 아니다. 통일적 적용 가능성이 성립하는 상황은, 누구나 같은 기준을 준거로 판단받는 상황이다. 모든 이의 행동이 그렇게 판단받을 때, 일부 사람들의 처지가 다른 사람들의 처지보다 더 나은 경향이 생길 것임은 분명하다. 통일적 적용 가능성은 차이 나는 결과disparate outcomes를 낳는다. 예를 들어 아둔한 사람과 지각력知覺力이 뛰어난 사람에게 똑같이 적용되는 합리적 주의 기준은 지각력이 뛰어난 사람에게 더 나은 결과를 자연스럽게 낳을 것이다.

중립성은 이와는 상당히 다르다. 중립성은 통일적 적용 가능성이 아니라 충격의 통일성uniformity of impact에 있다. 어떤 법 L이 철저하게 중립적이라면, L이 존재하지 않았을 경우의 이득과 부담의 분배를 전혀 건드리지 않을 것이다. 그렇다면 그 어떤 법도 철저하게 중립적이지 않음이 명백하다. 순전히 명목적이어서 실질적인 효과를 조금도 갖지 않는 법의 경우를 제외하고는 말이다. 순전히 명목적이지 않은 법이라면 어느 법에 관해서든, 달성할 수 있는 중립성의 최대한은 이런저런 특정한 측면에서의 중립성이다. 예를 들어 세법에서 세수중립적인 변화revenue-neutral change는, 그 변화가 있기 이전의 세수와 같은 금액을 산출할 것이다. 그러나 총세수總稅收는 그대로 두지만 다양한 납세자들 사이에 납세부담의 분배는 변경할 것이다.

어떤 특정한 면(들)에서의 중립성은 어떤 특정한 면(들)에서의 통일적 적용 가능성에서 이탈해야 얻어질 수 있다. 예를 들어, 세법 변경의 세수 중립성은, 일부 납세자들에게는 어떤 세목의 납세액을 늘리고 다른 납세자들에게는 그 세목의 납세의무를 없애는 것을 통해 발생할 수 있다. 그러므로 이전에 모든 납세자들에게 적용되었던 과세 중 일부가, 그때부터는 더 부담이 되는 수준으로 일부에게만 적용될 것이다.

그런데 통일적 적용 가능성과 중립성이 등가는 아니지만, 통일적으로 적용 가능한 법이라면 어느 것이나, 갖가지 다른 측면에서는 비중립적이면서 일부 측면에서는 중립적일 것이다. 이미 말한 바와 같이, 조금이라도 실제적 효과를 갖는 법 중 어느 것도 기존의 이득과 부담 분배에서 모든 것을 그대로 둘 수는 없다. 또한 반대로, 그 어떤 법도 또는 그 어떤 법 집합도 모든 것을 다 바꿀 수 없다는 점도 덧붙여야겠다. 법이 통일적으로 적용 가능한 면은 두드러지는 반면 중립적인 면은 그보다 훨씬 덜 흥미롭고 덜 중요하며 덜 뚜렷하지만, 그 어떤 법이든 중립적인 면이 있을 수밖에 없다. 그러므로 통일적 적용 가능성과 중립성의 구별에 주의를 기울인다고 해서, 이 두 속성이 합치되는coincide 경우가 결코 없다고 생각해서는 안 된다. 어떤 형태의 이 속성들 중 각각이 어떤 형태의 다른 속성과 합치하는 것은 불가피하다. 우리는 이 점을 인식해야 하며, 모든 사람을 같은 기준same criteria으로 판단하는 것과 모든 사람에게 동등한 결과equal upshot를 발생시키는 것의 중대한 차이 또한 인식해야 한다.

1.2.4. 개인을 초월하는 판별 가능성으로서의 객관성

법이 존재론적으로 객관적인 면들 중 일부를 고찰해 보았으므로, 이제 객관성의 일부 인식론적 측면epistemic aspects을 살펴보도록 하겠다. 즉, 법적 현상이 무엇인가를 확인하거나 확인하고자 하는 (법 공무원과 보통의 시민을 포함한) 사람들의 마음과 법적 현상 사이의 관계를 탐구해 보겠다. 모든 탐구 영역에서, 인식론적 객관성의 중심적 특징은 그 영역 안의 것들의 의미 및 관련성bearings에 대한 개인을 초월하는 판별 가능성transindividual discernibility이다. 다시 말해서, 어떤 탐구 영역은, 그 영역 내의 존재자들을 능숙하게 탐구하는 사람들이 그 존재자들 각각의 본성이나 특성에 관해 의견이 일치할 수 있는 한 인식론적으로 객관적이다. 만일 모든 또는 거의 모든 능숙한 탐구자들이 그 존재자들에 관해 의견이 일치한다면,—그 존재자들로 구성된 영역 내에서는—무엇이 정당하게 긍정될 수 있는가에 대해 개인의 기호와 특이성이 방향을 결정하는 시금석dispositive touchstones이 아닌 것이다. 임의의 탐구 분야에서 개인의 기호와 특이성이 정말로 그 분야 내에서의 인식론적으로 결정적인 시금석이 된다면, 그 분야는 (인식론적인 주제로서) 대단히 주관적인 것이다. 이와는 반대로, 어떤 탐구 분야에서 관련된 주제에 대해 사실상 만장일치를 유지하는 매우 널리 공유된 인식이 우선하고 개인의 기호와 특이성은 그 주제에 관한 판정에서 종속적 지위만 가진다면, 그 주제는 인식론적으로 객관적이다. 요약컨대, 임의의 현상의 인식론적 객관성은, 그 현상에 관한 개인들의 믿음이 수렴하는 현저한 경향성에 있다.

분명해질 바이지만, 방금 설명한 뜻에서 인식론적 객관성은 전부 아니면 전무의 속성이 아니라 실수량 속성이다. 인식론적 객관성을 갖는 것들도 객관성 보유의 정도에서 차이가 난다. 탐구 영역은 임의의 수의 다른 탐구 분야보다 인식론적으로 더 객관적일 수도 있고 덜 객관적일 수도 있다. 그리고 그런 영역 내에서 포괄되는 쟁점들 자체가, 의견 일치를 끌어내는 정도가 서로 다를 것임이 거의 확실하다. 더 나아가 그 쟁점들 중 일부 또는 전부는 시간이 흐르면서 진화할 수 있다. 이전에는 다툼의 대상이었던 주제에서 사람들 사이에 일치된 견해가 생겨나고, 이전에는 널리 의견 일치를 보았던 주제가 격렬한 다툼의 대상이 될 수도 있다. 그래서 그 인식론적 지위에서, 어떤 쟁점은 이전보다 더 객관적으로 될 수도 있고 덜 객관적으로 될 수도 있다.

탐구의 일정한 영역의 인식론적 객관성에 있어서 시간이 흐르면서 생기는 변화에 대해 방금 이야기한 것이, 어떤 주제의 인식론적 객관성이 언제나 그 주제에 관한 현재 합의의 존재에 달려 있다는 것을 함축하지는 않는다. 어떤 문제의 답에 대한 합의에 도달하는 적합한 방법론에 관한 광범위한 의견 일치가 있다면, 그리고 그 방법론의 활용이 실제로 일부 질문에 대한 거의 만장일치적인 답으로 결국 귀결된다면, 그 질문은 만장일치에 근접한 상태가 상당한 기간 동안 도달되지 못할지라도 현재 인식론적으로 객관적인 것으로 분류된다. 인식론적 객관성은, 어떤 문제의 답에 대한 광범위한 의견 일치도 없고, 시간이 좀 지나면 그 질문에 관한 의견 불일치가 해결될 수 있도록 하는 방법론에 대한 광범위한 의견 일치도 없는 경우에만 결여된—또는 심각하게 줄어든—것이다.

개인을 초월하는 판별 가능성으로서의 객관성은 존재상 강한 마음 독립성으로서의 객관성을 필함하지 않으며 후자가 전자를 필함하지도 않는다. 마찬가지로, 확정적 타당성으로서의 객관성은 개인을 초월하는 판별 가능성으로서의 객관성을 필함하지 않으며, 후자가 전자를 필함하지도 않는다. 이 논지는 법의 인식론적 객관성에 대한 이해에 중차대하다. 그래서 비록 이 장의 이전 절들에서 깊은 논지와 중첩되는 내용이 일부 있기는 하겠지만 그것들을 주의를 기울여 곰곰이 생각해 보아야 한다.

인식론적 객관성—개인을 초월하는 판별 가능성—과 존재상 강한 마음 독립성 사이에 서로 필함관계가 없다는 점부터 살펴보도록 하자. 한편으로는 인식론적 객관성이 관찰상뿐만 아니라 존재상으로도 강하게 마음 독립적인 존재자들의 일부 영역에서 가장 두드러질 것임이 분명하다. 자연과학이 탐구하는 자연세계의 물리적 존재자들은 인식론적으로 객관적이며 그래서 (관찰상으로나 존재상으로나) 강하게 마음 독립적이다. 비록 자연과학의 최첨단 실험과 이론화가 논쟁의 대상이 되는 주제를 다루기는 하지만, 자연적 존재자 natural entities들에 대한 무수히 많은 다른 문제들에 대한 타당한 답들은 그 문제들을 다루는 모든 사람 또는 거의 모든 사람들에 의해 인정된다. 자연적 대상의 크기와 실체에 관한 수없이 많은 기본적인 문제는 아무런 논쟁을 불러일으키지 않는다. 과학적으로 더 복잡한 수많은 문제들도 그것을 이해할 능력을 갖춘 사람들 모두에게 마찬가지로 전혀 논쟁의 대상이 되지 않는다. 자연과학의 첨단에 있는 다툼이 있는 문제와 관련해서도, 그 문제들에 대한 확고한 답을 알기 위해 사용해야 하는 적합한 방법론에 대해 (관련된 전문지식을 갖춘 사람들 사이에서는) 매우 광범위한 의견 일치가 있는 경우가 보통이다. 간단히 말해, 자연과학의 영역인 탐구 영역에서는, 현상의 존재상의 강한 마음 독립성과 함께 매우 높은 정도의 인식론적 객관성이 있다.

다른 한편으로 우리는 인식론적 객관성이 존재상 강한 마음 독립성을 전제한다는 결론으로 도약하지 않아야 한다. 앞서 논한 바와 같이, 일반적 명령 및 법체계의 그 밖의 규범의 존재상 마음 독립성은 강하지 않고 약할 뿐이다. 그 어떠한 특정 법체제에서도 일반적 명령 및 그 밖의 법규범은 그 체제의 공무원들이, 그 규범들을 권위 있는 것으로 다루도록 하는 일정한 믿음과 태도를 공유하기 때문에만 법규범으로서 작용하는 것이다. 그러나 일반적 법들의 존재상 마음 독립성은 약하지만, 그 법들과 그 법들이 구성하는 체계는 높은 수준의 인식론적 객관성을 가진다. 모든 기능하는 법체제하에서, 사람들 행동의 법적 결과는 광범위한 상황에서 명확할 것이다. 사실, 그 결과들은 대부분의 경우, 그것을 논의할 능력이 있는 사람 모두에게 너무나 분명하기 때문에 굳이 언급되지 않는다. 다양한 행위의 법적 함의에 대해 (유관한 전문지식이 있는 사람들 사이에) 상당한 의견 불일치가 발생하는 경우는 작은 비율에 그친다. 인정컨대, 상당한 의견 불일치가 실제로 발생할 때는 전문가들 사이에 의견 불일치를 해소할 적합한 방법론에 대한 매우 광범위한 합의가 있는 경우는 그리 자주 있지는 않다. 문제가 되는 법의 의미에 관한 법률가들의 의견 불일치가 해결하기 어려운 것으로 드러나는 경우가 자주 있다. 그 측면에서, 법의 인식론적 객관성은 수학과 자연과학의 인식론적 객관성보다 더 빈약한 것일 수는 있다. 그럼에도 불구하고 대부분의 상황에서 법의 인식론적 객관성은 탄탄하다. (적어도 전문가들 사이에는) 수렴이 있는 것이 전형적이며, 심각한 의견 불일치는 예외적이다. 이러한 점들을 고려할 때 그리고 일반적 법규범의 존재상 마음 독립성이 강하지 않고 약하다는 점을 고려할 때, 일부 현상의 인식론적 객관성은 그 자체만으로는 그 현상의 강한 존재상 마음 독립성을 전제하지 않는다. 그 발생과 존재 지속이 인간 마음에 달려 있는 것들이라도 그 의미 및 관련성bearings에 관해 일반적으로 합의가 있는 것들일 수 있다. 실제로, 1.2.1.에서 시사한 바와 같이, 그런 것들에 대한 우리의 인식론적 접근은 상당한 수의 상황에서 유일하게 신뢰할 수 있는 것일 수 있다. 이에 따라, 그런 상황에서는 매우 높은 수준의 인식론적 객관성이 있을 것이다.

이제 존재상 강한 마음 독립성과 개인을 초월하는 판별 가능성 사이에 아무런 필함관계가 없다는 점을 간략하게 살펴보도록 하자. 우주론 분야—우주 전체의 기원과 역학을 다루는 과학 분과—에서 탐구된 문제들 중 일부가 필함관계가 결여된 예를 보여 준다. 비록 일부 우주론적 문제들에 대한 답들이 현재 (전문가들 사이에서) 널리 합의되고 있고, 남아 있는 문제들 중 많은 것에 대한 답들이 대단한 수학적 엄밀성을 가지고서 추구되고 있긴 하지만, 우주론 학자들은 그 남아 있는 문제들에 대한 답들이 무엇인가에 대해 합의 근처에도 가지 못했다. 우주론 학자들은 여러 개의 정교한 모델을 만들어 냈다. 그 각각은 다른 모델이 생성한 답과 대체로 어긋나는 답을 내놓는다. 그 모델 중 일부는 다른 모델보다 더 많은 지지자들을 끌어당겼지만, 현재로서는 그중 어느 모델에 대한 지지도 만장일치인 것과는 거리가 멀다. 그런 모델들 가운데 어느 것을 선택하는 판정의 적합한 방법론에 관한 지지도 만장일치인 것에 전혀 가깝지 않다. 그렇다면 우주론의 많은 질문들에 대한 그 분야의 인식론적 객관성은 현재 상당히 낮은 것이다. 그럼에도 불구하고, 우주론의 미해결된 문제들에 관련된 사실들 및 사건들의 존재상 마음 독립성은 패러다

임적으로 강한 것이지 약한 것이 아니다. 그러므로 우주론의 해결되지 않은 문제들은 하나의 일반적 논지를 뚜렷하게 보여 준다. 전문가인 탐구자들이 그 발생이나 존재 지속이 탐구자 그리고 그 밖의 모든 사람의 마음에 완전히 독립적인 현상을 탐구하는 경우라고 해서 그들 사이에 해결하기 어려운 의견 불일치가 발생하지 않으리라는 보장이 없다. 전문가들의 판단은 많은 경우 수렴할 것임에는 의문의 여지가 없지만, 어떤 문제들에 관해서는 끈질긴 의견의 차이가 계속 있을 수 있으며 어떤 경우에는 실제로 그렇다.

다음으로 확정적 타당성이 개인을 초월하는 판별 가능성을 필함하는 관계가 없다는 점을 살펴봐야겠다. **필요한 부분만 변경하면**, 앞 문단의 내용은 유일무이하게 타당한 답의 존재가 그러한 답들이 무엇인가에 대한 (심지어 전문가들 사이에도) 합의의 존재를 필함하지 않는다는 점을 분명히 밝힌 것이기도 하다. 어쨌거나 우주론의 해결되지 않은 각각의 문제에는 타당한 유일무이한 답이 있다. 설사 우리가 각 경우에 그 답이 무엇인가를 결코 알아내지 못할 수도 있지만 말이다. 해결되지 않은 그 각각의 문제에 대한 유일무이한 답에 대해 만장일치에 가까운 합의가 (전문가들 사이에서도) 현재 전혀 없다는 점을 전제로 하면, 우리는 확정적 타당성이 인식론적 객관성을 필함하지 않는다는 것을 꽤나 쉽게 추론할 수 있다. 그러나 이 논지는 존재상 마음 독립성이 강한 현상뿐만 아니라, (법규범처럼) 존재상 마음 독립성이 약한 현상에도 적용될 수 있다. 우리는 확정성과 입증 가능성 사이의 구별에 관한 이 장의 이전 논의에서 그 점을 살펴본 바 있다.

　무수히 많은 쉬운 사건에서 법적 문제에 대한 확정적으로 타당한 답변은 매우 널리 합의되고 있지만, 어려운 상소심 사건은 훨씬 더 논쟁의 여지가 많다. 그렇다 하더라도 공무원들이 통상적인 법원法源이 다 떨어진 지점에서 그 공백을 채우기 위해 타당한 도덕 원리를 법에 포함시킨 법체계 내에서는, 일부 어려운 사건들의 문제에도 확정적으로 타당한 답이 있을 것이다. 예를 들어 인종관계가 1950년대 초반 미국에서와 비슷한 단계에 이른 어떤 사회에서 타당한 도덕 원리를 법에 포함시킨 법체계가 존재한다고 가정해 보자. 그 체계의 최고 법원法院이 공립학교의 인종분리가 법의 평등한 보호를 명령하는 헌법 조항에 합치되는지 여부를 판단해야만 한다고 가정하자. 그 가상적 사회에서 인종관계가 처한 상태를 전제할 때, 인종분리 공립학교의 합헌성 문제는 (1954년 그 주제에 대해 만장일치의 그러나 용의주도하게 신중한 판결을 내렸을 때처럼) 격렬한 논쟁의 대상이 될 것이다. 법 전문가들은 서로 의견을 달리할 것이며, 무수히 많은 갈래의 추론이 그 문제의 찬반 진영에서 개진될 것이다. 인종분리 공립학교의 합헌성을 긍정하는 논증 중 일부는 인종적 편견을 분명하게 드러낼 수도 있다. 그러나 합헌성을 긍정하는 논증 중 많은 수는, 자유민주주의 사회에서 법원의 적절한 역할과 같은 요소들에 상당히 합당하게 초점을 맞출 것이다. 그 쟁점에 관해 그와 같이 전문가들이 격렬한 의견 불일치를 보이더라도, 공립학교에서 인종분리제도를 유지하는 것이 법의 평등한 보호를 명령하는 헌법 조항에 합치하는가라는 법적 문제에 대해서는 유일무이하게 타당한 답이 있다. 찬성과 반대 측에 진정으로 고려해야 하는 근거들이 다 있다고 하더라도, 그 문제에 유일무이하게 타당한 답은 '아니요'이다. 그렇다면 그 문제를 다루는 법원에서는 인종분리를 불허하는 판결만이 적절하다. 그러나 그렇게 말한다고 해서, 그 판결이 내려졌을 때 당시의 모든 또는 거의 모든 법 전문가들에게 옳은 답으로 인정받으리라고 말하는 것은 아니다. 확정적 타당성은 개인을 초월하는 판별 가능성을 필함하지 않는다.

이제 마지막으로 개인을 초월하는 판별 가능성이 확정적 타당성을 필함하는 관계가 없다는 점을 살펴보자. 이 필함관계가 전혀 없다는 점은, 표면상의 지식 전체에 대해 분명하게 드러난다. 고대 이집트에서 현인과 마법사가 여러 사건에서 가장 효과적인 주술과 의례가 무엇인가에 대해 완전히 의견의 일치를 보았다고 가정해 보자. 그들 모두는 이런저런 맥락에서 이런저런 유형의 주술이나 의례가 신의 노여움을 달래 줄 것이라는 점에서 의견의 일치를 보았다고 가정할 수 있다. 그들의 지혜는 신의 비위를 맞추는 최적의 수단에 관한 수많은 문제 각각에 대해 각각 일치하는 답을 내놓는다. 그러나 사실은 이 문제들 중 어느 것에 대해서도 확정적으로 타당한 답이 없었다. 그 문제 아래에 깔려 있는 대단히 거짓된 가정 때문에 각 문제 자체가 전적으로 잘못 설정된 것이라고 보는 하나의 '답'만을 제외하고는 말이다. 고대 이집트인들이 던지는 문제 중 하나를 제기할 때마다, 이를테면 장례식에서 양이 아니라 염소를 바쳐야 신이 더 호의적으로 볼 것인가라는 문제를 제기할 때마다, 그 문제 자체가 적절하다고 보는 답이라면 어느 것이나 틀렸으며, 그 문제 자체가 적절하다고 보는 답들 가운데 다른 답보다 더 낫다거나 더 못한 답이란 없다. 간단히 말해, 고대 이집트인들의 문제에 대해서는 확정적으로 타당한 답이란 없다. 그런 각각의 문제를 모조리 거부하는 것만 유일무이하게 타당한 답이다. 그러므로 비록 고대 이집트의 현인과 마법사가 신의 바람이 무엇인가에 대한 견해가 수렴했다고 할지라도, 그들의 지식이라고 이야기되는 것들에 의해 포괄되는 주제의 인식론적 객관성은 그들의 임의의 주장의 확정적 타당성과 들어맞지 않는다. 그 주장들이 외관상 적절하다는 점을 관련된 사람들이 개인을 초월하여 판별할 수 있었다 할지라도, 그 주장들은 근거가 없는 것이다.

개인을 초월하는 판별 가능성과 확정적 타당성 사이에 필함관계가 없다는 점은, 전체 실천이나 전체 사고와 관련하여 드러나는 것이 아니라, 일부 실천 또는 일부 사고와 관련하여 개진되는 특정 논제와 관련하여 드러나는 일이 더 흔하다. 예를 들어 아무런 확정적으로 타당한 답이 없는 문제가 발생하는 법체계를 살펴보자. (그런 문제는 스케이트보드가 공공 공원에서 진입이 금지된 탈 것vehicles의 범위에 속하는가일 수도 있다. 그런 문제는 평등이나 자유, 정의를 보장하는 헌법 조항을 둘러싼 더 고상한 쟁점일 수도 있다. 이 논의를 하기 위해 그런 문제를 제기하는 사건의 주제를 상세히 특정할 필요는 없겠다.) 그런데 제기된 문제에 대한 확정적으로 타당한 답이 없기는 하지만, 그 문제를 다루는 법 공무원 및 그 밖의 법 전문가 전부 또는 대부분이 하나의 견해에 끌릴 수도 있다. 그 주제에 대한 법 공무원의 결정이 선례로서의 힘을 가지고 그들의 공유된 견해가 그 이후로 제기된 법적 문제에 대한 유일무이하게 타당한 답을 구성하게 된다면 그렇게 될 것임이 분명하다. 그들의 공유된 견해는 그 문제에 대한 구속력 있는 법이 될 것이다. 그러나 법 공무원들이 그 견해를 처음으로 또렷하게 표명하던 시점에서는, 그 문제에 대한 확정적으로 타당한 답이 (애초의 가정에 따르면ex hypothesi) 있지는 않았다. 그 주제에 대한 특정 입장이 개인을 초월해서 판별 가능하다는 것은 그 확정적 타당성을 필함하지 않는다.

개인을 초월하는 판별 가능성이 존재상 강한 마음 독립성과 별개의 것이고 또한 확정적 타당성과도 별개의 것이라고 하며 그 구별을 강조하긴 했지만, 그 유형의 객관성들이 한결같이 또는 전형적으로 갈린다고diverge 시사한 것은 분명 아니다. 서로 다른 유형의 객관성들이 일치하는 경우가 빈번하게 있을 것이다. 나의 논급들이 강조하고자 한 바는 그게 아니라, 인식론적 객관성이 어떤 주요한 종류의 존재론적 객관성과는 이런저런 특정한 맥락에서는 일치하지 않을 가능성이 계속 있다는 것뿐이다. 존재론적 객관성은 사물이 실제로 어떠한가에 관련되는 것인 반면, 인식론적 객관성은 사물이 실제로 어떻다고 믿어지는가에 관련된 것이다. 그래서 인식론적 객관성과 존재론적 객관성이 많은 탐구 영역에서 일치하는 경우가—인간의 마음이 서로 닮도록 그리고 세계의 실재성에 일반적으로 반응하도록 형성한 진화적 압력에 중심을 둔 이유들 때문에—빈번하기는 하지만, 그런 일치를 결코 보장할 수는 없다. 사물이 실제로 어떠한가와 어떠하다고 집단적으로 믿어지는가 사이에는 불일치의 가능성이 언제나 있다.

1.2.5. 불편부당성으로서의 객관성

객관성의 인식론적 형태 중 또 하나의 형태는 불편부당성不偏不黨性·impartiality이다.[12] 불편부당성은 무사심無私心함과 열린 마음에 있으며, '초연함'detachedness이나 '비개인성'impersonality으로 지칭될 수도 있다. 그것은 편견bias이나 당파성partisanship과 대조되며 또한 충동적임impetuousness과 (비록 진정한 무작위성genuine randomness과는 대조를 이루지 않는 경우가 때때로 있지만) 변덕스러움whimsicalness과도 대조된다. 법적 맥락에서 이 차원의 객관성은, 법이 제정되는 단계와 실행되는 단계에 적용될 수 있다. 이는 객관성의 다른 측면과 마찬가지로 다양한 정도로 실현될 수 있는 실수량 속성이지 전부 또는 전무의 속성이 아니다.

---

12 법적 맥락에서의 불편부당성에 대한 최근의 좋은 논의는 Lucy 2005와 Marmor 2001, 147-152쪽을 참조.

1.2.5.1. 중립성과 구별되는 불편부당성

이 장에서 이미 통일적 적용 가능성과 중립성을 구별한 바 있다. 여기에서도 대체로 비슷한 하나의 구분선을 불편부당성과 중립성 사이에 긋는 것이 좋겠다. 인정컨대 일부 논자들이 지적한 바와 같이(Lucy 2005, 13) '불편부당성'과 '중립성'은 일상 담화에서는 상호 교환적으로 쓰이는 경우가 상당히 흔하다. 이 용어 둘 다, 관련된 주제에 대한 특이한 애호나 직접적인 개인적 이해관계에 영향을 받지 않는 결정을 내리는 사람의 초연함을 지칭할 수 있다. 그래서 두 용어는 일상 담화에서 쉽게 합쳐지기도 하지만 쉽게 구별되기도 한다. '불편부당성'이 결정이 내려지는 조건에 관한 속성을 지칭하는 반면에 '중립성'은 결정의 결과에 관한 속성을 지칭하는 경우가 빈번하다. 결과에 관한 '중립성' 속성은, 그것에 대한 이전의 논의에서 드러난 바와 같이, 사회 내의 사람들이 누리고 지는 이득과 부담의 기존 분배를 유지하는 데 있다. 그 어떤 법도 그리고 그 어떤 법 집행 과정도 모든 측면에서 중립적일 수는 없다. 그러나 모든 법과 법 집행 과정은 일부 측면에서는 중립적이다. (비록 그 일부가 아닌 다른 측면에서의 중립성의 결여가 더 눈에 띄고 중요할 수는 있지만 말이다.)

불편부당성은 이와는 다르다. 보통 어떤 사람이 법체계의 작동이 불편부당한지 묻는다면, 그 사람은 그 효과에 대해 묻는 것이 아니다. 그 사람은 법 공무원의 결정이 내려지고 실행되는 과정에 대해 묻고 있는 것이다. 엄격하게 불편부당한 결정이 현저히 비중립적일 수 있다.

1.2.5.2. 무사심함

명백히, 불편부당성은 편파성偏頗性, partiality이 없다는 것이다. 불편부당성에 필요불가결한 것들 중 하나가 결정을 내리는 사람이 그 결정에 대해 인식된 개인적 이해관계perceived personal stake가 없다는 것 또는 거기에 이해관계가 있다는 사실의 자각自覺, awareness이 결정에 영향을 미치지 않도록 하는 능력이다. 어떤 결정을 반대 방향이 아니라 이 방향으로 내리는 경우 자기 자신이나 가까운 친척 또는 친구가 상당한 이득을 얻게 된다면 보통 그 결정에 이해관계가 있는 것이다. 어떤 사람이 검토되고 있는 쟁점의 각 측 모두에 가까운 친척이나 친구를 갖고 있다면 물론 그런 이해관계는 없는 것이다. 예를 들어 부모가 자신의 두 자녀 중 누가 특정 장난감을 가지고 놀도록 허락해야 하는가를 결정할 때, 부모의 불편부당성은 결정을 다른 방향이 아니라 특정 방향으로 내린다면 각자 상당한 이득을 얻을 두 명의 가까운 친족(자녀-옮긴이)이 있다는 사실에 의해 훼손되지 않는다. 각 친족의 이해관계는 다른 친족의 이해관계에 의해 상쇄되기 때문에, 부모의 불편부당성은 손상되지 않는다. 그러나 쟁점의 각 측에 이런 종류의 상쇄하는 정확한 균형이 성립하지 않는 경우에는, 의사결정자의 불편부당성은 자신의 숙고 결과에 따라 가까운 친족이나 친구의 성쇠fortunes가 상당한 영향을 받으리라는 사실을 알기 때문에 훼손된다.

불편부당성은 어떤 문제에 대한 판단을 내리는 사람이 판단을 받는 사람 중 어느 쪽에도 개인적 이해관계가 없을 때 가장 강하다. 그러나 특히 법의 제정과 관련해서 그리고 때로는 법의 실행과 관련해서도, 각 의사결정자의 개인적 이해관계의 회피가 전적으로 가능한 것은 아니다. 예를 들어 상이한 소득 수준의 사람들 사이에 세금 부담의 배분에 영향을 미칠 법안에 투표해야 하는 의원을 생각해 보자. 발의된 법안이 통과될 경우 그 영향이 상당히 광범위할 것이라면, 모든 의원은 그 투표의 결과에 어느 정도 개인적 이해관계를 가질 것이다. 법안의 중요 조항을 해석해야 하는 판사나 행정가, 세금 부담의 분배에 상당한 관련이 있는 다른 결정을 내려야 하는 사람들에 대해서도 거의 같은 이치가 적용된다. 이 입법·사법·행정적 결정에 아무런 개인적 이해관계가 없는 것이 결정 과정의 불편부당성의 전제조건이라면, 이런 과정은 불편부당할 수 없을 것이다. 모든 의원, 판사, 행정가는 위 결정들에 (그리고 입법·사법·행정적 책임을 이행하는 과정에서 내려지게 될 다른 다수의 결정에) 개인적 이해관계를 가질 것이다. 그러나 이 주제들에 관한 불편부당성이 불가능하다는 결론을 내려서는 안 된다.—모든 법 공무원이 개인적 이해관계를 가질 수밖에 없기 때문에—의사결정자 측에 직접적인 개인적 이해관계를 피하는 것이 실현 가능하지 않은 결정에 관해서 관련된 각각의 공무원은 문제의 결정에 도달함에 있어 자신의 개인적 전망을 떼어 놓고 생각함으로써 불편부당성을 추구하려고 노력해야 한다. 사람들이 자신이 다루어야 하는 주제에 대해 무사심한 관점disinterested perspective을 취하기 위해 개인적 이해관계에서 물러설 정신적 능력이 없다고 생각할 근거는 없다. 물러서려는 노력은 경우에 따라 실패할 수도 있지만, 불가피하게 실패할 운명에 처한 것은 아니다.

불편부당성은 의사결정자가 내릴 결정에 따라 자신의 개인적 이해관계가 상당히 영향받는 여건에서도 가능하긴 하지만 그럼에도 불구하고 그런 여건에서 불편부당성이 달성될 가능성이 더 낮다는 것은 분명하다. 의사결정자가 자신의 개인적 전망을 떼어 놓고 생각하려는 노력은 두 가지 면에서 실패할 수 있다. 의사결정자는 무사심한 입장을 취하려는 진지한 시도에도 불구하고 자신의 이익에 유리한 편견을 계속 갖고 있을 수 있다. 또는 더 미묘하게, 의사결정자는 자신의 복지에 반대되는 입장에 실제로 마땅히 받아야 할 것보다 더 큰 공감을 보여 줌으로써 자신의 이익을 지나치게 불리하게 처리할 수도 있다. 그렇다면 대체로 법적 의사결정에서 불편부당성의 추구는 권위를 가지고서 어떤 쟁점을 다룰 책임이 있는 각각의 공무원이 진정으로 무사심할 경우 가장 잘 이루어진다. 그 이해관계가 문제의 결정과 묶여 있지 않은 법 공무원에게 결정이 할당될 수 있는 한, 그렇게 할당되어야 한다.

진정한 무사심함에 대한 이 논점은, 법-정부 공무원이 과세와 같은 큰 공공정책의 주제가 아니라, 모든 또는 대부분의 사람들의 이익보다는 자신의 이익에 훨씬 더 큰 영향을 미치는 주제에 관한 판단을 내려야 할 때 특히 중요해진다. 예를 들어 불편부당성으로부터 이탈하는 패러다임적 사례로 판사가 판사의 딸을 살해했다는 죄목으로 기소된 사람에 대한 재판을 맡는 경우, 또는 행정가가 임원인 회사에 제기된 고발의 청문을 공공 규제 행정가가 맡는 경우를 들

수 있다. 게다가 법 공무원의 이익이 대부분의 다른 사람들의 이익보다 훨씬 더 큰 정도로 걸려 있는 경우가 아닌 여건에서도 진정한 무사심함을 합당하게 얻을 수 있는 경우에는 그것을 추구해야 한다. 예를 들어 공공 규제 행정가가 많은 주식을 갖고 있는 회사에 제기된 고발에 관한 청문을 그 행정가 자신이 주재主宰한다고 가정해 보자. 더 나아가, 그 공동체의 사실상 모든 다른 사람들이 그 회사에 비슷한 양의 주식을 갖고 있다고 가정해 보자. 행정가가 다른 사람에 비해 그 회사에 관한 사건에 대한 자신의 판단으로 훨씬 더 많이 손해를 보거나 이득을 보지 않는다는 사실에도 불구하고, 그는 진정한 무사심의 태도를 갖추기 위한 조치를 취해야 한다. 적어도, 독립적인 제삼자가 관리할 수 있는 백지신탁에 자신의 주식을 위탁해야 한다. 어쩌면 더 엄격한 조치로, 그 조사 청문을 주재하기 전에 자신의 주식을 모두 팔아야 할 수도 있다. 법-정부 공무원이 경쟁하는 권리주장과 이익 사이에서 결정을 내려야 하는 심각한 문제에 직면할 때 그리고 비합당하게 부담이 크지 않은 조치를 취함으로써 그 주제에 관한 어떤 개인적 이해관계를 없앨 수 있을 때, 그 공무원이 그런 조치를 취하는 것이 의무적이어야 한다. 불편부당성은 그런 조치가 없다고 해서 불가능하지는 않겠지만, 훨씬 더 달성하기 어렵고 위태로울 것이다.

이상적으로는, 무사심함에 관한 이 논급들은, 법-정부 체계의 사법부와 행정부뿐만 아니라 입법부에도 적용될 수 있다. 공공정책의 주제에 대해 판단을 내리는 의원들은, 개인적 이득보다는 공공복리에 초점을 둔 관점에서 그런 판단을 내려야 한다. 그러나—세계의 다른 독재체제는 말할 것도 없이—서구 자유민주주의에서는 무사심함의 요건이, 재판관이나 행정관보다는 입법자에게 훨씬 덜 엄격한 것이 보통이다. 한편으로는, 그런 덜 엄격한 요건을 지지할 만한 또는 적어도 감수할 만한 것으로 만드는 근거는, 자신에게 투표한 유권자를 만족시키는 방식으로 대부분의 입법자들이 상당히 판에 박힌 듯이 투표한다는 사실이다. 유권자의 바람 및 이익에 반하는 경우가 빈번한 의원은 다음 선거에서 보통 좋은 결과를 내지 못할 것이다. 권력을 유지하고자 하는 의원 자신의 열망을 이루는 것 외에도, 유권자를 기쁘게 하려고 노력하는 의원은 자기가 맡은 공직의 주된 역할 중 하나를 실제로 수행하고 있는 것이다. 자유민주주의 사회에서 의회의 각 구성원은 일반적 공공선을 증진하는 기능뿐만 아니라 대표 기능을 이행할 것이 요청된다. 그래서 의원이 자신에게 투표한 유권자의 견해를 따름으로써 미래의 재선 가능성과 더불어 자신의 이익도 증진할 경우, 자신이 해야 하는 것에서 실제로 벗어나는 것은 아니다. (적어도 기본권을 고려하지 않는다면 말이다.) 다른 한편으로, 의원이 (기본권의 주제가 아니라) 공공정책의 주제에 관한 자신의 유권자 성향을 따름으로써 엄격한 불편부당성을 버릴 때 비록 진정으로 부적절하게 행위하는 것은 아니라고 할지라도 주요 자유민주주의 사회에서 엄격한 불편부당성에서 이탈하는 일이—특히 미국에서는—대표 기능의 이행을 훨씬 넘어서 이루어지는 경우가 자주 있다. 거대하고 자금이 많은 단체들은—그중 많은 수가 다양한 쟁점에 관해 의원들에게 로비하는 것을 주된 임무로 삼는다―그들에게 관련되는 공공정책의 분야에 시샘의 대상이 될 정도의 영향력을 행사한다. 그런 단체는 정치 스펙트럼의 갖가지 위치에서 조직되어, 그들의 목적에 유리하게 행위하는 정치가는 재정적 조력과 선거상의 다른 도움을 주고 동정적이지 않은 정치가라면 누구나 격렬하게 반대하겠다는 위협을 가함으로써 그들의 영향력을 행사한다. 이러한 당근과 채찍에 직면해서, 많은 의원들은 (특정 쟁점에 관해) 그 어떤 무사심한 평가에도 기초하지 않고 그 단체들이 요구하는 바를 따라 투표한다.

입법자가 이렇게 무사심함의 이상에서 현저하게 이탈하는 일을 좀 더 엄격한 규제를 통해 급격하게 줄여야 하는가는 논쟁의 대상이 될 수 있다. 제임스 매디슨James Madison이 정치에서 당파factions의 역할에 관한 그의 고전적인 논의에서 인정한 바와 같이(Madison 1961 〔1788〕, 78), 당파의 억압은 질병을 치유하기보다는 사태를 더 악화시킨다. 더욱이, 시민이 세간의 이목을 끄는 로비 집단으로 연합하는 것은, 가치가 실제로 있을 수도 있는 자신들의 명분을 위한 지지와 존중을 얻어 내는 유일한 효과적인 수단일 수도 있다. 따라서 의원들이 공공정책의 핵심 주제에 대한 결정을 내릴 때 자신의 정치적 이득보다는 일반적 공공복리를 길잡이로 삼는 것이 최적의 행위이기는 하지만, 거기서 이탈하도록 하는 선거의 압력이 결코 일률적으로 개탄스러운 것만은 아니다. 물론 무사심함으로부터의 일정한 유형의 이탈(예를 들어 부패)은 다른 법-정부 공무원들에게 금지되는 것과 마찬가지로 의원들에게도 금지되어야 한다. 그러나 의원에게 엄격한 무사심함의 요건을 부과하는 것—예를 들어 로비 활동을 주된 업무로 하는 단체의 지출과 정치 활동에 엄격한 제한을 두는 것—은 자유민주주의 정치체계의 작동을 위해 순전히 좋기만 한 것은 아닐 것이다.

의원이 더 큰 무사심함을 갖추는 것의 바람직함이 무엇이든 간에, 판사와 행정가가 매우 높은 수준의 무사심함을 갖추는 일의 중요성은 사실상 다툼의 대상이 되지 않는다. 우리는 그런 중요성을 뒷받침하는 이유를 곧 (그리고 다음 장에서) 살펴보겠지만, 먼저 불편부당성으로서 객관성의 다른 주된 요소를 살펴봐야겠다. 의사결정을 위한 불편부당한 관점은 무사심함뿐만 아니라 열린 마음도 포함한다.

1.2.5.3. 열린 마음

열린 마음open-mindedness의 한 가지 뚜렷한 구성요소는 편견prejudice과 편애favoritism가 없다는 것이다. 어떤 사람 P가 특정한 사람들에게 특별히 반감이나 애호를 품고 있다면—특히 사람들의 능력이나 성실성과는 무관한 인종, 종교, 민족과 같은 특성을 근거로 그러고 있다면—P는 그런 사람들과 다른 사람들의 이익이 대립하는 주제에 대해 불편부당한 결정을 내리는 데 불가결한 열린 마음이 없는 것이다. 확실히 P는 특이한 반감이나 애정을 느끼는 종류의 사람들만 관련된 주제에 관해서도 여전히 불편부당한 판단을 내릴 수 있을지도 모른다. 예를 들어 P가 히스패닉에 유리한 편견을 갖고 있다고 해도 두 명의 히스패닉 기업인 사이의 계약법상 분쟁에 대한 판단을 내릴 때는 적합한 태도로 불편부당할 수 있다. 그러나 결정할 쟁점과 그의 편견이 관련된 것인 한—그래서 그 편견이 그 쟁점에 관한 그의 입장에 영향을 미칠 가능성이 높은 한—그 쟁점에 대한 그의 관점은 열린 마음이 아니므로 불편부당하지 않다.

물론 편견의 강도는 다양하다. P가 특정 유형의 사람들에게 (유리하게 또는 불리하게) 약간만 편견을 가지고 있다면, 그 사람들을 대할 때 그의 열린 마음은 실질적으로 그리 많이 훼손된 것은 아니다. 더군다나, 그것에 대한 불편부당한 판단을 내리기 위해 어떤 주제에 자신의 개인적 이해관계를 떼어 놓고 생각할 능력이 있을 수 있는 것과 마찬가지로, P는 공정한 마음으로 결정에 도달하기 위해 편견에 찬 태도를 떼어 놓고 생각할 능력이 있을지도 모른다. 그럼에도 불구하고, 그런 여건에서 진정으로 불편부당한 입장을 취할 확률은 P가 아무런 차별적인 편견도 품고 있지 않은 여건에서보다 훨씬 낮다. P의 태도가 알려졌을 때 P의 결정이 불편부당한 것으로 인식될 가능성은 그보다 한층 더 작다. 결과적으로 법체계의 작동의 실제 객관성을 위해서나 인식된 객관성을 위해서나 법 공무원에게 편견이 없는 것이 중요하다.

열린 마음의 (그래서 불편부당성의) 또 하나의 중심적인 구성요소는 변덕스럽지 않고 충동적이지 않은 것이다. 어떤 상황의 실제에 주의를 기울이지 않고 앞서 돌진하는 사람은, 그 실제를 보지 못하게 가리는 편견을 가진 사람만큼이나 극적劇的으로 열린 마음을 보여 주지 못하는 것이다. 어떤 문제를 다룰 때 열린 마음을 가진다는 것은 부분적으로는 그 문제가 제기된 갖가지 사실들을 배우고자 하는 양심적 자세가 되어 있는 것이다. ─ 편견으로 사고를 진행한 사람이 그럴 수 있듯이 ─ 변덕과 추측으로 사고를 진행한 사람이 임의의 특정한 맥락에서 타당한 결정에 이르는 경우가 있기는 하지만, 그 결과는 어느 누군가를 자의적으로 유리하게 대우하거나 불리하게 대우하는 것을 피하고자 고안된 과정을 거쳐 도달된 것은 아닐 것이다. 적합하게 고안된 과정은 의사결정자가 합당하게 알 수 있는 모든 유관한 사실들을 알게 되도록 보장해 줄 것이다.

1.2.5.4. 법적 환경에서의 열린 마음

법체계에서 판사와 다른 법 공무원은 답을 해야 하는 법적 문제에 영향을 미치는 합당하게 확인 가능한 모든 사실을 파악할 수 있는 기법을 활용해야 한다. 물론 공무원의 열린 마음이라는 이 요건은 정보를 수집하는 둘 이상의 기법 집합을 통해 충족될 수 있다. 영미법에서 민사와 형사소송의 당사자주의 구조가 그러한 하나의 기법 집합을 포함한다. 많은 시민법 국가에서 민사소송과 형사소송의 매우 다른 구조도 그와 마찬가지로 적합할 수 있는 정보를 수집하는 상이한 기법 집합을 포함한다. 활용되는 절차가 정확히 무엇이든, 법 공무원은 그들이 판단을 내리는 상황의 세부 사항에 대해 세밀한 주의를 기울이기 위해 최선을 다하지 않는다면 열린 마음으로 그 역할을 수행하고 있는 것이 아니다. 그 목적을 위해 소송구조가 당사자주의이든 직권주의이든 간에, 법적 분쟁에서 당사자가 정보 수집 과정에 참여하는 것이 불가결하다. 당사자들이 그들의 견해를 표현할 기회를 갖지 못한다면 유관한 사실들의 어떤 핵심 측면들을 놓칠 수 있기 때문에, 그런 기회의 제공은 법체계의 작동의 불편부당성에 불가결하다. 그런 기회가 없다면, 그 법체계의 운영은 단지 법 공무원이 지극히 중요한 정보를 계속 모른 채로 있게 된다는 이유만으로도 특정 당사자를 불리한 위치에 놓는 것일 수 있다. 또한 명백히 불가결한 것은 증인이나 적절한 정보를 보유하고 있는 다른 사람들의 참여 기회이다. 이러한 정보 원천이 사람들 행동의 법적 결과를 법 공무원이 결정하는 과정에서 배제된다면, 그 과정은 복잡한 사항을 열린 마음으로 잘 살펴보는 것이 아니라 추측에 불과할 것이다. 추측에 의지하는 공무원이 자의성을 피하기 위해 최선을 다한다고는 도저히 볼 수 없다.

　　법적 의사결정에서 무엇이 당사자와 증인의 적정한 참여로 여겨져야 하는가는 관할별로 상당히 크게 달라질 수 있는 문제이다. 대부분의 여건에서 당사자는 전문가의 법적 조언과 조력을 자유롭게 활용할 수 있어야 한다. (그들이 가난하다면 그러한 조언과 조력이 제공되어야 할 수도 있다.) 그러나 조언과 조력의 제공은 여러 방식으로 이루어질 수 있는데, 그 제공 방식은 법체계의 당사자주의 또는 직권주의 성격 같은 요인들에 영향을 받을 것이다. 당사자와 증인을 위한 언어 조력이 필요하다면, 그 언어 조력을 제공하지 못해서는 안 된다는 것이 명백하다(Lucy 2005, 11). 그런 사람들이 제공하는 정보의 투입이 언어 장벽 때문에 완전히 어찌할 바를 모르는 상태에 있다면 거의 아무런 가치를 갖지 않을 것이다. 당사자와 증인이 법적 의사결정의 과정에 만족스럽게 기여할 수 있는 능력을 갖기 위한 추가적인 전제조건은, 어떤 사회에서는 다른 사회에 비해 더 큰 중요성을 가질 것이지만, 중요한 곳에서라면 어느 사회에서나 충족되어야 한다.

여기서 한 가지 단서를 달아야겠다. 사실조사에서 정확하고 유관한 정보를 수령하는 것이 일반적으로 매우 유용하기는 하지만, 그런 사실조사의 성공은 때로는 유관하면서도 정확한 일정 정보를 배제하는 것에 달려 있다. 영미 형사법에서 오랫동안 익숙하게 여겨져 온 바와 같이, 피고인에 대한 공판이 불편부당하고 공정하기 위해서는 일부 사실들은 공판정에서 진술되지 않은 채로 남겨져야 한다. 그런 사실들은 실제로 사실이기는 하지만, 수용할 수 없을 만큼 편견을 주는 것일 수 있다. 즉, 그런 사실을 알리면 배심원이 그 사실에 집착해서 다른 증거를 냉정하게 평가하지 못할 높은 개연성이 생긴다. 예를 들어 많은 관할에서 피고인의 전과(前科)는 대부분의 사건에서 형량 단계 이전에 배심원에게 알려져서는 안 되는 정보이다. 이전의 범죄에 대한 정보는 정확하고 유관할 수도 있다. (왜냐하면 과거에 범죄를 저지른 사람들은 현재와 미래에 범죄를 저지를 가능성이 다른 사람들보다 훨씬 더 높기 때문이다.) 그러나 그 사실을 배심원에게 제시하면 배심원 중 일부는 다른 증거에 거의 주의를 기울이지 않게 될 것이다. 따라서 공판 전체의 불편부당성을 유지하기 위해 피고인의 과거 유죄선고에 관한 정보를 주지 않는 것이 정당화될 수 있다.

정확하고 유관한 정보를 이렇게 알리지 않는 것에 관한 이 논지는, 문제의 정보가 일반적인 통계에 관한 것일 때 몹시 긴절하다pressing. 예를 들어 어떤 나라에서 차를 이용한 총격의 70%가 젊은 흑인 남성에 의해 저질러지는데, 젊은 흑인 남성이 그 나라 인구의 2%(그리고 그 나라의 젊은 남성 전체 중 12%)만 차지한다고 가정해 보자. 젊은 흑인 남성이 차량을 이용한 총격 범죄를 저질렀다는 혐의로 기소된 재판에서 그 통계를 배심원에게 알려 준다면, 아마 일부 배심원은 그 피고인의 피부색에 부당하게 초점을 맞추고 무죄의 증거가 나와도 충분히 주의를 기울이지 않을 것이다. 그래서 비록 그 자료가 완전히 신뢰할 수 있는 것이며 피고인이 유죄인가 무죄인가의 문제에 전적으로 무관한 것은 아니지만, 그것들을 증거로 인정하는 것은 공판 전체의 불편부당성과 공정성을 훼손하는 것이다. 배심원들이 계속 그 사건 자체를 개별적으로 살펴보도록 하기 위해, 재판을 주재하는 판사는 위 자료들을 법정에서 채택할 수 없는 증거로 보아야 한다. (물론 평균인이 통계에서 타당한 추론을 하는 기량이 부족하다는 점을 고려한다고 해도, 모든 통계 자료가 증거로서 배제되어야 한다고는 도저히 결론 내릴 수 없다. 그런 자료가 정확하고 유관하며 편견을 주는 것이 아닐 때에는, 그것을 증거로 제시하는 것은 반대할 만하지 않으며 적절하다. 그런 증거가 편견을 줄 수 있는 경우에라도, 피고인의 유무죄 문제에 그 증거의 유관성이 여기서 가상적으로 든 사건보다 훨씬 더 직접적이고 중요하다면 그것을 증거로 제시하는 일은 적절하다.)

두 번째 단서도 붙여야 한다. 비록 모든 진지한 의사결정에서 변덕스러움과 충동적임을 피해야 하지만, 우연에 의해 결정하는 절차aleatory procedures가 적합한 경우가 이따금 있을 수 있다(Duxbury 1999). 우연성은 제한된 범위의 배경에서는 진지함seriousness과 양립할 수 있다. 예를 들어 국가가 모든 의료체계를 책임지는 나라에서 의학적 치료를 위한 희소한 자원을 배분하는 문제를 생각해 보자. 의료적 우선순위를 통상 결정하는 갖가지 기준—질환의 심각성, 치료를 받기 위해 대기한 기간, 질환의 치료 또는 완화 가능성, 환자의 나이와 건강, 적합한 치료조치의 비용 등등—으로는 구별되지 않는 아픈 사람들 가운데서 치료를 위한 자원을 배분하는 최선의 방법은 복권추첨과 같은 우연에 의해 결정하는 절차를 채택하는 것일 수도 있다. 그런 사람들에 대한 그런 내용의 절차는 그 어떤 경멸적인 의미에서도 자의적이지 않을 것이다. 왜냐하면 그 절차는 그들 가운데 누군가를 선별하는 데 있어 원리에 입각한 결정적인 근거conclusive principled basis를 조금도 몰아내지 않을 것이기 때문이다. 우선순위에 관해 결론을 내 주는 근거(응분이나 필요나 사회적 비용과 같은 근거)가 없다는 것을 인정하고서 실시되기 때문에 그것은 엄밀하게 불편부당할 것이다. 방금 상상한 상황에 있는 사람들 사이에 우선순위를 정하는 무작위 기제의 도입을 통해 불편부당성이 훼손되는 것이 아니라 강화되기는 해도, 그 상황에 대한 나의 묘사는 행정 공무원을 비롯한 다른 법 공무원의 의사결정 활동에서 무작위성이 어떤 역할을 맡는 경우는 드물 것이라는 추정을 분명히 해 둔 것이다. 사람들의 경쟁하는 권리주장들 가운데서 선택할 원리에 입각한 결정적 근거가 전혀 없는 경우는 드물 것이며, 그 권리주장들 가운데서 선택할 원리에 입각한 근거가 전혀 없는 경우는 한층 더 드물 것이다. 즉, 우연에 의해 결정하는 절차가 그런 결정적 근거가 정말로 없는 경우에만 불편부당성을 보존하는 방법이 되기 때문에, 우연에 의해 결정하는 절차를 요청하는 여건은 흔하지 않을 것이다. 그런 여건은 특히 둘 또는 셋 이상의 사람이 관련된 경우에는 때때로 발생하기는 할 것이다. 그러나 빈번하게 발생하지는 않을 것이다. 이 장의 앞 부분에서 이미 주장한 바와 같이, 법에서 진정한 불확정성은 전형적이기보다는 예외적이다. 더욱이, 무작위 절차의 채택은 결정을 내려 줄 결정적 근거가 없는 경우에도 일부 여건에서는 부적절할 것이다. 전형적인 재판의 경우, 과업은 사람들 행동의 법적 결과를 확인하는 것이고, (보통법 국가에서는) 결과와 그 이유는 파기되기 전까지는 선례로서의 힘이 부여되므로, 동전 던지기와 같은 우연에 의한 방법을 사용하는 것은 확정적으로 타당한 답이 없는 법적 질문에 그 답이 달려 있는 몇 안 되는 어려운 사건에서도 부적절할 것이다. 법원은 해당 판결이 유일무이하게 타당하다고 주장할 근거가 없는 경우에도, 왜 그 판결이 타당한지 설명해야 한다. 그럼에도 불구하고, 행정가가 우연에 의해 결정하는 장치를 사용하는 것이 허용되며 또 그 사용이 불편부당한 것이 되는 제한된 범위의 다른 상황—앞 문단에서 거론했던 의료 상황과 같은 상황—이 있을 수 있다. 그런 상황이 잠재적으로 발생할 수 있다는 사실은, 이득의 할당이 아니라 특정한 부담의 할당에 초점을 맞추면 특히 명백하다. 배심원을 맡을 책임과 같이 어떤 부담이 되는 책임들을 분배하기 위한 우연에 의해 결정하는 절차는 일반적으로 공정하다.

또 하나의 단서를 붙여야겠다. 불편부당성이 초연함에 있기는 하지만, 그것이 어떤 면에서든 인간 행위와 의도에 대한 감정이입적 이해empathetic understanding의 결여를 수반하는 것은 아니다. 다른 사람들의 무수히 많은 행위 사례에 대해 판단을 내려야 하는 법-정부 공무원은, 인간 행위의 전형적인 주요 동기와 특정 개인 행동의 특수한 주요 동기를 파악하지 못한다면 그들의 임무를 적절히 수행할 수 없을 것이다. 그들은 그 사람들이 특정한 방식으로 행위한 이유를 헤아릴 수 있을 정도로 다른 사람들과 동일시하는 능력을 갖추어야 한다. 그런 동일시는 그 자체로는 승인에 해당하지 않는다. 그래서 불편부당성으로부터의 이탈에 해당하지도 않는다. 공무원은 직면하는 동기상의 패턴 중 일부에 호의를 보이고 일부에는 개탄하는 감정을 가질 수 있다. 그렇지만 칭찬할 만한 행동에 대해서뿐만 아니라 악한 행동에 대해서 발생할 수 있는 패턴에 대한 감정이입적 이해를 얻는 것 자체만으로는 용서나 비난이 아니다. 그것은 불편부당성과 완전히 양립 가능하다. 또한 보통 불편부당성을 위해 필요불가결한 것이기도 하다. 왜냐하면 공무원이 정확하고도 유관한 합당하게 접근 가능한 모든 정보에 기초해서 결정을 내리지 않는 한 자의성을 배제할 수 없기 때문이다. 그리고 많은 맥락에서 그 정보는 감정이입적 이해를 통해 얻을 수 있는 내용을 분명히 포함한다.

1.2.5.5. 왜 불편부당성인가?

불편부당성에 대한 설명을 끝내기 전에, 앞서 미뤄 두었던 핵심 질문 하나를 살펴보아야겠다. 공무원의 의사결정 과정이 불편부당성의 객관성을 지녀야 한다는 것이 왜 그토록 중요한가? 다시 말해서, 그런 과정이 유의미한 편견이 없도록 하고 추측과 변덕이 아니라 합당하게 접근 가능한 모든 정보에 기초할 것을 요구하는 정당화 근거는 무엇인가? 법 공무원(특히 사법부와 행정부 공무원)은 결정을 내릴 때 무사심해야 하는가? 이러한 일반화된 정당화 문제는 제2장에서 더 자세히 살펴볼 것이다. 그러나 여기서도 몇 가지 논급을 하는 것이 논의를 적절하게 마무리 지어 줄 것이다.[13]

불편부당성은 부분적으로는 인식론적 신뢰성 때문에 중요하다. 즉, 의사결정이 사적 이해관계에 따른 동기에 의해 휩쓸리지 않고 편견에 의해 왜곡되거나 무지에 의해 흐려지는 일이 없는 경우에 확정적으로 타당한 결론을 산출할 가능성이 훨씬 더 크기 때문이다. 법 공무원이 결정을 내리고 법적 문제에 답변해야 할 때, 그들은 적용 가능한 법규범에 의해 규정된 판단과 답에 도달하려고 노력한다. 적어도 자유민주주의 법체계에서는 그렇게 노력해야 한다. 그들은

---

13 이 정당화 문제에 대해 몇 가지 조명해 주는 바가 있는 논평으로는 Coleman and Leiter 1995, 242-245쪽을 참조.

해당 법규범의 조건에 따라 그 규범들을 해석하고 실행하고자 한다. 그 목적을 위해서는 불편부당성의 자세가 중차대하다. 법 공무원이 자신의 이기적인 이익selfish interests이나 부당한 편견 또는 숙지되지 않은 충동에 의해 숙고가 영향받도록 내버려둔다면, 이러한 숙고가 타당한 결정으로 귀결될 개연성을 상당히 줄이는 것이다. 그렇게 함으로써 체계의 법을 실행하고 그 법에 구현된 가치들을 진작할 자신의 법적 책임을 회피하고 있는 것이다. 문제의 법이 대단히 부당한 것이 아닌 한, 이 경우 공무원은 자신의 도덕적 책임도 회피하고 있는 것이다.

불편부당한 의사결정의 인식론적 신뢰성에 대한 이러한 관찰이 이 장에서 이미 논의된 사실을 간과하는 것은 아님에 유의하자. 그 사실이란 사실상 모든 법체계에서 공무원이 법을 실행하는 활동에서 재량을 행사할 권한을 부여받고 일부 법 집행 활동에서 재량을 행사할 수 있다는 것이다. 공무원에게 재량권을 부여하는 체계의 규범이 명시적으로 정식화되어 있든 아니든, 그런 규범은 법적으로 방향을 결정하는 힘legally dispositive force을 가진 이차적 규범으로서 존재한다. 그런 규범 자체가 그 법체계의 다른 법과 함께 공무원에 의해 해석되고 적용되어야 한다. 공무원이 그런 규범에 접근하는 방식이 불편부당성에서 이탈함으로써 손상된다면, 그 규범을 잘못 적용할 가능성이 크게 증가한다. 그런 이탈을 함으로써, 공무원은 재량권을 행사하는 방식이나 상황이 자신이 부여받은 권한과 일치하지 않을 위험을 높이는 것이다. 요컨대 불편부당성은, 공무원의 다른 법적 결정의 인식론적 신뢰성을 위해 중요한 것만큼이나 공무원의 재량적 결정의 인식론적 신뢰성을 위해 중요하다.

그렇다면 법 공무원의 불편부당성을 강조하는 한 가지 주된 이유는 의사결정 과정의 결과에 초점을 맞춘 것이다. 불편부당성은 그 과정을 통해 산출되는 결과가 타당할 개연성을 현저히 증가시킨다. 불편부당성을 찬성하는 또 하나의 주요한 고려 사항은, 의사결정 과정 그 자체에 초점을 맞춘 것이다. 공무원의 불편부당성은 법규범의 조건에 따라 법규범이 실행되도록 돕는 것이기도 하지만, 또한 법체계의 작동이 공정하도록 또 공정한 것으로 인식되도록 돕기도 한다. 의사결정 절차가 불편부당성을 결여하면, 그 절차의 결과에 의해 불이익을 입는 모든 사람 D에게 이중으로 피해를 주는 것이다. 그것은 물론 결과 자체가 D의 이익에 저해가 되는 것이기 때문에 피해를 주는 것이기도 하지만, 또한 절차 전체whole procedure가 D에게 경멸contempt — 또는 적어도 존중의 결여a dearth of respect — 을 보여 주기 때문이기도 하다. 그 두 번째 유형의 해악은, 그 절차의 결과가 우연히도 D에게 유리한 것이었다고 하더라도 발생한 것이다. 관련된 공무원의 불편부당성 결여가 그 공무원의 자기이익 추구 동기가 지배적이어서 나온 것이라면 공무원 자신의 이익을 D를 희생하여 추구하는 것은 D에 대한 무신경한 평가절하cavalier devaluation이다. 그 평가절하는 공무원의 궁극적 결정이 결과적으로 불리하다는 점과는 꽤나 별개의 사악한 무시baneful slight이다. D에 대한 편견 때문에 불편부당성이 없었다면, D에게 가해진 모욕indignity은 한층 더 유해하고 명백한 것이다. 비합당한 어려움 없이 극복될 수 있었던 정보상의 무지 상태 때문에 불편부당성이 없었다면, 공무원은 D를 정당하게 대우하고자 하는 관심concern이 희박함meagerness을 보인 것이다.

방금 열거한 해악들은 D가 그 발생을 알고 있든 없든 발생하는 것이다. 더구나 많은 경우, 공무원이 불편부당성에서 이탈함으로써 불이익을 받은 사람들은 적어도 자신에게 어떤 일이 일어났는지는 일반적으로는 알 것이다. 그들은 그 세부 사항은 모를지라도 자신이 경멸적으로 대우받았다는 점을 감지할 것이다. 법-정부 공무원이 취하는 신뢰할 수 있는 불편부당성의 태도는, 그 절차의 실제actual 공정성과 정당성뿐만 아니라 그 절차의 인식된perceived 공정성과 정당성을 위해서도 극히 중대하다. 공무원이 그들의 판단에서 불편부당성을 엄격하게 고수한다고 해서 영향을 받은 사람들이 자신들이 공정하게 대우받았다고 수용하리라는 보장은 없다는 점은 인정할 수 있다. 판단에 따라 적용되는 법규범 자체가 혐오스러운odious 것일 가능성은 제쳐 두더라도, 법 공무원이 사안을 처리한 결과 사정이 좋지 못하게 된 이들이, 그들의 상황이 처리된 방식의 실제 합당성과는 무관하게 불만을 품는 경우가 상당히 자주 있다는 점은 인정해야겠다. 그렇더라도 공무원이 실제로 불편부당하게 법을 확인하고 적용하는 것은, 시민들이 공무원의 사무를 불편부당하고 정당성 있다고 반드시 인식하도록 보장해 주지는 않지만, 불편부당하다는 인식을 낳는 최선의 수단이기는 하다. 실제로 불편부당한 것이야말로, 사상思想에 대한 전체주의적 조건화가 없는 자유민주주의 사회에서 공무원들과 그들이 집행하는 절차가 불편부당하다는 인상을 전달하기에 가장 효과적일 것이다. 그런 사태가 실제로 성립하는 한 정의는 실현된 것이며, 또 정의가 실현되었다고 여겨진다.

공무원은 불편부당성이라는 이상에서 벗어날 때마다 오만하게 자신의 세계관을 법체계의 작동에 주입해서 법체계의 객관성을 훼손한다. 그들은 자신의 이기적인 이익이나 편견, 편애, 충동과 추측에 따라 결정을 내리면서 그 작동을 왜곡한다. 그렇게 왜곡함으로써 사람들 행동의 법적 결과를 해당 법규범의 조건을 준거로 하여 평가할 책임에서 벗어난다. 그들은 대신 그 결과를 공무원 자신의 특성들을 준거로 하여 평가한다. 그렇게 함으로써 도덕적으로 부적절한 결과에 이를 확률을 높이고 법체계의 작동에 관한 절차적 공정성을 감소시킨다. 그럴 경우 공무원은 통치를 받는 사람들을 경시輕視한다는 점을 분명하게 드러내는 것이며, 그에 상응하여 국민도 공무원을 경시하는 감각sense of disrespect을 발전시킬 위험을 초래한다. 게다가, 다음 장에서 분명하게 밝혀질 바와 같이, 그렇게 하는 공무원은 법체계로서의 법체계의 기능 자체에 손상을 가한다. 따라서 그런 체계에 의해 보장될 수 있는 모든 가치의 실현을 저해한다.

마지막으로 불편부당성에 관한 이 논의의 가닥 중 자유민주주의 사회에서 판사와 행정가의 기능뿐만 아니라 입법자의 기능과 관련 있는 부분에 주목해 보자. 한편으로는, 이미 논급한 바와 같이, 선출된 입법자의 대의적 역할은 어느 정도 그들의 결정에 사적 이해관계에 따른 충동이 개입되지 않아야 한다는 견고한 기대 또는 엄격한 요구와 긴장관계에 있다. 대부분의 입법자는 선거의 압력에 민감하며, 근본적 권리와 자유가 걸려 있지 않을 때, 그들의 민감성은 도덕적으로 정당성이 있다. 다른 한편으로 필요한 정보를 숙지하지 않고 결정을 내리거나 편견에 차서 결정을 내리는 식의 불편부당성의 이탈은, 위 경우와는 달리 입법자의 대표자로서의 역할이 정당화해 주지는 않는다. 무지와 편견에서 나오는 자의성은, 개별 사건에서 결정을 내리는 판사와 행정가에게 있을 때뿐만 아니라 입법자에게 있을 때에도 반대할 만한 특성이다. 물론 입법자가 그 문제들이 표면적으로 나타나는 구체적인 여건보다는 일반적 문제를 다루기 때문에, 유관한 사실을 알아야 할 입법자의 책임은 판사와 행정가의 그런 책임과는 다르다. 입법자는 다양한 공공정책의 선택에서 따라 나올 가능성이 높은 폭넓은 결과에 초점을 맞추고 있으며, 그 결과는 통계적 정식으로 표현되는 경우가 매우 자주 있다. 그 통계적 정식은 특정 개인들 사이의 개별 분쟁의 세부 사항에 더 좁게 초점을 맞추지 않는다. 입법자가 그 좁게 제한된 세부 사항에 주의를 기울이는 법을 훈련할 것으로 기대되지는 않지만, 입법자는 서로 다른 공공정책 선택지들의 일반적인 장점과 단점을 익숙하게 알고 있을 의무가 있고 또 그렇게 알고 있기를 기대받을 것이다. 그런 공공정책 선택지들에 대한 그들의 결정은, (합당하게 활용 가능한 한) 일반적 정보를 구비하지 않으면 자의적인 것이 될 것이다. 자의성을 피하는 불편부당성의 태도로 나아가려면 입법자는 추측을 피해야 한다. 그들은 그들이 하는 일이 무엇인지 알려고 분투해야 한다.

그렇게 분투하는 것이 입법자가 그들의 절차의 인식론적 신뢰성을 최대화하는 방법이다. 즉, 그들이 다루고 있는 문제에 확정적으로 타당한 답을 얻을 확률을 최대화하는 방법이다. 물론 법규범을 실행하고자 하는 판사와 행정가가 다루는 문제들과는 달리, 입법자가 직면하는 문제는 전형적으로 법적 문제가 아니다. 다시 말해서, 입법자가 직면하는 문제는 이미 존재하는 법의 함의에 관한 문제가 아니다. 입법자는 그들이 제정을 제안하는 법의 장점과 단점에 관한 도덕적 쟁점을 다루고 있는 (또는 다루어야 하는) 것이다. 그들이 편견 없이 그리고 교정할 수 있는 무지 없이 그들의 과업에 접근하지 않는다면, 확정적으로 타당한 방식으로 그 도덕적 쟁점들을 해결할 가망은 희박할 것이다. 편견과 무지에 의해 도입된 자의성은— 일부 사람의 이익이 완고한 편견이나 변덕스러운 사변speculation에 기초해서 중요하지 않게 다루어질 것이라는 점에서— 절차적 공정에 유해할 뿐만 아니라 정치도덕의 주요 문제들에 대한 타당한 답을 내는 수단으로서 입법자의 숙고의 신뢰성을 훼손하기도 할 것이다. 과정의 정당성에 집중하는 관점과 결과의 타당성에 집중하는 관점 모두에 근거해서, 불편부당성이 재판과 행정의 숙고에서뿐만 아니라 입법의 숙고에서도 규제적 이상이라는 것을 이해할 수 있다. 불편부당성이 요구하는 내용이 심판자와 행정가의 경우와 입법자의 경우가 정확히 같지는 않지만, 자유민주주의 사회에서 입법적 책임은 불편부당성 없이는 진정으로 이행될 수 없다.

1.2.6. 진리 적합성으로서의 객관성

객관성의 존재론적 관념과 인식론적 관념을 검토해 보았으니 이제 주된 의미론적 관념을 살펴보겠다. 이 장의 서두에서 언급한 바와 같이 의미론적 객관성은 사람들의 주장과 그 주장의 대상인 사물 사이의 관계에 관한 것이다. 그런 객관성은 여기서 설명한 바에 따르면, 그 진술에 진리치truth-values(즉, '참' 또는 '거짓'의 값)가 부여되는 데 있다. 특정 영역certain domain에서 의미 있는 서술적 진술meaningful declarative statements을 할 수 있다면, 그리고 그 진술들 중 많은 수가 각각 참이거나 거짓이라면 그 영역은 그 정도만큼 더 또는 덜 의미론적으로 객관적이다. 이와 반대로, 어떤 영역에서 아무런 의미 있는 서술적 진술도 할 수 없다면 또는 그 영역 안에서 이루어진 진술 모두가 아무런 진리치를 가지고 있지 않다면, 그 영역은 의미론적 객관성이 결여된 것이다.

의미론적 객관성에 대한 이 해명은 법과 연관해서 고찰하기 전에 얼마간 정교한 해명이 필요하다. 그 해명은 왜 특별히 의미 있는 서술적 진술에 한정되는가? 의미 있음은 "녹색 생각은 격렬하게 잠이 든다"나 "수 7의 속눈썹은 존재하지 않는 야구 경기보다 더 드물게 삼각형이 된다"와 같은 무의미한 언명nonsensical utterances을 배제하기 위한 조건으로 결부된 것이다. 그런 언명은 지성적으로 이해 가능한 의미를 전혀 담고 있지 않으므로, 진리치도 없다. 그런 언명의 가능성이, 그 언명이 발생할 수 있는 어떤 담론의 의미론적 객관성이 없다고 보는 근거가 되어서는 안 된다. 그와 같은 말을 비서술문에 대해서도 할 수 있다. 그런 문장, 특히 명령문("문을 닫아라")과 의문문("너는 어느 요일에 태어났니?") 그리고 감탄문("안녕"이나 "저런!")이 가장 뚜렷하게 보여 주듯이, 아무런 진리치를 보유하지 않는다. 어떤 탐구 영역에서 그런 문장으로 된 언명이 분명히 가능하다는 사실은, 그 영역의 의미론적 객관성에 반대하는 근거가 될 수 없다. 어떤 담론의 의미 있는 서술적 진술의 전부 또는 일부가 참이나 거짓의 값을 가지는 것으로 평가될 수 있다면, 그 담론은 그 안에서 의문문이나 명령문이 얼마나 많이 만들어질 수 있는지에 관계없이 의미론적으로 객관적이다.

인위적으로 제한되지 않은 탐구 영역이라면 어디에서나, 그 영역 내에서 주장할 수 있는 의미 있는 서술적 진술 중 일부는 확정적 진리치를 결여할 것이다. 예를 들어 "이 진술은 참이 아니다"와 같은 모든 역설적 진술은 그 어떤 정합적인coherent 진리치도 없을 것이다. 왜냐하면 그런 진술의 참은 거짓을 필함하며, 그런 진술의 거짓은 참을 필함하기 때문이다. 확정적 진리치가 없는 의미 있는 서술적 진술의 다른 예는 전제상의 실패presuppositional failures를 포함하는 진술이다. 그중 가장 두드러진 예는 근본적인 지칭 실패radical reference failures를 포함하는 진술이다. "현재 프랑스 왕이 있다"라는 주장은 "현재 프랑스 왕이 4분 내로 1마일을 주파했다"라는 주장과는 중요한 점에서 다르다. 전자의 주장이 프랑스 왕의 현존을 직접 긍정하는 반면에, 후자는 그런 사람의 현존을 단지 전제할 뿐이다. 결과적으로 전자의 진술은―거짓이라는―확정적 진리치를 가지고 있지만, 후자의 진술은 그런 진리치를 가지고 있지 않다.

분석법리학 이론가들에게 다대한 관심의 대상이 되는 것은 확정적 진리치가 없는 의미 있는 서술적 진술의 또 다른 집합이다. 모호한 술어vague predicates를 사용하는 일부 진술들로 구성된 집합 말이다 (Endicott 2000). 여기서 1.2.2. 끝 부분에서 탐구했던 주제를 약간 다른 각도에서 다시 살펴보게 된다. '키가 큰', '키가 작은', '마른', '대머리인', '더미임'being a heap 같은 모호한 술어는 그것이 적용될 수 있는 현상의 전체 범위에서 완전히 정확한 것이 아니다. 그 범위에는 경계선 사안의 불확실한 영역이 있으며, 게다가 그 영역의 시작과 끝 자체가 모호하게만 특정될 수 있다. 그 불확정적 적용 영역 내에서는, 문제의 모호한 술어가 나타내는 속성을 어떤 존재자가 갖고 있는지를 타당하게 긍정할 수도 타당하게 부정할 수도 없다. 예를 들어 어떤 사람의 키가, 키가 크다는 것을 타당하게 긍정할 수도 타당하게 부정할 수도 없는 그런 키일 수 있다. 마찬가지로 모래알이 쌓인 크기가, 더미라고 타당하게 긍정할 수도 타당하게 부정할 수도 없는 그런 크기일 수도 있다. (각각의 경우에 우리가 관련된 명제를 타당하게 긍정할 수도 타당하게 부정할 수도 없다는 점을 알지 못할 수도 있고 심지어 알 능력이 없을 수도 있다.) 이 현상이 나타나는 법적 사안은 차고 넘친다. 모호성에 대해 앞서 논의하면서 이미 그런 사례 하나를 살펴본 바 있다. '합당하다'reasonable(대한민국 법조문에는 '합리적이다'라고 많이 쓰인다. - 옮긴이)라는 법적 술어가 방금 말한 의미에서 모호하다면, 일부 가능한 행동 사례가 합당하다는 것을 타당하게 긍정할 수도 타당하게 부정할 수도 없다. 그 경우, 그런 경계선 행동 사례의 합당성을 주장하거나 부정하는 진술은 확정적 진리치를 가지고 있지 않다. 그러므로 일부 담론이나 실천에서 개진된 진술이 의미론적으로 객관적인지 확인하려면 많은 진술을 우리의 탐구에서 배제해야 한다는 점을 염두에 두어야 한다. 지성적으로 이해 불가능하거나 서술적이지 않은 unintelligible or nondeclarative 진술을 제쳐 두어야 하며[14] 역설적이거나, 전제상의 실패가 있거나, 모호하기 때문에 확정적 진리치가 없는 의미 있는 서술적 진술도 제쳐 두어야 한다. 우리는 검토하고 있는 담론이나 실천에서 또렷하게 표명될 수 있는 다른 의미 있는 서술적 진술(있다면)에 집중하고 있다. 각각의 진술에 참이나 거짓의 값이 할당될 수 있는가? 어떤 영역을 참조해서 이 질문에 답하고자 하는 사람이라면 누구나 참truth 개념에 의지할 필요가 있음이 분명하다. 분석법리학적 논의의 목적에는, 그리고 그 어떤 목적에서도, 최선의 진리론은 보통 '최소주의'minimalism[15]라는 명칭이 붙는 이론이다. 그 명칭은 참에 관한 몇 가지 비슷한 접근을 포괄하지만, 여기서 선호되는 형태의 이론은 이른바 탈인용 해명脫

---

14   비서술적 언명을 배제하는 것은 법적 담론의 의미론적 객관성을 탐구하는 데 특히 중요하다. 일부 일반적 법과 많은 상황별 법적 지시가 명령으로 타당하게 해석될 수 있기 때문이다.

15   진리에 대한 최소주의 접근법의 가장 두드러지게 정교한 논의로는 Horwich 1998가 있지만, 나는 몇 가지 중요한 점에서 호리치의 정교한 논의에 동의하지 않는다. 최소주의에 대한 최근의 훌륭한 논의는 Holton 2000을 참조.

引用 解明, disquotational account이라고 불리는 것이다. 그 해명에 따르면, 참이라는 성질the nature of truth은 다음과 같은 등식equivalence schema에 의해 주어진다.

명제 "p"는 p인 경우 오직 그 경우에만 참이다.
(The proposition "*p*" is true if and only if *p*.)

여기서 "p"는 임의의 명제, 즉 의미 있는 서술적 진술을 통해 표현될 수 있는 것을 나타낸다. 따라서 참 등식의 수없이 많은 잠재적 예화 중 하나는 다음과 같다.

명제 "에이브러햄 링컨은 1865년 암살당했다"는 에이브러햄 링컨이 1865년에 암살당한 경우 오직 그 경우에만 참이다.

법명제의 영역에서 참 등식의 잠재적 예는 무수히 많다. 예를 들어 다음과 같은 것을 살펴보자.

명제 "살인은 미국 전역에서 법적으로 금지된 행동 양태mode of conduct이다"는 살인이 미국 전역에서 법적으로 금지된 행동 양태인 경우 오직 그 경우에만 참이다.

탈인용 이론에 따르면, 거짓이라는 성질the nature of falsity은 다음과 같은 등식에 의해 주어진다.

> 명제 "p"는 not-p인 경우 오직 그 경우에만 거짓이다.
> (The proposition "*p*" is false if and only if not-*p*.)

앞서와 같은 논의 범위 제한을 전제로 하면, 여기서 'not-p'라는 표현은 'p가 참이 아니다'it is not the case that *p*로 이해된다. 따라서 거짓 등식의 수없이 많은 잠재적 예화 중 하나는 다음과 같다.

> 명제 "에이브러햄 링컨은 1864년 암살당했다"는 에이브러햄 링컨이 1864년에 암살당했다는 것이 참이 아닌 경우 오직 그 경우에만 거짓이다.

이 예화는 다음과 같이 정식화해도 된다.

> 명제 "에이브러햄 링컨은 1864년 암살당했다"는 에이브러햄 링컨이 1864년에 암살당하지 않은 경우 오직 그 경우에만 거짓이다.

법명제의 영역에서 거짓 등식의 수많은 잠재적 예화 중 하나는 다음과 같다.

명제 "공로에서 휘파람 부는 것은 뉴저지주에서 법적으로 금지된 행동 양태이다"는 공로에서 휘파람 부는 것이 뉴저지주에서 법적으로 금지된 행동 양태가 아닌 경우 오직 그 경우에만 거짓이다.

그런데 처음 보기에는, 참에 대한 탈인용 접근은 너무나 명백하고 빈약해서 사소한 것처럼 보일 수 있다. 단지 그것과 관련해서 논쟁할 가치가 있는 것이 아무것도 없어 보이기 때문에 전적으로 논란의 여지가 없는 것처럼 보일 수 있다. 그러나 탈인용 접근은 실제로는 전문적인 난점으로 가득 차 있고 그러한 접근이 지탱될 수 있는가에 대한 길고 유익한 많은 논쟁을 낳았다. 비록 그 지지자의 목적이 정말로 감축된 것이긴 하지만—즉, '매력적으로 탈신화하는' attractively demystifying 그 메시지를 온당하게 제시하는 것이긴 하지만 (Horwich 1998, 5)—탈인용 이론 그 자체가 복잡하지 않은 것이라고는 도저히 볼 수 없다. 그것은 철학적 논리학과 언어철학의 심해深海로 곧장 들어가게 한다. 그 전문적인 사항을 여기서 다룰 수는 없다. 탈인용 접근은 가장 유능한 옹호자들에 의해 설득력 있게 옹호되어 왔으며, 어쨌거나 지금 논의의 맥락에서 나는 탈인용 접근을 둘러싼 불가해한 많은 난점을 피했다고 말하는 것으로 충분하겠다. 이 난점들을 내가 피하게 된 것은, 이 논의에 의도적으로 부과된 제약의 운 좋은 결과이다. 최소주의적 진리 이론이 직면하는 가장 가공할 만한 심원한 문제들은 여기서 제쳐 놓은 종류의 의미 있는 서술적 진술을 다룰 능력에 관한 것이다. 즉 역설적 진술, 지시에 대한 근본적 실패를 포함하는 진술, 경계선 사례에 모호한 술어를 적용하는 진술들 말이다. 우리는 거기에 속하지 않는 의미 있는 서술적 진술에만 집중함으로써 그 문제들을 피해 갈 수 있다. (여기서 두 가지 간단한 단서를 다는 것이 좋겠다. 첫째, 일부 의미 있는 진술의 확정적 진리치의 부재에 대한 내 언급이 전적으로 다툼이 없는 것은 아니다. 버트런드 러셀Bertrand Russell 이래로 몇몇 철학자들이 근본적인 지시 실패를 포함하는 진술이 확정적으로 거짓이라고 주장하는—Horwich 1998, 78과 같은—분석을 제시했다. 둘째, 여기서 논의에서 뺀 문제들을 다루려고 한다면, 최소주의적 진리 해명에 대한 나의 옹호는 다른 철학자들이 제시한 가장 저명한 옹호와는 몇 가지 중요한 지점에서 다를 것이다.)

그렇다면 최소주의적 진리 해명하에서는, 법적 진술legal statements의 의미론적 객관성은 그 진술에 탈인용 기법을 적용할 수 있는지에 달려 있다. 예를 들어 "살인은 미국 전역에서 법적으로 금지된 행동 양태이다"라는 진술은 살인이 미국 전역에서 법적으로 금지된 행동 양태인 경우 오직 그 경우에만 참이며, 살인이 미국 전역에서 법적으로 금지된 행동 양태가 아닌 경우 오직 그 경우에만 거짓이다. 살인은 실제로 미국 전역에서 법적으로 금지된 행동 양태이다. 우리는 경험적 조사와 기초적인 법 해석을 통해 그 점을 확인할 수 있다. 따라서 살인에 대한 그 특정 법적 진술은 참이며, 그것이 참이라는 것을 직설적으로 알 수 있다. 이와는 반대로 "공로에서 휘파람 부는 것은 뉴저지주에서 법적으로 금지된 행동 양태이다"라는 진술은 거짓이다. 뉴저지주에서 그것이 실제로는 법적으로 금지된 행동 양태가 아니기 때문이다. 다시금 우리는 경험적 조사와 기초적인 법 해석을 통해 그 점을 확인할 수 있다. 그러므로 휘파람 불기에 관한 진술은 확정적 진리치를 가지며, 우리는 그 진리치가 무엇인지 직설적으로 알 수 있다. 수없이 많은 다른 법적 진술도 마찬가지로 확정적인 진리치를 가질 것이다. 비록 많은 경우 그 진리치를 확인하는 데 필요한 방법은 여기서 예로 든 진술들의 진리치를 확인하는 방법보다 훨씬 더 복잡할 테지만 말이다. 간단히 말해, 우리는 법 담론이―이 의미론적 객관성에 관한 논의가 전개될 때 받는 제약 안에서―의미론적으로 객관적이라고 결론 내릴 수 있다.

1.2.6.1. 감축된 진리대응 이론

진리대응 이론correspondence theories of truth은 진술이 세계의 실재와 상응하는 경우 오직 그 경우에만 참이라고 주장한다. 그 이론은 보통 최소주의 이론의 경쟁자로 제시된다. 그러나 최소주의 해명은 감축된 형태의 진리대응론deflationary version of the correspondence account과 완전히 일관된다. 진리대응 이론이 어떤 영역(예를 들어 과학적 탐구 영역)에 적용될 때 순환을 피하는 형태로 유지될 수 있는지는 우리가 굳이 논의할 필요가 없다. 분명한 것은 그 이론을 감축된 형태로 만들면 법 담론의 영역에 적용하기에 적절해진다는 점이다. 법 담론 영역에 적용하면서 그렇게 감축된 형태로 만드는 일은 두 가지 논제로 제시될 수 있다.

(1) 행위 패턴의 법적 결과를 표명하는 진술은 해당 관할 내에서 실제로 작용하며 그런 행동에 적용 가능한―법령, 헌법 조항, 판례 법리와 실무, 계약, 행정법규 등등의―법적 규준으로부터 그 진술의 내용이 따라 나오는 경우 오직 그 경우에만 참이다.
(2) 어떤 법적 규준의 존재를 긍정하는 진술은 그런 규준을 뒷받침하거나 구성하는 조건이 실제로 성립하는 경우 오직 그 경우에만 참이다.

예상할 수 있었던 바와 같이 이 두 논제는 어떤 특정한 법적 진술이 참인지 아닌지 분별하는 과업을 조금이라도 더 쉽게 만들어 주지 못한다. 어떤 행동 패턴의 법적 결과를 자세히 서술하는 진술의 참과 거짓을 판단하려면, 작용하고 있으며 적용 가능한 법적 규준이 무엇인지 알아내야 한다. 그리고 문제의 행동에 그 규준이 갖는 함의를 정확히 규명하기 위해 필요한 모든 법적 해석과 법적 추론 작업을 수행해야 할 것이다. 관할 내의 법적 규준의 존재를 긍정하는 진술이 참인지 거짓인지 판단하려면, 그러한 종류의 규준이 존재하기 위한 조건이 무엇인지 알아내야 하며, 그 조건이 충족되는지 확인해야 한다. 다시 말해서, "S"가 어떤 법적 진술을 나타내는 경우, "진술 'S'는 참이다"의 타당성 또는 부당성을 입증하는 데 필요한 절차는 "S" 자체의 타당성 또는 부당성을 입증하는 데 필요한 절차와 같다. 예를 들어 "'뉴저지주에서 살인은 금지되어 있다'는 진술은 참이다"

의 타당성 또는 부당성을 입증하는 데 필요한 절차는, "뉴저지주에서 살인은 금지되어 있다"의 타당성 또는 부당성을 입증하는 데 필요한 절차와 정확히 같다. 쉽게 예측할 수 있듯이, 감축된 형태의 진리대응 이론과 연관된 인식론적 결과는, 탈인용 형태의 최소주의 이론disquotational version of the minimalist theory과 연관된 결과와 같다. 각 이론은 "S"가 참인지 여부의 고찰과 S가 참인지 여부의 고찰이 구별 불가능하다는 점을 분명하게 드러낸다.

1.2.6.2. 법적 담론의 의미론적 객관성을 의문시하는 사람이 있는가?

법적 담론의 의미론적 객관성the semantic objectivity of legal discourse이 타당하다는 점을 정당화하는 앞서의 논의를 보고, 일부 독자는 그런 정당화가 정말로 필요했는지 궁금해할 수 있다. 법적 담론 내의 의미 있는 서술적 진술이 확정적 진리치를 가진다는 점을 누가 의문시할 수 있는가? 그러나 실제로, 어릿광대 같은 극단적인 법현실주의자 중 일부—특히 법현실주의 스칸디나비아 학파의 초기 사상가 중 일부[16]—가 의문시했던 점은, 법적 담론 내에서 진정으로 의미 있는 서술적 진술이 있는가 하는 것이었다. 이 극단적인 입장을 취하는 이론가들은 우리가 법적 진술의 표층 문법superficial grammar의 배후에 있는 것을 살펴야 그 진정한 실제 내용과 기능을 규명할 수 있다고

---

16 스칸디나비아 법현실주의에 대한 입문 수준의 논의는 Harris 1997, 103-108; Freeman 2001, 855-872쪽을 참조.

주장했다. 비록 그 진술이 의미 있고 서술적으로 보이기는 하지만 실제로는 ("아윽!", "우우!", "만세!", "오, 안 돼!", "와우!"와 비슷한) 감탄과 같다는 것이다. 그것들의 기능은 진리를 전달하는 것이 아니라 정서情緖, emotions를 표명하거나 끌어내는 것이다. 모든 법적 명령과 그 밖의 다른 법규범들은 그 자체가 감탄이나 ("잔디밭에 들어가지 마!"와 비슷한) 한낱 명령과 같다고 이 이론가들은 이해한다. 그런 이론가들은 서술적 규정으로서 타당하게 이해될 수 있는 법적 명령이나 그 밖의 법규범이 있을 여지를 전혀 남겨 두지 않는다. 그런데 이미 지적한 바와 같이 감탄과 강한 명령은 진리치가 없다. "우우!"나 "앉아!"와 같은 언명은 결코 참도 거짓도 아니다. 따라서 가장 열성적인 스칸디나비아 법현실주의자Scandinavian Legal Realists의 모든 법규범과 법적 진술에 대한 분석이 타당하다면, 법적 담론은 의미론적 객관성이 완전히 결여될 것이다. 그러므로―스칸디나비아 법현실주의가 상당 기간 눈 밖에 난 것은 인정할 수 있지만―객관성의 입증은 쓸데없이 잉여적인 과업이 아니었다.

가장 열성적인 스칸디나비아 법현실주의자들을 잘못된 길로 이끈 것은, 최소주의적 진리 해명이 최선의 해독제가 된다는 틀린 가정을 했다는 것이다. 그 틀린 가정에 따르면, 진리치가 할당될 수 있는 동어반복적이지 않으며 자기모순적이지 않은 진술이라면 어느 것이나, 그 존재나 발생이 (존재하거나 발생했다면) 자연과학에 의해 탐구되는 세계에 있는 존재자나 사건에 관한 것이다. 어떤 것이 물질과 에너지의 자연세계의 구성요소로 결코 존재할 수 없는 것이라면 그것에 관한 어떠한 진술도 진정으로 의미 있고 서술적이지 않다는 것이다. 그런 진술이 어떠한 역할이라도 수행한다면, 그 역할은 정보를 알려 주는 역할 이외의 역할임이 틀림없다. 한마디로, 극단적인 현실주의적 접근에 깔려 있는 것은, 심각하게 자연주의적인 존재론severely naturalistic ontology과 결합된 진리대응 이론의 조야한 형태 a crude version of the correspondence theory of truth이다. (즉, 존재하거나 존재할 수 있는 존재자들은 자연과학에 의해 탐구되는 물리세계 안의 존재자들뿐이라는 교설이다.)

참에 대한 최소주의적 접근을 지지하는 사람은 극단적인 스칸디나비아 현실주의자들과의 형이상학적 논쟁에 휘말림으로써가 아니라 그런 논쟁이 전적으로 논지를 벗어났음을 보여 줌으로써 그들의 가정을 부인할 것이다. 최소주의는 스칸디나비아 현실주의자들이 비웃는 형이상학적 논제에 대한 지지도 논박도 포함하지 않는다. 대신에 그것은 법적 담론의 의미론적 객관성을 완전히 만족스럽게 입증하는 데 그 논제들이 아예 거론될 필요도 없다는 점을 드러낸다. 그것은 특정 사회 내에서 법적 진술의 참 또는 거짓에 대해 답해야 할 문제들이 법적이고 도덕적이며 경험적인 것이지 형이상학적인 것이 아니라는 점을 드러내기 때문에 그 점을 밝혀 준다. 어떤 법적 진술 "S"가 참인지 여부를 밝혀내는 것과 S가 참인지 여부를 밝혀내는 것 사이의 구별을 무너뜨림으로써 최소주의적 접근은 (진리대응 이론의 감축된 형태와 함께) 법적 진술에 진리치를 할당하는 일이 형이상학적 버팀벽에 의존하지 않는다는 점을 분명하게 밝힌다. 이 값들을 할당하는 데에는 철학적 통찰력이 아니라 법에 관한 전문지식과 도덕적 명민함, 경험적 지식이 필요하다.

1.2.6.3. 두 가지 단서

이 논의를 두 가지 경고와 함께 마무리 지어야겠다. 첫째, 내가 법적 진술이 정서를 표명하거나 불러일으키는 도구에 불과하다는 스칸디나비아 법현실주의자의 주장을 의심하는 눈초리로 바라보기는 했지만, 법적 진술이 정말로 정서의 표명이나 환기 역할을 하는 경우가 빈번하다는 점을 부인해서는 안 될 것이다. 더군다나, 일반적인 법적 명령에 관한 일부 정식 및 개별화된 법적 지시에 대한 많은 정식들은 명령으로 타당하게 해석될 수 있다. 나의 논지는 그 표명, 환기, 명령 기능의 중요성을 낮추어 보는 것이 분명 아니었다. 대신에 나는 그 기능에 대한 인식은, 이 관할 또는 저 관할에서의 법에 관한 의미 있는 서술적 진술의 중심적 역할이 사실에 관한 믿음을 또렷하게 표명하는 것이라는 점을 확고하게 자각하는 것과 결합되어야 한다는 점을 강조하려 했던 것이다. 그 중심적 역할을 하다 보면 자신의 행위나 결정을 뒷받침하는 근거를 제시하고자 하는 법 공무원이 수행해야 하는 정당화의 목적에 기여하는 경우가 매우 자주 있긴 하지만, 그것은 정말로 사실을 보고하는 역할이다. 법에 관한 의미 있는 서술적 진술은 겉으로 보이는 것 이외의 것이 아니다. 그것은 그 문법적 형식에서뿐만 아니라 그 내용에서도 의미 있는 서술적 진술이다. (내가 사실에 관한 믿음을 또렷하게 표명하는 역할을 법적 진술에 귀속시킬 때 '사실'facts로 알려진 새로운 신비스러운 유형의 존재자를 도입하고 있는 것이 아니라는 점을 주의하기 바란다. 참과 마찬가지로 사실은 여기서 최소주의적 노선을 따라 이해된다. 정당한 사유 없는 폭행이 뉴저지주에서 법적으로 금지된 행동 양태인 경우 오직 그 경우에만, 정당한 사유 없는 폭행은 뉴저지주에서 법적으로 금지된 행동 양태이다. 또한 현재의 내 논의에서는 사실은 규범과 대조되어 이해되지 않는다는 점을 주의하기 바란다. 법적 진술에 의해 또렷하게 표명된 믿음과 보고된 사실은 그 내용이 전형적으로 규범적typically normative이다.)

둘째, 일부 독자는 이 항목에서 개진한 법적 담론의 의미론적 객관성에 대한 최소주의적 입증minimalist vindication이 그보다 훨씬 평판이 좋지 못한 다른 담론이 들어오도록 문을 열어버릴 것이라고 우려할지도 모르겠다. 어쨌거나 참에 대한 최소주의적 해명이 법적 담론에 반영될 때, 그 메시지의 핵심 요소는 법적 진술에 대한 평가가 특정한 관할에서 널리 우세한 법적 규준legal standards that prevail in a particular jurisdiction을 준거로 해서 결정되어야 한다는 것이다. 그렇다면 수많은 다른 담론에서도 같은 이야기를 해야 하는 것이 아닌가? 예를 들어 사이언톨로지나 창조론, 드루이드교, 마오주의, 나치즘에 대해서도 같은 이야기를 해야 하는 것이 아닌가? 즉, 사람들이 스스로 그리고 다른 사람들을 그런 신조를 믿도록 현혹하는 경우, 그들의 터무니없는 담론에서 정식화하고 계속 견지하는 규준이 그 담론에서 개진된 갖가지 주장의 참과 거짓을 결정한다고 주장할 자격을 어떤 식으로든 얻게 되는 것이 아닌가?

그런 우려는 이 논의의 논지를 심각하게 오해하는 것이다. 그중 중요한 오해의 원인은, 의미론적 객관성이 객관성의 유형 중 하나에 불과하다는 점을 간과했다는 것이다. 한편으로 사이언톨로지, 창조론, 마오주의, 드루이드교 활동에서 발화되는 언명 중 많은 것이 의미 있는 서술적 진술이라고 가정해 보자. 그 진술 중 일부는 비정합적인 역설성, 모호성이 만들어 낸 불확정성, 근본적 지시 실패와 같은 전제상의 실패를 겪지 않는다고 가정해 보자. 그런 경우라면 그 활동과 각각 연관된 담론은 각각 더 큰 또는 더 작은 정도로 의미론적으로 객관적이다. 그런 각각의 담론은 진리치가 타당하게 할당될 수 있는 진술들을 포함한다. 다른 한편으로 그 담론 각각에 의미론적 객관성을 귀속시키는 것은, 앞서 언급한 진술들 중 전부 또는 사실상 전부에 거짓이 할당될 수 있다는 견해와 양립 가능하며, 또한 그런 견해가 정말로 전제하고 있는 바이기도 하다. 사이언톨로지나 그 밖의 다른 유해한 신조들의 중심 주장이 의미론적으로 객관적이라고 가정하지 않는다면 그것들이 거짓이라고 비난하는 것은 일관될 수 없다.

1.2.6.4. 내적 규준 원칙

일단 의미론적 객관성과 마음 독립성, 확정적 타당성 같은 다른 차원의 객관성의 구분을 적절하게 염두에 두고 나면 어떤 담론이 의미론적으로 객관적이라는 그 자체만으로는 칭찬이 될 수 없다는 점을 알 수 있다. 두 문단 앞에서 언급된 우려는 그렇게 의미론적 객관성을 귀속시키는 데만 초점을 맞춘 것은 아니다. 그보다는, 어떤 실천에서 언명된 진술의 진리치가 그 실천 자체의 규준을 근거로 할당되어야 한다는 관념에 주로 초점을 맞추고 있다. 진리치 할당에 대한 그 관념을 여기서 '내적 규준 원칙'Internal Standards Doctrine이라고 부를 수 있겠다. 그 원칙이 반대할 만한 형태로 이해되는 한, 그 원칙은 이때까지의 논의에서 이야기된 것 중 많은 것과 어긋난다. 그러나 그 원칙은 이야기된 것의 논리적 귀결 중 전혀 반대할 만하지 않은 형태로 더 관대하게 재구성될 수 있다.

언급된 우려의 가장 중요한 논점은, 법적 담론의 의미론적 객관성에 대한 나의 최소주의적 해명에 따르면, 임의의 특정 실천의 참여자들은 그 실천 내에서 제기된 주장의 참과 거짓에 대한 집단적으로 무오류적인 판단자가 된다는 것이다. 내 논증에 대한 그런 비판은 어느 것이나 이중의 오류를 범하는 것이다. 그 비판의 두 가지 주요 오류 중 더 작은 오류는 1.2.1.의 관찰상 마음 독립성에 대한 내 논의에서 드러나는 것이다. 임의의 법체계의 절차적 규준과 내용적 규준이 관행적이고 그것들의 그런 규준으로서의 존재상 마음 독립성이 약한 것에 불과하기는 하지만, 그 내용 및 함의의 관찰상 마음 독립성은 강하다. 그 규준들은 공무원들의 공유된 믿음과 태도에 의해 생성되고 지탱되지만, 그 일차적 믿음 및 태도에 관한 공무원들의 이차적 믿음은 임의의 해당 사안에서 무조건 타당성이 보장되는 것은 아니다. 법 공무원들의 이차적 믿음이 현저하게 부정확한 경우가 자주 있을 것이라고 생각할 아무런 근거가 없다고 인정할 수도 있다. 그러나 그들의 믿음이 부정확한 경우란 결코 없을 것이라고 생각할 근거가 없다는 점은 확실하다. 법 공무원은 그들 스스로 법적으로 구속력 있는 규준으로 집단적으로 형성한 규범의 의미 및 관련성을 집단적으로 잘못 이해할 수 있다. 그러한 잘못된 이해는 선례로서의 힘을 가질 수 있고 최종적일 수도 있다. 다시 말해, 그런 잘못된 이해가 발생한 법체계 내에서 더 높은 권위에 상소할 수 없는 대상이 될 수는 있다. 그러나 그렇다 하더라도 그 이해는 정말로 잘못된 이해indeed misapprehensions이다. 물론 비슷한 논지가 다른 제도와 활동에도 적용된다. 그 어떤 제도나 활동이든, 그 제도나 활동을 운영하고 수행하는 데 중심적으로 관련된 사람들이 그것을 구조화하는 규범을 이해할 때 집단적으로 오류를 범할 수 있다. 그러므로 의미론적 객관성에 대한 나의 최소주의적 접근이, 임의의 실천 내의 진술의 진리치가 그 실천 자체의 기준을 준거로 해야만 결정된다는 논제를 지지하게끔 되어 있다손 치더라도, 문제가 되는 논제를 지지하게끔 되는 결과는 따라 나오지 않는다. 즉, 임의의 실천 내의 참여자들이 그런 참여자로서 한 진술들에 진리치를 할당할 때 개별적으로나 집단적으로 무오류적이라는 터무니없는 논제를 추가적으로 지지하게끔 되는 것은 전혀 아니다.

현재 논의의 맥락에서 한층 더 중요한 것은 위에서 가설적으로 제시된 우려의 타당성을 훼손하는 다른 오류이다. 그 우려는 내적 규준 원칙에 초점을 맞추면서 법체계와 같은 복합적 실천에서 작동하는 타당성 기준의 다양성을 심하게 과소평가한다. 임의의 법체계의 작동 내에서는 공무원의 권위 있는 언명authoriative utterances 중 많은 것이 경험적 문제empirical matters에 관한 것이다. 사람들의 행동에 법적 결과를 결부시키기 위해 재판관과 행정가는 (그 주요 원인과 효과를 포함해서) 그 행동의 성격을 스스로 알아내야 한다. 그렇게 하면서 그들은 그들의 공식적 진술 중 많은 것에서 표명될 수많은 경험적 판단을 내리게 될 것이다. 그들의 경험적 판단 중 일부는 사건과 상호 작용의 단순한 세부 사항과 관련될 것이지만, 다른 일부는 통계적 분석을 통해 추론된 인과적 영향과 같은 더 복잡한 문제와 관련될 것이다. 그런 모든 발견과 관련해서 그 판단을 표명하는 진술의 진리치는 세계의 사실들에 의해, 그리고 적용될 수 있는 경우에는 수학법칙과 통계법칙에 의해 결정된다. 이런 경험적 조사를 하는 법 공무원은 자연과학과 사회과학에서 탐구를 하는 사람이라면 누구에게나 적용되는 정확성accuracy과 적정성adequacy의 요구를 똑같이 받게 된다. (물론 법 공무원은 그들의 관할에 있는 법이 무엇인지를 확인하는 부분적으로 경험적인 과업을 할 때에도 그런 요구를 받게 된다.) 공무원이 경험적 발견에서 실수를 범하고 그들의 실수가 그들이 다루고 있는 상황에 법규범을 적용하는 것을 해친다면, 그 적용을 표명하는 판단verdicts은 공무원이 경험적으로 분별할 수 있는 사실을 부지불식간에 왜곡함으로써 거짓인 판단이 된다. 그런 적용은 관련된 법규범에 대한 공무원의 해석 자체는 흠잡을 데 없다고 하더라도 잘못된 적용이다.

앞서 언급한 갖가지 돌팔이 학파도 마찬가지로 경험적 정확성과 적정성의 요구를 받는다. 왜냐하면 그 각각이 아주 많은 경험적 주장을 망라하기 때문이다. 예를 들어 나치가 인간 생물학에 관한 주장을 했을 때, 그 주장들의 진리치는 인간 유전학과 해부학 그리고 생리학의 실제에 의해 결정되는 것이지 그 실제에 대한 나치의 어리석은 믿음에 의해 결정되는 것이 아니다. 마찬가지로 창조론자가 그들 신조 중 우주론적 교설을 표명할 때 그 교설의 진리치는 물리적 세계의 실제에 의해 결정되는 것이지 창조론 내의 어떤 것에 의해 결정되는 것이 아니다. 창조론자, 나치, 마오주의자, 그 밖의 많은 돌팔이들이 경험적 주장들에 의지하는데, 그 경험적 주장들 각각의 참 또는 거짓은 통상의 과학자가 하는 여느 경험적 주장의 참 또는 거짓에 대한 평가를 규율하는 똑같은 기본적 고려 사항들을 준거로 하여 평가되어야 한다. 그런 척도에 의해 평가되었을 때, 앞서 언급한 돌팔이들의 우스꽝스러운 논제들은 좋은 점수를 받지 못한다.

모든 법체계의 공무원은 수없이 많은 경험적 주장을 한다. 그뿐만 아니라 대부분의 법체계에서 공무원이 도덕적 주장을 하는 경우도 빈번하다. 그런 언명은 공무원이 어려운 사건과 관련하여 법에 타당한 도덕 원리를 수용한 법체제에서 특히 두드러진다. 그렇게 법체계 내로 수용된 도덕 원리들은 공무원이 사람들의 행동에 법적 결과를 결부시키는 (도덕적으로 구속력 있을 뿐만 아니라) 법적으로 구속력 있는 규준 중 일부이다. 그런 법체제의 공무원이 도덕 원리들을 거론하여 적용할 경우, 공무원의 도덕적 주장은 일반적으로 도덕적 주장에 적용되는 참과 거짓의 기준을 정확히 똑같이 적용받아야 한다. 공무원의 도덕적 판단이 법적 판단이기도 하다는 사실은, 그 판단의 진리치가 결정되는 도덕적 타당성의 규준을 조금도 변경하지 않는다.(그것이 법적 판단으로서의 성격을 가진다고 해서 도덕적 타당성 규준의 내용 자체가 바뀌는 것은 아니다. - 옮긴이) 더군다나 어려운 사건과 관련해서 법에 타당한 도덕 원리를 수용하지 않은 법체계에서조차도 공무원은 일반적으로 많은 도덕적 공언을 하는 경향이 있다. 예를 들어 공무원은 대체로 범죄를 법적으로 불허될 뿐만 아니라 도덕적으로도 받아들일 수 없는 개탄스러운 일로 특징짓는 경향이 있다. 법의 도덕적 의무성에 관한 그런 공언은, 재판과 행정의 법적 근거legal bases를 거론하는 것은 아니지만 그렇다고 해서 그런 결정과 단지 우연적인 관계를 맺는 것은 전혀 아니다. 그것들은 법적 진술juridical statements(법적 자료legal materials에 포함되어 있는 진술은 아니지만 그 참·거짓 여부에 따라 재판과 행정상의 법적 결정이 달라지게 만드는 진술 - 옮긴이)로 온당하게 분류될 수 있다. 그럼에도 그 진리치는, 어려운 사건에서 그들의 결정의 근거로 도덕준칙을 거론하는 법적 진술의 진리치와 마찬가지로, 공무원들의 공유된 믿음이 아니라 타당한 도덕 원리에 따라 정해진다. 이 논지가 법적 담론의 의미론적 객관성에 대한 내 해명에서 그토록 쉽게 인정된다는 점을 고려할 때, 그 해명이 법 공무원들에게 무오류성을 어떤 식으로든 귀속시킨다는 그 어떠한 주장도 아무런 근거가 없는 것이다.

도덕적 주장은, 비록 자주 끔찍하게 오도된 도덕적 주장이라고 해도, 앞서 언급한 각각의 이상한 신조의 핵심이다. 예를 들어 나치와 마오주의자는 수백만 명의 인간 학살을 요구하는 역겨운 도덕적·정치적 교설을 지지한다. 창조론자와 사이언톨로지 교도, 드루이드 교도는 피에 굶주리고 야비한 정도는 나치와 마오주의자보다는 덜하지만, 그들 역시 그 지지자와 인류 전반에 대한 도덕적 명령의 잡탕medleys을 내세운다. 그들의 도덕적 규정의 진리치는, 나치와 마오주의자가 개진한 불쾌한 도덕적 규정의 진리치와 마찬가지로, 도덕이 실제로 발하는 명령과 일치하는지 어긋나는지에만 달려 있다. 그 어떤 면에서도 어리석은 신조의 주창자들이 지지하는 타당성 기준에 그 진리치가 달려 있지 않다. 요약하자면, 어떤 담론에 의미론적 객관성을 귀속시키는 것은 그 담론이 지적으로 탄탄하다고 칭찬하는 것이라고는 도저히 볼 수 없다. 의미론적 객관성이 어떤 탐구 영역이 지적으로 존중될 만하게 되는 필요조건일 수는 있지만 충분조건이라고는 도저히 볼 수 없다. 비록 법적 진술에 대한 최소주의적 접근이, 다수의 그런 진술이 진리치를 가진다는 점을 쉽게 확립할 수 있고, 그 진리치를 보유했다는 점이 그 어떠한 이해하기 어려운 존재자의 존재를 전제하지 않는다는 점도 드러내 주기는 하지만, 그 자체만으로는 더 풍부하게 야심 찬 의미에서 법체계의 작동이 객관적이라는 점을 보여 주지 못한다. 그것 자체만으로는 법 담론과 사이언톨로지(또는 창조론이나 여기서 언급했던 다른 미친 사상들)를 구별할 수 있게 해 주지 못한다. 그런 구별을 하기 위해서는 이 장에서 조사했던 객관성의 다른 차원들 중 일부에 주의를 기울여야 한다.

1.2.7. 객관성: 추가할 유형이 또 있는가?

지금까지 객관성의 여섯 가지 유형을 살펴보았다. 세 가지는 존재론적인 것이고, 두 가지는 인식론적인 것이며, 한 가지는 의미론적인 것이었다. 객관성에 대한 철학 문헌에서, 그 이외의 관념들도 자주 등장한다. 이 장은 이 남은 관념 각각을 단지 흥미 차원에서 간략히 살펴볼 것이다. 대부분의 경우 설명이 간결한 이유는 이미 해명된 면들에 그 객관성의 추가적인 면들이 포섭되기 때문이다. 그러나 우선 법의 본질substance과의 유관성이 미약하기 때문에 간략하게만 논의된 객관성의 두 측면을 살펴보자.

1.2.7.1. 합리적 필연성으로서의 객관성

도덕철학의 몇몇 전통 내에서, 특히 매우 넓은 의미에서 칸트적 전통 내에서는, 도덕의 객관성은 도덕 명령의 합리적 필연성rational requisiteness으로 이해되어 왔다. 즉, 도덕 명령은 명백한 비합리성outright irrationality을 대가로 치르지 않고서는 그 어떤 도덕 행위자도 위반할 수 없기 때문에 객관적인 것으로 간주된다. 도덕 원리를 위반하는 것은 논리적 모순에 이르게 하는 것이다. 그런 행동 패턴은 그릇될 뿐만 아니라 부정합이기도 하다. 그렇다면 도덕적 의무는 무모순율Law of Noncontradiction과 같은 방식으로 객관적이다. 합리성 일반을 유지하기 위해 무모순율의 준수가 불가결한 것과 꼭 마찬가지로 도덕적 의무를 준수하는 것은 실천적 합리성을 유지하기 위해 불가결한 것이다.

나는 다른 곳에서 도덕적 의무의 힘을 논리의 합리적 필연성에 통합시키려는 이 시도에 반대하여 논했다(Kramer 1999b, 174-199). 도덕적 의무의 위반은 논리적 오류가 아니라 도덕적 실패이다(Hills 2004). 물론 도덕적 담론에서 논리적 오류를 범하는 일이 언제든 가능한 것은 분명하다. 어떤 사람이 정당한 사유 없는 폭행을 범하는 것이 한결같이 금지된다고 주장하면서도 정당한 사유 없는 폭행을 범하는 것이 화요일에는 허용된다고 동시에 주장한다면, 논리적으로 어긋나는 두 입장을 채택하고 있는 것이다. 마찬가지로 그 사람이 조Joe가 아픈 친구를 병문안할 도덕적 의무가 있다고 주장하면서도 병문안하지 않을 도덕적 자유가 있다고 주장한다면, 스스로 모순을 범하고 있는 것이다. 도덕의 영역에서 이런 종류의 순전한 비합리성이 발생하는 것은 얼마든지 가능하다. 그러나 흔한 일과는 거리가 멀다. 도덕 명령 위반의 대부분의 경우는 그런 논리적 실수를 포함하지 않으며, 일부 철학자들이 도덕 명령 위반에서 더 미묘한subtler (더 감지하기 힘든-옮긴이) 논리적 실수를 밝혀내려고 했던 시도는 지극히 무용한 것이었다.

합리적 필연성으로서의 객관성 관념이 결코 기각되어서는 안 되지만—다시 말해서 비록 그것이 "객관성에 대한 지성적으로 이해 가능하고 적절한 뜻 하나"(Williams 1985, 206)를 명시하고는 있지만—도덕의 본성을 밝혀 주는 관념은 아니다. 도덕은 많은 뜻에서 객관적이지만, 도덕의 요구에 어긋난 행위를 하는 사람이라면 누구나 자기모순을 범하게 된다는 그런 뜻에서 객관적이지는 않다. 법의 영역에서 합리적 필연성으로서의 객관성의 유관성은 한층 더 제한되어 있다. 법체계의 작동은 많은 뜻에서 객관적이지만, 법적 명령을 잘못 이해하거나 위반하는 사람이라면 누구나 순전한 비합리성을 보여 주고 있다는 뜻에서 객관적이지는 않다. 물론 한편으로, 논리적 오류는 도덕적 숙고의 영역에서 발생할 수 있는 것과 마찬가지로 법의 영역에서도 발생할 수 있다. 사람들은 법에 관한 추론을 하면서 때때로 철저히 잘못된 추론을 하기도 한다. 이는 비법적인 문제에 관해 추론할 때 때때로 그러기도 하는 것과 마찬가지이다. 그러나 다른 한편으로, 법규범의 잘못된 적용과 위반의 경우 대부분은 그런 논리적 실수를 포함하지 않는다. 법률가나 보통 사람이 법규범의 내용이나 함의를 잘못 이해하거나 불법적으로 행위하기 위해 그 규범을 무시하기로 결정할 때, 어떤 형태로든 자기모순을 범하지 않는 경우가 대부분이다. 논리적 실수를 하는 것이 아니라 그 사람은 자신의 해석 또는 결정을 정해 줄 고려 사항들의 균형에 대해 불충분한 민감성을 보여 주고 있는 것이다. 그런 종류의 실수는 논리의 기본법칙을 따르지 않은 것이라고는 도저히 볼 수 없다. 그러므로 법체계의 작동이 객관적인지 물을 때, 법체계의 명령을 무시하거나 잘못 이해하는 사람이라면 누구나 부정합에 빠진 것이 되는가라고 묻는 것이 아니며, 그렇게 물어서도 안 된다. 그런 면에서 객관적인 법체계란 없다.

일상의 담화에서 '비합리적'이라는 용어가 ('비논리적', '제정신이 아닌', '분별없는'과 같은 용어와 마찬가지로) 보통 매우 광범위한 뜻으로 쓰인다는 것은 인정할 수 있다. 예를 들어 사람들은 때때로 특히 끔찍한 비행이나 터무니없이 어리석은 잘못된 판단 또는 당황하게 할 정도로 황소고집을 부리는 것에 그 멸칭epithet을 쓰곤 한다. 그러나 이런 패턴의 용법이, 비행이나 잘못된 판단이나 황소고집에 책임 있는 사람들이 자기모순을 범했다고 시사할 의도로 사용된 경우는 매우 드물다. 그게 아니라 끔찍한 비행에 적용되는 '비합리적'이라는 용어는 그 비행을 하게 만들었던 억제되지 않은 야만성이 적정한 정도로 문명화된 사람에게 이해될 수 있는 동기의 범위를 훨씬 벗어나는 것(즉, 가장 감정 이입하기 어려운 방식으로 행위한 것)이라는 점을 드러내는 용도로 사용된다. 어리석은 잘못된 판단에 적용될 때, 그 용어는 그런 판단이 증거로 보여 주는 둔감함의 수준이 심지어 최소한의 지성을 보유한 사람이라면 누구에게나 통상 기대되는 정도보다 훨씬 더 큰 정도라는 것을 의미한다. 그리고 어떤 사람의 심한 고집에 적용될 경우 '비합리적'이라는 멸칭은 그 고집을 부리는 사람이 보여 주는 완강함의 정도가 자신의 이익에 저해가 될 정도로 과도하거나 정당화되지 않는 것임을 드러내는 의미이다. 마찬가지로 그 멸칭을 현대과학에 의해 신빙성을 잃은—점성학이나 마법 같은—탐구 영역에 반대하여 세게 휘두르기도 한다. 이에 반해 나의 현 논의에서는, 합리성 개념은 더 좁게 그리고 논리 부정합성logical incoherence만을 지칭하는 의미로 거론되었다. 여기서 법적 명령의 위반이나 그에 대한 잘못된 이해가 비합리적인 경우는 매우 드물다고 말할 때, 나는 그런 경우가 논리적으로 비일관된 논제를 지지하는 경우가 매우 드물다는 것만 주장하고 있을 뿐이다. 그것들이 어떤 더 느슨한 뜻에서 전형적으로 비합리적인지 여부는 내 논의가 어떤 특정 입장을 취하고 있는 주제가 아니다.

여기서 내 논급이 초점을 맞추고 있는 비합리성 관념을 전제할 때, 객관성의 이 측면에 대한 탐구라면 어느 것이나 비합리성iirationality과 비합당성unreasonableness의 구별에서 덕을 본다.[17] 비합리성이 자기모순성에 있는 반면에, 비합당성은 도덕적 또는 지성적으로 비난받을 만함에 있다. 어떤 행위나 판단이 비합당하다면, 그것은 도덕적 변명을 할 수 있거나 지성적으로 신빙할 수 있는 최소한의 문턱 아래로 떨어진 것이다. 그런 상황에서 '비합당성'이라는 지칭은 그 행위나 판단을 하고 있는 사람이 자기 주장과 반대되는 주장을 강하게 찬성하는 우세한 이유들을 전혀 알지 못하거나 무감하기 때문에 몹시 적절한 것이다. 그런 이유들에 대한 부적절한 민감성은, 그것들을 모르거나 그 중요성을 제대로 평가하지 못하기 때문에 나오는 것으로서, 그 사람의 행동이나 세계관이 비합당하다는 것을 나타낸다.

여기서 비합리성과 비합당성의 구별을 주목할 가치가 있게 만드

---

[17] 내가 생각하는 비합리성과 비합당성의 구별은 Paske, 1989가 비슷한 용어로 구별한 것과는 상당히 다르다. 나의 구별에는 1992, 176-179쪽의 단순한 합리성과 기본적 합당성의 이분법적 구별에 더 가깝지만, 그린월트의 논의의 처음 몇 쪽은 수수께끼 같은 내용이다.

는 점은, 도덕적 명령이나 법적 명령의 위반 중에서 극소수만이 **비합리적인** 반면, 도덕적 명령 위반 대부분과 법적 명령 위반의 많은 경우가 (더 큰 정도로 또는 더 작은 정도로) **비합당하다**는 점이다. 어떤 사람이 어떤 행위 X를 수행할 도덕적 의무를 지지만 X를 하지 않아야 할 동등하게 엄격한 또는 더 엄격한 도덕적 의무는 지지 않을 경우이면서 그가 X를 수행하는 것에 강하게 반대하는 이례적으로 중대한 타산적 요소weighty prudential factor가 없는 경우라면, 그 사람에게는 그 행위를 수행할 결정적 이유conclusive reason가 있다.[18] 따라서 X를 수행하지 않는 것은 비합당하다. 그렇게 수행하지 않는 것은 그 사람이 자신의 행동 기반으로 삼아야 하는 고려 사항들에 충분히 민감하지 못하다는 점을 드러낸다. 물론, 비합당성의 심각성은 그 의무의 중대성과 그 의무인 행위를 수행하지 않아서 범하게 되는 잘못이 초래하는 결과의 심각성에 비례하여 차이가 날 것이다. 그런데 도덕적 의무 위반이라면 어느 것이나, 그 의무가 동등하게 중요한 또는 더욱 중요한 도덕적 의무에 의해 또는 이례적으로 중대한 타산적 요소에 의해 상쇄되지 않는다면 비합당하다. 법적 의무와 관련해서는 상황이 더 복잡하긴 하지만 대체로 비슷하다. 자유민주주의에서조차 모든 법적 의무가 그것을 준수할 도덕적 이유를 발생시키지

---

18 이 단락의 여기와 다른 곳에서 '동등하게'는 '동등하게 또는 통약불가능하게'로 이해해야 한다. 도덕적 의무 위반은 이와 대립하는 도덕적 의무에 의해 능가되거나 동등하게 균형을 이루는 경우에는 비합당하지 않지만, 위반을 저지른 사람이 어떤 식으로든 이를 시정해야 할 도덕적 의무가 발생한다는 점에서 여전히 그른 행위라는 점에 유의하자. 이 점에 대해서는 Kramer 2004a, 249-294; 2005를 참조.

는 않는다(Kramer 1999a, 204-209, 254-308). 따라서 법적 의무의 위반이라고 해서 전부가 비합당한 것은 전혀 아니다. 실제로 일부 맥락에서는—자유민주주의에서도—법적 의무의 이행은 명백히 비합당할 것이다. 그럼에도 불구하고 많은 법적 의무는 (대립하는 한층 더 긴절한 도덕적 의무에 의해 뒤로 물러나 정지될 수 있기는 하지만) 복종할 도덕적 의무moral obligations of obedience를 부과한다. 자유민주주의 사회에서 대부분의 법적 의무는 그런 효과(복종할 도덕적 의무를 부과하는 효과-옮긴이)를 낳으며, 실제로 그 법적 의무에 따라 생성되는 법 복종의 도덕적 의무 대부분은, 다른 대립하는 의무나 매우 중대한 타산적 고려 사항에 의해 정지되거나 이행하지 않아도 무방한 동등한 균형을 이루지 않는다. 따라서 자유민주주의 사회의 법적 의무 위반 중 많은 경우는 비합당할 것이다. 대부분의 비자유주의적 국가에서도 법적 의무 위반 중 상당한 수는 비합당할 것이다.

그래서 비록 합리적 필연성으로서의 객관성이 법체계와 그 명령의 객관성의 한 측면은 아니지만, 법적 명령과 이성 사이에는 하나의 연관관계가 있다. 누구나 법적 명령을 비합리적이지 않으면서—즉, 논리 부정합을 범하지 않으면서—위반할 수는 있지만, 불법적 행동은 많은 경우 비합당할 것이다. 비록 그런 행동이 사람의 사고에서 자기모순과 같은 강한 것을 드러내지는 않지만, 많은 여건에서 결함 있는 도덕적 추론을 드러내기는 한다. 이는 사람의 행위를 어느 한쪽으로 기울여야 하는 이유들의 균형을 제대로 파악하지 못하고 있음을 드러낸다. 불법성과 비합당성 사이의 이 빈번한 연관성을 인정하고 나면, 불법성과 자기모순 사이에 일반적으로 연관성이 없다는 점을 더 쉽게 받아들일 수 있다.

1.2.7.2. 한결같음으로서의 객관성

일부 철학자들의 관점에서 객관성의 요체要諦, linchpin는 한결같음 invariance이다(Nozick 2001). 물론 한결같음 그 자체는 다면적인 속성 multifaceted property이다. 그 측면들 중 일부는 객관성의 차원에 관한 이전 몇몇 항목에서 살펴본 바 있다. 예를 들어 법체제가 한결같음을 가진다는 한 측면은, 그 규범이 누구에게나 통일적으로 적용될 수 있다는 것이다. 그렇게 이해될 때, 한결같음은 통일적 적용 가능성으로서의 객관성에 관한 앞의 논의에 분명히 속하게 된다. 법체계가 한결같음을 가진다는 다른 측면은, 그 규범 대부분의 내용과 함의가 (일반적으로 사람들에 의해 또는 특히 법에 대한 전문지식을 갖고 있는 사람들에 의해) 널리 합의된다는 것이다. 법규범의 존재와 내용에 대한 인식이 사람들 간에 수렴한다면, 그들의 개인적인 세계관의 차이는—법에 대한 그들의 관점에서—그 인식의 공통성에 억눌리게 된다. 이와 같이 한결같음의 속성이 법의 내용과 함의를 사람들이 이해하는 방식의 광범위한 동질성으로 이해되는 한, 그것은 개인을 초월하는 판별 가능성에 관한 앞의 논의에 분명히 속하게 된다. 법체계가 한결같음의 속성을 갖는 또 하나의 측면은 그 규범의 관찰상 마음 독립성이 강하다는 것이다. 임의의 사건에서 법의 내용과 함의가 사람들이 개별적 또는 집단적으로 법의 내용이라고 믿는 것과 필연적으로 일치하지는 않기 때문에, 법의 내용과 함의는 그 임의의 사건에서 사람들이 개별적 또는 집단적으로 품고 있는 잘못된 이해에 따라 변하지 않는다. 이런 뜻에서 한결같음은 명백히 마음 독립성으로서의 객관성에 관한 앞의 논의에 속한다.

한결같음의 두 측면은 이 장 앞에서 다룬 항목의 어떤 내용에도 포섭되지 않는다. 그러나 이 두 유형의 한결같음―불변성不變性, unchangingness과 편재성遍在性, ubiquity―은 법규범의 본질에 일반적으로 특징적인 것이 아니다. 법이 불변이라는 뜻에서 한결같은 것이라면 법의 존재, 내용, 함의는 언제나 같은 것으로 남을 것이다. 아마도 그런 사태는 극단적으로 원시적인 법체제에서는 성립할지 모르지만, 현대세계에서 존재하는 법체계 중 어디서도 성립하지 않음이 명백하다. 현대세계의 모든 법체계에는 그 법체계를 현재 구성하고 있는 규범들을 변경하는 기제가 포함되어 있다. 변경은 공무원의 입법 행위나 준입법적 행위를 통해 가장 뚜렷하게 일어나지만, (예를 들어 계약 체결과 같은) 사인들의 많은 행위를 통해서도 일어날 수 있다. 기존 규범을 변경할 그런 어떤 수단이 없는 현대 법체계는 우스울 정도로 공상적인 관념이다. 그러므로 불변성으로서의 한결같음은 법-정부 제도가 산출하는 명령 및 그 밖의 규범의 내용과는 정말로 동떨어진 것이다. 그런 점에서 법의 본질은 도덕의 본질과 뚜렷하게 다르다. 수많은 도덕준칙, 이를테면 아기 고문, 무장하지 않은 민간인에 대한 고의적 살인, 재미와 이득을 위해 사람들에게 사기 치는 것에 대한 금지는, 언제나 구속력이 있었으며 언제나 구속력이 있을 것이다. 그런 도덕준칙은 시간을 초월한다. 물론 그런 금지를 사람들이 준수하는 정도는 역사적 시대에 따라 현저히 차이 나겠지만—그리고 비록 그 금지들 중 일부는 특정 시대에는 사실상 전혀 감지感知되지 않을 수도 있지만—그 금지들 및 그 밖의 다른 근본적인 도덕준칙이 행위와 판단의 방향을 어느 한쪽으로 기울이는 성질은 시간의 상이에도 불문하고 한결같다. 인간이 (또는 다른 이성적 존재가) 존재하는 경우라면 언제나, 그들은 이 준칙에 구속된다. 그래서 불변성으로서의 객관성은 도덕의 본질 중 많은 것을 포괄한다. 반면에 법규범의 본질에는 그와 유사한 불변성으로서의 객관성이 없다.

바로 앞 문단에서 이야기한 것에도 불구하고, 시간이 지나도 한결같음이 법의 본질의 한 속성이라는 관념에는 한 줌의 진리가 있다. 비록 한 줌에 불과하긴 하지만 말이다. 제2장에서 논의할 바와 같이, 그 어떠한 법체계든 법체계의 존재 자체는 그 체계의 법 내의 변경의 규모와 빈도에는 한계가 있다는 점에 의존한다. 외관상 법체계라면 어느 것이든 그 규범이 너무나 자주 변경되고 너무나 크게 변해서 사람들을 어리둥절한 상태에 처하게 하면서도 최소한의 효과성이라도 가지고서 사람들의 행동을 인도할 수는 없다. 지배적인 규범에서 끊임없이 일어나는 대규모의 변경이 초래하는 극단적인 방향 상실은 사람들의 행동을 지시하고 일정 방향으로 향하게 하는 법의 중심적 기능을 훼손할 것이다. 어떤 법체계가 그 기능을 행사하고 그래서 애초에 법체계로서 존재하려면, 그 체계의 지시가 변경되는 비율이 현기증 날 정도로 높아서는 안 된다. 법의 변화legal change는 일어나고 일어나야 하지만, 혼돈이 아니라 **법의 변화**라고 여겨지려면 적절하게 그 정도를 제한하는 한계 내에서 일어나야 한다. 법규범의 본질에 시간적 한결같음temporal invariance이 있다는 논제가, 법의 진화의 속도pace of juridical evolution에 필요한 한계를 강조하려는 의도에 불과하다면 그 논제에 담긴 메시지 자체는 상당히 타당하다. 그러나 그 논제를 시간적 한결같음이라고 언급하는 것은 오도하는 것이다. 왜냐하면 앞서 언급한 한계가 있다는 주장이, 변화가 아예 없다는 주장과 같다고는 도저히 볼 수 없기 때문이다. 그러니 그런 논제는 주장하지 않되, 시간이 지나도 한결같음으로서의 객관성은 법의 본질에 속하지 않는다고 직설적으로 인정하는 것이 최선이다.

편재성으로서 한결같음에 관해서도 거의 같은 이야기를 할 수 있다. 각 관할의 법규범은 그 관할에 특수한 것이다. 현대세계에서 국제법 규범 중 일부가 모든 또는 대부분의 국가 관할에서 작용할 수는 있지만, 각 나라의 국내법은 그 나라에 특유한 것이다. 더군다나 국가 관할 내에 (미국의 50개 주와 같이) 그 자체의 법규범 질서를 가진 관할이 존재하는 경우도 많다. 그래서 세계에 있는 법체계가 여럿이고 다양하다는 점을 고려할 때 일반적으로 그 어떤 법규범의 본질에도 어디에나 있음이라는 성질은 귀속될 수 없다. 물론 몇몇 규범들이 몇 개의 서로 다른 관할들을 걸쳐 공유될 수는 있다. 특히 (—법의 일정 분야에서—미국의 주들과 유럽의 많은 나라 간처럼) 그런 통일성을 도모하려는 능동적인 노력이 있었던 경우에는 말이다. 그렇다 하더라도, 그런 식으로 관할상의 경계를 넘지 않는 수많은 법규범이 있다. 그리고 실제로 그렇게 경계를 가로지르는 규범들도 편재하는 것과는 거리가 멀다. 많은 관할에 존재한다는 것은 그 외 다른 관할에는 존재하지 않는다는 것이다. 자연의 법laws of nature(자연법칙-옮긴이)과 논리의 법laws of logic(논리법칙-옮긴이)은 전 우주에 걸쳐 동일하지만, 정부 공무원이 인간 행동을 규제하기 위해 만든 법은 그렇지 않다.

위대한 법철학자 하트H. L. A Hart가 제시한 유명한 논증이, 불변성으로서 한결같음과 편재성으로서의 한결같음이 법규범의 본질적 특성이 아니라는 나의 주장에 불리한 작용을 하는 것처럼 보일지 모른다. 하트는 우리가 인간과 인간이 살고 있는 세계의 일정한 기본적 특성에 주의하면, 모든 지속 가능한 법체계라면 어느 것이나 살인, 정당한 사유 없는 폭행, 방화와 같은 심각한 비행을 금지하는 명령을 포함해야만 한다고 결론 내리게 된다고 주장했다(Hart 1961, 187-198). 사회, 특히 상당한 크기의 사회는, 그런 법적 금지가 없다면 아주 짧은 기간을 넘어 존속하지 못할 것이다. 그런 금지가 없는 사회는 최소한의 화합조차 하지 못할 것이다. 하트가 이 점을 강조한 것은 분명 타당한 것이었다. 그런데 갖가지 유형의 심각한 비행을 금지하는 명령이 존속 가능한 모든 법체계에서 발견될 수 있다면, 편재성과 변경 불가능성은 법규범의 본질에 속하지 않는다고 보는 내 입장은 의문스러워 보일지 모른다.

나는 다른 논문에서, 바로 앞에서 간략히 요약한 하트의 논증을 길게 다룬 적이 있다(Kramer 1999a, 262-307). 현재 논의의 목적을 위해서는, 하트 본인도 잘 알고 있던 것을 간단히 지적하는 것으로 충분하겠다. 비록 지속할 가망이 있는 사회라면 어디에서나 심각한 비행에 대한 법적 금지가 정말로 존재해야만 하지만, 그 금지가 취하는 구체적 형태는 사회별로 그리고 단일한 사회 내에서도 역사적 시기에 따라 상당히 다를 수 있다. 예를 들어 그 금지는 그 보호범위 내에서 사람들을 포괄하는 정도가 더 클 수도 더 작을 수도 있다. 자유민주주의 사회라면 어디에서나 모든 사람들이 심각한 비행을 금지하는 법에 의해 보호된다. 이와는 대조적으로 체계적으로 예속된 집단을 포함하는 사회에서는 심각한 비행을 금지하는 법 일부 또는 전부가 그 집단의 사람들을 보호범위에서 제외한다. 하트가 썼듯이 "인간 역사의 이 괴로운 사실들은 존속 가능한 사회가 〔심각한 비행으로부터의 보호〕 체계를 그 구성원 중 일부에게는 제공해야 하지만, 모두에게 제공할 필요는 없다는 안타까운 점을 충분히 보여 준다" (Hart 1961, 196, 원문에서의 강조).

기본적인 법적 금지가 극적으로 차이 날 수 있는 많은 측면 중 또 하나의 측면은, 강간에 대한 《성경》의 관념과 현대 서구 관념의 비교가 드러내 준다. 《구약성서》에 따르면 약혼하지 않은 처녀를 강간한 남자는 피해자와 결혼하고 피해자의 아버지에게 배상해야 한다(〈신명기〉 22:28-29; 〈출애굽기〉 22:16). 그래서 고대 이스라엘에서는, 강간이 용납되지 않으며 규제하지 않을 수 없다는 명확한 인식이 있었지만, 그 문제에 대한 《성경》의 관점과 적절한 구제방안은 현대 서구의 관점과 심대하게 달랐다. 고대 이스라엘인의 눈에는, 약혼하지 않은 처녀에 대한 강간 행위로 피해를 당한 사람은 기본적으로 그 불운한 피해자의 아버지였다. 그러므로 그런 행위에 대한 교정으로 적절한 구제는 그 아버지에게 배상하고 강간 피해자가 독신녀(그 경우 그녀는 아버지에게 재정적으로 의존하면서 살아가게 될 것이다)로 평생 살 운명이 되지 않도록 그녀와 결혼하는 것이었다. 물론 21세기 서구 국가에서 강간 범죄에 대한 태도는 이와 크게 다르다. 그 결과, 강간 범죄가 발생하면 그에 대한 대응은—결혼은 분명히 아니고 오히려 장기간의 징역형을 가하는 것으로—크게 다르다. 피해자의 아버지의 자존심과 금전적 복지를 유지하는 것을 목적으로 하는 대신, 오늘날 자유민주주의 사회라면 어디에서나 강간에 대한 법적 구제는 피해자 본인의 존엄과 인간성을 지키는 것(그리고 사회적 가치를 폭력적으로 무시한 강간범에 의해 발생한 공동체의 기본구조에 가해진 손상을 바로잡는 것을)을 목적으로 한다. 그러므로 고대 이스라엘과 21세기 서구 국가 둘 다 강간에 대한 법적 금지를 찾아볼 수 있지만, 그 둘 사이의 유사성보다는 차이가 시선을 더 사로잡는다. 그렇다면 강간에 대한 금지가 시간적으로 한결같다는 주장은 어느 것이나 방어될 수 없는 것이다.

주요한 비행을 불법화하는 법적 명령은 몇 가지 다른 방식에서도 차이 날 수 있다. 예를 들어 금지되는 행위의 범위, 그런 행위를 했을 때 제재가 가해지는 사람들의 범위는 더 광범위할 수도 덜 광범위할 수도 있다. (대부분의 현대 사회에서 제재는 금지된 행동을 직접 수행한 개인에게만 부과된다. 몇몇 다른 사회 또는 다른 시대에는 금지된 행동을 한 개인이 속한 가족의 다른 구성원에게도 제재가 확대되었다.) 요컨대, 파괴적인 잘못에 대한 법적 억제가 불가결하다는 하트의 훌륭하게 건전한 논증이, 일부 법규범 또는 일부 법규범 질서는 불변하며 편재한다는 관념을 조금이라도 지지해 주는 것은 아니다. 그런 오도된 관념을 받아들이는 것은 하트 본인은 전혀 하지 않았던 일로, 시간이 흐르면서 그리고 세계에 걸쳐 앞서 언급된 법적 억제의 다양함을 간과하는 것이다. 법이 존재하는 시대와 장소를 불문하고 법의 일정한 형식적 특성은 존재하지만―이 점은 다음 장에서 다시 이야기될 것이지만―법의 본질은 언제나 잘 변한다는 성질이다.

1.2.7.3. 교정 가능성으로서의 객관성

니코스 스타브로풀로스Nicos Stavropoulos와 같은 몇몇 법철학자들은 법학적 목적을 위한 객관성의 중심적 차원이 교정 가능성corrigibility이라고 한다. 이 객관성 관념에 따르면, 어떤 탐구의 영역은 그 안에서 잘못 판단할 진정한 여지가 있을 경우에만 객관적이다(Raz 2001, 198-199; Rosati 2004, 278-279). 스타브로풀로스가 썼듯이 "우리는 관련된 영역에 **오류**의 여지가 있는지를 조사함으로써 객관성을 심사하게 된다." 그는 이를 다음과 같이 상술한다. "어떤 영역에서 우리가 사물이 어떠하다고 이해하거나 판단하거나 인식하거나 믿으며 그 영역에서 상이한 대상이나 속성을 구별하는 방식을 한편으로 하고, 그 영역에서 실제로 참인 것이 무엇인지를 다른 한편으로 하여 그 둘 사이에 어떤 논리적 공간이 있을 수밖에 없을 때 그 영역을 객관적이라고 여겨야 한다"(Stavropoulos 2005, 316, 원문에서의 강조).

인용된 서술에서 분명하게 드러나듯이, 교정 가능성으로서 객관성 관념은 우리가 이미 자세히 설명한 관념들 중 하나 또는 둘에 포섭될 수 있다. 가장 뚜렷하게는 마음 독립성으로서의 객관성 항목의 설명에 포섭될 수 있다. 그 항목에서 법의 영역이 스타브로풀로스가 언급한 바로 그 종류의 '논리적 공간'logical space에 의해 어떻게 특징 지어지는지 설명했다. 비록 일반적인 법규범의 존재상 마음 독립성이 약한 것에 불과하긴 하지만, 모든 법규범의 관찰상의 마음 독립성은 강하다. 그러므로 어떤 법체계 내에서든 공무원들은 개별적으로도 집단적으로도 법규범의 내용contents 및 함의implications에 대해 오류를 범할 수 있다.

스타브로풀로스의 객관성 관념이 부분적으로 포섭될 수 있는 이 장에서 거론한 또 하나의 항목은 확정적 타당성이다. 거기서 언급한 바와 같이 틀린 답이 없는 문제는 확정적으로 타당한 답도 없는 문제이다. 결과적으로, 법적 문제에 대한 확정적으로 타당한 답이 있는 한 법의 영역은 스타브로풀로스가 객관성의 전형적 특징이라고 인식한, 오류의 공간space for error을 포함한다. 그런데, 기능하는 법체계에서 발생하는 대다수의 법적 문제에 대해 확정적으로 타당한 답이 있다는 점을 전제하면, 그런 체계 내에서도 오류의 광대한 여지ample room for errors가 지속적으로 있을 것이다. 법은 스타브로풀로스의 객관성 기준을 틀림없이 충족한다.

교정 가능성으로서의 객관성 관념이 어느 정도 흡수될 수 있는, 이 장에서 다룬 또 다른 관념은 불편부당성이다. 그 관념을 다룬 항목에서 언급한 바와 같이, 타당한 결과를 얻는 데 일반적으로 불리한 (편견, 추측, 이기적인 이익) 요소들에 기초해서 법적 의사결정이 진행될 때면 언제나 자의성이 도입된다. 일정한 요소들을 타당한 결과를 얻는 데 불리한 것으로 골라내는 일이 일부 결과들이 부당하다는 관념을 전제로 한다는 점은 명백하다. 그러므로 불편부당성에 관한 나의 논의의 많은 부분은 스타브로풀로스의 뜻에서 법체계의 작동이 객관적이라는 점을 전제한다.

요약하면, 교정 가능성으로서의 객관성 관념은 이 장에서 이미 잘 포괄되었다. 어떤 담론 내에서 잘못 판단하는 것의 가능성은 정말로 그 담론이 객관적이기 위해 중차대하다. 그렇지만 그 가능성을 앞서 탐구된 모든 영역들과 별개의 객관성의 차원으로 다룰 필요는 전혀 없다. 이 장에서 다룬 항목 중 하나에서 탐구된 객관성의 측면들 중 단일한 하나의 측면과 정확하게 등치될 수 있는 것은 아니지만, 앞의 항목에서 다룬 관념 여럿을 합쳐서 보면 그 본성과 함의가 포착된다.

1.2.7.4. 착각이 아님으로서의 객관성

일상의 대화와 철학적 논쟁에서 객관성은 착각이 아님nonillusiveness에 있다고 여겨지는 일이 매우 빈번하다. 전적으로 착각에 의한 것은 그것을 지각하는 사람의 마음이 꾸며 낸 것이다. 그것은 어떤 사람이 그것의 경험이라고 상상하는 것 바깥에서는 전혀 존재하지 않는다. 그것은 어떤 식으로도 외부세계에 존재하지 않고, 지각하는 사람의 의식 상태의 일부 내에서만 존재한다. 외부에 존재하는 것으로 보이는 어떤 것이 전적으로 착각이 아니라는 뜻에서 객관적인 경우, 그것은 어떤 사람의 상상이 순전히 만들어 낸 것이 아니다.(대표적으로, 아래에서 설명할 반응 중심적 속성 중 하나인 색이 그렇다. - 옮긴이) 그것은 어떤 방식으로 외부세계에서 존재한다. 일정한 경험을 끌어내는 성향이 있는 어떤 것으로서만 존재할지라도 말이다. (물론 두통이나 두려움, 고뇌나 큰 기쁨 같은 완전히 순수한 정신 현상도 외부세계에 전혀 존재하지 않는다. 그러나 그런 현상과는 달리 착각은 외부세계에 존재하는 것처럼 보인다.)

착각에 해당하려면 철저히 처음부터 끝까지 착각일 필요는 없다. 때때로 착각에 불과한 것이 어떤 것의 존재가 아니라 그 존재가 어떤 속성을 갖고 있다는 점인 경우도 있다. 예를 들어 어떤 선이 다른 선과 길이가 다르지만 누군가에게 같은 길이로 보이는 경우를 생각해 보자. 그런 경우 착각에 불과한 것은 그 선들 중 어느 하나의 존재가 아니라 서로 길이가 같다는 표면상의 속성이다. 그럼에도 객관성과 착각에 불과함illusiveness의 대립opposition은 본질적으로 완전한 착각full illusions과 관련해서 그렇듯이 부분적인 착각partial illusions에 있어서도 똑같이 성립한다. 객관적 속성objective property은 그 자체가 실재하는 실제로 현존하는 것의 어떤 특성인 반면에, 착각에 불과한 속성illusory property은 어떤 것 안에 현존하는 것처럼 누군가에게 보이긴 하지만 실제로는 그것 안에 현존하지 않는 것이다.

의문의 여지없이, 착각이 아님은 객관성의 중심적 측면 중 하나이다. 그러나 마음 독립성으로서의 객관성에 대해 다른 항목에서 일반적 수준에서 포괄되었던 측면이기도 하다는 것도 똑같이 명확하다. 그럼에도 이 논의의 맥락은 존 맥도웰John McDowell 같은 철학자의 작업에서 적절하게 강조되었던 구별을 함으로써 마음 독립성에 대한 해명을 세련화할 좋은 계기이다. 그 구별이란 반응 중심적 속성response-centered properties과 착각에 의한 속성illusory properties의 구별이다(McDowell 1985, 113-114). 비록 이 두 범주 각각의 속성들이 마음 의존적이긴 하지만, 그 마음 의존성의 성격은 중요한 면에서 갈린다.

착각에 의한 속성은 앞서 특정된 방식으로 토대부터 마음 의존적profoundly mind-dependent이다. 즉, 그것은 그 속성의 지각을 경험하는 사람의 마음 안에서만 존재한다. 그 사람의 정신 바깥의 세계에서는 전혀 존재하지 않는다. 그와 반대로 보이는 외관appearance은 어느 것이나—아무리 강한 것이라고 할지라도—진실된veridical 것이 아니라 기만적인deceptive 것이다. 어떤 사람이 그 외관에 넘어가서 그 결과 착각에 의한 속성이 실제 속성이라고 믿는다면, 그 사람은 완전히 틀린 것이다.

붉음이나 시큼함 같은 반응 중심적 속성은 이와는 상당히 다르다. 그것들을 특성으로 갖춘 것으로 보이는 사물들 안에 진정 현존하는 것이다. 비록 그 사물들이 통상적인 지각 능력을 갖춘 인간에게 (그리고 일부 인간 아닌 동물에게) 일정한 유형의 경험을 불러일으키도록 하는 능력이나 성향으로서 존재하기는 하지만 말이다. 반응 중심적 속성이 실재한다는 믿음은 틀린 것이 아니고 타당한 것이다 (Fine 2001, 26). 예를 들어 정상적 시력을 가진 사람이 좋은 시각적 조건하에서 사과를 보고 그것이 녹색이라고 확인한다면, 그 사과의 겉면이 실제로 녹색이라고 결론 내리는 것이 전적으로 타당하다. 사과의 녹색은 자신의 마음 바깥에는 전혀 존재하지 않는 것을 그 사람의 상상으로 만들어 낸 것이 아니다. 그와는 반대로, 그것은 사과 겉면의 온전히 진정한 속성 중 하나이다. 그 겉면의 미세구조적 구성은 통상적 시각 능력을 보유한 인간 누구에게나 녹색 감각 또는 경험을 끌어낼 방식으로 빛을 반사한다. 맥도웰의 유용한 문구에 의하면, 사과 표면의 녹색은 "거기 있어서 경험되는 것이다"(McDowell 1985, 114).

객관적인 것과 주관적인 것의 구분이 실제 속성real proprties과 착각에 의한 속성 사이의 구별, 또는 진실된 경험과 기만적 경험 사이의 구별과 상관相關되도록 그어지는 한, 붉음이나 짭짤함 같은 반응 중심적 속성은 객관적인 것으로 명확히 분류되어야 한다. 그런 속성들은 실재하며, 그 속성들에 대한 경험은 기만적이지 않다. 그러나 물론 객관적인 것과 주관적인 것 사이의 경계는 다른 방식으로도 그을 수 있다. 경계를 정교하게 긋는 한 가지 방법은, (i) 그 본성이 인간의 일정한 실제 또는 잠재적 경험을 언급하지 않고 온전히 명기될 수 있는 속성과 (ii) 그 본성이 인간의 일정한 실제 또는 잠재적 경험을 언급해야지만 온전히 명기될 수 있는 속성을 구별하는 것이다. 객관적/주관적인 것의 이분법이 이 선을 따라 이해되는 한, 반응 중심적 속성은 주관적인 것으로 분류되어야 한다. 비록 착각에 의한 것이 아니라 온전히 실재하는 것이며 어떤 면들에서 마음 독립적인 것이기는 하지만, 방금 그은 객관적/주관적인 것 구분선에 중심적인 면에서는 마음 독립적이지 않다.

반응 중심적 속성은 어떤 면에서 마음 독립적인가? 언뜻 보기에 반응 중심적 속성은 존재상으로나 관찰상으로나 마음 의존적인 것처럼 보인다. 그러나 다소 공상적인 사고실험은 그렇지 않다는 것을 드러낸다. 한 세대 또는 두 세대에 걸친 매우 광범위한 유전적 변이의 결과로 전부 또는 거의 전부의 인간이 80년이 지나면 붉음을 지각할 능력이 없어지게 된다고 가정해 보자. 그런 경우 붉은색은 더 이상 예화例化되지 않을 것이다. 이 경우 장미나 토마토, 루비가 더 이상 붉은 것이 아니라고 생각하지 않아야 한다. 대신에 이 사물들의 지속되는 붉음은 통상적인 인간에 의해 더 이상 지각될 수 없는 것이다. 지적한 바와 같이 붉음 속성은 다양한 대상의 표면이 현재 통상적인 시각 능력을 갖춘 사람들에게서 붉은색의 감각을 발생시킬 방식으로 빛을 반사하는 미세구조로 구성되어 있기 때문에 존재한다. 만일 광범위한 유전적 변이가 인간의 통상적인 시각 능력을 크게 바꾼다면, 그 여러 가지 대상들 표면의 미세구조적 구성이 현재 통상적인 시각 능력을 갖춘 사람이라면 누구에게서나 붉은색의 감각을 끌어낼 수 있는 방식으로 빛을 반사한다는 것은 여전히 참일 것이다. 아마도 변이 이후에는 그런 능력을 갖춘 사람이 없을 수는 있지만, 만일 그런 사람들이 있다면, 통상적 조건하에서 그 대상들의 표면은 그런 능력을 갖춘 사람에게서 붉은색의 감각을 끌어낼 것이다. 그 표면이 그 감각을 끌어낼 능력을 계속 보유하고 있기 때문에 그 대상들은 계속해서 붉은 것이다. 그들의 붉음이 모든 또는 대부분의 인간에게 지각될 수 없게 되었지만, 붉은 것으로서 계속 존재할 것이다.

수많은 복잡한 사항이 바로 앞의 사고실험에 도입될 수 있다. 예를 들어 유전적 변이의 결과 붉음을 지각할 수 있는 능력을 상실한 것이 아니라 특정 지각 능력이 거꾸로 교차되었다고 가정해 보자. 이를테면 8년이 지난 후, 모든 사람들 또는 거의 모든 사람들이 현재는 통상적인 사람에게는 푸른색을 경험하게끔 하는 사물들을 바라볼 때 붉은색을 경험하는 반면, 현재 통상적인 사람에게 붉은색을 경험하게 하는 사물을 바라보면 푸른색을 경험한다고 가정해 볼 수 있겠다. 이 책이 인식론이나 형이상학, 마음철학에 관한 탐구였다면 그런 복잡한 사항을 고찰해 보는 것이 좋을 것이다. 그러나 이 책의 논의 목적을 위해서는 앞 문단의 논의만으로 충분하다. 그 문단이 충분히 드러내 주는 것은, 비록 반응 중심적 속성이 한 가지 중요한 측면에서 마음 의존적이기는 하지만, 몇몇 다른 중요한 측면에서는 마음 독립적이라는 점이다. 반응 중심적 속성은, 그 본성이 인간의 실제 또는 잠재적 경험을 언급하지 않고서는 온전히 명기될 수 없다는 뜻에서 마음 의존적이다. 그러나 그것은 나의 유전적 변이 시나리오에서 강조된 측면에서는 마음 독립적이다. 즉, 인간이 그것이나 그것의 효과를 지각할 수 있는 능력을 갖지 못한다고 하더라도 계속 존재할 수 있다.

오해를 피하기 위한 단서를 달아 이 논의를 맺어야겠다. 몇몇 철학자들은—옳음, 그름, 정당성, 책무성과 같은—도덕적 속성을 반응 중심적 속성으로 보고 유추하면 밝혀 주는 바가 많다고 논했다 (McDowell 1985; Pettit 2001; Wiggins 1998, 106-108). 여기서는 그런 견해에 찬성한 적이 없다. 이와는 반대로, 도덕적 속성과 그 밖의 규범적 속성을 반응 중심적 속성으로 융합하는 일은 모두 극복할 수 없는 난점으로 가득찬다.[19] 확실히, 반응 중심적 속성에 대한 내 간결한 논급이, 그런 속성과 법의 주된 특성 간의 친화성을 시사할 목적으로 제시되었다고 추론해서는 안 된다. 그게 아니라 그 논급은 마음 독립성으로서의 객관성 관념에 있는 몇 가지 복잡성에 주의를 촉구하려는 목적으로 짧게 방론으로 이야기한 것에 불과하다. 비록 마음 독립성으로서의 객관성에 관한 주된 항목에서 한 구별이, 착각에 의한 속성과 반응 중심적 속성의 구별보다 법의 이해에 더 중요하긴 하지만, 후자의 구별을 제대로 이해하는 것은 객관성이라는 현상에 대한 온전한 이해에 필요불가결하다. 객관성이라는 현상은 여러 개의 차원으로 구성될 뿐만 아니라 각 차원이 내적으로 복합적이

---

19 몇 가지 난점에 대해서는 Blackburn 1993, 159-162, Sosa 2001을 참조. 현재 집필 중인 *Meta-Ethics: Moral Realism as a Moral Doctrine*의 제3장에서 이 문제에 대해 자세히 썼다.

기도internally complex(각 차원 내에서도 또 여러 차원으로 갈리는 것이기도-옮긴이) 하다.

1.2.7.5. 이유 민감성으로서의 객관성

몇몇 주요 철학자들은 객관성의 정의 특성이 이유 민감성susceptibility to reasons이라고 주장했다. 그 어떤 영역에서 개진된 주장과 취해진 입장이 이유에 민감하다면—즉, 그 주장과 입장이 합리적이지 않은 조작에 의해서만 변경되는 것이 아니라 합리적 설득에 의해서도 변경될 수 있다면—그 영역은 객관성을 지닌다. 이런 노선을 따르는 견해가 데이비드 위긴스David Wiggins에 의해 누구보다도 뚜렷하게 표명된 바 있다. 그는 어떤 탐구 분야의 객관성이 "공개적으로 받아들여지고 합리적으로 비판 가능한 논증 규준stadards of arguments 또는 진리 추론ratiocination towards truth의 존재"에 있다고 썼다(Wiggins 1998, 101). 제럴드 포스테마Gerald Postema도 그 주제에 대해 비슷한 견해를 밝힌 바 있다. "객관성은 표현된 견해들이 조율되거나 충돌할 수 있을 뿐만 아니라 의견이 일치할 수도 있고 불일치할 수도 있으며, 그와 같은 의견 일치와 불일치는 문제가 된 주제에 관한 쟁점에 대한 진지한 합치genuine joinder 덕분에 추구되고, 또렷하게 표명되고, 논의되고, 숙고되는 것을 가능케 하거나 전제로 한다." 포스테마는 다음과 같이 덧붙인다. "객관성이 있는 곳에서는 추론이 주제에 대한 의견 일치에 이를 수 있도록 마음을 움직일 수 있다고 기대하는 것이 합당하다. 같은 이치로, 객관성의 중요한 특성은 객관적 영역에서의 판단의 이유들에 대한 검토가 주제에 대한 의견 일치를 의견 불일치로 바꿀 수도 있다는 것이다"(Postema 2001, 108).

이 인용문에서 (그리고 다수의 다른 철학자들의 비슷한 공언에서) 가장 중요한 것으로 여겨진 객관성의 인식론적 차원이 광범위한 인간 활동과 제도에 중심적인 것임이 분명하다. 특히 그것은 서구 자유민주주의의 법적 맥락에서 중요한데, 이는 그 나라들의 법체계는 거의 언제나 높은 수준의 반성적 논쟁을 포함하기 때문이다. 그런 논쟁은 많은 철학자들이 객관성이 이유에 민감하다고 썼을 때 마음에 두고 있었던 숙고와 근거 교환—공적 추론—을 통해 진행된다. 대학과 함께, 법-정부 제도는 객관성의 그 측면이 추구되고 실현되는 주요한 장arena이다.

법의 이해에서 이 객관성 관념이 갖는 명백한 중요성에도 불구하고, 이 장이 그것에 대한 별도의 설명을 포함할 필요는 없다. 이유 민감성이라는 관념이, 이때까지 자세히 설명한 객관성 관념 중 하나에 의해 온전히 포착되지는 않지만, 객관성의 인식론적 차원에 관한 두 주요 항목에서 다룬 내용을 합하면 모두 포괄되었다. 개인을 초월하는 판별 가능성과 불편부당성. 개인을 초월하는 판별 가능성으로서의 인식론적 객관성에 관한 나의 논의에서 논급했듯이, 어떤 주제에 관한 합의가 이미 있는 경우뿐만 아니라 아직 합의가 존재하지는 않지만 형성될 수 있는 방법론methods이나 경로pathways에 대한 의견 일치가 존재하는 경우에도 인식론적 객관성은 존재한다. 그 방법론 또는 경로는 발전된 사회 또는 탐구 영역의 고도로 전문화된 탐구기법일 수도 있지만, 공적 숙고의 더 일반적인 경로 및 기반일 수도 있다. 포스테마가 그려 낸 종류의 공적인 실천적 추론은, 사람들이 그들이 절차를 진행하는 여러 가지 규준들―예를 들어 유관한 고려 사항과 무관한 고려 사항, 또는 충분한 증거와 비결정적인 증거, 설득력 있는 노선의 논증과 설득력 없는 노선을 구별해서 달리 처리하는 규준―의 수용에 있어서 묵시적이든 명시적이든 수렴하지 않는다면 애당초 성공할 가망이 없는 일이 될 것이다. 물론 그런 규준 자체는 사람들이 숙고함에 따라 수정되고 확장될 수 있다. 더구나 (법 해석의 전문화된 분야를 포함해서) 탐구의 전문화된 분야를 제외하고는 절차적 규준에 대한 만장일치나 거의 만장일치에 가까운 합의는 매우 드물 것이다. 공적인 실천적 추론은 부분적으로는 그 실천적 추론 자체의 본성its own nature에 관한 일련의 논쟁이다. 그러나 공적 정책과 법 원리의 폭넓은 문제들에 대해 마구잡이로 진행하는 논쟁에서조차 절차적 기준procedural benchmarks과 실질적인 신조 substantive tenets에 관해 사람들 사이에 충분한 정도의 수렴convergence 이 없다면 혼돈 속의 좌절만을 결과로 낳을 것이다. 과도하게 초점이 중구난방으로 흩어진다면 합리적인 근거 교환은 합리적 근거 교환으로서 최소한으로라도 유익한 형태로 진행될 수 없다. 요약하자면, 이유 민감성으로서의 객관성은 개인을 초월하는 판별 가능성에 중차대하게 의존한다.

그러나 포스테마가 주시했듯이, 이유 민감성은 수렴에 관한 것만은 아니다. (고대 이집트 현인의 경우와 같이) 개인을 초월하는 판별 가능성이 착각이나 편견을 공유했기 때문에 나오는 경우에는, 이성에 입각한 설득은 합의를 증진하거나 단단하게 하기보다는 합의를 뒤집는 매개체가 될 것이다. 탐구자들의 만장일치가 부분적으로는 타당한 통찰에 기반하지만, 부분적으로는 오류나 편견 또는 무지에 기반하고 있는 경우에서조차, 합리적 숙고의 역할은 이미 받아들여진 견해를 확증해 주는 것만큼이나 뒤엎는 것일 수밖에 없다. 그러므로 이유 민감성으로서의 객관성이 개인을 초월하는 판별 가능성으로서의 객관성에 의존한다고 하더라도 전자는 후자를 넘어선다. 이유 민감성의 이상을 철저히 실현하려면 개인을 초월하는 판별 가능성뿐만 아니라 (이 장에서 상술된 확장적인 뜻에서의) 불편부당성도 포함되어야 한다. 즉, 그 이상이 철저히 실현되는 경우라면 언제나 사람들의 판단에 영향을 미치는 고려 사항들이 편견이나 무지, 극심한 공포, 매수됨으로 인해 생긴 겉만 그럴싸한 이유가 되어서는 안 된다. 그런 요인은 모두 의사결정에서 자의성을 조성한다. 사람들을 이런저런 주제에 관한 진리를 발견하는 데 친화적인 신뢰할 수 있는 탐구 과정에서 멀어지게 하기 때문이다. 자의적 의사결정 절차의 결과가 우연히 타당한 경우에도 옳은 이유^{right reasons}로 도달된 것은 아닐 것이다. 그러므로 이유 민감성이 실제이기도 하고 추구되어야 할 기준이기도 한 그 어떤 영역에서도, 불편부당성은 사람들이 얻으려고 분투해야 하는 이상이다. 그 이상의 달성은 합의의 형성에 강력하게 기여할 수 있다. 편견이나 무지 같은 거짓^{nontruth}을 조장하는 요인으로부터 발생한 의견 불일치를 제거하는 것을 도움으로써 말이다. 또한 불편부당성은 사람들이 통찰을 공유했기 때문이 아니라 착각이나 편견을 공유했기 때문에 의견의 일치를 보았다는 점을 드러내는 데 도움이 됨으로써 임의의 특정 쟁점에 대한 기존의 의견 합치를 뒤엎을 수도 있다.

요컨대 이 장에서 설명한 불편부당성의 이상의 광범성breadth을 전제할 때, 개인을 초월한 판별 가능성으로서의 객관성과 불편부당성으로서의 객관성은 함께 이유 민감성으로서의 객관성을 구성한다. 모든 담론의 객관성에서 필수적인 요소vital element 중 하나가 참여자가 그 영역에서 그들의 견해 형성에 영향을 미치는 이성적인 근거 교환을 할 수 있는 정도이지만, 그 요소를 이 장에서 별도로 다룰 필요는 없다. 한편으로, 합리적 숙고와 이의異議는 법적 맥락에 어마어마한 중요성을 지닌다. 공적인 실천적 추론은 자유민주주의 사회에서 법의 생명선生命線, lifeblood이다. 그리고 기능하는 법체계를 가진 나라 모두에서도 어느 정도는 생명선이다. 다른 한편으로 공적인 실천적 추론의 요소들은 이 장에서 이미 발전시킨 이론적 틀 내에서 가장 잘 이해될 수 있다. 추가적인 세부 항목 또는 범주를 두는 것은 불필요한 중복이다.

인식론적 객관성에 관한 매우 밀접하게 관련된 관념에 대해서도 거의 같은 이야기를 할 수 있다. 여러 철학자들 중에서도 브라이언 라이터Brian Leiter는, 어떤 탐구 분야의 인식론적 객관성은 그 분야의 참여자들이 그들의 탐구 대상에 관한 믿음을 형성하게 되는 절차나 기제의 인식적 신뢰성cognitive reliability에 있다고 주장한 바 있다(Leiter 2001, 1). 그런 신뢰성에 중심적인 것은 편협한 이기심이나 완고함, 숙지되지 않은 변덕 같은 왜곡하는 영향의 부재나 최소화이다(Raz 2001, 195-196; Svavarsdóttir 2001, 153-154). 라이터가 이 객관성 관념에 큰 중요성을 부여한 것이 명백히 타당하긴 하지만, 불편부당성에 대한 내 해명은 그것을 포괄하며 실제로는 대체로 그 관념과 등치될 수 있다. 그러므로 여기서 인식적 신뢰성으로서의 객관성에 대한 별도의 상술은 필요하지 않다.

1.3. 간결한 결론

분명해졌듯이, 이 장에서 살펴본 객관성의 여섯 가지 주요 차원은 법규범이나 법체계에서 특징적인 것이다. 비록 서로 다른 면에서 그 특징을 이루는 것이라고 하더라도 말이다. 객관성의 적어도 한 측면, 즉 법규범의 강한 관찰상 마음 독립성은 실수량 속성이 아니다. 즉, 관찰상 마음 독립성은 상이한 정도가 아니라 전부 아니면 전무의 형태로 적용된다. 그 관찰상 마음 독립성이 다른 어느 임의의 법규범보다 더 강한 그런 법규범이란 없다. 모든 법규범의 관찰상 마음 독립성은 그냥tout court 강한 것이다. 더군다나 강한 관찰상 마음 독립성은 추구되어야 할 특성으로서가 아니라 좋든 싫든 상관없이 성립하거나 성립하지 않는 것이다. 불편부당성이나 개인을 초월한 판별 가능성 같은 객관성의 다른 측면들은 실수량 속성이다. 그럼에도 불구하고, 객관성의 이 다른 속성들이 다양한 정도로 법체계의 작동에 특징적이기는 하지만, 그 속성들 각각은 꽤나 상당한 정도로 모든 법체계의 작동에 특징적이다. 다음 두 장에서 살펴보겠지만, 그 어떤 법체계도 (법의 본질에 명백히 적용될 수 없는 것으로 이 장에서 제쳐 놓은 차원들을 제외하고는) 모든 차원의 객관성을 띠지 않는다면 존재할 수 없다.

 객관성의 실수량 측면 각각이 모든 법체계에 존재한다는 말은, 그 측면들이 자동적으로 또는 불가사의하게 발생한다는 뜻은 전혀 아니다. 법체제 자체의 존재와 기능성과 마찬가지로 그 실현을 목적으로 하는 의도적인 인간의 노력을 통해서만 달성될 수 있다. 더구나 각각의 실수량 차원의 객관성이 이상理想인 한, 그것은 추구되어야 하는 것이다. 유익한 법체계에서는 이 각각의 실수량 차원의 객관성이 추구되어야 한다. 그 각각의 객관성이 그 자체로 가치 있으며, 법체제의 존재 및 번영을 통해 확보될 수 있는 절실한 선들을 얻는 데 불가결한 조건으로서 기여할 것이기 때문이다. 비록 그 측면들 중 하나의 객관성은, 누군가가 그것을 발생시키려고 의식적으로 노력하든 안 하든 상관없이 성립하는 것이기는 해도, ─그 다른 측면들에서는─ 법-정부 공무원이 얻으려고 분투해야 하는 선이다.

제 2 장

법의 지배의 요소

　제1장의 한결같음으로서의 객관성에 관한 편에서, 불변성이나 편재성 어느 것도 법의 본질에 타당하게 귀속시킬 수 없다고 주장했다. 그러나 그 편의 말미에서 언급했듯이, 법의 형식적 특성은 그 본질과는 상당히 다르다. 어떤 형식적 특성은 법이 존재하는 때와 장소에 언제나 존재한다. 시간과 장소를 불문하고 그 어떤 법체계도 그 본질적 속성들 없이는 작동할 수 없다.
　그럼에도 불구하고 법의 형식적 측면으로서 불변성과 편재성이 그 본질을 이룬다고 보는 것은 유익하기보다는 오도하는 것이다. 이 장의 두드러지는 논제 중 하나는, 기능하는 법체계가 존재하는 곳이라면 법의 지배의 근본적 특성들이 언제나 존재하긴 해도, 그 실질적 의의는 상당히 차이 날 수 있다는 것이다. 한편으로 그 근본적 특성들은 해당 법체계의 규범이 유익하든 유해하든 상관없이 모든 법체계의 구조를 구성한다는 점에서 내용 독립적content-independent이다. 법체계는 그 법의 내용이나 그 체계 내의 공무원이 추구하는 목적이 훌륭한 것이든 개탄할 만한 것이든 상관없이 법체계로서 그 특성들을 가진다. 다른 한편으로 법의 본질적 속성의 실질적 함의는 그 속성들을 보유하는 각각의 법체계의 내용에 크게 영향받는다. 비록 그 속성들이 그 자체로는 본유적인 도덕적 관련성moral bearings은 갖지 않는다고 하더라도 그 속성들이 존재하는 체계의 특성에서 나오는 도덕적 관련성은 갖게 된다. 따라서—그 본질적 속성들에 의해 구성되는—법의 지배는 그 자체가 법체계별로 다른 성격을 갖는 현상이다. 법체계가 존재하고 작동하는 경우에는 언제나 그 일련의 조건들이 성립하는 법의 지배 그 자체는 도덕적으로 중립적인 사태이다. 특히 규모가 어느 정도 되는 사회에서라면 어디서나, 법의 지배는 공공질서를 유지하고 사람들의 활동을 조정하며 개인의 자유를 확보하는 데 불가결하다. 그런데 법의 지배는 정부가 대규모의 악惡, evil을 긴 기간에 걸쳐 효과적으로 저지르는 데도 마찬가지로 불가결하다(Kramer 1999a). 그러므로 법의 지배가 그 자체만으로 본유적 도덕적 지위intrinsic moral standing를 갖는 것은 아니다. 그럼에도 불구하고, 법의 지배가 유익한 체제 내에서 작동할 때는 법의 지배의 도덕적 가치는 추구할 가치 있는 목적에 유용한 수단을 넘어선다. 법의 지배가 정부 공무원과 일반 시민들이 그런 목적을 추구하고 실현할 수 있도록 해 줌으로써 추구할 가치 있는 목적을 도모하고 얻어 낸다는 것은 사실이다. 그런데 유익한 체제에서 법의 지배는 그 이상의 일을 한다. 단지 도구적으로 가치 있는 데 그치지 않고, 그것이 촉진하고자 하는 이상 자체를 표명하는 것이기도 하다. 법의 지배의 기본적 특성은 그 이상理想의 도덕적 고결함을 표명하는 것이다. 왜냐하면 그런 여건에서 법의 지배를 유지하는 것은 사회가 자유민주주의적 가치를 고수하고 있음을 의도적으로 분명히 표현하는 것이기 때문이다.

그런 경우 법의 지배는 두 가지 주된 현상으로 나타난다(Craig 1997; Summers 1993; Tamanaha 2004, 91-113). 첫째, 일반적인 법적 현상으로서 법의 지배는 법체계가 존재하는 곳이라면 충족되어야 하는 근본적 조건들과 다름없다. 둘째, 그 법적 현상이 특히―그 세부적인 제도 및 실천에서 풍부한 다양성을 보이는―자유민주주의 사회에서 성립하는 경우에는 도덕적으로 소중한 개인의 존엄 및 평등에 헌신한다는 표현이다. 법의 지배가 어떤 환경에서는 도덕적으로 소중한 절실한 요구이지만 다른 환경에서는 그렇지 않기 때문에, 한결같음을 법의 지배의 핵심 특성 중 하나로 보는 것은 오도하기 쉬울 것이다. 법의 지배의 특성들이 모든 법체계에 있다는 점에서는 정말로 한결같겠지만, 그 특성들이 수행하는 역할은 법체계별로 주된 측면에서 다를 수 있다. 객관성과 법의 지배의 복잡한 관계를 파악하려고 한다면 계속 이 논점을 명확히 염두에 두어야 한다. 그 일련의 관계를 헤아리려고 할 때, 객관성의 차원이 여럿이라는 점뿐만 아니라 법의 지배라는 이념 내에서도 구분이 여럿 있다는 점을 경계해야 한다. 법의 지배의 본질적 속성들이 실질적인 도덕적·

정치적 관련성에 있어서 변화무쌍하기 때문에 이 속성들과 객관성의 갖가지 측면들의 연관성도 마찬가지로 중요한 면에서 변동이 심하다.

2.1. 법의 본질에 관하여

이 절에서는—개별 체제의 도덕적·정치적 특색에서 추상된—일반적인 법적 현상으로서 법의 지배에 대해 논의하면서 법의 지배의 중심적 요소에 대한 론 풀러Lon Fuller의 저명한 해명에 크게 기댈 것이다. 미국 법이론가인 풀러는 자신이 '합법성의 여덟 가지 원칙' eight principles of legality으로 명명한 것을 상세하게 기술한 바 있다 (Fuller 1969, 33-94). 서로 일부가 상당히 중첩되는 여덟 가지 원칙을 가지고서, 그는 법체계가 존재하는 곳이라면 어디서나 존재하는 가장 기본적인 특성들을 뽑아냈다. 어떤 사회에서 풀러의 원칙 중 하나 이상의 원칙이 대체로 또는 전혀 이행되지 않는다면, 그 사회는 법체계가 없는 것이다.

이 절이 풀러의 이론적 틀의 일반적 윤곽을 따르기는 하겠지만, 몇 가지 지점에서는 그의 좀 더 특색 있는 분석에서 벗어날 것이다. 합법성의 여덟 가지 원칙에 대한 그의 정교한 해명은 법철학에 대한 영원히 가치 있는 기여지만, 그의 원칙들을 뒷받침하거나 해명하는 그의 논증 중 일부는 혼동에 빠져 있거나 부적절하다. 그가 범한 가장 큰 오류는, 법의 근본적 특성으로 그가 집어낸 것이 법과 도덕의 분리 가능성에 대한 법실증주의의 주장과 어떤 식으로든 조화되지 못한다는 그의 믿음에 놓여 있다. 풀러는 그의 여덟 가지 원칙이 '법의 내적 도덕성'을 구성하므로 법 영역과 도덕 영역 간의 필연적인 연관성integral connection을 확립한다고 주장했다. 나는 다른 논문에서 그의 반실증주의적 결론을 입증하려는 그의 노력을 오랫동안 논박한 바 있다(Kramer 1999a, 37-77). 여기서는 법실증주의의 건전함에 대한 논쟁을 다룰 필요가 없다. 풀러의 성찰 중 두 가지 면에서 얻는 바가 있다는 점만 주목하면 된다. 첫째, 그의 논증 노선 중 일부는 혼란을 주거나 엄밀성이 부족하지만, 법의 본질적 속성을 뽑아낸 그의 전반적 논의는 찬탄할 만한 성취이다. 세부 사항에서 일련의 수정을 거치면, 합법성 원리에 대한 풀러의 해명은 일반적 현상으로서 법의 지배에 대한 내 해명의 구조를 제공한다. 둘째, 풀러가 법의 본질적 특성을 본유적으로 도덕적인 특성이라고 주장한 점이 틀렸긴 하지만, 법과 도덕의 연관성에 대한 그의 탐구가 자유민주주의의 이상으로서 법의 지배에 대한 나의 해명의 내용을 채우는 경우가 자주 있을 것이다. 내가 다른 곳에서 시사한 바와 같이(Kramer 1999a, 62), 법의 내적 도덕성에 관한 그의 숙고와 그 결론은 자유민주주의 사회 내의 법의 함의에만 특별히 초점을 맞추는 것으로 여겨진다면 빈틈없고 조명해 주는 바가 많은 경우가 자주 있다. 이 장은 바로 그 제한적인 방식으로 풀러의 숙고와 그 결론을 이해하겠다. 그렇게 이해하면 풀러의 이론은 통치의 일반 양식으로서 법의 지배에 대한 탐구뿐만 아니라 도덕적 이상으로서의 법의 지배에 대한 탐구에 대해서도 가치 있는 통찰력의 원천이 될 것이다.

이제 합법성에 대한 풀러의 여덟 가지 원칙을 살펴보자. 그 원칙 하에서 통치체계system of governance는 다음과 같은 경우에만 법체제 legal regime로서의 조건을 갖춘다.

1. 일반적 규범general norms을 통해 작동한다.
2. 그 체계의 규범은 행동에 대한 권위 있는 평가가 그 규범을 준거로 이루어질 사람들에게 공포된다.
3. 그 체계의 규범은 소급적retrospective이지 않고 장래적prospective 이다.
4. 그 체계의 규범에 대한 권위 있는 정식formulations은 (적어도 법적 전문지식을 갖춘 사람들에게) 불투명하게 이해할 수 없는 것이 아니라 이해할 수 있는 것이다.
5. 그 체계의 규범들은 서로 논리적으로 일관되며, 그 규범들에 의해 부과되는 의무들은 함께 이행될 수 있다.
6. 그 체계의 규범은 그 규범을 적용받는 사람들의 능력을 현저하게 넘어서는 것을 명령하지 않는다.
7. 그 체계의 규범의 내용은 매우 자주 전면적으로 바뀌는 일이 없으며, 익숙해질 정도로 충분히 긴 시간 동안 대부분 바뀌지 않은 채로 있다.
8. 그 체계의 규범은 그것이 규정하는 것에 따라 일반적으로 시행되며, 그래서 그 규범에 대한 정식(법전상의 법the laws on the

books)은 그 규범이 시행되는 방식(실제상의 법the laws in practice)과 합치한다.

이 합법성의 원칙들을 깊이 살펴보기 전에 단서를 덧붙여야겠다. 각각의 원칙은 한결같이 또는 포괄적으로 충족되어야만 하는 조건이 아니라, 법체계 내에서 상당한 정도로 충족되어야 하는 조건을 분명하게 표명한 것이다. 그 어떤 법체계에서도 여덟 가지 원칙이 완전히 충족된 적은 없다. 각각의 원칙을 완벽히 준수하는 것은 달성할 수 없는 목표이며 어쨌든 법체제의 존재를 위해 꼭 필요한 것이 아니다. 비록 합법성 원칙의 준수가 법체제의 존재에 필요불가결하긴 하지만, 그 준수는 문턱 수준을 충족하거나 넘는 정도이면 족하다. 각 원칙의 문턱 수준은 상당히 높지만 완전한 정도에는 얼마간 미치지 못한다. (덧붙여 말하면 그 문턱 수준은 정확하게 특정할 수 없다. 법체계 일반이나 특정 법체계에 적용되는 그런 정확한 특정을 제시하고자 하는 시도는 모두 제1장의 몇몇 지점에서 제기된 모호성의 문제에 부딪히게 될 것이다.)

간단히 말해 법체계의 존재는 풀러주의 합법성 원칙 각각의 충족 정도가 어떤 문턱 수준 아래에 있지 않을 것을 전제하지만, 풀러주의 원칙 하나라도 그 수준을 넘어서 충족되는 것은 법체계의 존재에 우연적이다. 강건한 법체계라면 어느 것이나 이 원칙 각각을 문턱 수준을 훨씬 넘어서 충족할 것이지만, 준수 정도가 높아지는 것은 그 체계의 강건함vibrancy의 문제이지 법체제로서의 존재 자체의 문제는 아니다. 그런 정도의 준수는 어떤 통치체계가 법체계로서 지위를 가진다는 점을 특히 분명히 해 줄 테지만, 법체계로서의 지위는 문턱 수준까지만 또는 그것보다 약간 높은 정도로만 각 원칙을 준수하는 경우에도 (비록 그 성립이 덜 분명하긴 하겠지만) 성립할 것이다.

나이젤 시몬즈Nigel Simmonds 같은 몇몇 논평가는 이와는 반대로 풀러가 논급한 것을 무시하고 풀러주의 합법성 원칙이 다 함께 임의의 실제 법체계가 더 또는 덜 가깝게 근접해 있는 원형原型, archetype을 형성한다고 주장했다. 시몬즈는 실제 법체계는 각각 완전한 원형에 정도를 달리해서 근접할 것이라고 한다. 이는 원반이나 둥근 곡선의 그림이 원에 대한 수학적 정의에 따라 규정되는 조건에 정도를 달리해서 근접한 것과 마찬가지라고 한다(Simmonds 2004, 118-119). 그의 견해에서는 원반이나 둥근 곡선의 그림이 차이 나는 정도로 원이듯이, 법체계들은 차이 나는 정도로 법체계이다legal systems are legal systems to varying degrees.

그 문제에 관한 시몬즈의 견해를 취해서는 안 된다. 왜냐하면 그 견해는 수학적 정의에 대한 단순화된 이해와 풀러주의 합법성 원칙에 대한 왜곡된 이해에서 나온 것이기 때문이다. 수학적으로 원이 공통된 하나의 점으로부터 등거리에 있는 점들의 전체 집합에 의해 경계가 그어지는 곡선이라고 정의된다면, 물질세계에서 원은 전혀 존재하지 않는다. 수학적 점들은 각각 무한히 작으며, 그래서 그 점들이 구성하는 선 또는 곡선도 어느 것이나 마찬가지로 그 폭이나 깊이에서 무한히 작다. 수학적으로 정의된 점은 물질세계에서 진정으로 예화될 수 있는 것이 아니라 순전히 추상적인 존재자purely abstract entity이다. 그러므로 풀러의 합법성 원리가 수학적 정의와 유관한 면에서 비슷한 것이라면, 그 어떤 법체계도 물질세계에서는 존재하지 않는다거나 존재할 수 없다고 결론 내려야 할 것이다.

  '원'이라는 용어가 일상 담화에서 사용되는 경우에는 전형적으로 더 느슨하게 활용되는 것은 분명하다. 물질적인 형태로는 결코 존재할 수 없는 순전히 추상적인 존재자를 지칭하는 대신, '원'은 추상적 존재자의 특성에 물질적으로 대응하는 특성을 가진 물질적인 것을 지칭한다. 그런 것이라면 어느 것이나 더 큰 정도로 또는 더 작은 정도로 둥긂roundness을 가진다. 그러나 이 명백한 관찰이 시몬즈의 입장을 조금이라도 찬성하는 근거가 되지는 않는다. 첫째로, 시몬즈는 '원'이라고 타당하게 명칭이 붙을 수 있는 물질적인 사물들이 엄밀하게 수학적인 뜻에서 더 큰 또는 더 작은 정도로 원이라고 본 점에서 잘못된 방향으로 간 것이다. 물질적 존재자material entities는 그 어떤 정도로도 순전히 추상적인 존재자가 아니다. 시몬즈는 본질적으로, 무한無限을 매우 큰 양으로 생각하거나 극소極小를 매우 작은 양으로 생각하는 사람이 범하는 것과 같은 오류를 범하고 있다. 엄밀하게 수학적인 뜻에서의 원과 일상적인 뜻에서의 원은 단지 정도만 다른 것이 아니라 다른 종류이다. 그러므로 풀러의 원칙들이 시몬즈가 시사한 바대로 원형이라면, 그것은 그 어떤 실제의 법체계가 존재할 때 성립하는 것과는 그 종류 자체가 다른 것을 규정하는 조건이 될 것이다. 풀러가 그런 말을 들었다면 완전히 어안이 벙벙해졌을 것이다. 더군다나 합법성 원칙이 원형으로서 지위를 갖는지 아닌지에 대한 탐구는, 시몬즈가 그런 중요성을 부여하는 다른 문제들과는 별개의 것이다. 법체제임being a legal regime이라는 속성이 실수량 속성인지 그렇지 않은지의 문제 말이다. 여기서는 먼저 원임being a circle이라는 속성을 살펴보도록 하자. 원임 속성이 엄밀한 수학적 뜻이 아니라 일상적 뜻으로 이해되는 경우 실수량으로 분류되어야 하는지 물을 수 있다. 둥긂의 어떤 모호하게 특정 가능한 문턱을 충족하는 모든 대상 또는 그림이 일상적인 뜻에서 원이고, 문턱을 훨씬 넘어서는 것들이 문턱을 겨우 넘어서는 대상이나 그림에 비해 (더 큰 정도로가 아니라) 더 명확하게 원인지도 모른다. 그 경우라면 일상적인 뜻에서 원임 속성은 비실수량 속성nonscalar property이다. 엄밀한 수학적인 뜻에서의 원임 속성과 마찬가지로, 그리고 명확성의 속성과는 달리, 그것은 전무 아니면 전부의 방식으로 성립한다. 이와는 달리, 둥근 대상과 그림이 그 둥근 형태의 매끈함에 비례해서 더 큰 정도로 또는 더 작은 정도로 원인지도 모른다. 그 경우라면 일상적인 뜻에서 원임 속성은 실수량 속성이다. 물론 실수량/비실수량 분류에 관한 이와 비슷한 문제들이 법체계임 속성에 관해서도 제기될 수 있다. 어떤 문턱 수준에 있는 또는 그 수준을 넘어서는 풀러주의 합법성 원칙을 충족하는 통치체계는 모두 법체제이며, 그 문턱 수준을 크게 넘어서는—특정할 수 없는 어떤 높은 수준에 있는—통치체계는 그 수준을 겨우 충족하는 통치체계보다 (더 큰 정도로 법체제인 것이 아니라) 더 명확하게 법체제인지도 모른다. 그 경우라면, H. L. A. 하트와 로널드 드워킨이 주장했듯이, 법체제임 속성은 비실수량 속성이다(Hart 1983, 354-355; Dworkin 1965, 676-678). 이와는 달리, 통치체계는 풀러주의 원칙을 준수하는 정도에 비례해서 더 큰 정도 또는 더 작은 정도로 법체계일 수 있다. 그 경우라면, 풀러 자신이 생각했던 것처럼, 법체제임 속성은 실수량 속성이다(Fuller 1969, 122-123).

앞 문단의 어떤 내용도 실수량/비실수량에 관한 문제들이 답변할 수 없는 것이라는 함의를 갖지 않는다. 이와는 반대로, 그 문제들 각각에 대한 유일무이하게 타당한 답이 있다. 일상적인 뜻에서 원형성circularity이라는 속성이―둥긂의 속성처럼― 의문의 여지없이 실수량 속성이지만, 일상적인 뜻에서 원임 속성은 비실수량적 속성이다. 확정적으로 원이지도 않고 확정적으로 원이 아니지도 않은 대상이나 그림의 경계선 사안이 일부 있다는 점에도 불구하고, 거의 모든 대상과 그림은 원이거나 원이 아니거나 둘 중 하나이다. 정도의 문제로서 성립하는 것은 일상적 뜻에서 어떤 것의 원으로서의 지위의 명확성이지 그 지위 자체가 아니다. 유사한 이치로 법체계임being a legal system 속성은 비실수량 속성이다. 풀러의 합법성 원칙들을 준수하는 정도의 특정할 수 없는 문턱 위에 있는 통치체계라면 어느 것이나 법체계에 해당한다. 확실히 법의 지배가 확정적으로 현존하는 것도 확정적으로 부재하는 것도 아닌 경계선 사안의 영역이 있을 수 있으며(전자의 상황-옮긴이), 법의 지배가 어떤 면에서는 현존하지만 다른 면에서는 부재하는 영역도 있을 수 있다(후자의 상황-옮긴이). 후자의 상황(이것은 전자의 경계선 상황일 수도 있는 것인데)은 예를 들어, 어떤 통치체계가 그 작동의 일부 면에서는 규범에 따라 지도되는 정규성regularity을 가지면서 그 작동의 일부 다른 면에서는 혼돈의 비정규성chaotic irregularity을 가지는 경우 발생한다. 이 분명한 가능성은 법체계임 속성이 비실수량 속성이라는 사실과 완전히 일관된다. 그 속성이 확정적으로 현존하거나 부재하는 경우라면 언제나 전부 아니면 전무의 방식으로 확정적으로 현존하거나 부재한다. 법체계임 속성이 때때로 확정적으로 현존하지도 확정적으로 부재하지도 않는 상황이 있을 수 있다는 점을 인정하면서도 그렇게 보아야 한다. 요약컨대, 실수량인 것은 법체제로서의 지위가 아니라, 그 지위의 명확성clarity 또는 분명성straightforwardness이다.

  물론 앞 문단의 내용은 대부분 논증이 아니라 주장이다. 이 책의 논의 범위 내에서 그 문단에서 제시된 결론을 논증하는 것이 중요했다면, 그 논증을 제시하는 것이 명백히 필요했을 것이다. 그러나 여기서 나의 목적은 그 결론을 뒷받침하는 완전히 전개된 정당화를 제시하는 것이 아니었다. 여기서 주된 목적 중 하나는 그 결론들이 풀러주의 합법성 원칙이 원에 대한 수학적 정의처럼 원형이라는 명제와 일관된다는 점을 드러내는 것이었다. 또한 그 명제는, (일상적인 뜻에서) 원임 속성을 실수량/비실수량으로 구분하는 것과 법체계임 속성을 실수량/비실수량으로 구분하는 것에 관한 반대의 결론과도 일관된다. 여기서 핵심 논지는, 법체제임 속성의 성격이 실수량인가 비실수량인가에 관한 의견 불일치가 풀러의 원칙들이 원형으로서의 성격을 가지는가에 대한 의견 불일치와 직교直交한다는 점이다. 그러므로 설사 시몬즈가 풀러의 원칙들을 원형이라고 본 것이 타당하다고 하더라도, 법체계임 속성이 실수량 속성이라는 점을 확립하는 데에는 아무런 진전도 이루지 못한 것이다.

시몬즈의 논의에서 가장 반대할 만한 점은, 합법성 원칙들이 다 함께 하나의 원형을 이룬다는 주장이다. 그 주장을 통해 시몬즈는 그 원칙들을 잘못 표현하고 풀러가 직접 한 경고(Fuller 1969, 41, 45)―시몬즈 자신이 부분적으로 인용하는 경고(Simmonds 2005, 118 n27)―를 준수하지 못한다. 조금만 고찰해 보아도 여덟 가지 원칙이 이상세계ideal world에서조차 완전히 함께 충족될 수는 없다는 점이 드러난다. 예를 들어 첫 번째 원칙과 네 번째 원칙을 살펴보자. 일반성의 요구requirement of generality와 명확성의 요구requirement of clarity 말이다. 완전한 명확성perfect clarity이라는 개념 그 자체가 다소 불명확하다obscure. 그러나 명확성 개념을 제대로 이해한다면 그것이 완전한 일반성 개념과 명백한 긴장관계에 있음을 알 수 있다. 법규범이 완전히 일반적이라면 그것은 너무나 정신이 아찔해질 정도로 추상적이어서 그 어떤 특정 여건에 대해서도 함의를 갖기에는 상당히 불명확할 것이다. 명확성 원칙이 완전히 충족되려면 또는 심지어 적절한 수준으로 충족되려고 하더라도 완전한 일반성으로부터의 상당한 이탈이 불가피할 것이다. 그렇다면 풀러의 원칙들이 다 함께 완전한 합법성의 원형을 이룬다는 주장이라면 어느 것이나 명백히 지탱될 수 없는 주장이다. 원에 대한 수학적 정의에서 규정된 조건들과는 달리, 합법성 원칙들에서 규정된 조건들은 하나의 완전한 원형을 다 함께 형성하는 이상으로서 이해될 경우 모두 서로 정합적으로 들어맞는 것이 아니다.

그러므로 풀러의 합법성 원칙을 검토하려면, 그 원칙들이 원형을 이룬다는 견해와 법체계임 속성이 실수량 속성이라는 견해를 모두 거부해야 한다. 그 오관념誤觀念, misconception 대신, 풀러주의 원칙을 이해하는 최선의 방식이 이미 드러난 바 있다. 각 원칙은 법체계가 존재하려면 꼭 성립해야 하는 필요조건을 규정한다. 즉, 풀러의 각 원칙에 담긴 조건은 법의 지배가 어떤 사회에서 실현되고 있는 경우라면 적어도 어떤 문턱 수준까지는 충족된다. 그 수준을 넘어서 어떤 상당히 높은 수준까지는 각 원칙을 추가적으로 더 잘 준수하는 것이 법체계로서의 지위의 명백성과 강건함을 증진시켜 줄 것이지만, 법체계로서의 지위 그 자체에 불가결한 것은 아닐 것이다.

2.1.1. 일반적 규범에 의한 통치

아마도 합법성의 여덟 가지 원칙 중 가장 명백한 것은 첫 번째 원칙일 것이다. 그 어떤 통치체계도 그것이 일반적 규범들을 통해 작동하지 않는다면 법체제로 간주될 수 없다. 왜냐하면 일반적 규범들이 그 체제의 기본적 법principal laws이며 그래서 다른 법들의 원천sources이 되기도 하기 때문이다. 법들 없이는 도저히 법이 있을 수 없다.

여기서 두 가지 대조를 해 보는 것이 적절하다. 일반적 규범은 상황 특수적 지시situation-specific directives와 구별되어야 한다. 그리고 또한 특정 개인에게 발령되는 명령mandates addressed to particular individuals과도 구별되어야 한다. 즉, 법규범의 일반성은 규범이 관련되는 여건circumstances과도 관련되고 그 규범이 규율하는 사람people과도 관련된다(Hart 1961, 20-22). 어떤 법체계의 일반적 규범은—그 어떤 체계라도 포함할 수 있는 상황 특수적 지시와는 대조적으로—그 각각이 하나의 특정한 사건 또는 사태에만 적용되는 것이 아니라 일련의 같은 종류의 여건에 적용된다. 예를 들어 살인을 금지하는 법은 그 유형의 하나의 개별 사건에만 적용되는 것이 아니라 그에 해당하는 일반적 유형의 행동 전체에 적용된다. 물론 살인을 금지하는 법은 각각의 개별 사건에 적용되지만, 중심이 되는 규준에 포괄되지 않은 독립된 사건으로서가 아니라 한 예로서 그 행동들 각각에 적용된다. 이 첫 번째 의미에서 (즉, 순전히 상황 특수적이지 않다는 의미에서) 일반적인 법규범 대부분은 두 번째 의미에서도 일반적이다. 즉, 순전히 상황 특수적이지 않은 대부분의 규범은 각각 어떤 특정한 개인에게만 발령된 것이 아니라 일반적인 사람들general class of persons에게 발령된 것이다. 많은 법규범은 각각 공동체 전체에 발령된다. 예를 들어 살인을 금지하는 법은 전형적으로 모든 개인의 행동을 똑같이 규율한다. 요약하면, 법체계의 일반적 규범은 어떤 특정한 행동 사례에만 오로지 적용되는 것이 아니라 어떤 행동 유형에 적용되며, 그러한 대부분의 규범은 지정된 개인들에게가 아니라 일반적 범주의 사람들에게 발령된다.

물론 가능한 법체계라면 어느 것이나 일반적 규범을 통해 작동해야 한다고 말하는 것은, 그런 법체계라면 어느 것이나 일반적 규범만 가지고서 작동할 수 있다고 말하는 것은 아니다. 상황 특수적이면서도 특정인에게 발령되는 지시는, 무엇보다도 개별 문제들에 그 체제의 일반적 규범들을 적용하기 위해서, 어느 법체제에서든 불가결할 것이다. 일반적 규범들을 시행할 책임이 있는 공무원들은 그들이 특정한 행동과 관련해서 특정 개인들에게 명령을 발령할 권위가 없다면 그들의 책임을 이행할 수 없을 것이다. 그럼에도 불구하고 모든 법체계의 작동에서 개별화된 지시individualized directives가 하는 본질적 역할은 일반적 규범의 본질적 역할과 완전히 양립 가능하다.

그렇다면 어떤 면에서 일반적 규범의 역할이 본질적인가? 규범 적용의 일반성과 규범 발령의 일반성을 먼저 고찰해 보자. 그 적용에 있어서 일반적인 규범의 현존—즉, 상황 특수적인 지시가 사람들의 행동을 규율하는 수단 전부이거나 주된 수단이 아니라는 사실—은 법의 지배뿐만 아니라 적어도 몇 안 되는 가족으로 이루어진 것보다는 더 규모가 큰 사회에서 통치체계가 애초에 기능하기 위해서도 중차대하다. 어떠한 체제에서도 공무원들이 모든 각각의 상황을 다른 모든 각각의 상황과 별도로 다루는 방식으로 사회를 통치하려고 한다면, 사회와 체제 모두 혼돈에 빠질 정도로 조정되지 못할 것이다. 겉으로는 통치체계처럼 보이더라도 실제로는 통치가 없을 것이다. 서로 같은 종류의 상황을 연관 짓는 일반적 규범들의 작용을 통해서만 체제는 자신의 활동과 보통 시민들의 활동을 적합하게 조정할 수 있다. 더구나 그런 규범을 통해서만 법의 지배가 그 사회에 널리 행해질 수 있다. 앞서 말한 바와 같이, 그 일반적 규범들은 그것들을 확립하는 체제의 기본적 법들이며, 그 체제의 다른 법들의 원천이다. 법의 지배가 법들 없이는 결코 실현될 수 없음은 명백하다. 그 정규성과 통일적 적용 가능성과 같은 법의 기본적 특성은, 체제가 행동의 규율을 위해 상황 특수적인 지시에만 의지한다면 전적으로 결여될 것이다. 우리가 법의 통치를 받아야지 사람의 통치를 받아서는 안 된다는 관념과 법의 지배가 불가결하게 결합되어 있다면(Tamanaha 2004, 122-126) 그 어떤 일반적 규범도 작동할 수 없는 환경에서는 치명적으로 훼손될 것이다. 그런 환경에서는 결국 체제의 공무원들이 철저히 재량적인 방식으로 사안별로 결정을 내려야 할 것이다. 공무원들은 사안별로 처리하는 각각의 맥락을 넘어서는 그 어떤 규범에 의해서도 제약받거나 지도받지 않을 것이다. 그토록 엉망진창으로 뒤죽박죽인 질서는 법의 지배에 위배되며, 통치의 효과적 체계의 최소한도 갖추지 못할 것이다.

법의 지배가 일반적으로 적용되는 규범들의 존재에 의존한다는 점은 너무나 명백하다. 법의 지배가 일반적으로 발령되는 규범들의 존재에 의존한다는 점은 그만큼 명백하지 않을 수도 있다. 어쨌거나 풀러 본인은 그의 합법성의 첫 번째 원칙 내에 발령의 일반성 generality of address을 포함시키지는 않았다(Fuller 1969, 47). 그럼에도 불구하고, 풀러에게는 미안하지만, 여기서 설명된 일반성의 요건은 정말로 발령의 일반성을 포함한다. 확실히 모든 법적으로 구속력 있는 지시가 일반적인 사람들에게 발령되는 것이 아님은 분명하다. 이미 언급한 바와 같이 기능하는 법체계 내에서 발령된 명령 중 많은 수는 일반적 사람들에 대한 것이 아니라 특정한 개인들에 대한 것이다. 특별히 지정된 사람들에게만 관련된 지시가 불가결하다는 점을 인식한다고 해도, 일반적인 사람들에게 발령된 규범도 마찬가지로 불가결하지 않다고는 도저히 추론할 수 없다. 사실 그런 규범의 현존은—행동 유형에 일반적으로 적용되는 규범의 현존처럼—법의 지배뿐만 아니라 어떠한 통치의 지속 가능한 구조에도 필요불가결하다. 체제가 모든 개인마다 상이한 규범 집합을 발령하려고 한다면—모든 가족마다 발령하는 경우에도—, 그 체제는 가망이 없을 정도로 작동불능이 될 것이다. (몇 안 되는 가족으로 이루어진 극도로 작은 규모의 원시적인 사회에서는 예외적으로 작동할 수도 있지만 말이다.) 구성원이 수백만 명인 사회에서는 수없이 상이한 규범 집합을 정식화하려는 과업 자체가 신뢰할 만한 그 어떠한 통치구조의 능력도 크게 넘어설 것이다. 수없이 많은 규범 집합을 실행하는 과업은 더 터무니없을 정도로 실행 불가능할 것이다. 각각의 사람의 행동의 허용성permissibility과 불허성impermissibility을 평가하기 위해, 행동을 규율하는 공무원은 개개인의 정체성과 각각의 사람이 적용받는 개별화된 규범 집합의 내용을 알아야만 할 것이다. 다시 말해서, 체제의 규범을 정립하는 데 있어서 발령의 일반성을 전적으로 피한다는 것이 터무니없을 정도로 무의미하고 기이하다는 사실을 제외하고 보다라도, 법 제정과 법 실행에 대한 그런 접근은 전적으로 실현 불가능할 것이다. 그 적용에 있어서뿐만 아니라 발령에 있어서 일반적인 규범들은 통치제도가 작동하는 곳이라면 어디서나 작동하고 있을 것이다.

이보다 더 명백한 것은 그런 규범이 법의 지배에서 버릴 수 없는 요소라는 것이다. 체제의 규범을 정식화함에 있어 발령의 일반성을 완전히 피하는 것은 언제나 법의 지배에 중심적인 많은 특성들이 성립하지 못하도록 할 것이다. 실제로, 그 적용에 있어서 일반적인 규범이라곤 하나도 없이 체제를 운영하면 좌절되는 법의 동일한 근본적 속성들―정규성과 통일성 같은 속성들―은, 그 발령에 있어서 일반적인 규범이라곤 하나도 없이 체제를 운영하려고 할 때에도 마찬가지로 좌절될 것이다. 상이한 개인들에게 발령된 규범 집합이 진정으로 다기多岐하다면, 상이한 사람들이 수행한 비슷한 행위의 규범적 결과normative consequences는 현저하게 달라질 것이다. 체제의 규범을 실행하는 책임을 진 공무원은 최소한의 숙지되고 조정된 효과적인 방식으로도 그 책임을 이행할 수 없을 것이다. 마찬가지로 어느 정도 규모가 있는 사회의 구성원들도 서로 상호 작용하는 기초가 되는 어떠한 확신을 가질 수 있는 기대를 형성할 수 없어 타격을 받을 것이다. 가족과 가까운 친구들로 이루어진 좁은 집단을 벗어나면 어느 누구도 다른 사람에게 명령하거나, 허용하거나, 할 권한을 부여한 것이 무엇인지에 대해 잘 알지 못할 것이다. 이러한 터무니없는 상황은 법의 지배와 상반된다. 법의 지배는―그 유익한 구현에 있어서뿐만 아니라 유해한 구현에 있어서도―누구나 다른 사람들에게 명령하고, 허용하고, 할 권한을 부여한 것이 무엇인가에 대한 신뢰할 수 있는 이해를 얻을 수 있게 해 준다.

요약하면, 풀러가 법규범 발령의 일반성이 공정성을 고려하는데 보통 요구된다고 생각한 점은 확실히 옳았지만, 그는 그런 일반성이 법의 지배에 내재한 특성은 아니라고 생각한 점에서 실수를 범했다. 앞서 인정한 바와 같이, 그 어떤 법체계에서든 많은 법적 지시가 그런 일반성을 갖지 않는다는 점을 인정할 수 있다. 특정 개인에게 발령된 명령 없이 작동할 수 있는 법체계란 없다. 동시에, 일반성을 갖지 않는 법적 지시가 있다고 하더라도 법체계라면 어디에서든 수없이 많은 다른 법적 명령들은 실제로 일반적인 사람들에게 발령된다. 그런 명령 없이 그리고 그 발령에 있어서 일반적인 다른 법규범 없이 기능할 수 있는 법체제란 없다.

2.1.2. 공개적 확인 가능성

그 어떤 법체계도, 그 규범의 내용이 그 체계의 관할 내에 있는 사람들에게 전적으로 공개되지 않은 채로 머물러 있다면 인간 행동을 지도하고 지시할 수 없다. 세계에 아무런 효과 없는 추상적인 정식을 모아 놓은 것이 아니라 인간 행동을 규율하는 작동하는 기제로서 법체제는 그 명령 및 그 밖의 규범을 자신의 행동에 적용받는 사람들이 확인할 수 있도록 해야만 한다. 어떤 수단으로든—보통 다양한 수단으로—법체계는 풀러의 두 번째 원칙인 공포公布,

promulgation의 원칙을 준수해야만 한다. 공포의 원칙을 전혀 준수하지 않는 경우, 겉으로는 법체계로 보이는 것은 사람들의 행동 경로를 지시하는 데 완전히 효과가 없을 것이다. 그 체제의 존재는 행동의 적합한 경로에 관한 그 누구의 추론에도 아무 차이를 가져오지 않을 것이다. 실제로 우리가 공포의 원칙을 넓게expansively 이해하는 한, 법의 지배뿐만 아니라 통치가 존속 가능하려면 반드시 있어야만 하는 필요조건을 규정한 것이라고 볼 수 있다.

공포의 원칙에 의해 또렷하게 표명된 요구 내에서 법체계의 규범을 확인 가능하게 만드는 기법은 상당히 다양할 수 있다. 극단적으로는, 내가 다른 곳에서 논의한 바와 같이(Kramer 1999a, 45-48), 체제의 규범을 공포하는 것은 사람들의 행동에 규범을 적용시키는 구체적인 결정을 통해서만 발생할 수도 있다. 모든 법체제에서 공무원은 분쟁을 해결하고 법 위반에 제재를 가하며 그 밖의 측면에서 사람들의 법적 위치를 평가해야 한다. 그 체제가 법체제라면, 공무원은 사람들의 행동에 관련된 일반적 규범을 준거로 해서 그 기능을 수행하는 경우가 전형적일 것이다. 일반적인 환경에서는 그 규범들 전부 또는 대부분은 적용을 받는 공중公衆의 구성원들members of the public이 직접 확인할 수 있다. 비록 공중의 구성원들은 법 전문가의 도움 없이는 현행 규범의 내용에 직접 접근할 수 있는 기회direct access를 활용하지 못할 수도 있고, 공중의 일부 구성원들은 그 접근 기회를 스스로 활용하는 경우가 드물거나 심지어 전혀 활용하려고 하지도 않지만, 그들은 그 접근 기회를 보유할 것이며 원한다면 그 접근 기회를 이용할 수 있을 것이다. 그러나 극단적인 환경에서는 그런 직접적인 접근 기회가 아예 없을 것이다. 대신에 효력 있는 법의 내용은 재판 공무원과 행정 공무원adjudicative and administrative officials이 그 법을 실행하면서 내린 결정을 통해서만 드러날 것이다. 그 결정이 충분히 많고 규칙화되어 있다면, 그 결정의 패턴이 일반 시민이 그들의 행동에 대한 법적 결과를 평가하는 일반적 규범을 간접적으로 이해할 수 있는 지표로 기능할 것이다. 그런 여건에서 공무원의 결정들은 의미가 없는 무작위적인 사건은 아니다. 오히려 공무원의 결정들은 어떤 관할 내의 사람들에게 적용되는 법적 명령 및 그 밖의 법규범을 지성적으로 이해할 수 있게 패턴화된 표현이다. 게다가 공무원의 판단과 그 이유가 선례로서의 힘precedential force을 가지는 한, 그 판단과 이유 자체가 직접 확인 가능한 법규범을 구성할 것이다.

방금 논의한 결과 중심적 공포 양식outcome-centered mode of promulgation이 극단적으로 간소한 것extreme of austerity임은 분명하다. 그 공포 양식은, 공무원들이 명시적으로 내린 결정들이 명확히 지성적으로 이해 가능한 패턴을 창출할 정도로 충분히 많고 또 규칙화되어 있는 경우가 아니라면 유지될 수 없을 것이다. 결정들이 얼마 안 되고 서로 동떨어져 있다면, 또는 그중 상당수가 다른 결정에서 벗어나 있다면, 그것들은 그 배후에 놓여 있는 규범에 간접적으로 접근할 수 있는 기회indirect access를 제공하는 도관導管으로서 충분히 신뢰할 수 있지도 않고, 정보를 제공하지도 않을 것이다. 저변에 깔린

규범이 상당히 자주 바뀌는 경우에도 간소한 결과 중심적 공포 양식은 지속 가능하지 않을 것이다. 법체계의 일반적 규범이 그 적용을 받는 사람들에 의해 직접 확인 가능할 때 합당한 정도의 상당한 변경 가능성은 사람들의 행동을 지도하고 경로를 정해 주는 법의 주된 기능과 양립 가능하다. 이와는 반대로, 그 일반적 규범이 구체적으로 적용되는 것을 통해서만 간접적으로 확인 가능할 때는, 상당한 변경 가능성은 적용된 구체적인 사례들에서 일반적 규범의 내용을 추론하려는 사람들의 노력을 좌절시킬 것이다. 그 규범들의 내용에 대한 앎을 얻는 것이 그것들에 접근할 기회가 직접적이지 않고 간접적일 때 훨씬 더 어려워지므로, 규범 변경으로 인한 인식적 훼손 효과epistemically disruptive effects는 크게 악화될 것이다. 게다가 간접적 접근 기회도 공무원이 법을 적용하는 결정 그 자체가 공개적으로 확인 가능할 때에만 열린다는 점을 주목하라. 그러한 결정들이 공개되지 않는다면, 국민은 적용받는 법의 내용을 알 수 있는 아무런 방도도 없을 것이다. 그럴 경우 추정되는 법은 행동의 적절한 경로에 관한 그 누구의 추론에서도 등장하지 못한다.

앞 문단에서 윤곽을 드러낸 고려 사항들 때문에, 간소하게 결과에 초점을 둔 공포 방법austerely outcome-focused method of promulgation은 가장 원시적인 법체계를 제외하고는 최적最適과는 거리가 멀다. 그들의 행동을 규율하는 법규범이 정한 조건terms을 국민에게 전달하는 기법으로는 기껏해야 위태로운 것이다. 어느 정도라도 변화하는 법체제에서는, 그것은 거의 전적으로 쓸모없는 것으로 드러날 가능성이 매우 높다. 그렇다 하더라도 공포의 간소한 방법이, 기능하는 법체계에서 그 어떤 정도로도 결코 채택되어서는 안 되는 절망적일 정도로 문제 있는 접근이라고 전적으로 기각되어서는 안 된다. 어쨌거나 일부 측면에서는, 그것은 보통법적인 접근의 특성을 갖춘 것이다. 비록 물론 주요한 보통법적 결정과 그 패턴은 그 자체가 그런 규범의 단순한 지표라기보다는 일반적 규범 그 자체라고 매우 자주 다루어지긴 하지만 말이다.

다른 관할에서와 마찬가지로 보통법의 관할에서도, 간소하게 결과에 초점을 맞춘 공포 방법이, 국민의 상호 작용을 규율하는 법규범의 내용을 국민에게 전달하는 유일한 방법은 결코 아니다. 성문법과 행정법규, 헌법 규정, 사법부의 법리까지 모두 공중의 구성원이 직접 확인 가능하다. 물론 그런 법에 대한 특정한 해석을 해야 판사와 여러 행정 공무원이 그 법을 구체적으로 적용할 수 있긴 하지만 그 법의 일반적 조건(때때로 매우 상세한 조건)이 적용 전에 접근 가능하다. 그 법의 직접적인 확인이 가능하다고 하기 위한 요건은 무엇인가? 각 시민이 그 법이 정한 조건을 실제로 알고 있어야 한다는 것이 요건이 아님은 명백하다. 대부분의 사람들은 어느 시점에라도 그들의 행동에 관련된 법규범의 절대다수에 대해 무지하며, 법 전문가들조차 그런 규범들 중 많은 것에 대해 개인적으로 무지하다. 국민이 실효적인 법규범 각각의 내용을 실제로 직접 봐서 알고 있음 actual acquaintance이 법체계 존재의 필요조건이라면 그런 체계는 결코 존재할 수 없다. 물론, 공포 원칙이 그런 실제로 직접 봐서 알고 있음을 상당한 규모에서라도 요구하는 것은 아니다. 그 원칙이 요구하는 것은 그저 공중의 구성원 누구라도 그렇게 알고자 한다면 알 수 있다는 것뿐이다. 법은, 대부분의 사람들이 그 내용을 확인하는 데 시간과 정력을 실제로 투여하는 경우가 매우 드물다고 하더라도, 반드시 확인 가능해야 한다.

법의 내용을 국민에게 접근 가능하게 만드는 장치는 법체계별로 다르며, 단일한 법체계 내에서도 시기에 따라 다르다. 가장 작고 가장 원시적인 법체계를 제외한 모든 법체계에서 가장 중요한 것은, 권위 있는 성문成文의 정식authoritative written formulations으로 법을 제시하는 것이다. 그와 같은 성문의 정식화는 전통적인 출판물(그리고 석판石板)에서뿐만 아니라 최근에는 전자저장장치에서도 활용 가능한 것으로서, 여러 행동 경로에 결부되는 법적 결과를 스스로 이해하려고 하는 대부분의 사람들이 주의를 기울이는 기본적 대상이다. 그런 사람들이 권위 있는 성문의 정식화를 직접 연구하든 아니면 간접적인 설명을 통해 그 내용을 알게 되든, 그와 같이 성문의 정식이 존재한다는 것이야말로 각각의 사람들이 법의 일반적 요구, 허용, 권위 부여에 관한 앎을 획득할 수 있게 해 주는 것이다. 그러므로 성문의 정식은 법이 모든 각인의 실천적 추론에 영향을 미칠 수 있게 해 주는 것이다. 또한 그것은 법 공무원들 본인이 시행해야 할 책임을 지는 수많은 법들을 숙지하고 이를 유지할 수 있게 해 주는 것이기도 하다. 아주 소규모의 그리고 가장 원시적인 사회를 제외한 모든 사회에서, 권위 있는 성문의 정식의 존재는 법체계가 기능하기 위해 불가결하다. (물론 방금 이야기한 것이, 발전된 법체계 내에서 법이라면 어느 것이나 권위 있는 성문의 정식과 결부되리라는 것을 함의하지는 않는다. 분석법리학 철학자들은 오래전부터 여느 법체계에서든 일부 법들은 사실상 법전에 성문으로 규정되어 있지 않음을 인식해 왔다. 영미권의 사례로는 법의 지위를 가진 일부 관습적 규범과 일부 보통법적 규칙들이 있다. 사람들의 활동에 있어서 관습적 규범이 편재해 있다는 사실은 그 자체가 성문의 법전에 표현되어 있지는 않다는 점을 상쇄하는 공포의 적합한 수단이며, 일부 보통법 규칙을 판사가 공포한 것 간의 차이들은 대부분의 여건에 적용될 경우에는 혼동을 주지 않을 정도로 사소하다. 게다가 그 관습적 규범과 보통법적 규칙은 권위 있는 성문의 정식이 있는 다른 많은 법과 나란히 존재한다. 그러므로 그런 성문의 정식에 포함되지 않는 일부 법이 존재한다는 점을 인정한다고 해서, 법전에 성문으로 법규범을 진술하는 것이 공포의 원칙을 어떤 체제가 준수하는 데 일반적으로 중차대하다는 견해를 조금이라도 버리는 것은 아니다.)

앞 문단에서 법의 내용에 대한 간접적인 설명을 간략하게 언급한 부분은 공포의 원칙을 효과적으로 이행하려면 또 다른 결정적인 요소, 즉 사회에 법 전문가가 있어야 한다는 점을 알려 준다. 조언과 조력의 원천으로서 사회의 갖가지 법 분야의 전문가들은 법규범의 권위 있는 정식에 국민이 접근할 수 있게 도와준다. 국민이 그들의 활동에 적용될 수 있는 법의 내용을 분별하는 일을 오롯이 자기 힘만으로 해야 한다면, 그런 법들의 확인 가능성ascertainability의 실천적 의의practical significance는 많은 사람들에게는 사실상 무無에 가까울 것이다. 특히 발전된 법체계 내에서는, 또한 상당히 조잡한 법체계 내에서도, 변호사(그리고 그 밖의 법 전문가)들의 조언과 조력을 활용할 수 없다면, 그 체계의 규범은 대부분 불투명한opaque 것으로 남아 있을 것이다. 제1장의 불편부당성의 논의에서는 권위 있는 결정이 내려져야 하는 주제 어느 것이든 그 갖가지 유관한 세부 사항에 재판관과 행정가가 주의를 기울이도록 하는 필수적인 역할vital role을 변호사들이 한다는 점을 언급했다. 여기서 우리는 변호사들이 그 이전 단계에서도 (재판관과 행정가가 권위 있는 결정을 내리는 데 필요한 세부 사항에 주의를 기울이도록 하는 단계의 이전 단계에서도-옮긴이) 법체계의 작동에 중심 역할을 한다는 것을 알 수 있다. 변호사들은 그런 체계의 복잡한 규범에 국민들이 익숙해지고 그래서 국민의 실천적 추론에서 살아 있는 요인live factors이 되도록 하는 매개체이다.

많은 수의 법규범의 공포를 위한 그 밖의 더 상세한 조치가 일부 사회에서는 필요불가결할 수 있지만, 다른 사회에서는 그렇지 않을 수도 있다. 그런 규범의 권위 있는 성문의 정식을 전자저장장치에서 쉽게 볼 수 있기 전의 시대에는, 그런 정식을 담은 법전을 널리 배포하는 것이 공중이 그 규범들을 확인할 수 있으려면 꼭 필요한 일이었다. 서구 자유민주주의 사회의 사실상 모든 법 전문가와 많은 보통 국민이 엄청나게 많은 갖가지 법적 자료에 전자적으로 접근할 수 있는 현시대에는, 그 자료를 담은 인쇄된 법전을 배포하는 것이 명백히 덜 중요해졌다. 그럼에도 불구하고 여전히 서구 자유민주주의 사회에서조차 법적 자료에 전자적으로 접근하는 비용을 댈 수 없는 사람들이 있다. 그런 사람들과 관련해서는 인쇄된 법전을 활용할 수 있다는 것이 공포의 원칙을 충족하기 위해 여전히 중대하다.

    서구 자유민주주의 세계를 제외한 많은 곳에서는 많은 사람들이 그들 사회의 법에 대한 권위 있는 정식에 전자적으로 거의 접근할 수 없거나 아예 접근할 수 없다. 실제로 일부 비서구 국가에서는 문맹이 팽배해 있다. (서구 자유민주주의 사회에서조차 문맹은 여전히 압박이 되는 문제이다.) 읽을 수 없는 사람들에게는 법적 자료의 전자저장소나 인쇄된 법전이 직접적인 가치를 지니지 못한다. 이러한 어려움은 법규범의 권위 있는 정식을 소리 내어 읽은 녹음물을 생산한다고 해도 크게 완화될 수 없을 것이다. 그런 녹음물이 읽고 쓸 능력을 갖추지 못한 빈곤한 사람들에게 무료로 제공된다고 하더라도, 그 사람들이 낭송되는 내용의 대부분을 흡수하고 기억할 가능성은 (대부분의 경우에는) 매우 낮다. 그런 사람들은 법 공무원을 비롯한 더 많이 알고 있는 사람의 조언과 조력에 거의 전적으로 의지할 수밖에 없다. 빈곤한 사람들이 그들 자신의 미약한 재력으로는 조언과 조력을 구매할 능력이 거의 확실히 없을 것이라는 점을 고려할 때, 법률 서비스를 제공하는 자선단체나 정부의 지원제도가 꼭 필요할 것이다.

    어쨌거나, 강조된 바와 같이, 법체계의 존재를 위해 필요불가결한 것은 공포의 원칙(또는 그 밖의 다른 풀러주의 원칙)의 완전한 충족 perfect fulfillment이 아니다. 필요불가결한 것은 그 원칙의 **충분한 충족** adequate fulfillment이다. 공포의 원칙이 실제의 확인actual ascertainment이 아니라 확인 가능성만 요구한다는 사실을 고려한다고 해도, 완전성으로부터 제한된 이탈이 치명적이지는 않다는 점을 인식해야 한다. 법체계는 모든 사람이 모든 법을 확인할 수 없는 경우에도 존재할 수 있다. 그 체계의 법 중 적은 수는 대부분의 사람들에게도 접근 불가능할 수 있고, 그 체계의 사실상 모든 법이 너무 가난하고 무지하며 사회적으로 고립되어 그 어떤 지식도 얻지 못하는 사람들에게는 접근 불가능할 수 있다. 공포의 원칙에서 이런 식으로 이탈하는 것은 법체계 그 자체의 강건한 존재와 온전히 양립 가능하다. 그리고 그런 사태는 실제의 법체계라면 어디에서나 벌어지는 일이기도 하다. 법체계는 그 명령과 권한 부여가 그 관할 내의 일부 사람들에게 (그저 알려지지 않은 것에 불과한 것이 아니라) 알려질 수 없을 때조차도 광범위한 효능을 가지고 그 중심적인 역할을 수행할 수 있다.

2.1.3. 장래성

장래적 규범이 아예 없는 법체계라는 관념은, 일반적 규범이 아예 없는 법체계나 그 법의 공포 수단이 전혀 없는 법체계라는 관념만큼이나 당황스러울 정도로 터무니없다. 풀러의 세 번째 합법성 원칙의 준수는, 법체제의 효율적인 기능을 위해서뿐만 아니라 그런 체제의 존재 자체를 위해서도 필요불가결하다. 만일 어떤 사회의 외형상의 법들ostensible laws이 모두 소급적이라면, 그 어떤 시점에도 해당 시점에 취한 행동의 법적 결과를 정해 주는 법은 아직 존재하지 않을 것이다. 그렇게 법적 결과를 정해 주는 법은 나타나더라도 나중에 가서야 나타날 것이다. 그렇게 법이라고 불리는 것이 나중에 등장한 시점에는 규율 대상이 되는 사람들의 행동을 지도하는 효능이 아예 없다. 그런 유사법들pseudo-laws을 통해서만 작동하는 모조 법체계ersatz legal system는 전혀 법체계가 아니다. 실제로 그런 법체계는 전적으로 비기능적nonfunctional이다. 장래적 규범이 하나도 존재하지 않기 때문에 당연히 외관상의 법 공무원apparent legal officials에게 책임을 수행할 권한을 부여하고 수행할 책임을 지우는 규범도 전혀 없기 때문이다. 그 어떤 시점에서도 국민은 그들이 어떻게 행동할지에 관한 기초에서 법적 지도legal guidance를 하나도 발견할 수 없을 뿐 아니라, 그 어떤 시점의 외형상의 공무원ostensible officials도 그 시점에서 공무원이라는 지위를 지닐 법적 기반을 전혀 갖지 못할 것이다. 그렇다면 그 체계의 규범 중 어느 것도 시행될 수 없다. 어떤 규범이 시행되는 임의의 시점 t에, (가정에 따라) 그 누구도 아직 그 t 시점에 그 규범을 실행할 권한을 공식적으로 부여받지 않은 것이다. 요컨대, 소급적 규범들로만 이루어진 기능하는 법체제라는 개념은 애초에 존재할 수 없을 정도로 비정합적이다. 기능하는 체제에서는 어디서나, 모든 또는 대부분의 법들이 순전히 소급적이어서는 안 되며 장래적이어야 한다. 법체제의 권위 있는 기능이 수행되려고 한다면 일정한 사람들이 법 공무원으로서 행위할 권위를 부여하는 모든 또는 대부분의 법들이 장래적이어야만 한다는 것은 명백하다. 마찬가지로, 어떤 사회의 법체계가 그 지배하에 두려고 하는 사람들의 선택과 행동에 조금이라도 유의미한 방식으로 영향을 주려고 한다면 그 밖의 모든 또는 대부분의 법들도 장래적이어야 할 것이다.

장래성의 원칙the principle of prospectivity의 완전 준수는, 풀러의 다른 원칙들의 완전 준수만큼 기대되지는 않는다. 실제로 풀러 자신이 통렬하게 관찰했듯이(Fuller 1969, 53-54, 56-57) 이 세 번째 합법성 원칙으로부터의 이탈은 상당수의 신뢰할 수 있는 여건에서 유익할 수 있다. 예를 들어 그런 이탈은 이전의 법의 제정이나 시행에서 범한 혼동으로부터 나온 바람직하지 못한 뜻밖의 결과를 교정하는 장치로서 때때로 권고될 수 있다. 어떤 경우에는 그런 뜻밖의 바람직하지 못한 결과에 대처하는 최선의 방식이 그 결과들의 소급적 제거일 수 있다. 더구나 소급효를 가진 법의 도입은 확정적으로 타당한 답이 없는 문제들에 달려 있는 상대적으로 적은 수의 사법 사건에서 피할 수 없으며 (종합적으로 볼 때) 바람직하기도 하다. 그런 사건이라면 어느 것에서나, 당사자들 사이의 합의로 종결되지 않는다면 결국 피고가 승소하거나 원고가 승소하거나 둘 중 하나일 것이다. 그런 사건을 심리하는 판사라면 누구나 그 결론을 무엇으로 내리든 판결을 내려야 할 책무가 있다. 그런데 사건을 심리하고 해결하는 시점에 이르기까지, 피고가 승소해야 하는지 원고가 승소해야 하는지의 문제에 대한 아무런 확정적인 답이 없다. 따라서 피고가 패소해서 원고에게 배상해야 한다면, 그 판결의 선례로서의 힘에 의해 도입된 새로운 법규범이 피고에게 소급적으로 적용된 셈이 된다. 그 발생 시점에 확정적으로 불법이 아니었던 행동이 소급적으로 불법으로 간주된 것이다. 반대로 원고가 패소해서 배상받지 못하게 된다면, 그 판결의 선례로서의 힘에 의해 도입된 새로운 법규범이 원고에게 불리하게 그리고 피고에게 유리하게 소급적으로 적용된 셈이 된다. 그 발생 시점에서 확정적으로 합법이지 않았던 유형의 행동이 소급적으로 합법으로 간주된 것이다.

피할 수 없는 소급성이라는 특성은 확정적으로 타당한 답이 없는 문제들에 그 결론이 달려 있는 적은 수의 형사법 사건에서는 나타나지 않는다. 온건한 자유민주주의 법체계에서는, 배경 규범—종결 규칙—이 그 발생 시점에 확정적으로 불법이 아니었던 행동에 대해 형사적 제재를 받지 않아야 한다고 규정한다. 그러므로 법원이 어떤 행위 유형의 유책성culpability이나 허용성permissibility에 관한 그때까지는 불확정적이었던 문제가 그런 행위 유형을 형사적 유책으로 분류해서 해결해야 한다고 판단할 때, 그 판단에 의해 정교화되는 규범은 장래를 향해서만 적용되어야 한다. 자유민주주의 구조 내에서는, 법원이 지금 다루고 있는 그 사건의 피고는 무죄로 판결될 것이다.

이와는 대조적으로 간접적인 법적 문제를 중심으로 하는 모든 사법私法 소송에서는, 당사자가 소급적인 손해를 입는 것을 피할 수 없다. 사법 사건에서 피고의 행동이 확정적으로 합법이라고 소급적으로 간주된다면, 원고는 그 행동의 지위가 어떠한가에 대한 법원의 소급적 결정을 통해 손해를 입게 된다. 거꾸로 사법 사건에서 피고의 행동이 확정적으로 불법이라고 소급적으로 간주된다면, 이번에는 피고가 손해를 입을 것이다. 법원이 그 판결에 따라 뚜렷하게 표명된 규범이 장래를 향해서만 적용되고 당면한 사건에는 적용되지 않음을 선포함으로써 피고를 곤경에서 구해 주려고 한다면, 그 사건의 원고가 손해를 입을 것이다. 구체적인 그 원고에 관해서, 법원은 구체적인 그 피고의 행동을 확정적으로 합법이라고 소급적으로 간주하는 것이 된다. 어쨌거나 적어도 영미법에서는 피고가 그 행위 시점에 확정적으로 불법이 아니었던 행동에 대한 배상책임은 결코 지지 않는다고 규정하는 일반적인 배경 규칙background rule이 없다. 그런 배경 규칙이 없기 때문에 피고에게 소급적으로 부담을 지우는 것을 피하는 판결은 원고에게 소급적으로 불리한 판결이 되어 버린다. (영미법에서 그와 같은 배경 규칙이 없다는 사실은 해명할 수 없는 변칙사례inexplicable anomaly가 아니라는 점에 유의하자. 법원이 방금 상상했던 종류의 사건들에서 피고인에게 불리한 배상 명령을 내리지 않는 규칙적 경향이 있다면, 잠재적 원고가 그런 사건에서 소를 제기할 유인誘引은 현저하게 훼손될 것이다. 법에서의 불확정성이 소송으로 이어지는 경우가 줄어들 것이며 그 때문에 그 불확정성이 해결되지 않은 채로 남아 있는 경향이 더 커질 것이다. 실제로는 법원이 불확정성과 불확실성의 구분—이것은 확정적 타당성으로서의 객관성에 대한 제1장의 논의에서 강조되었던 구분이다—에 주의를 기울이지 않는 경우가 아마도 상당히 자주 있을 것이기 때문에, 확정적으로 타당한 답이 있는 문제들에 그 결론이 달려 있는 일부 사건에서 배상 명령을 하지 않는 경향이 아마도 있을 것이다. 그러므로 법원이 그러한 입장을 취해 유인을 훼손하는 효과가 나오는 것은 특히 문제가 된다. 이런 이유에서, 직접 다루는 사법 사건에서 피고에게 손해가 되도록 새롭게 확정된 법규범을 적용하는 영미 판사들의 경향은 정당화된다.)

앞의 몇 문단에서 사법 소송에 관한 나의 논의는, 순전히 소급적이지는 않은 일부 법규범에 초점을 맞춘 것이었다. 실제로 그런 규범은 기본적으로는 장래에 대한 것이다. 그런 규범의 소급적 적용은 사람들의 법적 지위를 소급적으로 변경하려는 목적만으로 도입된 법만큼 풀러의 세 번째 원칙과 확연히 어긋나는 것이 아니다. 그럼에도 불구하고 이 절의 첫 문단에서 개진된 장래성에 관한 주된 주장은 여전히 적절하다. 순전히 소급적인 법으로만 기능하는 법체계란 존재가 불가능한 것과 꼭 마찬가지로, 겉보기에 장래적인 법 seemingly prospective laws을 소급적으로 적용하기만 하는 법체계도 존재할 수 없다. 체제가 그런 소급적 적용으로만 작동하는 경우, 장래적 법이라고 알려진 것은 실제로는 전혀 장래적이지 않을 것이다. 그런 법들은 끊임없이 무효화되고 장래적 법이라고 알려진 다른 법들의 소급적 적용에 의해 대체될 것인데, 그렇게 대체를 한 법들도 다시금 끊임없이 무효화되고 대체될 것이다. 이에 따라 인간 행동을 지도하고 지시하는 법의 일반적 역할을 할 수 없을 것이다. 효력 있는 규범 전부는 아니지만 대부분이 소급적으로 적용되는 체계에서도, 방금 언급한 그 일반적인 지도와 지시의 역할은 훼손될 것이다. 따라서 기능하는 법체계라면 법규범 적용의 대부분이—물론 대부분의 법규범 자체도—비소급적이어야만 한다. 장래성의 원칙에서의 일부 이탈이 겉으로는 유해해 보이지만 유익하다는 점과 함께 이 점을 인식해야 한다.

　실제로, 이미 논의한 바와 같이―풀러 자신이 지적했듯이―장래성의 원칙에서의 이탈은, 적어도 소송에 대한 적절한 유인을 제공하는 사법 재판의 절차를 갖춘 모든 법체계에서는 때때로 유익할 뿐만 아니라 피할 수 없는 것이다. 그 점을 전제할 때, 우리는 풀러의 여덟 가지 원칙이 완전성의 원형을 형성한다는 논제가 뚜렷하게 지탱될 수 없음을 인식할 수 있다. 그런 논제는 그 원칙들의 실제의 성격을 불명료하게 만든다. 장래성의 원칙은 완전성의 규준standard of perfection을 규정하는 것이 아니라, 앞서 언급한 두 궤도를 따라 진행해 나간다는 점에서 다른 풀러주의 원칙과 같다. 즉, 그 원칙은 법체계가 존재하기 위한 필요조건이 되는 문턱의 경계를 설정하며, 문턱을 넘는 높은 수준까지 더 많이 갖출수록 법체계로서의 지위가 더욱 분명해지는 속성을 정해 준다. 장래성의 원칙을 조금만 고찰해 보면 풀러의 이론적 틀 전체를 이해하는 데 도움이 된다. 그 틀을 원형으로 규정하는 것은 잘못된 것이다.

2.1.4. 명확성

　명령 및 법체계의 그 밖의 규범은 합당하게 명확한 언어reasonably lucid language로 정식화되지 않으면, 그 체계는 사람들의 행동을 어떤 경로paths는 따르고 다른 경로는 따르지 않도록 인도하는 수단으로서의 법의 기본적 기능을 대체로 또는 전적으로 수행할 수 없을 것이다. 법의 지배의 특징 중 하나는 사람들에게 명령되는 것이 (그리고 허용되는 것과 권한이 부여된 것이) 무엇인가를 명확히 알려 준다는 점이다. 법의 지배의 그 중추적 측면은, 법률과 행정법규 그리고 사법부의 의견 및 법규범의 다른 표현이 명확하게 작성되지 않는다면 좌절될 것이다. 그 지시가 모호하게 이해 불가능하거나 무의미하거나 혼란스럽다면 사람들은 법체계의 작동으로부터 적절한 지도 adequate guidance를 받을 수 없다.

물론 법적 언어의 명확성은 원칙적으로 일반 사람들의 이해 및 지식을 준거로 하여 평가될 수는 없다. 법적 언어는 전문화된 직역의 용어로서 법적 전문지식을 갖추고 있지 못한 사람들에게는 익숙하지 않은 용어와 문구로 가득 차 있다. 그런 용어와 문구 중 일부는 법의 공개적 공포(법률, 행정법규 등등)에 수용된다. 그래서 일반 사람들의 이해를 법적 지시의 명확성의 시금석으로 삼게 되면, 사실상 모든 사회에서 법의 불명확성을 크게 과대평가하게 될 것이다. 법규범의 정식의 이해 가능성understandability의 주된 시금석은 능숙한 법 전문가의 이해the competent legal expert's comprehension이다. 그런 전문가가 어떤 법률이나 법규의 문언이 명확하고 정확하다고 여긴다면, 그 법률이나 법규는 풀러의 네 번째 합법성 원칙을 분명히 준수하는 것이다. 법적 훈련을 받지 않은 대부분의 사람이 그 문언이 감당할 수 없을 정도로 대단히 어렵다고 느낀다고 해도 말이다.

모든 법체계의 작동에서 변호사 및 그 밖의 법 전문가들의 중심성을 간헐적으로 강조하는 주요한 이유 중 하나는, 법체계의 작동이 보통 상당히 전문적이라는 데 있다. 그 자체로 그것은 전문가들만 이해하는 전문적인 용어technical argot를 포함하는 경향이 있다. 그러므로 전문가의 조력을 널리 활용할 수 있다는 것은 법체계가 적절하게 기능하기 위해 필요불가결하다. 그런 조력이 활용 가능하지 않다면, 법의 지시 중 많은 것이—설사 그 국민들이 그 지시의 정식이 어디 있는지 알아낼 수 있고 또 알아내려는 노력을 기울인다고 하더라도—보통 국민에게 지도의 의미 있는 원천이 되지 못할 것이다. 그러나 법 전문가의 조언과 도움이 정말로 일반적으로 활용 가능하다고 하면, 법규범의 정식에서 언어의 이해 가능성은 국민이 각자 전적으로 스스로 법적 문제를 해결하는 경우를 기준으로 평가되어서는 안 된다. 문외한layman에게 불투명한 정식이 전문가specialist에게는 투명하게 명확할 수도 있는데transparently clear 대부분의 문외한은 보통 전문가에게 상담할 광범위한 기회를 가질 것이므로, 여러 법적 자료들의 문언이 풀러주의 명확성 원칙을 준수하는지 판단할 때 문외한의 관점이 아니라 전문가의 관점이 기준이 되어야 한다.

물론 능숙한 전문가의 관점에서 법규범의 정식을 평가했을 때조차 실제의 법체계라면 그 어떤 정보상 지도informative guidance를 제공하기에는 불충분하게만 명확한 일부 정식을 담고 있을 것임이 거의 확실하다. 애매함murkiness과 부정확성imprecision이 생기는 것은 사실상 피할 수 없다. 이미 시사한 바와 같이 모든 법체계에서 일부 불명확성이 생기는 한 가지 중요한 이유는 풀러의 네 번째 원칙과 첫 번째 원칙 간의—즉, 명확성의 원칙 대 일반성의 원칙 간의—긴장이다. 다수의 여건에서 법-정부 체계를 운영하는 공무원의 목표는 더 상세하고 정확한 규칙을 고안하기보다는 대략적으로 추상적인 규준을 채택함으로써 (알맞은 유연성을 가지고) 가장 효과적으로 실현될 수 있다. 그런데 불확정성과 불확실성에 대한 제1장의 구별—그리고 이와 관련된 불확정성과 입증 불가능성의 구별—을 염두에 두면 추상적 규준이 법에서 대규모 불확정성을 발생시킬 것이라고 성급하게 추정하지 않아야 한다. 그러나 그런 규준은 구체적인 함의에 대한 불확실성과 의견 불일치를 꽤나 자주 발생시킬 수 있다. 그런 규준의 추상성은 법 전문가의 눈에도 규준을 불명확하게 만든다. 풀러 자신도 일반성의 요구와 명확성의 요구 사이의 이 긴장을 잘 알고 있었다(Fuller 1969, 64-65).

그렇다면 불명확성은 모든 법체계에서 어느 정도는 불가피한 것이다. 적절한 한계 내에서는 법체계의 작동의 효율성을 꼭 훼손하는 것은 아니며 오히려 그 작동의 효율성을 증대시킬 수도 있다. 그렇게 말한다고 해서 명확성 원칙에 어긋나는 것을 조금이라도 언급하는 것은 아니다. 명확성 원칙은 완전성의 권고 counsel of perfection가 아니며, 원형의 한 요소 an element of an archetype로서 제시된 것도 확실히 아니다. 그럼에도 불구하고 불명확성이 부적절한 맥락에서 발생하거나 또는 불명확성의 정도가 일정한 한계(물론 이 한계는 정확하게 특정될 수는 없다)를 벗어나면 법체제의 효율적인 작동을 훼손한다. 실제로 불명확성이 심하기도 하고 광범위하기도 하다면, 불명확성은—단지 효율성이 아니라—기능하는 법체계의 존재 자체를 훼손할 수 있다. 명확성 요구에서 이탈한다고 해서 언제나 바람직하지 않은 것은 아니며, 더욱이 그런 이탈이 법체계의 존재에 치명적인 것도 아니다. 그렇지만 명확성 요구의 최소한의 수준의 준수가 없어서는 안 된다. 그 최소한의 수준은 다른 풀러주의 원칙 각각의 최소한의 수준과 마찬가지로 상당히 높다.

2.1.5. 상충과 모순 금지

다섯 번째 합법성 원칙은 풀러가 파악한 것보다 더 복잡하다. 풀러는 그 원칙을 비모순의 원칙이라고 특징지었지만, 그의 논의 대부분에서 그는 모순이 아니라 상충에 집중했다. 그러나 그의 부적합한 용어에도 불구하고, 그의 다섯 번째 원칙은 법에서의 상충相衝, conflicts과 모순矛盾, contradictions을 금지하는 경고로 이해되어야 함에는 의문이 없다. 그렇게 이해되었을 때 다섯 번째 원칙은 다른 풀러주의 원칙과 구조적으로 유사하다. 즉, 그 원칙은 분명하게 모든 지속 가능한 법체계의 존재의 필요조건을 표명하며, (어떤 문턱 수준을 넘어서 그리고 그보다 훨씬 더 높은 정도의 수준에서) 더 많이 또는 더 적게 실현되는 속성이 해당 법체계를 더 분명한 또는 덜 분명한 법의 지배의 표본標本으로 만든다.

모순과 상충의 구별부터 시작하자(Kramer 1998, 17-19; 1999a, 52-53; 2001, 73-74). 상충은 어떤 사람이 X를 할 법적 의무를 지면서 X를 하지 않을 법적인 의무를 지는 경우 존재한다.¹ 법적 의무 간의 상충은 일어날 수 있고 실제로 때때로 일어나지만, 상충하는 의무는 결코 함께 이행될jointly fulfilled 수 없다. 임의의 주어진 시점에서 상충하는 의무 중 하나는 반드시 이행되어야 하며 오직 하나만 이행될 수 있다. 그럼에도 불구하고 상충하는 의무가 공존coexistence하는 것은 완전히 가능한 일이다. 그렇게 상충하는 의무가 공존한다고 해서 논리적으로 부적절한 것logical improprieties도 아니다. (상충하는 법적 의무를 지는 사람이 자신이 어떻게 행동하건 상관없이 제재를 받게 될 것이라서) 비록 어떤 면에서 도덕적으로 부적절한 것moral improprieties일 수는 있지만 말이다.

모순은 이와는 다르다. X를 할 의무와 모순되는 것은 X를 하지 않을 의무가 아니라 X를 하지 않을 자유이다. 충돌하는 의무와는 달리 서로 모순되는 의무와 자유는 결코 진정으로 공존할 수 없다. 어떤 사람이 X를 할 의무를 진정으로 지면서 또한 X를 하지 않을 자유를 진정으로 가지는 경우는 결코 있을 수 없다. 그 어떤 시점에서도 그 사태들 중 하나는 반드시 실재해야 하며 오직 하나만 실재할 수 있다. 다시 말하면, 어떤 사람이 X를 하지 않을 법적 자유가 없는

---

1 이 논의 전반에 걸쳐 문체상의 이유로 "X를 하지 않는다(to abstain from doing X)"라는 표현을 "X를 하는 것이 아니다(not to do X)"와 같은 의미인 것처럼 사용하겠다. 지금의 논의에서 쓰이는 의미에서 X를 하지 않는 것(an abstention from doing X)은 X를 할 수 있는 기회를 의식적으로 이용하지 않는다는 요소를 필연적으로 포함하는 것이 아니며, 기회를 알지 못하거나 그러한 기회가 아예 없는 경우에도 똑같이 발생할 수 있다.

경우 오직 그 경우에만 그 사람은 X를 할 법적 의무를 진다. "나는 현재 X를 할 의무를 진다"는 명제의 참은 "나는 현재 X를 하지 않을 자유가 있다"는 명제의 거짓을 필함하며, 후자(자유 보유 명제-옮긴이)의 명제의 참도 전자(의무 부담 명제-옮긴이)의 명제의 거짓을 필함한다.

그런데 법체계의 작동 내에서 진정한 모순veritable contradictions이 있을 수 없긴 하지만, 외관상의 또는 표면상의 모순apparent or ostensible contradictions은 있을 수 있다(Kramer 2001, 73-78). 즉, 법체계는 각자가 X를 할 법적 의무를 진다는 것도 긍정하면서 각자가 X를 하지 않을 법적 자유도 있다고 함께 긍정하는―일부 폐기되지 않는 법률들이나 단일 법률 내에서의 일부 조항들처럼―법규범들의 정식들을 갖고 있을 수 있다. 당연히 이 상치되는 정식들에서 표명된 규범 둘 다 임의의 시점에 임의의 개인 P와의 관계에서 결코 실제로 효력이 주어질 수는 없다. 임의의 시점에 X를 하지 않은 임의의 사람에게 적용될 때, 그 규범 중 하나에는 반드시 효력이 주어지고 그리고 오직 하나에만 효력이 주어질 것이다. P가 X를 하지 않는 경우, 그는 제재를 받거나 제재를 받지 않거나 둘 중 하나일 것이다. 그가 제재를 받는다면, X를 하지 않을 법적 자유a legal liberty-to-abstain-from-doing-X를 그에게 부여한 규범은 그 시점에 그에게 적용됨에 있어서 작용하지 않는 것이다. 대신에 작용하는 것은 같은 시기에 존재하고 있는, 그가 X를 할 법적 의무a legal duty-to-do-X를 진다는 내용의 법규범이다. 이와는 반대로, P가 X를 하지 않았는데 그 후 법을 적용하니 제재를 받지 않게 된다면, X를 할 의무를 그에게 지우는 법규범이 그 시점의 P에게 적용됨에 있어서 작용하지 않는 것이다. (이는 그 의무가 집행할 수 없는 것이거나 보류된 것이기 때문일 것이다.) 대신에 작용하는 것은 같은 시기에 존재하는 X를 하지 않을 법적 자유를 그에게 부여하는 법규범이다. 요약하자면, X를 할 법적 의무를 부과하는 규범과 X를 하지 않을 법적 자유를 부여하는 규범은 결코 같은 사람에게 같은 시기에 둘 다 작용할 수는 없지만, 그런 규범들을 표명하는 정식은(두 개의 폐지되지 않은 법률처럼) 권위 있는 자료authoritative materials의 일부로서 법체계에 동시에 속할 수는 있다.[2] 그렇다면 법의 작용에서의 진정한 모순은 가능하지 않지만, 법의 정식들 간의 모순은 얼마든지 가능한 일이다.

앞서 언급했듯이, 풀러는 비모순성 원칙에 대한 그의 논의 대부분을 모순이 아니라 상충에 바쳤다. (그의 사례 중 하나는 미국 식품 규제 법률의 두 조항에 관한 것으로—Fuller 1969, 67-68—사실은 상충도 모순도 포함하지 않는다.) 그럼에도 불구하고 지적한 바와 같이, 그의 다섯 번째 원칙은 비상충성 및 비모순성nonconflictingness and noncontradictoriness에 대한 주장으로 이해되어야만 한다. 어떤 통치체계의 권위 있는 자료 내에서 상충이나 모순이 아주 많다면, 법체계

---

[2] 여기와 다른 곳에서 쓰인 '권위 있는 자료'라는 문구는 사법부 공무원이 법적 구속력이 있는 것으로 취급하는 다양한 정식을 의미한다. 여기에는 법령, 행정 규정, 헌법 조항, 행정 명령, 공공 및 민간 계약, 법원 명령, 법리, 민사 또는 형사 절차 규칙, 유언장, 소유권 증서, 약정 등이 포함된다.

로서의 그 존재 자체가 위험에 처하게 된다. 상충이나 모순이 어떤 수준(명확하게 특정될 수 없는 수준) 이하로 유지되어야 한다고 명하는 원칙은 법체제로서의 지위 자체의 필요조건을 분명하게 밝히고 있는 것이다.

상충이 어떤 통치체계의 규범에 만연해 있다면, 법의 가장 중요한 기능인 해당 관할 내에서 사람들의 행동을 지도한다는 기능이 좌절되는 것도 무리가 아니다. 그런 경우, 그 체계의 법체계로서의 지위는 무효화될 것이다. 이 맥락에서 중차대한 것은 상충하는 짝을 이루는 의무 각각에 결부된 제재이다. 어떤 사람이 X를 할 의무를 위반했다는 이유로 받는 제재가 그 사람이 X를 할 의무를 위반하여 받는 제재보다 현저히 더 무겁거나 현저히 더 가볍다면, 그 사람이 그중 한쪽을 위반하고 다른 한쪽의 의무를 준수할 강한 유인이 있을 것이다. 사실상 모든 상충하는 두 의무 각각에 결부된 제재 사이에 이와 비슷하게 간극이 큰 격차가 있다면, 상충하는 의무가 수없이 팽배해 있다는 것이 꼭 법의 지도 기능 guiding role의 실행과 양립 불가능한 것은 아니다. 그 경우, 수많은 충돌하는 의무들로 구성되는 통치체계는 여전히 법체계이기는 할 것이다. 비록 매력 없고 특이한 법체계이기는 하지만 말이다. 이와는 달리 사실상 모든 상충하는 두 의무 각각에 결부된 제재가 등가이거나 거의 등가라면, 그중 하나를 선택할 유인이 (또는 법적으로 창설된 유인은 사실상) 누구에게도 없을 것이다. 상충하는 의무들이 누적되어 인간 행동의 커다란 범위를 포괄한다면, 그렇게 수없이 많은 상충 의무를 포함하는 통치체계라 불리는 것은 사람의 행동을 지시하는 일에 실패할 것이다. 그것은 아마도 통치체계가 전혀 아닐 것이고, 법체계는 더욱더 아닐 것이다.

  모순에 관한 결론도 상충에 관한 위 결론과 모든 측면은 아니라도 대부분의 측면에서 비슷할 수밖에 없다. 어떤 통치체계의 규범에 대한 권위 있는 정식이 모순으로 넘쳐 난다고 가정해 보자. 그 체계의 권위 있는 자료의 모순적 정식의 쌍들은 누적되어 인간 행동의 광범위한 영역을 포괄할 것이다. 앞서 언급한 바와 같이, 임의의 시점에서 임의의 특정 사람에게 적용될 때에는 모순적인 법적 입장 중 하나는 반드시 작용하고 그리고 오직 하나의 입장만 작용할 것이다. 진정한 모순은 세계에서 사태로서 결코 성립할 수 없다. 그런데 갖가지 모순된 법적 입장이 작용하고 작용하지 않는 일이 상당히 예측 가능한 정규적인 패턴regularized patterns으로 발생한다면, 그런 입장을 확립하는 규범들을 가진 체계가 통치체계로서 작용할 수 있는 일을 상상할 수 있을지는 모른다. 효율적으로 기능하는 체계의 모델이라고는 도저히 말할 수 없겠지만, 무정부주의적인 제멋대로의 상태에 사회가 빠지지 않게 만들 정도의 정규성은 얻을 수 있을지 모른다. 그럼에도 불구하고 확정성과 예측 가능성의(또는 불확정성과 예측 불가능성의) 구별에 관한 제1장의 논의에서 분명해졌듯이, 이런 식의 형태로 운영된다고 가정된 통치체계는 법체계로서의 자격은 갖지 못한다. 체계 작동의 예측 가능성은 모순되는 법규범들이 결정적으로 관련되는 주요한 문제들에 대한 답의 확정적 타당성을 수반하지 않는다. 그 체계의 권위 있는 규범 하나가 각 개인이 X를 해야 한다고 규정하고, 권위 있는 다른 규범은 X를 하지 않을 자유를 부여한다면, 임의의 개인이 X를 해야 하는지에 대한 질문에 확정적으로 타당한 답은 없다. 이런 종류의 모순적 규범이 그 체계 내에 가득하다고 가정하고 있으므로, 그 체계의 권위 있는 자료가 인간 행동의 대부분의 영역과 관련된 수많은 문제들에 대해 확정적으로 타당한 답을 전혀 산출하지 못한다는 결론이 나올 수밖에 없다. 그러므로 상상된 통치체계가 그 작동에 있어서 최소한의 정규성은 보여 줄 수 있다고 하더라도—그리고 그것은 국민에게 그들의 활동을 조정하는 충분한 지도를 주고 또 국민의 행동을 지시할 수 있을 수도 있지만—그것은 여전히 법체계가 아니다. 팽배한 불확정성은 법체제의 존재와는 양립 불가능하다. 그 불확정성이 통치기구의 기능성을 와해하지 않는 여건(공상적인 여건)에서도, 그것은 법체계의 기구로서의 그 지위를 무효화한다.

요약컨대, 체제의 권위 있는 규범이 모순으로 넘쳐날 때 법체제로서 그 체제의 지위는 훼손된다. 물론 법체제로서의 지위가 훼손되는 효과를 낳으려면 모순이 얼마나 넘쳐나야 하는가를 정확히 특정해서 답할 수는 없다. 법체계가 그 점을 지나면 즉각 법체계가 아니게 되는, 신비한 이행 지점talismanic point of transition은 없다. 그러나 그런 지점이 정확히 특정될 수 없기는 하지만, 그 규범들이 모순으로 가득 찬 체계와 그 규범이 거의 또는 아무런 모순을 담고 있지 않는 체계 사이에는 질적인 차이qualitative difference가 있다. 후자만이 (다른 풀러주의 합법성 원칙도 충족한다면) 법체계이다.

그렇다면 풀러의 다섯 번째 원칙은, 확실히 부분적으로는 비모순성의 원칙이다. 그 어떤 법체계도 서로 모순되는 규범을 대규모로 담고 있을 수 없다. 그러나 이에 더해, 다섯 번째 원칙은 비상충성의 원칙이기도 하다. 논한 바와 같이, 상충하는 의무의 만연은 법체계의 존재에 해로울 수 있다. (그리고 실제로, 필시 그 어떤 통치체계의 존재에도 해로울 것이다.) 사실상 모든 상충하는 쌍의 의무 각각에 결부된 제재가 상당히 비슷하다면, 체제의 규범망regime's normative matrix에서 무수히 많은 상충의 현존은 체제가 최소한도의 효능minimal efficacy이라도 가지고서 행동을 지도할 능력을 좌절시킬 것이다. 다량의 모순이 낳는 문제와는 달리, 다량의 상충이 낳는 문제는 불확정성의 문제가 아니다. X를 할 의무를 지면서 X를 하지 않을 의무를 지는 사람은 누구나 X를 할 것이 확정적으로 명령되며 X를 하지 않을 것이 확정적으로 명령된다. 오히려 문제는 갈피를 잡을 수 없는 지도muddled guidance에 있다. 방금 언급한 바와 같이 상충되는 의무와 그에 따른 처벌이 균등하게 균형을 이루는 상황에서, 체제는 어떤 특정한 길은 가지 말고 다른 특정한 길로 가라고 사람들의 행동의 방향을 적절하게 잡아 줄 수 없을 것이다. 어떤 사람이 X를 하면 처벌받고 또 X를 하지 않아도 비슷한 처벌을 받게 될 때, X를 하거나 하지 않는 것 사이의 그 사람의 선택은 제재를 부과하려고 하는 체제의 존재에 의해 영향을 받지 않는다. 그렇다면 그 정도만큼 그 체제는 법의 지도와 지시 기능을 수행하고 있지 못한 것이다. 체제의 규범적 구조가 그런 다수의 상충으로 가득 차 있다면, 법의 지시하고 조정하는 기능의 일반적 수행은 법체제로서 그 체제를 분류하는 것을 정당화하기에는 지나치게 미약할 것이다. 요컨대 풀러의 다섯 번째 원칙이 (균형을 이루면서 상충하는 의무에 결부된 제재에 초점을 둔) 비상충성의 원칙으로 이해된다면, 그것이 비모순성의 원칙으로 이해되는 경우와 마찬가지로 법체계 존재의 필요조건을 규정하는 것이다. 그런 체계 내에서 일부 상충은 수인할 수 있지만, 상충이 지나치게 많아지면 최소한의 효과적인 통치양식으로서 지속적으로 존재하는 데 치명적이다.

2.1.6. 준수 가능성

풀러가 선뜻 인정했듯이(Fuller 1969, 70 n29) 그의 합법성 원칙 중 여러 원칙은 국민이 법규범을 준수하는 것이 가능해야 한다는 것을 요청한다. 예를 들어 사람들은 두 가지 충돌하는 의무를 모두 이행할 수 없으며, 마찬가지로 지성적으로 이해할 수 없을 정도로 불명확한 법적 명령을 준수할 수도 없다. 또한 우연히 준수한 셈이 되는 경우를 제외하면, 국민은 공포되지 않았거나 순전히 소급적인 법적 명령을 준수할 수 없다. 그렇게 풀러의 여섯 번째 합법성 원칙이 다른 원칙들과 분명히 중첩되기는 하지만, 독특한 역할도 한다. 법적 지시가 명확하고 장래적이며 공개적으로 확인 가능하고 아무런 논리적 상충을 범하지 않는다고 하더라도, 그 요구는 명백히 모든 국민 또는 대부분의 국민의 능력 밖에 있는 것일 수 있다. 풀러의 여섯 번째 원칙이 말하는 것은, 기능하는 법체계라면 그런 이행할 수 없는 명령이 만연할 수 없다는 것이다.

풀러가 강조했듯이, 그리고 법규범의 통일적 적용 가능성에 대한 제1장의 논의에서 명백하게 드러났듯이, 준수 가능성 원칙principle of compliability에서의 일부 이탈은 불가피하며 어쨌든 바람직한 측면도 있다. 예를 들어 영미 불법행위법 내에서, 합리적 주의注意 규준은 설사 일부 인간이 그 규준에 따라 살 능력이 없다고 하더라도—정신이상자와 심각한 신체장애를 지닌 사람들을 제외하고는—모든 실제의 성인에게 요구되는 것이다. 제1장에서 검토한 이유들 때문에, 이 면에서 법의 통일적 적용 가능성은 일반적으로 바람직하다. 일부 고려 사항들이 법의 명령을 개인들의 개선 불가능한 약점에 맞춰 밀착재단密着裁斷, tailoring해서 달리하는 것을 찬성하기는 하지만, 더 비중이 큰 다수의 고려 사항들이 그런 접근에 반대한다. 풀러의 여섯 번째 원칙을 충족하기 위해 더 수용적인 접근a more accommodating approach을 취하는 것은 그 원칙을 잘못 이해한 것이다.

그럼에도 불구하고, 준수 가능성 원칙에서의 일부 이탈이—특히, 합리적 주의 규준의 통일적 적용 가능성처럼, 사회의 오직 작은 비율에만 불리하게 영향을 미치는 경우에는—바람직하긴 하지만, 기능하는 법체계에서라면 그러한 이탈이 지나치게 많거나 전면적일 수는 없다. 분명히, 만일 법체제의 유일한 역할이 사람들 사이의 분쟁의 해결resolution of disputes이라면, 따를 수 없는 명령을 광범위하게 사용하는 전략이 쓸 만한 것일 수도 있다(Kramer 1999a, 46-47). 따를 수 없는 명령은, 법적 의사결정자가 분쟁 당사자들을 승자와 패자로 분류할 수 있게 해 주는 방식으로 사람들 사이에 차별적인 것인 한, 분쟁 해결이라는 상정된 유일한 역할의 이행과 일관될 것이다. 예를 들어 키가 6피트 미만인 성인이라면 누구나 (수술이나 의족 없이) 그 키에 이르도록 더 자라거나, 그렇지 않은 경우에는 6피트 이상인 사람에 비해 일정한 법적 권리들을 상실한다고 규정하는 법 규범을 생각해 보자. 사람들의 행동을 일정한 행위 경로가 아니라 다른 행위 경로로 유도하는 수단으로서 그런 규범을 채택하는 것은 어리석다. 6피트 미만인 다 자란 어떤 성인도 그 규범의 명령을 준수하기 위해 할 수 있는 일이 아무것도 없다. 그 명령은 오로지 간접적인 방식으로만 사람들의 행동에 의미 있는 영향을 줄 수 있다. 즉, 시간이 지나면 그 규범은 부모들이 아이들이 더 활기차게 운동하게 하고 더 건강하게 먹도록 하게끔 만들 수는 있다. 아이들이 6피트 이상 키가 자랄 가능성을 높이기 위해서 말이다. 어리석은 법적 명령이 결국 그런 결과를 낳는다고 하더라도, 그것은 모든 부모에게 아이들이 더 활기차게 운동하고 더 건강하게 먹도록 유도하는 일을 직접 명령하는 법적 명령보다 우스꽝스러울 정도로 덜 효율적이고 덜 공정하고 덜 직설적이다. 그러나 어리석은 명령이 사람들의 행동에 대한 지도의 원천으로서 우스꽝스럽긴 하지만 법체계의 분쟁 해결 역할을 촉진시킬 수는 있다. 어쨌거나 그것은 사람들을 명확한 선을 따라 차별화하며, 키가 더 작은 사람들이 키가 더 큰 사람에 대해 갖는 여러 가지 법적 권리를 제거하는 효과는 상당히 많은 수의 법적 분쟁의 결과에 결정적인 관련을 가질 수 있다. 그래서 법체제의 유일한 기능이 구체적인 분쟁에서 사람들 각자가 갖는 권리를 공언하는 것이라면, 키가 작은 사람들이 더 크게 자라도록 명령하는 법은 처음 보이는 것만큼 그렇게 이상한 것으로 보이지는 않을 것이다. 극도로 차별적이라는 점을 제외하고 보면 상당히 이해하기 쉬운 것일 수는 있다. 다른 수많은 따를 수 없는 지시와 마찬가지로, 그것은 구체적 분쟁에서 사람들 각자의 권리를 공언하는 기능의 이행은 크게 증진할 수 있다.

그러나 법체제의 제일의 기능은 사실 사람들이 그에 맞춰 자신의 행동을 조정할 능력이 있는 명령이나 그 밖의 법들을 제시함으로써 사람들의 행동을 지시하는 것이다. 법체제의 분쟁 해결 기능은, 그 제일의 기능이 어떤 면에서 무너지고 체제가 사람들의 행동을 조정하는 데 결과적으로 성공하지 못했을 때에만 활성화된다(Hart 1961, 38-41). 그 점을 전제하고 보면, 어떤 통치체계의 규범망에서 전적으로 따를 수 없는 지시가 과다한 것은 법의 중추적 역할의 수행과 양립 불가능할 것이다. 그런 통치체계는 법체계가 아닐 것이다. 그리고 아마도 통치체계조차 아닐 것이다. 왜냐하면 그 명령 중 많은 것이 명백히 준수할 수 없기 때문에 그 누구의 실천적 추론과 결정에도 영향을 주지 못할 것이기 때문이다. 법체제가 법체제로서 작동하려면, 그 규범적 구조는 준수될 수 있는 법으로 주로 구성되어야 한다. 그 규범적 구조가 규범들 전부 또는 대부분이 준수될 수 없는 것으로 구성되어 있다면 그 규범들은 법의 모조품 ersatz laws에 불과하며, 그 전체 체제는 법의 지배의 진정한 구현이 아니라 졸렬한 모조품travesty에 불과하다.

그렇다면 대부분의 다른 풀러의 합법성 원칙들과 마찬가지로, 준수 가능성의 원칙은 법의 으뜸 기능에 내적으로 연관되어 있다. 그 원칙은 인간 행동의 최소한도로 효과적인 지도에 불가결한 어떤 것을 포착하기 때문에 법체계가 존재하기 위한 필요조건을 뚜렷하게 표현한다. 그런 지도를 제공하지 못하는 질서는 어느 것이나 법의 지배를 구현하는 질서가 아니다. 물론 법의 지배에서 조금 이탈한다고 해서 법체계의 존재에 치명적인 것은 아니지만 광범위하고 지속적으로 이루어지는 이탈은 정말로 치명적이다.

2.1.7. 시간이 흘러도 안정적임

풀러주의 원칙을 원형으로 바라보는 시몬즈의 견해에 대한 추가적인 반박이 더 필요하다면, 일곱 번째 원칙—시간이 흘러도 안정적임steadiness 또는 항상성恒常性, constancy—이 그 반박을 제공할 수 있다. 풀러는 완전한 법체계가 아무것도 변하지 않는 체계라는 터무니없는 주장을 한 것이 아니다. 그는 단지 법체계에서의 갖가지 규범의 변경 속도와 규모에 그어지는 한계가 그 체계의 기능성을 위해 필요불가결하다는 점을 드러내고자 했을 뿐이다. 법의 변화가 긴 기간에 걸쳐 당황케 할 정도로 전면적이고 급속히 진행된다면, 그 적용 범위 내에 있는 사람들의 행동을 지시하는 법의 능력은 무너질 것이다. 풀러는 과도하게 대규모의 빈번한 법의 변경은 소급법의 제정이 지나치게 많아서 발생하는 문제와 매우 비슷한 문제를 낳는다고 지적했다(Fuller 1969, 80). 두 경우 모두 사람들이 법이 명령하고 허용하고 권한을 부여하는 것을 준거로 하여 자신의 행동의 방향을 정할 수 없다는 난점이 생긴다. 법의 명령, 허용, 권한 부여가 매우 짧은 기간에 아찔할 정도로 대규모로 빨리 변할 때, 사람들은 법을 자신의 실천적 추론 안으로 흡수할 기회를 갖지 못한다. 그래서 사람들의 행동 대부분 또는 전부가 권위 있는 법규범에 의해 지도되지 못한다. 따라서 그런 여건에서는 법의 기본적 기능basic function of law 이 실현되지 못한다.

이 일곱 번째 원칙의 의미는 대부분의 다른 합법성 원칙들보다 한층 더 큰 정도로, 절대적이기보다는, 유연하다. 법의 변경이 발생할 때마다 법체계의 존재를 위협하는 것이 아님은 명백하다. 법에서의 대부분의 변화는 법체계의 작용을 전혀 손상하지 않으며, 그중 많은 것은 법을 개선하고 강화한다. 풀러의 항상성의 원칙은 일반적 분석법리학적 논제로 이해될 경우, (잠재적으로) 좋은 것도 지나치면 안 된다는 경고에 불과하다. 그것은 혼란을 일으킬 정도로 빈번하고 광범위한 법규범 변경이 이루어져서는 안 된다고 경고하는 것이다. 그 원칙이 모든 법체계에서 때때로 발생하는 더 수수한 변화가 일어나서는 안 된다고 경고하는 것이 아님은 확실하다.

실제로, 수수한 변화마저도 아예 피하면 지체가 발생할 터인데 이 지체는 풀러의 일곱 번째 원칙이 그의 여덟 번째 원칙, 즉 법규범의 정식화와 시행의 합치를 요구하는 원칙과 심각한 긴장관계에 있다. 그 사회 자체가 사실상 모든 면에서 경직화되어 있는 경우가 아니라면 법체계의 규범망이 어떤 이유에서건 수십 년 동안 또는 수세기 동안 변하지 않는다면, 기술과 사회적 상호 작용이 변한 결과 그 체계의 명령mandates과 권한 부여authorizations 중 많은 것이 사용되지 않는 낡은 것이 된다. 법전法典상의 법과 실제상의 법 사이의 간극이 크게 벌어질 것이며, 법체계가 실제로는 다른 법체제에 의해 대체되었지만 기이하게 공허한 껍데기만 그대로 남아 있는 지경에 이르게 될지도 모른다. 실제의 법을 구성하는 결정들에 의해 동적으로 드러나는 그 다른 체제도 그것과 나란히 존재하며 중첩되는 이전의 법체계의 그림자 때문에 심대한 방해를 받을 것이다. (예를 들어 가정에 따라 그 다른 체제의 규범이 법전상의 법으로서 경직적으로 변하지 않는 규범을 바꾸지는 않았기 때문에, 그 다른 체제의 규범의 명령과 지시와 허용의 공포를 위한 질서는 명백히 부적절한 것이다.)

그러므로 비록 풀러의 일곱 번째 원칙이 기능하는 법체계의 존재를 위한 필요조건을 규정한 것이기는 하지만, 그 원칙의 요구가 제한되어 있다는 점에 특별히 주의를 기울여야 한다. 다른 한편으로, 법의 변경 속도rate와 범위extent에 부과되는 상당한 제한이 극히 중요하다. 얼마나 많은 변경이 지나치게 많은 변경인지 정확하게 집어낼 수는 없지만, 법의 변경이 어떤 수준에 이르면 파멸을 초래할 만큼 과도한 것이 된다는 점은 확실할 수 있다. 다른 한편으로, 필요한 제한 내에서 혁신에 열려 있는 것도 마찬가지로 중요하다. 법체계가 법체계로서 지속되려면 과도한 변동성 때문에 생기는 압도적인 방향 감각 상실disorientation을 피해야 한다. 그러나 법체계가 모든 변경의 압력에 격렬하게 저항하면 법적 규율의 외관appearance과 실제actuality 사이의 간극을 벌리게 되므로 방향 감각 상실을 초래한다.

2.1.8. 정식과 실행의 합치

풀러의 여덟 번째 합법성 원칙은 많은 측면에서 다른 일곱 가지 원칙들을 합친 것이지만, 부수하는 일련의 문제들을 포괄하고 제기하는 독특한 원칙이기도 하다. 여덟 번째 원칙이 만족스럽게 충족되면 제1장에서 규정한 바의 넓은 의미에서의 법 공무원의 불편부당성으로서의 객관성도 충족될 것이다. 게다가 불편부당성으로서의 객관성 충족은 법 해석에 있어서의 능숙함proficiency도 포함할 것이다. 법 공무원이 법률 및 다른 법규범이 무엇을 의미하는지 능숙하게 확인할 수 없으면, 그 규범의 조건에 따라 일관되게 효력을 부여할 수 있는 입지에 있다고 볼 수 없다.

제1장에서 설명한 바와 같이, 불편부당성에서 멀어지게 하는 여러 가지 요인들—자기이익 추구, 편견, 무지, 충동 등—은 정확한 인식과 타당한 결정에 크게 방해가 된다. 물론 그 요인들 중 하나 이상에 휘둘린 사람이 어떤 특정한 주제에 대해 타당한 결정 및 정확한 이해에 도달할 수는 있겠지만, 그 운 좋은 결과는 불편부당성이 없음에도 불구하고 발생한 것이지 불편부당성이 없기 때문에 발생

한 것이 아니다. 일반적으로 불편부당성이 부족한 관점과 견해 outlook는 인식적으로 신뢰할 수 없다. 그것은 인식적으로 그리고 실천적으로 정당화되는 반응에서 멀어지게 만드는 경향이 있다. 특히 법규범의 실행과 관련해서, 불편부당성이 부족한 공무원은 법규범 자체 그리고 그 규범이 적용되는 상황 자체를 오해하는 경향이 있을 것이다. 그런 오해 때문에 공무원이 분쟁을 다루는 등의 일에서 부적합한 판단을 하게 되는 경향도 있을 것이다. 더구나 그들이 관련된 법과 상황을 엄밀한 의미에서 오해하지는 않은 경우에도, 불편부당성이 부족한 공무원은 (자기이익 추구나 편협함과 같은) 부적절한 유인에 빠져 부적합한 판단을 내리는 경향이 높을 것이다. 따라서 불편부당성이 부족하면 정식화된 것으로서의 법the law as it is formulated과 시행되는 것으로의 법the law as it is administered의 단단한 일치 상태 tight correspondence에서 의사결정이 자주 이탈하게 된다. 그런 종류의 단단한 일치 상태가 기능하는 법체계의 존재에 불가결한 것이기 때문에 법 공무원 측의—한결같이 유지하는 것이 아니라 적어도 전형적으로 유지하는 것으로서—불편부당성은 그 자체가 법의 지배에 불가결하다. 법 공무원의 권위 있는 활동이 충분한 정도의 불편부당성을 갖추는 것은 법체제로서의 지위 자체의 필요조건이다.

공무원이 법 해석에서 충분한 정도의 능숙함을 갖는 것도 마찬가지로 필요조건이다. 공무원이 그런 능숙함을 가지고 있는 것은 불편부당성을 갖고 있는 것과 마찬가지로, 법전에 있는 법과 실제의 법 사이의 일치가 지속되기 위해 필요불가결하다. 실제로, 나의 불편부당성 관념이 많은 것을 포함할 수 있다는 점을 전제할 때, 해석에 능숙한 기량은 불편부당한 입장의 한 가지 핵심 요소로 간주되는 것이 최선이다. 그런 기량이 없는 공무원은 적어도 현재 논의의 목적에서는 무지 때문에 판단을 그르치기 쉬운 공무원과 비슷하다. 해당 관할의 법의 실제성에 대한 그들의 인식이 법규범의 정식이 의미하는 것을 파악하는 데 서투르기 때문에 왜곡된다. 법 시행 결정과 효력 있는 법규범의 내용 사이의 일치는, 신뢰성 있게 발생하는 적절하게 숙지한 상태에서 이루는 성취가 아니라 모두 우연적인 것에 불과한 것이—그래서 거의 확실히 미약한 것이—된다.

해석적 능숙함의 문제를 좀 더 깊이 있게 살펴보기 전에, 풀러의 여덟 번째 원칙이 제기하는 더 큰 문제를 고찰해야겠다. 왜 법규범의 공식적 표명articulation과 그 실행implementation 사이의 합치congruence가 법의 지배의 중차대한 조건인가? 이 문제에 대한 답은 법적 노력에서 해석 능력의 본질에 대해 밝혀 줄 것인데, 법적 일관성에 관한 앞 편subsection에서 개괄한 바 있다. 실제상의 법이 법전상의 법과 현저히 달라지면, 기이하게 두 갈래로 나뉜 통치체계가 그 이전에 존재했을 수도 있는 진정한 법체계를 대체한 것이다. 그런 상황의 특징은 정식화되고 공포된 다수의 규범에 효력이 부여되는 경우는 드문 반면에, 대부분 공포되지 않은 다수의 규범에 정규적으로 효력이 부여된다는 점이다. 효력이 부여되는 경우가 드문 다수의 규범은 기능하는 법체제를 구성하지 않을 것이며 심지어 기능하는 법체제의 일부도 아닐 것이다. 전반적 통치구조를 구성한다고 이야기되는 법이

―전면적으로 무시되기 때문이든 전면적으로 잘못 이해되기 때문이든― 체계적으로 시행되지 않는다면 진정한veritable 법이 아니며, 그것들이 구성하는 통치체계는 한낱 시체屍體에 불과하다.

그런 사태는 그 조건에 따라 드물게만 적용되거나 결코 적용되지 않는 무단횡단 금지 법령과 같은 법이 드문드문 있을 때 성립하는 사태와는 매우 다르다. 제1장의 서두 가까이에서 지적한 바와 같이, 무단횡단 금지 법령은 집행되는 경우가 (있다손 치더라도) 극히 드물다는 사실에도 불구하고 법으로서의 지위를 계속 보유한다. 그런 법령은 상당히 정규적으로 대부분 효력이 부여되는 광범위한 규범망의 요소라는 바로 그 이유에서 그 지위를 유지한다. 법규범이 지속적으로 실제로 적용되지 않는 일부 관할에서는 법규범으로서의 그 지위가 박탈될 수는 있겠지만 그런 효과는 순전히 우연적으로 발생하는 것이다. 그런 효과가 법의 본질 자체만으로 미리 정해져 있다고는 도저히 볼 수 없다. 장기간 실제로 적용되지 않는다는 사실이 법 자체를 무효화하는 근거가 아닌 관할이라면 어디에서나, 사용되지 않는 제한된 수의 법이 사용되는 많은 다른 법과 함께 규범망 안에 존재하기 때문에 계속 법으로 존속할 수 있다. 이와는 달리, 규범망 안에서 동반된 법들 전부 또는 대부분이 상당한 기간 사용되지 않는 경우에는 법적으로 유효한 것으로 남아 있지 못할 것이다. 법적 유효성legal validity은 작동하는 법체계에 의해 규범에 부여되는 것이다. 규범이 법적 유효성에 대한 유효한 체계의 기준에 따라 법으로서 분류되는 특질을 갖추면 그 규범은 법적 유효성이라는 속성을 지닌다.³ 체계 전체가 사법적·행정적 의사결정의 층위에서 다른 규범 집합에 의해 사용되지 않는 낡은 것이 되었다면, 사용되지 않는 낡은 망 안의 규범은 (그 규범이 새로운 집합의 요소이기도 한 경우를 제외하면) 법적으로 더 이상 유효하지 않게 된 것이다. 이 결론이 법전에 있는 정식에서 공공연하게 인정되든 아니든, 그것은 실제상 법의 현실로서 성립한다. 기능하는 법체제가 법전상의 법뿐만 아니라 이와 널리 합치하는 실제상의 법으로도 구성되므로—이는 제1장에서 검사와 행정부의 재량을 논의하면서 분명해진 바이다—여기서 상상된 사태는 법체제에 해당하지 않는다. 시사된 바와 같이, 가장 중요한 것은 전반적 규범망에서 규범의 작은 부분이 실행되지 않는 것과 그 규범 전부 또는 대부분의 실행되지 않는 것의 차이다. 전자의 경우에는 전반적 규범망이 시행되지 않는 규범의 법적 유효성을 떠받칠 수 있다. 후자의 경우에는 시행되지 않는 규범의 법적 유효성이나 규범망 작용 그 자체를 떠받쳐 줄 이와 비슷한 기반이 없다.

그 문제를 다른 방향에서 바라보고 법전상의 법을 대체한 실제상의 법에 초점을 맞추는 때에도, 기능하는 법체계의 존재에 비슷하게 힘겨운 장애를 발견한다. 검토하고 있던 시나리오에서 공무원의 구체적 결정에 의해 효력이 부여되는 규범 대부분이 법전에 있는 법을 구성하는 규범이 아니다. 그 규범들은 실제상의 법에 불과하다. 그

---

3 어떤 관할권 J 내에서 어떤 규범은, 그 규범이 J의 법체계에 속한 공무원들이 실체적 및 절차적 결정의 구속력 있는 근거로 삼는 기준을 충족하는 경우에만 법적으로 유효하다—즉, 법의 지위를 가진다.

렇다면 그런 상황에서는 주요한 문제로 앞 편의 말미 가까이에서 언급된 문제가 대두한다. 즉, 그런 여건에서 실제상의 법이 대체로 또는 전적으로 공포되지 않은 것이다. 그 경우 실제상의 법은 법으로서의 지위가 무효화된다. 그것은 모든 진정한 법체제의 특징인 지도하고 조정하는 역할을 충분히 수행할 수 없다. 이제 공무원이 내리는 결정의 수가 매우 많고 전문가가 (그리고 어쩌면 보통 국민도) 공무원이 시행하고 있는 규범을 찾아낼 수 있을 정도로 패턴화되어 있다고 가정해 보자. 그 경우, 그 상황은 2.1.2.에서 논의한 간소하게 결과에 초점을 둔 공포 방법의 변형 형태가 된다. 거기서 제시된 모든 이유들 때문에 그런 공포 방법은 어느 것이나 가장 유리한 여건에서도 위태로울 것이다. 크고 상당히 역동적인 사회라는 훨씬 덜 유리한 여건에서 그런 공포 방법은—다른 공포 방법에 의해 보완되지 않을 경우—터무니없는 것이 된다. 그런 식으로 공포해서 법체계가 성공할 가능성은 논리적으로는 있지만, 실제로 성공할 가능성은 없다.

더구나, 결과 중심적 공포 방법에 관한 앞서의 논의에서 밝혀낸 난점들이 이 경우 크게 악화된다. 현재 논의의 맥락에서는, 실제상의 법만 있고 법전상의 법은 없는 상황(즉, 재량적으로 확인 가능한 결정의 형태로 드러나는 실제상의 법 이외에는 법이 없는 상황)을 고찰하고 있는 것이 아니다. 오히려 현재 논의는 실제상의 법을 집단적으로 구성하는 하나의 규범 집합과 법전상의 법을 집단적으로 구성하는 다른 하나의 규범 집합을 고찰하고 있는 것이다. 실제상의 법을 집단적으로 구성하는 규범 집합을 공포하는 데 있어서 원래 있는 심각한 단점(결과 중심적 공포 방법이라는 것 때문에 생기는 단점-옮긴이)은 법전상의 법을 집단적으로 구성하는 다른 하나의 규범 집합이 동시에 존재한다는 사실 때문에 어마어마하게 증폭된다. 효력 있는 체제의 재판 공무원과 행정 공무원에게 후자의 규범 집합에 있는 규범(법전상의 법)을 실행하는 것은 허용되고 그렇게 실행할 권한이 부여되거나 그렇지 않거나 둘 중 하나이다. 법전상의 법을 실행하는 것이 허용되지 않고 실행할 권한이 없다면, 그 체제의 작용하는 규범에 대한 결과 중심적 공포 모두 그것에 완전히 상응하는 실제로는 죽은 글자에 불과한 규범을 함께 공포하는 일을 수반할 것이다. 재판 공무원과 행정 공무원이 법전상의 법을 구성하는 규범들을 실행하는 것이 실제로 허용되고 그럴 권한이 있는 경우에는 더욱 나쁜 문제가 나타난다. 그런 상황에서는 한 규범 집합은 결과 중심적으로 공포하고 다른 규범 집합은 직접 법전으로 공포하는 바람에 생긴 심각한 혼동이 철저한 불확실성과 결합할 것이다. 공무원이 하나의 규범 집합을 준거로 삼을 권한이 있으면서도 또한 그와는 현저하게 차이 나는 규범 집합을 준거로 삼을 권한이 있다면, 광범위한 법적 문제들에 대한 확정적으로 타당한 답이 없을 것이다. 그 수많은 문제들 각각에 대해, 공무원들은 '예'라는 결정을 내릴 권한이 있으면서 또한 '아니요'라는 결정을 내릴 권한도 있을 것이다. 각각의 결정은 타당할 것이며, 따라서 어느 것도 확정적으로 타당하지 않을 것이다. 그러므로 시행되지 않는 법전상의 법의 존재는 공포의 과정을 혼란스럽게 하는 데 더해 지배적 체제의 규범적 구조 내에서 어마어마한 불확정성을 발생시킬 것이다. 그런 체제가 법체제가 아니라는 명제를 뒷받침할 다른 근거는 없다고 하더라도 그 어마어마한 불확정성 자체the massive indeterminacy itself가 그 명제의 참을 뒷받침할 충분한 근거가 된다.

 요약하면, 표명된 것으로의 법과 실행되는 것으로의 법의 광범위한 불합치incongruities는 법체계의 존재에 치명적이다. 그런 광범위한 불합치를 지니고서도 법체계가 작동할 논리적 가능성logical possibility은 있을 수 있지만, 실제로 작동할 가능성credible possibility은 없다. 그 불합치는 결과에 초점을 둔 공포 방법의 기능 훼손적 결점crippling drawbacks을 악화시킬 것이며, 체제의 공무원들이 법전상의 법과 실제상의 법 사이의 크게 벌어져 있는 분열의 어느 쪽에든 기대는 것이 허용되고 그럴 권한이 부여되어 있는 경우에는 언제나 불확정성을 낳을 것이다. 이 모든 이유 때문에 풀러의 여덟 번째 합법성 원칙이 법체계가 기능하기 위한 하나의 필요조건을 뽑아낸 것이라고 말할 수 있다. 법전상의 법의 내용terms에서의 이탈 중 상당히 많은 수는 감수할 만하고 그 이탈 중 일부는 해당 법체계의 목적을 증진하는 것이지만, 법전상의 법으로부터의 실제상의 법의 이탈이 일정 지점(특정할 수 없는 지점)을 넘어서면 너무나 간극이 커져서 법체계가 존재하지 않게 될 정도가 된다.

 이제 앞에서 미뤄 둔 주제로 돌아가 보자. 법체제의 작동에서 해석적 능숙함의 본성은 무엇인가? 즉, 그런 체제의 공무원들이 시행된 법이 정식화된 법과 일치하도록 보장하고자 할 때 취할 수 있는 최선의 해석적 접근은 무엇인가? 한편으로는 이 책이 진행되는 높은 추상 수준에서는 이 주제에 관해 유익하게 이야기될 것이 그리 많지는 않다. 적합한 해석적 기법은 법체계마다 다르며, 마찬가지로 각각의 법체계 내에서도 시대마다 다르다. 다른 한편으로 풀러의 여덟 번째 원칙의 이론적 이유에 대한 앞서의 고찰에서 몇 가지 일반적인 논지가 따라 나온다. 비록 공무원들의 마음을 끄는 해석적 방법의 세부 사항들은 그 공무원들의 해석 시도가 이루어지는 개별 맥락에 달려 있겠지만, 근본적 목적은 법전상의 법의 지시와 조정 기능directing and coordinating function을 실제상의 법의 지시와 조정 기능과 일치시키는 것이다. 법의 정식에 의해 제공되는 지도가 법의 적용에 의해 제공되는 지도guidance와 대체로 일치할 때에만, 공무원들이 바로 앞 몇 문단들에서 이야기한 위험을 피한다. 물론 정식과 적용 간의 전적인 일치가 요구되지는 않지만 다대한 일치considerable degree of correspondence는 필요하다. 그와 같은 점을 고려할 때, 진정한 법체계라면 어느 것이나 두 제약을 충족한다. 첫째, 공무원들의 핵심 목적은 그 정식을 알고 또한 그 체계 내에서 지배적인 해석 카논interpretive canons도 알고 있는 감정에 좌우되지 않는 관찰자가 기대하는 바와 일치되도록 그들의 법체계의 규범의 정식을 해석하고 적용하는 것이다. 둘째, 자연스럽게 그 카논 자체가—이 카논은 전문화된 법 용어와 개념을 다루는 기법적 관행technical conventions으로 구성되지만 법규범의 정식이 쓰인 언어의 일상적 관행의 전부 또는 대부분도 이용한다―감정에 좌우되지 않으면서 그 정식과 쓰인 (영어와 같은) 언어에만 친숙한 관찰자의 기대를 좌절시키지 않고 충족하는 것이다. 이 두 번째 제약은 첫 번째 제약을 중대한 면에서 보완해 준다. 왜냐하면 이 두 번째 제약은 법전상의 법의 문언으로부터 상당한 이탈significant aberrations을 허용하며 요구하기도 하는 해석 카논을 배제하기 때문이다. 두 번째 제약은 그 체계의 공무원들이 그에 따라 전문화된 법적 어법과 범주specialized juridical parlance and categories를 이해하는 기법적 관행에 있어서 법체계들마다 차이를 보일 광대한 여지를 남긴다. 이러한 기법적 관행은 법체계 간의 차이에 따라 다를 수 있으며 실제로 다르다. 그런 기법적 관행의 다기함은 두 번째 제약에 의해 전혀 가로막히지 않는다. 대신에 그 제약이 막는 것은, 법전상의 법을 다른 규범 집합으로 사실상 대체하는 해석적 접근이다. 두 번째 제약은 진정한 법체계에서 충족되는데, 그러한 체계는 앞에서 언급한 종류의 대규모 대체를 수반하지 않기 때문이다.

확정적 타당성에 관한 제1장의 논의에서 지나가면서 잠시 건드렸던 상식적 가정도 법 공무원의 해석적 판단에 명시적으로는 아니더라도 내용을 충전해 준다. 즉, 법 공무원들은 일반적으로는 인간의 그리고 더 구체적으로는 그들 사회의 인간의 전형적인 욕구와 경향성과 기획에 관한 갖가지 배경적 믿음background beliefs을 활용할 것이다. 그 가정들은 그들이 적용해야 하는 법규범에 더 구체적인 목적을 귀속시킬 수 있게 해 주며, 더 나아가 그 규범들이 관련을 갖는 행동의 성격을 파악할 수 있도록 해 준다. 법 제정자와 보통의 국민이 취한 행동의 목적적 성격에 맞춘 재판관과 행정관의 적절한 대응 attunedness이 언제나 공공연하게 표명되지는 않겠지만 법을 적용하는 이 공무원들의 해석적 시도에서는 언제나 등장할 것이다. 법전상의 법과 실제상의 법 사이의 일치 상태를 유지하려는 만족스러운 시도라면 어느 것이나, 불가피하게 그런 적절한 대응에 부분적으로 의존할 것이다. 풀러가 그의 여덟 번째 해명 대부분을 법 제정자의 목적과 의도를 발견하려는 법 해석자의 논의에 바쳤을 때 바로 그 점을 인정한 것이다.

    법 해석에서 목적에 대한 강조는 법체계마다 다른 많은 상이한 해설 기법과 일관된다. 예를 들어 몇몇 관할에서는 법률 해석은 그 법률의 제정에 주로 책임 있었던 입법자들의 일정한 공언 또는 바로 그 법률의 경계 밖에서 이루어진 공언을 보통 참조한다. 다른 관할에서 재판관과 행정관은 그런 공언을 준거로 삼는 것이 허용되지 않는다. 그들은 법률의 문언에 초점을 맞추어 그 문언으로부터만 (물론 앞서 언급된 상식적 가정의 도움을 받아) 입법 목적을 추론할 것이 요구된다. 이 선을 따라 그리고 다른 많은 선들을 따라 있는 여러 변이들은 두 번째 앞 문단에서 이야기한 두 제약과 완전히 일치한다. 입법 의도의 확인과 그런 의도의 산물인 법률에 대한 해설을 위한 지배적인 기법의 세부 사항이 무엇이든 간에, 법체계 내의 재판 공무원과 행정 공무원은 그 체계의 입법자가 그 기법을 일반적으로 알고 있다고 간주하는 것이 정당화된다. 결과적으로 재판 공무원과 행정 공무원은 법률이 앞에서 언급한 기법에 따라 해석될 의도로 입법

되었다고 추정할 탄탄한 근거를 가진다. 입법자들은 그 입법자들이 법률이 해석되리라고 예상한 바대로 이해되어야 한다는 것을 의도한다. 사법부의 판례 법리와 행정부의 명령·규칙과 같은 법의 다른 유형에 대해서도 거의 같은 말을 할 수 있다. 그리고 해당 문서에 대해 일반적으로 널리 사용되는 접근을 잘 알고 있는 전문가들이 작성하는 수많은 사법상의 계약에 대해서도 마찬가지이다. 그렇다면 법 공무원이 그들의 관할 내에서 그들의 전문 직역에서 확립된 해석 장치에 의지할 때 그들은 그 법 제정자들의 일반적 의도에 따라 그 법을 이해하고 있는 것이다(Raz 1996, 266-267). 그런 결과는 공무원들이 위에서 이야기한 두 제약을 준수하는 데서 나온다. 공무원들의 그러한 준수는 법전상의 법과 실제상의 법의 합치를 법전상의 법을 목적을 갖고 있는 것something purposive으로 다룸으로써 확보한다.

단서를 달아 이 논의를 마무리해야겠다. 여기서 이야기된 것 중 많은 것 때문에 독자들이 풀러의 여덟 번째 원칙이 불명확한 의미를 풀어내는 해석의 끈질긴 기예를 전형적으로 포함한다고 추론할지도 모르겠다. 그런 기예는 정말로 때때로 필요한 것이지만, 법을 적용하는 공무의 과업은 훨씬 더 간단한 경우가 매우 자주 있다. 우리는 어려운 상소심 사건에서 판사들이 다룬 엉클어진 난제들이 법체계에서 매일매일 발생하는 문제들을 대표한다고 보는 비판법학자와 법현실주의자의 시각에 가담하지 않아야 한다. 오히려 그 반대이다. 행정 공무원과 재판 공무원이 내려야 하는 결정의 대다수는 단조로울 정도로 판에 박힌 것이며, 그런 결정을 내리는 과정에서 당혹케

하는 해석적 수수께끼와 마주하지 않는다. 물론 그 점을 인정하면서 까다로운 해석적 문제를 중심으로 하는 사건들에 대한 공무원의 숙고에 영향을 미치는 요소들 대부분이 흥미롭지 않은 흔해 빠진 사건들에서 작동하고 있는 것이라는 점도 받아들여야 한다. 마찬가지로 어려운 사건에서 적용되는 제약들은 법 공무원이 일상적으로 다루는 수많은 판에 박힌 여건에서도 적용된다. 그러나 그 제약들의 만족이 판에 박힌 여건이 현존하는 경우 너무나 쉽게 달성되기 때문에, 사실상 관련된 공무원이 아무런 의식적 성찰과 숙고를 하지 않아도 충족되는 것이다. 그런 맥락에서, 공무원은 법전상의 법과 실제상의 법 사이의 일치를, 주의 깊게 초점을 맞춘 해석상의 심사숙고 과정을 거치지 않고서 상당히 기계적으로 보존할 수 있다. 그들은 더 문제적인 여건에 대한 그들의 대응에 깔려 있는 것과 같은 가정들—앞에서 거론했던 상식적 믿음 같은 가정들—을 활용하지만 눈에 띄게 비성찰적인unreflective 방식으로 활용한다. 여기서 강조해야 하는 것은 기능하는 모든 법체계에서 공무원들이 직면하는 상황들은 이 지루하게 간단한 종류의 것이라는 점이다. 여러 가지 사실관계에 대해 법규범이 갖는 함의를 파악하고 있는 경우, 법 공무원들은 대개 고뇌에 찬 해석적 숙고를 할 필요가 없다. 법 공무원들은 풀러주의 합치 원칙을 준수하기 위한 그들의 더 폭넓은 책임의 핵심적 부분을 형성하는 자신들의 해석적 책임을 보통 거의 아무런 생각도 하지 않고 그리고 아무런 망설임도 없이 수행한다. 그래서 법전상의 법과 실제상의 법이 일치되도록 법을 시행하는 일은, 때때로 법 공무원들(특히 상소심 판사들)이 상당한 정도의 해석적 명민함을 발휘하는 것을 요하기는 하지만, 각각의 공무원이 맡은 역할의 판에 박힌 수행을 요하는 경우가 훨씬 더 흔하다.

2.2. 도덕적 이상으로서 법의 지배

이 장에서 지금까지는 풀러의 합법성 원칙 각각이 어떤 문턱 수준을 넘어서 충족되는 경우에 성립하는 사태로서 법의 지배를 탐구했다. 그런 사태가 성립하는 경우라면 언제나 기능하는 법체제가 존재한다. 다시 말해서, 이때까지의 논의는 특정한 법규범 또는 법체제의 유익성이나 해악성을 불문하고 추상적인 차원에서 법의 지배를 고찰했다. 이때까지 해명해 온 바의 나의 법의 지배관은 정치철학의 영역보다는 분석법리학의 영역에 속한다. 그것은 분석법리학적 관념jurisprudential conception이다. 그것은 법체제의 존재를 위해 각각 필요조건이면서 그 조건들 전체가 충분조건을 이루는 것들을 규정한다. 그럼으로써 그 법의 지배관은 모든 도덕적 질문과 정치적 질문에 대해 중립적이다. 예를 들어 법은 어떤 용도에 사용되어야 하는가, 개인의 삶에 가해지는 법적 규제의 적절한 한계는 무엇인가, 법규범의 조건하에서 사람들을 구별하는 여러 가지 패턴은 정당성이 있는가 또는 없는가, 법체제가 정의로운 체제가 되는 조건은 무엇인가 등등의 질문에 대해 중립적이다. 법체계의 존재를 위한 필요충분조건의 실현으로서 법의 지배는 그 자체가 도덕적으로 중립적이다. 그것은 지속되는 기간에 대규모로 유익한 목적들을 추구하는 데도 불가결하지만, 장기간 대규모로 사악한 목적들을 추구하는 데도 마찬가지로 불가결하다(Kramer 1999a; 2004a, 143-222; 2004b).

이 장의 후반부에서는 도덕적·정치적 이상moral-political ideal으로서 법의 지배를 면밀히 살펴볼 것이다. 법의 지배에 대한 분석법리학적 관념과 도덕적·정치적 관념을 구별하기 위해, 여기서부터 도덕적·정치적 관념에 따라 요약되는 현상은 고딕체를 사용해서(원문-대문자를 사용해서) '**법의 지배**'the Rule of Law라고 칭하겠다. 법의 지배가 물론 **법의 지배**와 온전히 일관되며 정말로 **법의 지배**의 중추적인 전제조건이기는 하지만, **법의 지배**는 법의 지배를 넘어선다. **법의 지배**의 본성을 제대로 이해하기 위해서는 형식의 문제가 어떻게 내용의 문제가 될 수 있는지 파악해야 한다.

내 논의는 풀러의 여덟 가지 합법성 원칙을 준거로 해서 새롭게 진행될 것이다. 그러나 여기서는 그 원칙들이 법체제가 존재하기 위해 각각 개별적으로 필요조건이고 다 함께 충분조건을 이루는 것으로서가 아니라 정치도덕의 원칙precepts of political morality으로 간주할 것이다. 모든 법체계가 정치도덕의 원칙으로 전화轉化된 이 원칙들 모두를 준수하는 것은 아니며, 모든 법체계가 **법의 지배**를 구현하는 것도 아니다.

정치도덕의 원칙으로 재인식되었을 때, 풀러주의 원칙들은 자유민주주의 전통의 가치들을 표현한다. 이 책에서 그 공통의 전통에서

갈라져 나온 서로 다른 전통을 하나도 빠뜨리지 않는 연구를—심지어 선별적으로 몇 가지만 골라서 간결하게 살펴보는 연구도—할 수는 없다. 간단히 자유민주주의 전통은 존 로크John Locke, 존 스튜어트 밀John Stuart Mill, 임마누엘 칸트Immanuel Kant, 프리드리히 하이에크Friedrich Hayek, 존 롤스John Rawls, 그리고 로버트 노직Robert Nozick 같은 사상가들을 포괄한다는 점만 지적해 두겠다. 이 사상가들 및 자유민주주의에 대한 다른 저명한 수많은 옹호자들은 지난 4세기 동안 많은 쟁점에 대해 의견을 달리했지만, 의견을 같이 했던 몇 가지 지점들이 있다. 자유민주주의 전통에 중심적인 것은, 개인의 자유·자율성·존엄, 국민의 생명과 기본적 복지를 보호해야 할 정부의 책임, 공권력의 영역에서 이성적인 숙고와 정당화의 중요성, 성인의 선거 및 다른 형태의 정치활동 참여 기회, 그리고 정부권력의 분립에 대한 강조였다. 이 가치들은 **법의 지배**로 그 결실을 맺게 된다. 풀러의 원칙들은, **법의 지배**의 개요로서는, 이 가치들의 형식적 차원들을 명시하고 있는 것이다. 앞으로 살펴볼 바와 같이, 법의 지배에서 **법의 지배**로 초점을 옮기면 이와 함께 앞에서 언급된 각 원칙들의 의의도 그 내용이 풍부해지면서 달라진다.

2.2.1. 일반규범에 의한 통치

합법성의 첫 번째 원칙이 엄밀하게 분석법리학적 논제로 제시될 때, 그것은 법체계의 존재를 가능하게 하고 그것을 구성함에 있어서 일반규범이 수행하는 핵심 역할을 강조한다. 그 어떤 법체계에도 수많은 개별화된 지시가 필요하다는 점을 부인하지 않으면서, 일반성의 원칙은—분석법리학적 논제로서—일반규범 없이는 법체계가 법체계로서 기능할 수 없다고 주장한다. 일반규범들은 법체제의 기본이 되는 법이며, 법체제 안의 개별화된 지시들 대부분은 일반규범의 적용이다. 그 규범적 구조에 일반성이 없다면 법체계는 애초에 법체계가 아닐 것이다.

풀러의 첫 번째 원칙이 **법의 지배**의 원칙으로 재이해再理解된다고 해서, 2.1.1.에서 훨씬 더 자세히 살펴본 일반성의 분석법리학적 의의가 부인되거나 가치가 격하되는 것은 확실히 아니다. 그러나 그 의의는 법제도에서 일반성의 속성이 갖는 도덕적·정치적 함의에 의해 보충된다. 그 함의를 살펴보기 전에, 도덕철학자 리처드 헤어 Richard Hare에 의해 다른 맥락에서 강조되었던 하나의 구별을 간략히 살펴보고 고려에 넣어야겠다. 그것은 일반성/특수성generality/specificity과 보편성/개별성universality/particularity의 구별이다(Hare 1963, 38-40; 1981, 41; 1989). 이 구별은 이때까지 일반성에 관해 논급할 때 제쳐 두었던 것이며, 풀러가 전혀 주목하지 않고 지나갔던 것이기도 하다. 게다가 내 논의의 목적을 위해 헤어가 제시한 대조는 완화될 수 있고 완화되어야 한다. 그럼에도 불구하고 그 대조에 대한 간략한 요약이 현재의 논의의 초점을 예리하게 하는 데 도움이 될 것이다.

일반성은 언제나 정도의 문제이며, 사물의 더 구체적이거나 상세한 특성으로부터 추상한 것에 있다. 만일 두 특성이 그 일반성에서 같은 등급이고 그중 한 특성의 보유가 다른 특성의 보유를 필함한다면, 더 특수한 특성이 더 일반적 특성을 필함하는 것이지 더 일반적 특성이 더 특수한 특성을 필함하는 것이 아니다. 그러므로 예를 들어, 사자라는 속성이 동물이라는 속성을 필함하는 것이지 동물이라는 속성이 사자라는 속성을 필함하는 것이 아니다. 일반적인 법은 행동의 예들의 많은 구체적인 성질들에서 추상화한 것이다. 예를 들어 살인을 금지하는 법은 다양한 유형(교살, 총으로 쏘기, 칼로 찌르기 등등)의 살인의 표지가 되는 특수한 특성들로부터 추상한 것이다.

보편성은 일반성과 다른 것이다. 정식화된 규범은 그것이 개인이나 시간 또는 장소와 같은 개별적 존재자들에 대한 고유명 지시no named references를 담고 있지 않는 경우 오직 그 경우에만 보편적이다. 예를 들어 에이브러햄 링컨이나 1922년 또는 프랑스와 같은 고유명 지시는 그 정식에서 보편성을 박탈할 것이다. 개별 사람이나 사물에 대한 고유명 지시라면 어느 것이나 보편성에 어긋나기는 하지만, 특수성은 반드시 보편성에 어긋나는 것이 아니다. 보편적 규범universal norm은 고도로 특수할 수 있다. 예를 들어 빨강 머리와 갈색 눈을 가진 사람이 목요일에 만병초萬病草에 물을 주는 것을 금지하는 규범은 그 세부성detail에도 불구하고 보편적 규범을 표현하는 것이다. 그런 법은 비록 지시하는 유형(머리색, 눈색, 꽃, 그리고 일의 유형)이 상당히 구체적concrete이기는 하지만 개별자들particulars에 대해서 고유명 지시를 하지는 않는다.

이미 이야기한 바와 같이 일반성에 대한 나의 해명은 이때까지는 일반성/특수성 이분법과 보편성/개별성 이분법의 대조를 무시했다. 이때까지의 논의에서는 그 대조를 고려할 필요가 없었다. 왜냐하면—내 논의의 목적을 위해서는—개별성이 특수성의 극단적 형태로 간주될 수 있기 때문이다. 그러나 현재의 논의 맥락에서는, 특수성과 개별성의 구별은 이때까지는 무시해도 괜찮았던 바로 그 이유로 주의를 기울일 가치가 있다. 즉, 특수성과 개별성의 친연성親緣性, affinities에 주의를 기울이기 위해 그 구별을 주목해야 한다. 법에서 개별 사람들을 고유명으로 지시하는 것 대부분이 유해하고 차별적이라면, 매우 특수하지만 고유명에 의하지는 않은 지시 대부분도 유해하고 차별적이다. 도덕적·정치적 관점에서, 후자의 종류의 지시(매우 특수하지만 고유명에 의하지는 않은 지시-옮긴이)의 효과는 전형적으로 전자의 종류의 지시(고유명 지시-옮긴이)의 효과만큼이나 반대할 만할 것이다.

여기서 특히 큰 우려의 대상이 되는 것이 확정기술definite descriptions이라고 불리는 것이다. (보통은 정관사 '그'the와 함께) 적합한 정식화를 활용해서 사람이나 사물의 고유명을 언급하지 않고도 개별 사람이나 존재자를 골라내는 기술 말이다. 그래서 '목요일에 만병초에 물을 준 사람 중에서 키가 가장 큰 사람'은 그 사람이나 다른 개별 존재자의 고유명을 언급하지 않고도 어떤 특정 개인을 골라낸다. 그런 기술이 보편적이긴 하지만, 도덕적 평가의 대상으로서 그런 기술은 개인을 고유명에 의해 지시하는 것을 포함하는 기술과 매우 비슷하다. 〔확정기술이 개별자particulars를 골라낸다는 점에도 불구하고, 그중 많은 것은 그런 개별자를 식별하는 데 유용한 지침이 아니다. 바로 앞의 확정기술의 예도 도저히 그것이 유일무이하게 지시하는 사람을 식별하는 매우 유용한 지침이라고 볼 수 없다. 한층 더 분명한 것은, '아직까지 누구에게도 발견되지 않은 가장 큰 은하' 같은 확정기술이 거의 아무런 가치를 갖지 않는다는 점이다. 이런 식의 확정기술은 그 지시체가 어떤 은하로 식별되자마자 그 유일무이한 지시체에 적용될 수 없게 된다.(그 은하는 이미 발견된 것이므로 '누구에게도 발견되지 않은'이라는 술어를 만족할 수 없게 된다. – 옮긴이)〕

물론 확정기술, 개별자에 대한 고유명 지시, 그리고 대단히 특수한 기술의 유사성은 **법의 지배**뿐만 아니라 법의 지배에도 중요하다. 앞서 논한 바와 같이 법의 기본적 기능은 풀러주의 일반성 원칙으로부터 지속적으로 전면적으로 이탈할 때 치명적으로 손상을 입을 것이다. 그 결과는 그 이탈이 확정기술을 통해서건 개별자에 대한 고유명 지시를 통해 일어났건 아니면 이 일반성을 훼손하는 장치 중 어떤 조합을 통해 일어났건 관계없이 뒤따를 것이다. 법체제에서 지나치게 많은 규범이 이 장치들 중 어느 하나에 의해 정식화됨으로써 일반성을 잃게 되면, 그 체제는 법체제로서 그 기능성functionality을 잃게 될 것이다. 그런 장치에 의해 발생하는 효과의 유사성은 그래서 커다란 분석법리학적 의의를 가진다. 그러나 이 유사성은 현재 논의를 하고 있는 편subsection에서 특히 중요하다. 여기서 우리는 **법의 지배**에 초점을 맞추고 있으며 그래서 오로지 분석법리학적인 관심사에서 떠나 정치도덕의 관심사concerns of political morality를 살펴보고 있다. 일반성을 훼손하는 각각의 장치를 개탄할 만한 잠재적인 부분은 어떤 면에서 서로 구별되기는 하지만, 주로 그 장치들 간의 공통적인 것에 있다. 법규범의 정식에 있어서 개별 사람에 대한 고유명 지시의 악惡이 그런 지시가 일반성을 훼손하는 다른 수단에 의해 대신 달성된다고 해서 제거되지도 심지어 완화되지도 않는다는 것을 알아야 한다.

일반성을 훼손하는 수단의 특별한 악덕을 살펴보기 전에, 법이 일반성에서 벗어나는 것의 더 폭넓은 도덕적·정치적 결점을 고찰해 보아야 한다. 우선, 그런 이탈이 항상 유감스러운 것은 아니라는 점을 강조해야겠다. 개별화된 지시 형태로 이루어지는 이러한 이탈 중 많은 것은 이미 살펴본 바와 같이 법체계의 기능에 필수적이다. 상당수의 다른 일반성 이탈departures form generality도 적절한 방식으로 사람들 사이의 도덕적으로 유의미한 차이를 반영한다는 점에서 마찬가지로 유익하다. 모두가 그 점은 기꺼이 인정할 것이다. 그러나 여기서는 유익하지 않은 수많은 다른 일반성 이탈—**법의 지배**로부터 벗어나게 하는 일반성의 훼손—에 관심을 갖고 있다.

물론 바람직하지 않은 일반성 이탈이 반대할 만한 한 가지 핵심 측면은 일반성의 분석법리학적 의의와 직접 관련되어 있다. 일반성 이탈은 법의 지배를 손상시킨다. 즉, 일반성 이탈이 발생하는 법체계의 기능을 손상시킨다. 일반성 이탈이 누적되면 법체계의 기능성에 치명적일 수 있다. 결과적으로 일반성 이탈은 법체계에 불가결한 절실한 선—공공질서, 사람들의 활동 및 사회제도의 조정, 개인의 자유의 보호—을 실현하는 것을 위험에 빠뜨린다. 확실히 그 해로운 효과는 (**법의 지배**로서) 풀러주의 일반성 원칙이 경고하고자 하는 악들 중 하나이다. 그러나 그 해로운 효과를 제쳐 놓는다고 하더라도, 그 범위에 있어서 개별화된 법규범이나 매우 특수한 법규범을 경계할 탄탄한 도덕적·정치적 근거들이 있다. 물론 그런 규범 중 일부는 유익할 수 있지만 많은 것이 그렇지 않다.

개별화된 지시와 고도로 특수한 정식은 바로 그 특유한 제한성 때문에 비도덕적 목적에 사용되기 쉽다. 개별화된 지시와 고도로 특수한 정식은 그것이 일반규범을 실행하는 도구인 경우를 제외하고는—즉, 그것들이 개별 사건과 개인에게 일반적 법을 적용하는 사법 및 행정상의 명령judicial orders or administrative decrees인 경우를 제외하고는—근본적 법적 평등과 공정성fundamental legal equality and fairness을 향한 **법의 지배**의 열망을 훼손한다. 정실인사情實人事를 비롯하여 (매우 협소하게 특정된 기술에 부합하는 사람들을 위한 세법상의 예외와 같이) 여러 형태의 편애를 실행하는 데 유용하며, 경멸받는 집단의 구성원들에 대한 유해한 양태의 차별을 실행하는 데도 마찬가지로 유용하다. 일반성 이탈은 법-정부 공무원의 목적 달성에 방해가 될 수 있는 재판 절차나 다른 절차를 피하는 책략에 해당할 수 있다. 입법자들이나 다른 공무원들이 폭넓게 (관할 내의 모든 사람들이나 그중 상당한 규모의 부분집합) 발령되는 법을 제시해야 한다는 규율을 따르는 것을 거부할 때, 그리고 대신에 매우 제한적으로 발령되는 법을 채택할 때, 그들은 해당 법규범이 서로 다른 많은 관점에서 공정한 것으로 인정될 수 있도록 보장할 그들 자신의 유인을 줄이는 것이다.

법에서 특정 개인에 대한 고유명 지시는 특히 추악한 것으로 보일 수 있다. (비슷한 상황에 있는 면들과 관련하여 같은 명령을 받아야 하고 같은 자격을 가져야 한다는 의미에서) 비슷한 상황에 있는 사람은 똑같이 대우해야 한다는 이상에 매우 심하게 반하기 때문이다. 그런데 확정기술 및 고도로 특수한 기술은, 그 용어가 특수적이지 않고 보편적이라 할지라도, 같은 이상을 파괴하는 솔직하지 못한 수단이 될 수 있다. 실제로, 솔직하지 못하게 우회하는 그런 장치들은—부당한 목적에 사용되는 경우—그 흉한 모습을 더 추하게 만든다. 법규범 정식에서 특정 개인들을 고유명으로 지시하는 것은 더 직설적이므로, 일반성을 훼손하는 다른 우회적인 장치에 비해 공적 검토를 받기가 더 쉽다. 고유명 지시가 도덕적으로 의문스럽긴 하지만, 적어도 그 의문스러움은 위장되어 있지 않고 토론의 대상이 되도록 공개되어 있다. 보통 확정기술과 고도로 특수한 기술은 고유명 지시만큼 투명하지는 않다. 이미 언급한 바와 같이 확정기술이 언제나 그 지시체 식별을 위해 유용한 지침인 것은 아니다. 물론 고도로 특수한 기술도 마찬가지이다. 그런 기술을 담고 있는 법의 불투명성이 대부분의 여건에서 상당히 쉽게 간파할 수 있는 것이기는 해도, 간파될 수 없는 추가적인 정도만큼 그런 법을 불신할 추가적 근거가 있는 것이다.

적어도 한 측면에서는, 법규범 정식에서 특정 개인에 대한 고유명 지시는 고유하게 개탄할 만한 점이 있을 수 있다. 지칭된 사람에 대한 가혹한 형태의 대우를 명령하는 내용으로 법에 수용될 때, 고유명 지시는 공적인 모욕의 목적에 복무할 수 있다.(그리고 그런 목적을 달성할 의도로 사용될 수 있다.) 공적 모욕을 주는 역할을 하는 고유명 지시는 그 자체로 한 형태의 처벌이며, 그래서 처벌이 어떤 경우에 언제 내려져야 하는가를 정하는 통상적인 재판과 행정 절차를 피하는 특별히 추잡한 방식이다. 그래도 다른 일반성을 훼손하는 장치도 특정 개인들에게 대중의 맹비난을 초래하는 데 있어 고유명 지시만큼이나 노골적이고 효과적일 수 있으며 강력하게 그 기능을 수행할 수 있다. 그 상대적인 간접성 때문에 지시체를 쉽게 식별하기 어려운 경우를 제외하고는, 그렇게 일반성을 훼손하는 다른 장치들은—불이익을 부과하는 법에서—골라내진 개인들에게 자극적으로 주의를 환기할 것이다. 그런 장치의 솔직하지 못함은, 그 자체로도 반대할 만한 것이지만, 음흉하게 조롱하는 메시지도 전달할 수 있다.

어쨌거나 일반성을 훼손하는 책략들이 몇몇 면에서는 서로 다르긴 하지만, 법규범의 정식에서 부적절하게 사용될 때 그 주된 효과는 같다. 그런 장치들은 평등과 공정 그리고 적법절차라는 자유민주주의의 중심적 가치 중 일부와 직접 충돌하지는 않더라도 긴장관계에 있다. 따라서—특정 개인들이나 집단들에게 그 법을 적용하는 명령이나 결정과는 달리—통치체계의 상시법常時法, standing law은 일반성을 훼손하는 장치로 정식화되는 경우가 거의 없어야 한다. 분석법리학적 원칙으로서뿐만 아니라 정치도덕의 원칙으로서 풀러의 첫 번째 원칙은 일반성을 훼손하는 장치들을 반대하는 경고이다. 물론 이 장치들을 항상 피해야 하는 것은 아니지만 아주 조금만 조심스럽게 사용되어야 한다. 사회의 상시법에서 일반성을 훼손하는 장치가 빈번하게 사용되면 사회의 법체계의 존재 자체를 위험에 빠뜨릴 것이며 그 체계가 실현할 수도 있는 핵심 자유민주주의 가치 중 일부도 위험에 빠뜨릴 것이다. 가끔만 사용된다고 하더라도—그래서 법체제의 존재를 위험에 빠뜨리지는 않는다고 하더라도—자유민주주의적 가치를 경악할 정도로 잠식할 수 있다. 요컨대 일반성을 훼손하는 장치를 불신할 도덕적·정치적 이유들은 분석법리학적 이유들보다 한층 더 광범위하다.

2.2.2. 공개적 확인 가능성

우리가 살펴본 바와 같이, 체제가 풀러주의 공포 원칙을 준수하는 것은 법의 지도와 조정 기능의 수행에 필요불가결하다. (전문가 조력을 받더라도) 사람들이 법적으로 명령되고 허용되며 할 권한이 있는 것이 무엇인지 아무것도 모른다면, 그들의 표면상의 법체제의 규범은 그들의 행동을 지시하지 못할 것이다. 그 체제는 진정한 법체제로서 작동하는 것이 아닐 것이다.

간단히 말하자면, 앞 문단은 엄밀하게 분석법리학적 형태의 풀러의 두 번째 원칙을 다시 이야기한 것이다. 여기서는 **법의 지배**의 요건을 표명하는 형태의 두 번째 풀러주의 원칙을 논의할 것인데, 그 원칙을 지지하는 근거가 정치도덕의 고려 사항에 의해 보충될 것이다. 물론 정치도덕의 고려 사항들이 모든 법규범 하나하나의 내용을 모든 시민들 개개인이 다 아는 것을 요청하지는 않는다. 그렇게 터무니없이 부담이 큰 열망은 분석법리학적 관심사에서도, 자유민주주의적 가치에서도 도출되지 않는다. 대신에 요구되는 것은 기능하는 법체계의 존재를 위해 꼭 필요한 것, 즉 그 체계의 규범을 공개적으로 확인할 수 있을 것the public ascertainability of the system's norms이다. 임의의 시점에 대부분의 국민은 법의 내용 대부분을 잘 모를 것이지만, 그 법 중 어느 것의 내용이라도 (아마도 전문가의 조력을 받아) 잘 알 수 있는 기회를 끊임없이 가질 것이다. 실제의 확인actual ascertainment이 아니라 합당한 확인 가능성reasonable ascertainability이 추구되어야 할 필요조건이다.

법의 공포에 찬성하는 이유가 되는 도덕적·정치적 고려 사항들에는 몇 가지가 있다. 우선 첫째로, 법체계의 존재에 의해 가능하게 되는 선—공공질서, 사회적 조정, 개인의 자유 확보 등등—은 공포 원칙에서 상당히 이탈하면 몹시 줄어들 것이다. 공포 원칙 이탈이 전면적이고 지속된 결과 기능하는 법체계의 존재 자체의 기반이 무너진다면 그 선들은 전적으로 상실될 수도 있다. 그러나 법체제가 기능하기 위한 필요조건에 직접 관련된 이러한 관심사를 넘어서 몇 가지 중심적인 자유민주주의적 가치들도 걸려 있다.

법을 부과하는 의무가 공포되지 않는다면, 국민은 그 법의 내용에 맞게 행동할 공정한 기회를 전혀 제공받지 못한 것이다. 국민이 공개되지 않은 법적 명령을 자신도 모르게 준수할 만큼 충분히 운이 좋지 않다면 그들은 그 명령이 확립한 의무를 이행하지 않는 행위를 했다는 이유로 처벌받을 책임을 자신도 모르게 지게 된다. 적절한 경고가 없다면 법-정부 제도의 강제력이 국민에게 불리하게 행사될 것이다. 국민의 관점에서 보면 그런 상황에서 법-정부 공무원들의 강제력은 언제나 자의적이다. 강제력은 법적 명령의 실행으로 행사되는데, 국민이 위반 행동을 한 시점에는 국민이 그 명령을 알 수 없는 상태였기 때문이다. 도덕적 행위자로서 국민의 지위는—국민의 도덕적 자율성은—적절하게 존중받지 못했다. 국민이 도덕적 자율성을 가진 도덕적 행위자이기 때문에, 국민의 사회의 법-정부 제도는 그 국민을 그저 합당한 선택지만 주면 족한 것이 아니라 그 선택지들이 무엇인지도 국민이 알 합당한 기회도 주어야 한다. 체제가 법적 명령을 공포하지 않는다면 그 중차대한 기회를 주지 않는 것이다. 그러므로 확인될 수 없는 명령의 내용 자체는 공정하다고 하더라도 체제는 자신이 통치하는 국민에 대한 경시disrespect를 보여 준 것이다.

풀러는 법 공포의 또 다른 미덕도 논했다(Fuller 1969, 51). 정치적 감정을 표현할 광범위한 자유를 허용하는 사회에서 공중의 구성원들에게 법규범들의 내용이 접근 가능한 경우 이 규범들은 토론과 이의의 대상이 되도록 공개되어 있다open to debate and challenge. 사람들이 여러 가지 법의 내용을 알아낼 능력은 그것 덕분에 그들의 행동을 조정할 수 있기 때문이기도 하지만, 또한 무지와 숙지되지 않은 사변에 기초하지 않고 탄탄한 앎에 기반해서 그 법들을 비판할 입지에 있게 되기 때문에도 소중하다. 법 공무원들의 행위의 산물에 대한 공중의 검토는 이 산물과 행위가 정규적으로 공개되는 것에 달려 있다. 그런 검토는 일반적으로 **사전적**으로도 **사후적**으로도 유익하다. 그것은 이미 법전상에 있는 법을 개선하는 데도 자연스럽게 도움이 되지만 사전에 미리 개선될 점을 개선해 놓고 법을 만들도록 하는 영향도 미친다. 자유민주주의 사회의 입법자들과 다른 법 공무원들이 그들이 만드는 법이 공중이 볼 수 있는 상태에 놓이게 될 것이라는 점을 알 때 그들은 명백하게 불공정하거나 의문스럽지 않은 법을 만들려고 하는 강한 유인을 갖게 된다. 법 공무원들은 법규범을 정식화할 때 제기될 만한 이의를 예상하고 그런 이의가 나오게 한 우려를 처리함으로써 그 이의를 해소하거나 만족시키려고 할 유인을 가질 것이다.

법규범이 공중의 검토의 대상이 되도록 공개되어 있는 것이 전적으로 이상하지 않은 일부 맥락에서는 유익하기보다는 해로울 수 있다는 점은 인정할 수 있다. 예를 들어 인종주의적 감성이 국민들 사이에 널리 퍼져 있는 사회에서는 법을 공중이 확인할 수 있다는 것은 입법자 및 기타 법 공무원이 그 혐오스러운 감성에 반하는 법규범을 채택하지 못하게 할지도 모른다. 그러나 특정 법이나 법의 특정 부분을 숨기는 관행 덕분에 공무원들이 그런 관행이 없었을 경우와 비교해 인종적 소수의 곤경에 대처하는 추가적인 조치를 취할 수 있는 용기를 주더라도—그런 결과가 꼭 따른다고 볼 수는 없는 데다가—그런 속임수는 공중의 구성원의 도덕적 행위자성에 대한 상당한 경시disrespect을 포함할 것이다. 국민에게 간곡한 권고와 이성적 설득을 하는 대신, 공무원은 국민이 이성적 능력을 발휘하여 할 비판을 은밀하고 교묘하게 피하는 셈이 된다. 그런 종류의 방침(국민의 비판으로부터 법규범의 내용을 숨김으로써 선을 달성하려고 하는 방침-옮긴이)은 달성된 선이 상당히 크고 그것이 더 솔직한 방식으로 달성될 확률이 0이라면 정당화될 수 있을지도 모른다. 그럼에도 불구하고 그런 접근의 속임수는 유감스러운 측면을 이룬다. 일부 법규범과의 관련하에서 은폐 관행의 잠재적 정당화 가능성은 다른 법규범으로 그 관행을 확장하는 것을 거의 정당화해 주지 못한다. (이 문단의 어떤 것도 정직이 한결같이 미덕이라고 전제하지 않는다는 점을 주목하라. 어떤 사람이 역겹게 공격적이고 압제적인 적에게 치명적인 국가 기밀을 넘겨주는 경우, 그의 의사소통은 진솔하고sincere 정확하다accruate는 이유 때문에 도덕적으로 더 나은 것이 되지 않는다.[4] 여기서 전제된 것은 정직함frankness이 법-정부 공무원과 국민 사이의 상호 작용에서 통상적으로는 미덕이라는 점이다. 공무원이 정직함을 피하여 어떤 도덕적으로 필요불가결한 목적을 달성하려고 하는 여건에서는, 위장은 유감스러워 할 것이긴 하지만 회한悔恨을 느낄 일은 아니다.)

---

4 정직이 본질적으로 또는 한결같이 미덕이라는 견해에 대한 훨씬 더 긴 논증은 Kramer 2004a, 208-210쪽을 참조.

법의 공포를 찬성하는 또 하나의 도덕적·정치적 요소는, 법이 공포될 경우 공중의 구성원이 법이 그 내용에 따라 시행되는지 아닌지 확인할 입지에 있게 된다는 것이다. 다시 말해서, 공포는 법 자체 laws themselves에 대해서뿐만 아니라 법의 적용 their applications에 대해서도 공중의 검토를 촉진한다. 이 논지는 결코 집행되지 않는 법적 명령과 관련해서, 그리고 결코 행사되지 않는 공적 권한을 확립하거나 결코 실행되지 않는 사적 권한을 확립하는 법과 관련해서 특히 중요하다. 국민이 그런 명령이 있다는 것 그리고 그런 권한을 부여하는 법이 있다는 것을 알 수 없다면, 그들은 공무원들이 태만하다는 것을 알 수 없을 것이다. 특정 법을 시행하지 않는 태만 laxity이 언제나 바람직하지 못한 것은 결코 아니지만, 그 바람직함과 바람직하지 못함은 보통 공중의 토론 대상이다. 법 그 자체가 국민이 아는 것에서 벗어나 있다면, 공무원들만이 법을 성실히 시행하는 것이 적절한지 아니면 태만히 시행하지 않는 것이 적절한지 평가할 수 있을 것이다. 드문 경우를 제외하고는 그런 종류의 문제에 대한 판단은 배타적인 엘리트 공무원 집단에게만 유보되는 것이 최선이 아니다. 물론 그런 문제에 대한 행정관들과 재판관들의 견해는 보통 특별한 비중을 지니지만 보통의 국민도 의견을 이야기할 수 있어야만 한다.

공포의 원칙을 찬성하는 이 갖가지 도덕적·정치적 고려 사항이 모든 법이 공개적으로 확인 가능해야 한다는 관념을 뒷받침하지 않음은 분명하다. 정치도덕의 원칙으로서 이해된 풀러의 두 번째 원칙은 그의 다른 원칙들과 마찬가지로 타협될 수 없는 독단이 아니다.

어느 정도의 위장이 도덕적으로 최적일 수 있는 (광범위하고 뿌리 깊은 인종주의라는) 하나의 맥락을 이미 살펴본 바 있다. 예외로 둘 만한 또 다른—국가기밀과 관련된 사안처럼—사안들도 은밀한 접근을 통해 다루는 것이 마찬가지로 최선일 수 있다. 이 논의의 요점은 공포를 찬성하는 요소들이 이와 대립하는 고려 사항들을 언제나 이긴다는 주장이 아니었다. 실제로 내 목적은 이 요소들이 어느 정도 공포를 찬성하는 비중을 한결같이 가지리라는 주장조차 아니었다. 그런 전면적인 주장은 필요한 것도 아니고 지탱될 수 있는 것도 아니다. 대신에 여기서 논의의 목적은 법의 공적 접근 가능성을 전형적으로 요청하는 어떤 도덕적·정치적 가치를 강조하는 것일 뿐이었다. 도덕적·정치적 형태로의 풀러의 공포 원칙은 이 가치들을 압축하여 나타낸다.

2.2.3. 장래성

공포의 원칙처럼 장래성의 원칙이 한결같이 전면적인 요구를 표명하는 것은 아니다. 앞서 논한 바와 같이, 일부 소급법 제정은 불가피하고 바람직하기도 하다. 그럼에도 불구하고 소급법의 잠재적 부정의는 명백하고, 그 결과 소급성에 반대하는 작용을 빈번하게 하는 도덕적·정치적 고려 사항도 명백하다.

법의 소급적 수정 중 일부는 그 법에 영향받는 모든 사람들이 (실제로 발생한 시점만이 아니라) 관련된 시점에 그렇게 수정되리라는 점을 고려에 넣을 공정한 기회를 가졌을 정도로 예측 가능하다고 생각될 수 있다. 그러나 그보다 훨씬 가능성이 높은 일은, 법의 소급적 수정이 그 수정에 의해 영향받는 사람들 중 일부 또는 전부가 예상하지 못한 상태에서 이루어지는 것이다. 그런 경우에는 사람들은 법의 새로운 규정을 준수하여 행위할 공정한 기회를 갖지 못한 것이다. 어느 누구도 시간을 되돌려 자신의 행동을 소급적으로 조정할 수 없다. 풀러는 이 문제에 관해 의무를 부과하는 법과 관련해서만 논평했다. 그는 '어제 어떤 일을 하라고 오늘 명령하는 것의 야만적인 부조리함'을 고찰했다(Fuller 1969, 59). 그러나 그 문제는 의무를 부과하는 법 이외의 법에서도 발생한다. 예를 들어 어떤 관할의 계약법에서 상당한 변화가 소급적으로 이루어졌는데 그 변화가 소급되는 과거 시점에 온전히 예측할 수 없는 것이었다면, 행위 당시에 효력 있던 계약 형성 절차를 그대로 따랐던 일부 사람들에게 불이익을 줄 것임이 거의 확실하다. (대부분의 여건에서) 그들의 처지는 의무를 부과하는 법이 불리하게detrimentally 적용될 때와 마찬가지로 불공정한 것이 될 것이다. 각 경우에, 법의 수범자는 사실상 어떤 것을 어제 했어야 한다고 오늘 고지받는 것이다. 그런 결과는 각 수범자가 도덕적 행위자로서 숙고하고 선택할 능력의 가치를 무시하는 것이다. 개인의 선택에 의해 결정되었다고 상정되는 법적 결과는 사실은 개인의 선택에 의해 이미 발생한 법적 결과를 철회하는 공무원의 결정에 의해 관련 사실이 완성되고 난 뒤에 부과된 것이다. 형성 당시에 상당히 합당했을 사람들의 기대가 박살 난 것이다.

정당한 기대의 빈번한 파괴는 직접 관련된 개인들에게뿐만 아니라 경제의 효율적인 작동에도 유해하다. 경제의 법적 틀이 소급적 파기retroactive reversals 때문에 신뢰할 수 없다면, 생산자는 전형적으로 모험적인 사업을 하는 경향이 줄어들 것이며, 소비자는 큰 거래를 하는 경향이 전형적으로 줄어들 것이다. 이 논지는 경제가 주로 자본주의적인 것인지 사회주의적인 것인지와 관계없이 적용된다. 그래서 도덕적 행위자로서 모든 분별력 있는 성인의 지위의 완전성integrity은 법에서의 많은 소급적 변화에 반대하는 비중을 갖는 중요한 도덕적·정치적 요소로서 유일한 것이 아니다. 사회 전체의 번영도 걸려 있다. 비록 적절한 상황에서 소급적 법규범이 사회의 번영을 증진할 수도 있지만, 부적절한 상황에서 소급적 법규범의 존재는 정반대의 효과를 낳을 것이다.

물론 더 넓게 보자면, 소급적 법규범의 과잉은 법체제의 계속된 기능성을 무너뜨리는 경향이 있을 것이다. 그 경우에는 소급적 법규범 과잉의 해로움은 사회의 경제에서뿐만 아니라 그 사회 안에 사는 사람들의 삶의 사실상 모든 다른 측면에서도 느껴질 것이다. 법체계가 더 이상 법체계로서 존재하고 작동하지 않는다면, 그 질서화하고 조정하고 안정화하는 효과는 사라지고 말 것이다. 그런 결말의 분석 법리학적 중대성에 상응하는 도덕적·정치적 무게가 있다.

그렇다면 소급법의 사용에 대한 상당히 엄격한 제약은 정치도덕에 대한 여러 가지 고려 사항들에 의해 결정된다. 고지를 받는 이들에게 그리고 고지를 제공하는 규율을 따르라는 명령을 받는 이들에게 공정한 고지가 갖는 유익함, 각 개인의 도덕적 행위자성의 존엄, 사람들의 정당한 기대를 지지하는 것, 사회의 경제활동의 효율성 추구, 그리고 법체계의 존재의 전제조건인 일반적인 절실한 선이 그것이다. 물론 이 요소들 중 어느 것도 소급법을 일관적으로 금지하는 것을 정당화하는 데 가까이 가지는 않는다. 법이 과거 시점에 효력을 미치는 것은 때때로 필요하거나 바람직하다(또는 필요하기도 하고 바람직하다). 그럼에도 불구하고 소급법 사용을 반대하는 도덕적·정치적 요소는 많은 맥락에서 적합하고 무겁다. 법의 소급성의 잠재적 해로움을 제대로 이해하기 위해 꼭 극단적인 사악함의 경우―장검의 밤the Night of the Long Knives에 아돌프 히틀러와 그의 지지자들이 저질렀던 대량 학살의 소급적 합법화와 같은 경우(Fuller 1969, 54-55)―를 찾아보아야 하는 것도 아니다.(장검의 밤은 1934년 6월 30일부터 7월 2일까지 아돌프 히틀러가 정적 세력을 3일에 걸쳐 사법절차도 전혀 거치지 않고 억류하고 살해하는 야만적인 방식으로 숙청한 사건이다. -옮긴이) 훨씬 더 훌륭한 법체계의 훨씬 더 평범한 환경에서도, 법의 명령이나 법적 권한 부여를 관련 사실이 완료되고 난 이후에 변경하는 것이 법의 수범자의 도덕적 행위자성에 대한 적절한 존중에 어긋나는 경우가 매우 자주 있다.

2.2.4. 명확성

방금 거론한 것과 대체로 비슷한 도덕적·정치적 고려 사항들이, 여기서 **법의 지배**의 핵심 요소로 재고되는 풀러의 네 번째 원칙 — 명확성perspicuity 원칙 — 의 요체linchpins이다. 법의 내용이 (법 전문가가 숙독하는 경우에도) 절망적일 정도로 불명확하거나 정보를 주지 않는다면 국민은 그들이 권한을 부여받거나 명령받거나 허용되는 것이 무엇인지 확인할 수 없을 것이다. 불명확성이 어떤 관할 내에서 법의 큰 부분에 만연한다면, 그것은 분석법리학적 중요성을 지닌다. 그러한 불명확성은 그 관할의 법체계의 기능성을 치명적으로 무효화할 것이다. 그러나 불명확성이 그 정도 규모로 증식하기 훨씬 전에 명확성 원칙을 찬성하는 도덕적·정치적 근거들이 촉발될 것이다.

다른 한편으로, 비록 성문법과 다른 법원의 매우 높은 추상 수준이 일정한 영역에서는 의문의 여지없이 바람직하지만 장점만큼이나 언제나 단점을 수반한다. 그 단점 가운데 주요한 것은 명백히, 추상적으로 정식화된 법이 국민에게 명확한 지침을 부족하게만 제시해 준다는 것이다. 그런 사태는 그것이 인간 행동을 지시하고 조정하는 법체계의 역할의 이행에서 벗어나게 만들며 그럼으로써 국민이 법적으로 의무를 지거나 허용되거나 할 권한이 있는 것에 대한 공정한 고지를 제공하는 데서 벗어나게 만든다. 국민이 어떤 이후의 시점에 행정가가 명확한 규준을 고안하기를 기다려야 한다면, 실제로 고안될 때까지는 심하게 추측에 기대야만 할 것이다. 의료 실험이나 첨

단기술통신과 같은 영역에서 (변호사들을 포함해서) 사람들이 꽤나 긴 기간 동안 그들 자신 그리고 다른 사람들의 행위의 법적 결과를 평가하는 데 있어 대체로 어쩔 줄 모르게 될 수 있다. 여기서 문제는 법의 불확정성에서 발생하는 것이 아님에 주목하라. 추상적 규준은 훨씬 더 구체적 규준만큼이나 그 함의에 있어 확정적일 수 있다. 오히려 그 문제는 불확실성에 있다. 다시금 불확정성과 불확실성의 구별이 이 책에서 논의된 주제에 중요한 관련성을 갖게 된다. 극히 일부 사람들만 이해하는 추상 수준에서 정식화된 법은 넓은 범위의 구체적 사건들에 대해 확정적인 함의를 산출할 수 있지만, 그 함의를 식별하는 과업은 불확실성과 논란투성이일 가능성이 매우 높다. 법에서 불명확성과 그 결과 발생하는 불확실성은 법체계의 존재를 위협할 정도로 심각하거나 광범위하지는 않다 하더라도, 다양한 행동양태에 결부되는 법적 결과에 대한 공정한 고지를 사람들에게 제공한다는 이상을 분명히 훼손한다. 그 점에서, 입법자를 비롯한 다른 법 제정자가 정보를 거의 주지 않는 추상적인 정식에 기대는 것은 모두 법의 수범자의 도덕적 행위자성에 대한 적정한 고려와 긴장관계에 있다.

더군다나 법에서 매우 높은 수준의 추상성은 때때로 일정한 영역에서 이루어지는 인간 시도의 역동적인 성격을 포괄한다는 이유로 크게 정당화되기는 하지만, 법규범의 내용을 직접적으로 불명확하게 만드는 것에 대해 그와 비슷한 정당화 근거가 있는 것은 아니다. 법 공무원이 법규범을 정식화할 때—정확성precision을 위해서나 간결성succinctness을 위해서나—전문적인 법적 용어에 기대야 하는 경우가 자주 있다는 것은 분명하다. 그러나 그런 전문적인 어법이 대부분의 일반 국민에게는 아마도 불투명하더라도, 변호사를 비롯한 법 전문가들에게는 쉽게 지성적으로 이해될 수 있는 것이다. 풀러의 네 번째 원칙에 대한 앞서의 논의에서 드러났듯이, 법의 명확성을 평가하는 준거는 (전부 또는 대부분의 국민에게 법 전문가의 조력이 감당할 수 있는 비용으로 활용 가능하다는 전제하에서) 법 전문가의 이해이지 일반 국민의 이해가 아니다. 그러므로 법 문언을 작성함에 있어서 전문적인 법적 특수용어를 사용할 필요성이 있다는 것은 그러한 법 문언 안에 불명확성obscurity이 있어야 할 어떠한 필요성을 드러내는 것이 아니다. 진정한 불명확성을 받아들일 다른 근거가 있는 것도 아니다. 법이 일반 국민뿐만 아니라 법 전문가도 어찌할 바를 모르게 하는 내용으로 작성되었다면 그런 불명확성은 얻는 이점도 없는 단점이다. 그런 불명확성은 법체계 작동의 효율성을 손상하며—따라서 그런 작동을 통해 얻을 수 있는 선들의 실현도 손상하며—바로 앞의 문단에서 자세히 이야기한 공정한 고지라는 이상과 충돌한다. 그런 불명확성은 법적 의무, 권한 부여, 허용을 알고자 하는 각 국민의 능력을 좌절시킨다. 그 **정도만큼**, 그런 불명확성은 자신의 행위가 갖는 법적 함의에 대해 숙지된 선택을 하고자 하는 각 국민의 능력을 좌절시킨다.

요컨대,—분석법리학적 논제로서만이 아니라 정치도덕의 원칙으로서 제시된—명확성 원칙은 법규범의 정식에 있어서 성긴 추상 개념wispy abstractions의 사용을 정언적으로 불허하지는 않지만, 불분명하여 지성적으로 이해할 수 없는 어법murkily unintelligible phraseology은 정언적으로 불허한다. 후자는 적절하게 정당화할 근거가 전혀 없다. 일반성과 명확성 사이의 긴장이 때때로 정보를 별로 주지 않는 추상성을 찬성하는 방향으로 해결해야 되기는 하지만, 불명료함opacity과 명확성clarity 사이의 충돌을 이해 불가능한 불명확성obscurity을 찬성하는 방향으로 해결해야 할 비슷한 이유는 전혀 없다. 그런 불명확성은, 법적으로 작은 규모에서건 상당한 규모에서건, 항상 **법의 지배**에 상치된다.

2.2.5. 충돌과 모순에 맞서

비충돌성nonconflictingness과 비모순성noncontradictoriness 원칙은 다른 풀러주의 합법성 원칙 일부보다도 분석법리학적 원칙과 도덕적·정치적 원칙이 중요한 면에서 서로 더욱 다르다. 앞서 논한 바와 같이, 법의 지배는 각각의 의무 쌍에서 부과되는 제재가 한쪽으로 기울어져 있는 한 모든 사람이 수많은 상충하는 법적 의무의 쌍을 지닌 상태와도 양립할 수 있다. 그러나 그런 사태는 법의 지배와 양립할 수는 있어도 **법의 지배**와는 양립 불가능하다. 어느 누구에게도 무슨 행동을 하든 자신의 행동에 제재의 책임을 지게 되는 상황에 빈번하게 처하는 일이 있어서는 안 된다. 어떤 사람이 X를 할 법적인 의무가 있는데 X를 하지 않을 법적 의무도 있다면 설사 부과될 제재의 격차 때문에 의미 있는 선택을 할 수 있다 하더라도 도덕적 행위자로서 그 사람의 존엄his dignity as a moral agent은 훼손된다. 그런 종류의 곤경이 자기 삶의 많은 측면에 닥친다면 도덕적 행위자로서 그의 존엄은 받아들일 수 없을 정도로 무시되는 것이다. 그 존엄에 대한 적절한 존중을 보여 주기 위해 법체계는 의미 있는 선택을 가능하게 해야 할 뿐만 아니라 의미 있는 선택을 허용하기도 해야 한다. 어떤 사람이 상충하는 법적 의무를 진다는 것은 그 사람이 할 수 있는 행동이라면 어느 것이나 법적으로 불허되는 것이다. 어떻게 해도 법적으로 불허되는 것을 할 수밖에 없다는 상태는 두 선택지(X를 하거나 X를 하지 않는 것) 중 하나가 다른 하나보다 덜 가혹한 제재가 결부되어 있기 때문에 선호할 만하다고 하더라도 여전히 성립한다. 빠져나올 수 없는 불허 상황이 빈번하게 발생하는 것을 법체계가 허용한다면 **법의 지배**의 예가 될 수 없다. 통상 모든 사람들이 법 위반을 피하는 방식으로 행위할 수 있어야 한다는 것은 **법의 지배**에 내재적이다. 대신에 빠져나올 수 없는 법적 불허가 정규적이라면, 지배적인 법체제는 그 통제를 받는 사람들의 삶에 억압적으로 광범위한 장악력을 행사하고 있는 것이다. 그것은 또한 그 명령의 범위로부터 드물게만 벗어나게 한다. 국민의 삶을 그렇게 쉴틈없이 장악하는 그 어떤 체제도 자유민주주의일 수 없다.

그러나 **법의 지배**가 실현된 곳이라면 상충하는 의무가 아예 없을 것이라고 완전히 결론 내려서는 안 된다. 한편으로 법 해석의 여러 가지 기법이 어떤 관할의 법에서 상충을 실제로 완전히 없앨 수도 있다(Fuller 1969, 66-69; Williams 1956, 1140-1141). 어떤 사람에게 X를 할 의무도 X를 하지 않을 의무도 부과하는 것으로 겉으로 보이는 법적 자료에 직면하면, 재판관과 행정관은 그 상충을 해결하는 방식으로 그 자료를 이해하기 위해 최선을 다하는 경향이 전형적으로 있을 것이다. 예를 들어 상충하는 의무가 서로 다른 시점에 제정된 법률에 의해 각각 부과되는 경우, 재판관과 행정관은 신법의 관련 조항이 구법의 관련 조항을 대체하는 것으로 규율할 수 있다. 그런 방법을 통해, 법 해석가들은 그 누구에게 적어도 하나의 행위 경로가 법의 위반을 포함하지 않도록 상충을 없애 법규범을 매끄럽게 만들 수 있다. 다른 한편으로, 그런 결과가 처음부터 정해져 있는 것이라고는 도저히 볼 수 없으며, 도덕적·정치적 근거에서 언제나 최적인 것도 아니다. 대규모의 법체계에서는 법적 의무의 상충을 교묘하게 처리하여 없애는 것이 바람직하지 않은 일부 상황이 거의 확실히 발생할 것이다.

예를 들어, 특정 일, 특정 장소에서 특정 시간 동안 있겠다는 내용으로 제러미가 수잔과 계약을 체결했다고 가정해 보자. 더 나아가 그가 그 이후에—또는 그 전에—멜라니와 그 특정 일, 특정 장소, 특정 시간 동안 그곳에 있지 않겠다는 내용의 계약을 체결했다고 가정해 보자. 그의 계약 상대방 각각은 체결된 계약 내용을 신뢰하여 돈을 쓰거나 준비를 했다. 그런데 이런 상황에서, 법적 명령을 시행할 책임이 있는 공무원이 이 의무들 중 하나만 실제로 존재한다고 함으로써 제러미의 계약상 의무 사이의 상충을 처리할 수 있음에는 의문의 여지가 없다. 예를 들어 제러미의 첫 번째 계약이 두 번째 계약에 우선한다고 선언할 수 있을 것이다. 그럼에도 불구하고 (방금 언급한 또는 그 밖의 다른 종류의) 상충 해결 접근이 분명히 실현 가능하긴 하지만, 두 계약 상대방 중 한 명에게는 받아들일 수 없을 정도로 불공정할 가능성이 대단히 높다. 의무를 완화할 특별한 요인이 없다면, 제러미는 자신이 스스로 처하게 된 그 진퇴양난을 다룰 부담을 그토록 관대하게 벗어나서는 안 된다. 그의 도덕적 행위자성은 자신이 떠맡은 의무를 준수하도록 명령됨으로 인해 훼손되지 않는다. 물론 불가피하게 그는 두 의무 중 하나를 위반하게 될 것이다. 제러미는 특정 일, 특정 장소에 특정 시간 동안 있거나 있지 않거나 둘 중 하나만 할 수 있다. 이에 따라 그가 어떻게 행위하든, 그는 자신의 위반을 (아마도 가장 가능성이 높은 것은 배상을 지불함으로써) 바로잡을 추가적인 법적 의무를 지게 될 것이다. 그러나 묘사된 상황에서는 그런 결과가 관련된 모든 당사자들에게 최대로 공정하다. 이런 종류의 상황이 발생할 가능성이 상당하다는 점을 전제할 때, 우리는 풀러의 다섯 번째 원칙이 상충하는 의무를 전면적으로 불허하는 것으로 이해해서는 안 된다. 의무 상충을 전면적으로 부정하는 제약이라면 어느 것이나 **법의 지배**에 지나치게 경직적일 것이다. 일부 경우에는—인간의 평등, 개인의 존엄, 그리고 공정이라는 가치를 함께 표명하는—**법의 지배**는 법에서 상충하는 의무를 그대로 둠으로써 저해되지 않고 증진된다.

바로 앞 문단의 사례가 시사하듯이, 법적 의무 간의 모든 상충을 제거하는 것이 권고할 만한 일이 아니라는 점은 자발적으로 지게 된 의무와 연관해서 특히 뚜렷하다. 그러나 법률이나 명령·규칙에 의해 부과된 의무의 경우에도 해석적 방법interpretive maneuvers을 통해 매끄럽게 제거되어서는 안 되는 상충이 발생하는 경우를 상상할 수 있다. 그렇게 무해한 상충이 확실히 가능하고 때때로 실제적이기도 하지만, 그것들은 예외적이다. 일반적으로는, 상충하는 의무의 존재는 피해야 하고 추구하거나 고무해서는 안 된다. 그 어떤 자유민주주의 통치체계도 사람들이 상충하는 의무 쌍을 지는 일이 광범위하게 일어나는 상황을 용납할 수 없다. 이야기한 바와 같이, 그런 상황은 체계가 금지하는 범위를 지나치게 넓게 넓혀버린다. 법적 의무 사이의 모든 상충을 피해야 하거나 물리쳐야 하는 것은 아니지만, 그런 상충의 증식增殖, proliferation을 자유민주주의 제도가 지지할 수는 없다.

이 편에서 이야기한 모든 것은, 각 쌍에서 의무에 결부된 제재가 크게 균형을 잃은 것이라 할지라도 적용될 수 있다. 두 상충하는 의무에 결부된 제재가 거의 비슷하든 아니면 격차가 크게 벌어져 있든 간에, 그런 의무를 지게 된 사람은 그가 어떻게 행동하는가와 무관하게 제재를 받게 된다. 그런 곤경의 발생은 오직 예외적으로만 자유민주적 가치와 일치할 수 있다. 그렇다면 **한층 더 강력한 이유로** 상충하는 의무 쌍의 만연은, 각각의 쌍에서 상충하는 의무에 결부된 제재가 서로 대립하여 균형을 이루고 있다면, 자유민주주의적 가치와 양립할 수 없다. 그런 사태는 방금 강조된 주요한 악덕─국민에게 의무를 부과하는 체제의 장악력이 과잉 확장되는 악덕—의 냄새가 나는 것일 뿐 아니라 **법의 지배**의 존재 자체를 위태롭게 할 것이다. 분석법리학적 형태의 풀러의 다섯 번째 원칙에 대한 나의 설명에서 논했듯이, 인간 행동을 권위 있게 지시하고 통로를 제공하고 조정하는 체계로서 법의 기본적 기능은, 위반 시 비슷한 제재를 수반하는 상충하는 의무가 매우 드문 것이 아니라 만연한 경우 훼손될 것이다. 체제는 국민의 삶의 많은 영역에서 X를 할 그리고 하지 않을 동등하게 강한 이유를 제시한다면 국민의 행동을 최소한도의 효능으로 지도하는 데도 실패할 것이다. 이 논지는 분석법리학적 논지이지만 정치도덕에도 의미심장한 논지이다. 어쨌거나 **법의 지배**는 법의 지배 없이는 존재할 수 없다. 상충하는 의무가 팽배해서 법체제 그 자체의 기능성이 파괴된다면, (적어도 모든 상당한 규모의 사회에서는) 기능하는 법체제의 존재가 필요조건인 **법의 지배**의 필요조건이 성립되지 못할 것이다. 그것은 무엇보다도, 실현되면 **법의 지배**를 구성하는 가치를 실현하지 못하게 만들 것이다.

법체계의 권위 있는 자료 내에서 모순이 만연해도 비슷한 손상을 가한다. 무엇보다도 일부 상충과는 달리 모순은 설사 넘쳐나지 않는다고 할지라도 **법의 지배**에 언제나 해가 된다는 점을 주목해야 한다. 법적 의무 간의 일부 상충을 그대로 두는 것이—그렇게 함으로써 개인들이 의무를 지게 되는 행위를 할 때 책임을 지도록 하게 하거나 잘못 없는 제삼자의 정당한 기대가 보호되기 때문에—**법의 지배**를 증진할 수 있는 반면 법체계의 권위 있는 자료 내에서 모순의 존재는 잠정적으로라도 유익한 경우가 결코 없다. 물론 이미 지적한 바와 같이, 법체계는 재판과 행정의 작용에 있어서는 결코 진정한 모순은 하나도 포함할 수 없다. 그런 체계의 정식화된 규범이 외관상 두 개의 모순된 법적 입장을 확립하는 것처럼 보일 경우에도 언제나 임의의 시점에 임의의 사람 P에게 적용되면서 실제로 작용하는 것은 그 입장 중 반드시 그리고 오직 하나의 입장뿐이다. 그 시점의 다른 입장은 P에게 적용될 때 엄밀하게 말해서 작용하지 않는다. 그러나 모순은 정식화된 규범의 층위에서 발생할 수 있다. 모순이 (정식화된 규범의 층위라는 그 층위에서만 존재할 수 있는데) 그 층위에서 존재할 때 그런 모순을 보존할 가치가 있는 경우란 결코 없다. 그런 모순은 철저하게 법의 불확정성만을 낳을 뿐이며, 그런 모순이 등장하는 체계의 규범망에 의해 제공되는 지도를 뒤죽박죽으로 만든다. 즉, 그런 모순은 틀림없이 불확정성을 낳으며 보통 불확실성을 낳는다. 법체계의 규범망에 모순이 넘쳐나면 법의 지배의 지속 자체가 위태롭게 되며, 모순이 훨씬 더 작은 규모에서만 존재할 경우에도 **법의 지배**를 약화시킨다.

법의 지배를 준수하는 통치체계에서, 그 체계의 규준에 대한 권위 있는 정식은 그 관할 내의 사람들에게 명령되고 허용되고 할 권한이 있는 것을 직설적으로 가리킨다. 법의 수범자의 도덕적 행위자성에 대한 적절한 존중을 위한 수단으로서 그것만큼은 진배없이 필요하다. 그러나 체계 규준에 대한 권위 있는 정식 두 개가 모순일 때에는, 그렇게 꼭 요구되는, 법적 결과의 지시가 없어진다. 두 모순된 법은 어떤 법규범의 존재를 긍정하면서도 부정하게 된다. 그 두 법 사이의 모순이 변칙적인 고립 사례라면, 법의 지배에서 사소한 정도로만 벗어나게 할 것이다. 이와는 달리, 모순이 이성적인 선택을 할 각 국민의 능력에 대한 뚜렷한 경시를 보여 주는 경우라면 **법의 지배**에서는 훨씬 더 큰 정도로 벗어나게 한다. 아마도 그런 경시는 부주의에서 나올 수도 있고 오만에서 나올 수도 있지만, 그 기원이 무엇이든 모순을 알면서도 계속 유지하는 것은 관련된 공무원들의 적절하게 세심한 배려의 태도가 아니라 무신경한 태도를 시사한다. **법의 지배**를 준수하는 공무원은 곤혹스러움과 불필요한 불확정성을 낳는 것이 법 안에 계속 있다면 그렇게 태평하지 못할 것이다.

공무원들이 상충하는 두 의무 모두에 효력을 부여하는 것이 때때로 정당화되기는 하지만, 임의의 특정 개인 P에게 두 모순되는 법 모두를 같은 시기에 적용하여 실행할 수는 없다. 진술된 바와 같이, 그 법들 중 반드시 그리고 오직 하나만 임의의 시점에 P에게 적용되면서 작용할 것이다. 결과적으로, 법규범의 모순적 정식화는 그 모두가 충족될 수는 없는 합당한 기대를 낳을 수 있다. 잭Jack은 자신이 어떤 시점 t에 X를 할 자유가 있다고 규정하는 법을 합당하게 신뢰하고, 질Jill은 t 시점에 다른 누구도 X를 하는 것을 금하는 법적 권리를 자신을 가진다고 규정한 법을 합당하게 신뢰한다면, 이 두 가지 합리적인 기대는 잭이 t 시점에 실제로 X를 하는 경우 사법제도 내에서 함께 충족될 수 없다. 잭의 기대가 좌절되든지 질의 기대가 좌절되든지 둘 중 하나이다. 재판 공무원이 잭이 X를 하는 것을 금하는 권리를 질이 갖고 있다고 보면서도 자유를 부여한 법을 잭이 신뢰한 것이 합당했다는 점을 고려하여 잭이 지불해야 하는 손해배상을 가볍게 한다면, 그들은 잭의 기대를 좌절시킬 뿐만 아니라 질의 기대 역시 부분적으로 좌절시킬 것이다. 어느 쪽 당사자의 합당한 기대를 부수는 것을 피하는 유일한 방법은 잭이나 잭의 보험자가 아니라 어떤 공공기금에서 질에 대한 보상금을 제공하는 것이다. 그러나 그런 '해법'은 법적 모순을 마주한 비용을 납세자에게 몰래 떠넘기는 것이다.

모순이 법체계의 권위 있는 자료 안에 계속 있는 한, 잭과 질 상황—어떤 합당한 기대가 충족되지 않는 것이 사법제도 내에서 불가피한 상황—이 발생할 잠재성이 계속 함께 한다. 이 측면에서 모순은 상충과 다르며, 그래서 **법의 지배**와 특히 예리하게 어긋난다. 상충하는 의무를 부과하는 법에 의해 생길 수 있는 합당한 기대는 원칙적으로 언제나 사법 질서 내에서 (부분적으로는 배상의 방식으로) 함께 충족되기 쉬운 반면에, 서로 모순되는 법 정식에 의해 생길 수 있는 합당한 기대가 사법 질서 내에서 언제나 함께 충족되기 쉬운 것은 아니다.

그래서 법체계의 권위 있는 자료 내에서 존재하는 모순이 너무나 작은 규모라서 법의 지배의 실현을 방해하지는 않는다고 할지라도 **법의 지배**는 손상시킨다. 물론 그런 모순이 크게 증폭되면 그 효과는 훨씬 더 심각해진다. 법의 지배 지속을 위협하거나 실패하게 만들 것이며, **법의 지배**는 완전히 무효화할 것이다. (중요한 이유 중 하나는

법의 지배가 법의 지배에 의존하기 때문이다.) 그러나 정치도덕의 원칙으로 제시된 풀러의 다섯 번째 합법성 원칙은 넘쳐나는 모순만 겨냥한 것이 아니다. 그 원칙은 법체제의 정식화된 규범에 있는 그 어떤 모순도 반대한다. 모순을 포함하는 것을 찬성할 이유는 하나도 없으며, 모순을 배제할 강력한 도덕적·정치적 이유들이 있다.

그렇다면 대부분의 측면에서 비상충 및 비모순 원칙은 정치도덕 원칙으로 이해될 경우 다른 풀러주의 원칙보다 덜 유연하다. 분석법리학적 원칙으로서 그 원칙과는 달리, 정치도덕 원칙으로서 비상충 및 비모순 원칙은, 서로 대립하여 균형을 이루고 있는 제재evenly balanced penalties가 결부된 상충하는 의무 쌍은 물론 비슷하지 않은 제재lop-sided penalties가 결부된 상충하는 의무 쌍도 수용하지 않는다. 더구나 법적 의무 간의 일부 상충은 제거되는 것보다는 보존되는 것이 나은 반면에, 그 정치도덕 원칙은 법체계의 권위 있는 자료에서 모순은 하나도 존재하지 않아야 한다고 말한다. 그래서 전체적으로 이 원칙은 합법성 원칙 중 무엇보다도 정언적 금지categorical prohibition를 규정하는 것에 가깝다.

2.2.6. 준수 가능성

우리가 살펴본 바와 같이 분석법리학적 형태의 풀러주의 준수 가능성compliability 원칙은, 법의 지도 및 조정 기능에 배타적으로 관련되는 것은 아니더라도 주로 관련되는 것이다. 그 주제에 대해 앞서 논의한 바와 같이, 광범위한 영역에 따를 수 없는 많은 명령이 있는 것은, 법체제의 유일한 기능이 분쟁 해결 기능인 경우에만 법의 지배와 일관될 수 있다. 법체제의 중추적 기능이 인간 행동을 지시하고 방향을 정하는 기능이므로, 충족될 수 없는 지시가 그렇게 많은 것은 법의 지배와 조화될 수 없다. 그 중추적 기능은 체제가 규정한 명령 대부분이 복종될 수조차 없다면 좌절될 것이다. 그런 여건에서는 최소한도로 효과적인 법체계도 존재할 수 없다.

준수 가능성 원칙을 그저 법의 지배 원칙이 아니라 **법의 지배** 원칙으로서 이해할 때, 의무를 부과하는 규범 대부분이 국민 모두 또는 대부분의 능력 밖에 전적으로 있는 의무를 정하는 법체계가 되지 않도록 할 추가적인 이유들을 파악할 수 있다. 한편으로, 이 장 및 앞 장에서 주장된 바와 같이, 법체계의 공무원들은 법체계의 모든 각각의 명령이 적용받는 사람들이 따를 수 있는 것이 되도록 하는 목표를 추구해서는 안 된다. 그런 목표를 추구하는 것은 체제를 쇠약하게 만들 정도로 비현실적이다. 설사 그런 목표가 도달할 수 없는 환상은 아니라고 해도 달성하는 것이 바람직하지 않을 것이다. 일부 명령은 모든 사람이 그 명령을 준수할 능력이 있는 것은 아니라도 통일적으로 적용되어야 한다. 다른 한편으로, 어느 누구도 복종할 수 없는 법들은 자유민주주의 법체계에서 적절한 자리가 전혀 없다. 그런 법이 법체계 내에서 만연해서는 안 된다는 점은 명백하다. 거기서 그치는 것이 아니라, 그런 법은 아예 존재해서는 안 된다. 법의 지시 및 조정 기능에 끼치는 유독한 효과를 제쳐 놓더라도 그런 법이 설정하는 요구는 불공정하게 과도하다.

예를 들어 기계의 도움을 비롯한 어떤 도움도 없이 매일 적어도 지상 40피트 위 공중으로 똑바로 점프하라고 명령하는 법을 생각해 보자. 사람들의 행동을 지도하고 방향을 정하는 도구로서 그런 법은 무의미하다. 어느 누구도 그토록 명백히 따를 수 없는 지시를 준수하기 위해 자신의 행동을 조정하지 않을 것이다. 그러나 그렇게 점프하라는 법은 무의미하고 정말로 어리석을 뿐만 아니라 극도로 불공정하며 자유라는 가치에 적대적이다. 그 법을 적용받는 모든 사람은 그 법이 부과하는 의무를 준수하지 못했다는 이유로 처벌받을 수 있는 상태에 놓일 것이다. 그 제재가 모든 사람에게 실행된다면, 모든 사람이 각각 자신의 능력 훨씬 밖에 있는 그 명령을 이행하지 않았다는 이유로 어떤 곤경을 겪게 될 것이다. 제1장에서 이야기한 바와 같이, '당위'가 '가능'을 함축한다는 관념—그 누구도 달성할 능력이 진정으로 없는 것을 달성할 도덕적 의무를 지지 않는다는 관념—은 유지될 수 없을 정도로 강한 unsustainably strong 관념이다.(그 관념이 참이기 위해 성립해야 하는 전제들이 많은데 성립하지 못한다. -옮긴이) '당위'가 '가능'을 함축한다면, 불법행위법상의 과실의 통일적 적용 가능성은 도덕적으로 정당화될 수 없을 것이다. 그럼에도 불구하고 '가능'이 언제나 '당위'의 필요조건은 아니지만 보통은 필요조건이다. 관할 내의 사람들 전부 또는 대부분이 (40피트 점프를 명령하는 법처럼) 그 어떤 인간도 결코 이행할 수 없는 규준을 충족하지 못했다는 이유로 법적 책임을 지는 경우, 인간이라서 한계를 가진다는 이유로 제재를 겪을 책임을 지게 만드는 효과를 낳는다.

그 상황은 어리숙한 사람이 자신의 부주의한 행동의 결과 가해진 피해에 대해 배상해야 하는 상황과 현저히 다르다. 어리숙한 사람도 자신이 준수할 능력이 없는 합리적 주의 규준을 준거로 하여 책임을 지게 되는 것은 맞다. 그럼에도 불구하고 그 사람이 모든 인간이 공유하는 한계를 갖고 있다는 이유만으로 제재를 겪을 책임을 지게 되었다고는 도저히 볼 수 없다. 오히려 그 사람은 자신의 서투른 능력 oafishness으로 행위했다는 이유로 배상책임을 지게 된 것이다. 물론 그 사람의 서투름은 그 사람이 초월할 수 없는 자신의 신체와 정신을 구성하는 부분일 가능성이 높다. 그럼에도 불구하고 그것은 그 사람을 동료 국민과 같은 집단으로 묶이게 하는 점은 아니다. 이와는 반대로 그 특성은 이례적으로 자신의 행위를 통해 동료 국민과 자기 자신에게 피해를 입히기 쉬운 존재로서 구별시켜 주는 점이다. 그러므로 그 특성은 다른 사람들에게 해를 입히는 결과를 낳을 때 법 공무원이 마음껏 고려해서는 안 되는 신체와 정신의 구성의 한 측면이다. 초인만이 할 수 있는 일을 하지 않았다는 이유로 법적으로 제재하는 것은 도덕적으로 터무니없겠지만, 보통의 인간이라면 유지할 수 있는 수준의 주의와 능숙함을 발휘하지 않았다는 이유로 법적으로 부담을 지우는 것은 완전히 분별 있는 일이다. 그가 그 수준을 유지하지 못했기 때문에 그의 행동은 대충 한 행위로 간주될 수 있다. (그가 인간적으로 가능한 것 이상을 하지 못한 것에 그쳤다면 그의 행동에 대해 이와 비슷하게 불승인하는 태도로 특성을 서술하는 것은 부적절하다.) 그가 자신의 서투름을 극복할 능력이 없다는 것이 그에게 형사적 절차를 진행하는 것을 배제할 충분한 근거는 될 수 있다고 할지라도 배상책임을 지게 하는 도덕적 기반을 허물지 않는다.―이것이 서두의 장에서 개관한 도덕적 기반이다.

앞의 두 문단에서는, 아예 준수될 수 없는 법an utterly unsatisfiable law이 위반자 모두에게 집행될 것이라는 가정하에서 그 법의 도덕적 결점을 고찰했다. 훨씬 더 일어날 가능성이 높은 사태는, 그런 법이 집행되지 않거나 일부 위반에 대해서만 집행되는 것이다. 그것이 전혀 집행되지 않는다면, 그 법을 적용할 책임이 있는 공무원은 그 도덕적 의문스러움moral dubiousness을 사실상 인정하고 있는 것이다. 그 법 위반에 선별적으로 제재가 가해진다면, 그 선별성selectiveness은 제재를 받을 처지에 있는 사람들에 대한 불공정성을 추가로 도입하는 것이다. 요약하자면, 모든 인간에게 물리적으로 불가능한 일을 사람들에게 수행하라고 명령하는 것은, 그 집행 패턴이 무엇이든 간에 개탄할 만하다. 그런 명령이 전혀 집행되지 않는 경우에도, 그것을 법전상의 법의 한 요소로 계속 보유하고 있는 것은 법에 대한 불신이라는 결과에 이바지할 것이다. 또한 그런 사태는 (법전상의 법과 실제상의 법의 합치를 요청하는) 풀러의 여덟 번째 합법성 원칙 준수에서 체제가 이탈하도록 할 것이다.

준수 가능성에 대한 앞의 논의는 터무니없는 것을 요구해서 그 어떤 인간도 따를 수 없는 법―모든 사람에게 매일 지상에서 40피트 이상의 공중으로 점프할 것을 명령하는 법―에 초점을 맞추었다. 더군다나, 그 특정 법은 추구할 가치가 있는 것으로 식별할 수 있는 그 어떤 목적에도 봉사하지 않는다. 이행될 수 없는 명령에 관한 내가 딱 잘라 말한 결론은, 명백하게 이행 불가능한 것은 아니며 어떤 칭찬할 만한 목적을 잠재적으로 증진시키는 법에 초점을 맞춘다면 약간 조건을 달아야 할지도 모르겠다. 모든 사람 또는 사실상 모든 사람의 능력 밖에 있는 명령을 부과하는 법적 지시를 생각해 보자. 더 나아가, 그 명령을 따를 수 없다는 점이 명백하지 않고 법 규범으로서 그 명령의 존재가 어떤 면에서는 유익할 수도 있다고 가정하자. 풀러는 학교 교사가 때때로 학생들에게 실제로 성취할 수 있는 것보다 더 요구하는 일이 있다는 유익한 유비를 제시했다. 학교 교사는 학생들의 기량과 지식을 개선하도록 유도하는 목적으로 긴장감을 불어넣어 학생들의 능력을 늘리기 위해 그렇게 한다(Fuller 1969, 71). 몇 가지 제한된 상황에서, 법체계의 규범도 비슷한 역할을 할 수 있는 경우를 상상해 볼 수 있다. 그런 정도만큼 이 편에서 진술된 확고한 결론을 약간 완화해야 할지도 모른다. 그러나 원래의 결론에 달릴 단서는 모두 사소할 것이다. 풀러는 학교 교사와 법 제정자를 비교하는 유비는 우리를 잘못된 길로 이끌 수 있다고 지적했다. 실제로 그는 그런 유비 때문에 준수 불가능한 법이 유용하다는 결론을 받아들이지 않도록 경고하기 위해 그것을 소개했다. 그는 "자신이 요구한 바를 성취하지 못한 학생에게 학교 교사는 진실성이 없거나 자기모순을 범하지 않고서도 학생들이 실제로 성취한 것을 축하해 줄 수 있다"라고 지적하면서, 학교 교사의 상황을 "[초인적인 행위를 수행하지 않았다는 이유로 사람들에게 제재를 가하는) 심각한 부정의를 저지르거나 법의 요구를 위반한 것을 못 본 체함으로써 법에 대한 존중을 희석시키는" 두 가지 선택지에 직면한 법-정부 공무원의 상황과 대조한다(Fuller 1969, 71). 풀러의 의구심은 적절하다. 이 편의 대담한 결론에 단서를 달 필요가 있다고 하더라도 매우 사소한 것에 불과할 것이다. 인간적으로 불가능한 행동을 명령하는 법의 존재는 어떤 이례적인 여건unusual circumstances에서는—특히 그 의무인 행위가 이행 불가능하다는 점이 명백하지 않은 경우에는—도덕적으로 정당화될 수 있을지 모르나 그 여건이 이례적일 것임은 확실하다.

사실, 지금까지 이 편에서 개진된 결론은 중요한 측면에서 좁은 범위에 관한 것이다. 이때까지 우리는 법적 **명령**의 미덕으로서 준수 가능성에 집중했다. 우리는 이제 준수 가능성이 다른 유형의 법규범의 도덕적 정당화 가능성에도 일반적으로 필요불가결하기도 하다는 점을 인식해야 한다. 예를 들어 계약 체결을 위해 규정된 절차는, (필요하다면 법 전문가의 도움을 받은) 보통의 인간 능력 내에 있어야만 한다. 물론, 다시금, 준수 가능성이 모든 이들을 꼭 포괄할 필요는 없다. 예를 들어 일부 사람들이 그들 자신의 이름을 서명할 능력이 없다는 사실 때문에 계약 체결이나 재산 유증遺贈을 위한 규칙이 서명을 포함하도록 규정해서는 안 된다고는 도저히 볼 수 없다. 실제로, 모든 이들을 직접 포괄할 필요는 없다는 이 논지는, 특별히 그와 같은 권한 부여 규칙과 관련해서 명백하다. 왜냐하면 그런 규칙에서 나오는 절차가 신체적으로나 정신적으로 무능력한 사람들을 대리해서 건강한 신체와 정신을 가진 사람들에 의해 이행될 수 있기 때문이다. 그래서 비록 법이 그 어떤 인간도 따를 수 없는 계약 체결 절차를 규정한다면 무의미하고 도덕적으로 옹호될 수 없겠지만, 일정한 사람들이 스스로를 위해 따를 수 없는 절차를 법이 규정하는 것은 상당히 분별 있는 일일 수 있다. 가장 단순한 절차라 할지라도 일부 사람들의 능력은 넘어설 것이라는 점을 전제한다면 후자의 종류의 일부 절차가 실제로 규정되는 것은 피할 수 없다. 분석법리학적 논제로서도 그리고 정치도덕의 원칙으로서도 준수 가능성 원칙은 그 점을 인정한다. 초인적인 일을 명령하거나 규정하는 법에 입법하지 말 것을 경고하지만, 절대적으로 모든 사람들이 다 따를 수 있는 것만을 규정하고 있는 법을 고안해야 한다는 불가능한 (그리고 바람직하지 못한) 일을 요청하는 것은 아니다.

다음 논의로 넘어가기 전에, 준수 가능성 원칙이 처음 보이는 것보다 더 현실적인 융통성을 갖는 한 가지 다른 측면도 주목해야겠다. 그 원칙은 영미 불법행위법과 계약법에서 엄격책임strict liability을 부과하는 것에 반대하지 않는다. 엄격책임은 자기 행위에 어떤 면에서건 고의·과실(과실, 무모함, 알면서 무시함, 또는 악의적임)이 있었는지와 무관하게 자신의 행위의 해로운 효과를—보통 배상을 통해—바로잡을 법적 책임이다. 다시 말해서 엄격책임 체제하에서는 구제 의무의 발생은 고의·과실과 독립적이다. 영미 불법행위법의 많은 분야에서는, 자신의 행동에 고의·과실이 있었던 경우에만 구제

의무를 진다. 그러나 그 이외의 계약법과 불법행위법 분야에는 엄격책임이 널리 퍼져 있다. 예를 들어 미국 불법행위법에서는, 일정한 대단히 위험한 활동을 하는 사람들은 철저히 나무랄 데 없이 그 활동을 수행했다고 할지라도 그런 활동의 해로운 결과를 바로잡을 법적 책임을 진다. 마찬가지로 영국 불법행위법에서는, 위험한 종에 속하는 동물의 점유자는 점유자의 행동의 고의·과실 여부를 불문하고 그 동물이 야기한 모든 피해를 구제할 법적 책임을 진다. 위 예를 비롯한 영미법의 엄격책임의 예들이 준수 가능성 원칙에 어긋나는 것처럼 보일지는 모르나, 실제로는 진정한 충돌은 없다.

  엄격책임이 준수 가능성 원칙과 양립 가능하다는 점을 이해하기 위해서는 '당위'가 '가능'을 함축한다는 논제'ought'-implies-'can'thesis의 두 형태가 구별된다는 점을 고려할 필요가 있다. '가능'can을 어떻게 이해하는가에 모든 것이 달려 있다. 한편으로 '가능'을 '물리적 가능성physical possibility의 문제로서 달성할 수 있음'을 의미하는 것으로 보고, 따라서 '불가능'cannot을 '물리적 가능성의 문제로서 달성할 수 없음'을 의미하는 것으로 볼 수 있다. 이와는 달리 '가능'을 '신의성실로 면밀한 주의를 기울여through the scrupulous exercise of care and good will 달성할 수 있음'을 의미하는 것으로 보고, 따라서 '불가능'을 '신의성실로 면밀한 주의를 기울여 달성할 수 없음'을 의미하는 것으로 볼 수 있다. '당위'가 '가능'을 함축한다는 논제가 후자의 방식으로—즉, 누구에게도 신의성실로 면밀한 주의를 기울여도 피할 수 없는 해로운 결과 발생을 피할 법적 의무를 지울 도덕적 기반이 없다는 주장으로—해석되는 경우, 그것은 지나치게 강한 논제가 된다. 그렇게 이해되는 경우, 그것은 법에서 엄격책임에 대한 그 어떤 도덕적 정당화도 배격할 것이다. 그러나 비록 법에서 엄격책임이 보통은 부적절하지만, 결코 언제나 부적절하다고는 볼 수 없다. 어떤 사람이 다른 사람에게 특유하게 높은 해악 위험을 낳는 독특한 유형의 활동을 하거나 어떤 사람이 일정한 사태를 발생시킬 의무를 자발적으로 지게 되었다면, 그 사람의 고의·과실이 있든 없든 그 사람에게 법적 책임을 지울 도덕적 기반이 얼마든지 있을 수 있다. 풀러주의 준수 가능성 원칙의 어떤 부분도 그런 도덕적 기반의 존재를 배제하지 않는다. 오히려 그 반대이다.

준수 가능성 원칙은 '당위'가 '가능'을 함축한다는 원칙의 첫 번째 형태와 연관되어 있다. 즉, 그것은 일반적으로 모든 인간의 물리적 능력에 뚜렷이 벗어나는 것들을 하지 못했다는 이유로 사람들에게 법적 제재를 부과하지 말 것을 권고한다. 어떤 특별한 활동(예를 들어 대단히 위험한 물질을 다루거나 위험한 동물을 점유하는 것과 같은 활동)을 하지 않는 것은 물리적으로 가능하고 특정된 사태를 초래하지 않겠다고 약속하지 않는 것도 물리적으로 가능하므로 준수 가능성 원칙에 깔려 있는 '당위'는 '가능'을 함축한다는 원칙은 영미 불법행위법과 계약법의 엄격책임의 존재와 완전히 일관된다. 물론 준수 가능성 원칙은 그 자체만으로 불법행위법이나 계약법의 어떤 특정 분야가 엄격책임을 포함해야 한다고 주장하지 않는다. 그 주제를 열린 문제로 남겨 둘 뿐이다. 다른 도덕적·정치적 고려 사항에 의해 결정될 문제로 남겨 둘 뿐인 것이다. 초인적인 일을 수행하지 않았다는 이유로 법적 제재를 부과하는 일이 도덕적으로 정당화된다고 하더라도 드물게만 정당화될 뿐이라는 경고를 하기는 하지만, 그 원칙은 법의 어느 곳에서건 엄격책임의 설정을 불허하지도 명하지도 않는다.

2.2.7. 시간이 흘러도 안정적임

풀러의 일곱 번째 합법성 원칙에 대한 나의 앞의 논의는, 이 원칙이 요구하는 것이 항상성constancy과 적응성adaptability의 균형이라고 주장했다. 한편으로, 법 공무원이 법체계의 작동을 통해 사람들의 행동을 지도하고 조정하는 활동은, 그 체계의 대부분의 명령 및 그 밖의 규범이 망연자실하게 만들 정도의 속도로 반복적으로 변한다면 대단히 파괴적으로 탈선될 것이다. 다른 한편으로, 최소한의 수준 이상 역동적인 사회—고도로 역동적인 사회는 말할 것도 없고—를 통할하는 법체계의 규범망에서 그 어떤 변화도 없다면, 법전상의 법과 실제상의 법 사이의 광범위한 불일치far-reaching discrepancies를 낳을 것이다. 이에 따라 법체계의 기능성은 파괴적인 변화와 터무니없는 경직화 사이의 중용을 구축하는 데 달려 있다.

그 원칙을 뒷받침하는 도덕적·정치적 요소들도 명백하다. 어떤 통치체계의 대부분의 규범이 시간이 흘러도 합당하게 항상적이지 않다면, 법체제의 작동을 통해 얻을 수 있는 주된 절실한 선들이 실현되지 못할 것이다. 법체계라고 해서 어느 것이나 그 절실한 선 모두를 확보하는 것은 아니지만, 상당한 규모의 사회에서 법체계가 없다면 그것들은 확보될 수 없다. 법규범이 과도하게 일시적일 뿐이기 때문에 상실되는 가치 있는 것 중 하나가 국민의 도덕적 행위자성에 대한 법 공무원의 적절한 정도의 존중이다. 체제가 계속해서 만들어 내는 일련의 규범들이 극히 단명해서 국민이 좌절하고 어리둥절해 한다면, 그 체제의 공무원은 각 국민의 숙지된 선택을 할 능력의 발휘를 촉진하지 않고 방해하고 있는 것이다. 그 소중한 능력은 합당한 선택지들이 주어졌을 때 각 국민의 법적 책임과 도덕적 책임의 초석이다. 국민이 자신들의 법적 책임과 기회에 대해 (일반 국민 및 법률가들에게 활용 가능한 정보가 신뢰할 수 없을 정도로 일시적transitory이라서) 숙지된 선택을 할 수 없다면 법과 독립적으로 발생하는 행동 패턴으로서가 아니라 법에 대한 반응으로서 그들의 행위에 대한 도덕적 평가가 이루어질 수 없다. 그러므로, 법규범의 과도한 변화가 넘쳐나는 것은 **법의 지배**하에서의 국민과 정부 사이에 성립하는 기본적 도덕적 관계basic moral relationship를 종결시킬 것이다. 그 기본적 도덕적 관계는 부분적으로는—자신의 도덕적 행위자성 및 그 행위자성을 발휘할 충분한 재량에 기반한—각 국민의 도덕적 책임에 있으며 부분적으로는 각 국민의 행위자성과 책임에 대한 법-정부 공무원의 존중에 있다. 끊임없이 법을 대거 바꿈으로써 비참할 정도로 국민을 어리둥절하게 만드는 경우 공무원은 그런 존중을 전혀 보이지 않는 것이다. 이런 경우 공무원은 국민에게 법적 명령과 권한 부여에 반응하여 그들의 도덕적 행위자성을 숙지된 상태에서 발휘할 충분한 재량을 주기는커녕, 도덕적 행위자성 발휘를 좌절시키는 것이다.

다른 많은 도덕적·정치적 절실한 선들도 풀러의 일곱 번째 원칙이 준수되지 않을 경우 위태롭게 될 것이다. 예를 들어 사회의 경제 질서의 효율성은 법규범이 과도하게 자주 대거 변해 사람들의 재산권 및 계약상 권리의 안전을 동요시킨다면 위험에 빠질 것이다. 일곱 번째 합법성 원칙에 대한 앞의 논의에서 이야기되었듯이, 소급법에 의해 생기는 문제와 대략 비슷한 문제가 이 원칙의 위반에 의해 생긴다. 사람들이 그들의 노력이 소급적으로 부당한 것으로 간주되는 것을 두려워한다면 경제적 모험이나 다른 힘이 많이 드는 과업을 하지 않으려고 할 것과 꼭 마찬가지로, 그들의 법적 권리가 그 노력이 완료된 시점에 크게 변경될 수 있는 경우에도 그런 노력을 하지 않으려고 할 것이다. 그런 불확실성의 상태는 장기적 계획도 심지어 중기적 계획도 탄탄한 기반을 가질 수 없도록 한다. 그 결과 사회의 경제의 활력은 견디기 어려울 정도로 무너질 것이다.

물론 법체계의 규범망에서의 과도한 변화가 갖는 수많은 유해한 효과가 법체계 내의 변화가 거의 일어나지 않는 것이 정당화된다는 결론을 받아들이게 하는 것은 아니다. 강조한 바와 같이 시간이 흘러도 안정적이라는 풀러주의 원칙이 끊임없는 유동성流動性보다 석화石化를 조금이라도 더 찬성하는 것은 아니다. 정체와 고질적인 격변 중간에 있는 균형점을 지지하는 분석법리학적 고려 사항에 더하여, 그 방향을 추구할 건전한 도덕적·정치적 이유들이 있다. 법체제의 규범망이 어떻게든 정적静的으로 될 경우 생길 여러 가지 매우 나쁜 결과가 있다. (2.1.7.에서 이야기한 방식으로) 법체제의 존재 자체가 위협받을 것이기 때문에 그런 체제를 통해서만 가능한 갖가지 선들이 결국 위협에 처하게 될 것이다. 그 체제가 위태롭게 비효율적이지만 어찌어찌 법체계로서 계속 작동한다고 하더라도, 도덕적·정치적 결점이 지독할 것이다. 물론 거대한 비효율성이 하나의 중대한 결점이지만 다수의 다른 도덕적·정치적 악덕도 그 체계를 더럽힌다.

예를 들어, 사용되지 않는 낡은 법이 법전상의 법에 남아 있는 경우에는 언제나 주의하지 않은 사람에게 함정이 된다. 법 전문가조차 그런 함정을 피하지 못할 수 있다. 왜냐하면 그들 역시 수백년 전에 제정되었던 법의 함의가 지금 어떻게 바뀌었는지 충분히 알지 못할 수 있기 때문이다. 하트는 아주 오래된 법률을 예상치 못하게 적용한 흥미진진한 예를 언급한 바 있다(Hart 1961, 60). 1944년 헬렌 던컨Helen Duncan은 잉글랜드에서 1735년 마법금지법에 의해 기소되고 유죄를 선고받았다. 제2차 세계 대전이 발발하던 날까지의 기간 동안, 영국 당국은 던컨이 예지력을 보유하고 있는 사람으로서 명성을 높이기 위한 목적으로 군사기밀정보를 취득하고 누설하고 있다는 혐의를 두었다. 자신이 열었던 회합 와중에 체포된 후 결국 그녀는 주문을 외워 망자亡者가 나타나게 한다는 사기를 범했다는 범죄로 기소되었고, 그 근거 법조는 1735년 마법금지법이었다. 그녀의

협잡이 군대의 계획에 조금이라도 진정한 위험을 발생시켰건 아니건, 여기서 중요한 논지는 아주 오래된 법률이 그녀를 처리하는 어리둥절할 정도로 편리한 길을 당국에 제공해 주었다는 점이다. 당국이 그 법률을 근거로 삼은 일이 뜻밖의 기습이었기 때문에, 당국은 형사절차의 피의자와 피고인이 된 국민에 대해 크게 유리한 위치를 가질 수 있었고 반대로 국민은 크게 불리한 위치에 처했다. 헬렌 던컨이 존경할 만한 사람이라고는 도저히 볼 수 없었지만 그녀의 사건은 법전상의 법이 완전히 사용되지 않아 낡은 것이 되었음에도 불구하고 계속 남아 있는 경우 부정의를 낳을 잠재력을 가진다는 점을 생생하게 보여 준다. (물론 마법금지법과 같은 법이 애초에 법전상의 법에 올라가야 하는가도 적절한 질문이다.) 과거에 제정되고 지금은 적용되지 않는 법을 꺼내 들어 뜻밖의 기습을 가하여 생기는 부정의는 잉글랜드와 같이, 대부분의 법전상의 법이 사용되지 않는 낡은 것이 아니라 현재에도 적합한 관련성을 갖고 적용되는 일은 역동적인 자유민주주의 법체계에서는 드물다. 그러므로 그 부정의들이 각각 혐오스럽기는 하지만, 그것들이 발생하는 법체계의 근본적 성격에 누적적으로 영향을 미치지는 않는다. 이와는 대조적으로 사용되지 않는 낡은 수많은 규범들을 담고 있는 규율구조를 지닌 비자유주의적인 체제의 사회에서 그런 무수한 규범들의 존재는 그 체제의 전체 성격을 더 나쁜 것으로 만드는 영향을 미칠 가능성이 높다. 그 규범들은 체제의 공무원이 국민을 불시에 잡을 수 있는 기회를 갖도록 한다. 공무원들이 실제로 그 기회를 드물게만 활용한다고 하더라도,

그 존재 자체만으로—대부분의 국민이 사전에 개별적으로 식별하지는 못함에도 불구하고 그 기회들이 존재한다는 점을 국민들이 보통 알고 있음으로 인해—정부와 국민의 관계를 정부가 국민을 지배하는 관계로 급격하게 틀어 놓을 것이다. 정체停滯되어 사용되지 않는 고루한 규범망은 인간 행동을 이롭게 지시하고 조정하는 데 거의 아무것도 기여하지 못할 뿐만 아니라, 비도덕적인 정부가 권력을 휘두를 도구를 한껏 제공하는 사악한 역할도 쉽게 수행한다.

그러므로 시간이 흘러도 안정적임의 원칙은 **법의 지배**의 불가결한 구성부분이다. 왜냐하면 그 원칙은 인간이 변할 수 있다는 점에 대한 편협한 무시에 반대할 뿐만 아니라 인간이 언제든 곧바로 변할 수 있다고 철저히 받아들이는 것에 반대하기도 하는 권고이기 때문이다. 안정성安定性, steadiness은 정체성停滯性, stagnancy이 아니다. 일곱 번째 합법성 원칙이 정체성을 지지하지 않기는 하지만, 그 가장 뚜렷한 메시지는 관할 내의 법의 과도한 속도의 변화가 갖는 악에 대한 경고이다. 사람들이 현재 자신들이 어디에 서 있는지 알려 주기 위해 법을 안정적으로 유지하는 것은 **법의 지배**의 충분조건이라고는 도저히 볼 수 없지만, 필요조건임에는 의문의 여지가 없다.

2.2.8. 정식과 실행의 합치

법의 지배와 **법의 지배**에 대한 풀러의 설명의 중추적인 원칙인 합치의 원칙으로 이 장의 논의의 정점頂點을 장식하는 것이 어울리겠다. 그 원칙을 찬성하는 도덕적·정치적 고려 사항들은 아주 많다. 그 고려 사항들은 법규범의 정식과 실행의 합치가 일반적으로 어떻게 발생되는지 상기하는 순간 명백해진다. 분석법리학적 형태의 풀러의 여덟 번째 원칙에 대한 내 해명에서 드러난 바와 같이, 이 원칙의 충족에서 핵심 요소는 재판 공무원과 행정 공무원이 불편부당성을 유지하는 것이다. 앞의 설명은 불편부당성의 인식적 장점을 강조했다. 불편부당성은 인지적으로 신뢰할 수 있는 반면에, 불편부당성을 해치는 요인들, 이를테면 자기이익 추구, 편협함, 무지, 변덕 같은 요인들은 공무원들(및 그 밖의 사람들)을 그들이 직면한 문제에 대한 타당한 이해에서 멀어지게 만든다. 인식론적 논점이 현재의 편에서도 중요한 것이긴 하지만, 이곳의 논의에서는 불편부당성의 도덕적·정치적 장점을 강조하겠다.

    인식적으로 신뢰할 수 없다는 점에 더해서, 불편부당성을 해치는 요인들은 도덕적으로 그리고 정치적으로 의문스럽다. 이기심, 편견, 변덕을 동기로 행위하는 공무원은 그들이 직면한 법과 상황을 오해하기 쉬울 뿐만 아니라 도덕적으로 의무적이거나 적합한 것에서 벗어날 가능성도 높을 것이다. 이 일반화에 주목할 만한 예외가 있음은 분명하다. 특히 그 일반화의 적절함은 어느 정도는 해당 관할 안의 법이 유익한가에 달려 있다. 많은 극악무도한 법을 가진 체제에서는, 공무원이 그런 법들을 엄격하게 집행하는 데서 벗어나게 유도하는 요인은—설사 그것이 야비한 요인이라 할지라도—그런 법을 집행하는 변함없는 헌신의 자세보다 도덕적으로 더 나을 수 있다(Kramer 2004a, 191 n10). 예를 들어 사악한 체제의 재판 공무원과 행정 공무원이, 경멸받는 일부 국민에 대한 가혹하게 억압적인 조치를 요하는 많은 법을 시행하는 과업을 맡고 있다고 가정해 보자. 더 나아가, 그 공무원들이 탄압받는 집단의 구성원들이 뇌물을 준다면 기꺼이 뇌물을 받고 그 대가로 지배적인 법의 내용에 따른다면 하게 되어 있는 지독한 기소를 하지 않는다고 가정하자. 이런 종류의 상황에서는, 부패한 방식으로 자기이익을 추구해서 엄격한 불편부당성의 입장에서 이탈하는 것이 유해한 법의 무사심한 실행보다 도덕적으로 우월하다. 그 법들의 불편부당한 실행보다 한층 더 명백히 도덕적으로 우월한 것은, 예속된 집단의 구성원들을 편애하는 태도를 가졌기 때문에 집행에 반대하는 결정을 내리는 것이다. 그런 태도는 물론 편견이기는 하지만 엄격히 법을 집행하는 열성을 가진 동료 공무원들(차별적인 법의 집행을 조금이라도 느슨하게 하는 것에 반대할 동료 공무원)의 분노를 받을 위험을 감수할 용기를 주는 데 꼭 필요한 것일 수 있다. 그런 경우에는 그 공무원들의 경향을 결정하는 편견이 도덕의 요구를 무시하기보다는 도덕의 요구를 충족할 수 있는 개성이 강한 사람으로 만들어 준다.

그렇다면, 재판과 행정의 불편부당성의 도덕적·정치적 성질은 어느 정도 각 관할의 법의 내용에 달려 있다. 그러나 이 장의 후반부는 법의 지배가 아니라 **법의 지배**에 집중하고 있다. 즉, 여기서는 자유민주주의 체제가 존재하고 번영하는 경우 성립하는 사태에 특히 초점을 맞추고 있는 것이다. 여기서는 현저히 비자유주의적이거나 비민주적인 법체계의 특성을 고려하지 않고자 한다. 그래서 현재 논의의 목적을 위해서는, 이 장은 법체제의 규범이 너무나 끔찍하여 그 규범의 적용과 집행에서 불편부당성을 조금이라도 유지하는 것이 오히려 도덕적으로 의심스러운 경우는 무시할 수 있다. 여기서는 자유민주주의적 가치를 준수하는 체제만을 살펴보고자 한다.

이 점을 전제로 하면, 불편부당성을 얻으려고 노력하는 재판 공무원과 행정 공무원은 그렇게 함으로써 도덕적으로 타당한 결정에 도달할 전망을 높이는 것이다. 그 공무원들이 시행할 법의 내용이 유익하고, 공무원의 관점의 불편부당성이 그 법들을 타당하게 이해하고 실행하는 그들의 능력을 높여 주므로, 공무원의 불편부당성은 도구적으로 도덕적 가치를 지닌다. 즉, 그것은 그런 유익한 법들에 의해 추구되는 도덕적으로 가치 있는 목적들을 위한 수단으로 기능한다. 불편부당성은 다른 면에서도 도구적으로 가치 있다. 사람들의 정당한 기대를 충족하는 데 도움이 되기 때문이다. 국민과 그들에게 조언을 주는 법 전문가가 갖가지 법의 내용을 확인할 수 있었고 공무원의 불편부당성이 그 법의 내용과 일치되게 그 법을 시행할 확률을 강화시킬 것이므로 불편부당성은 국민의 행위의 법적 결과에 관한 국민의 합당한 믿음을 유지한다는 도덕적으로 가치 있는 목적을 증진한다. 물론 더 일반적으로, 공무원들이 불편부당한 입장을 고수하는 것은 그들의 법체계의 활기를 강화한다. 그런 고수는 법전상의 법과 실제상의 법 사이의 합치를 당연히 촉진하는데, 그렇게 함으로써 공무원의 불편부당성은 법의 지배의 존재 자체(그래서 **법의 지배**의 존재)를 위협하는 두 가지 어려움 사이의 커다란 간극이 제기하는 난점을 피한다. 공무원의 불편부당성은 법의 지도 기능이 매끄럽게 발휘되는 것을 가능하게 하며, 그래서 법체계의 기능성이 불가결한 조건을 이루는 귀중하고 절실한 선의 실현을 가능하게 한다.

더군다나, 이 몇 가지 면에서 도구적으로 기여하는 바가 있는 것과는 별개로, 공무원의 불편부당성은 본유적 도덕적 가치를 지닌다. 그것은 도덕적으로 타당한 결정을 내리도록 하는 데 도움을 줄 뿐만 아니라 도덕적으로 타당한 이유들로 그런 결정을 내리도록 하는 데 도움을 준다. 제1장의 불편부당성에 대한 나의 논의의 말미 근처에서 논한 바와 같이, 불편부당성을 무효화하는 동기상 그리고 인식상의 왜곡은 불리하게 영향받는 사람들에 대한 그 어떤 적절한 존중과도 어긋난다. 예를 들어 재판 공무원과 행정 공무원이 그들의 이기적인 이익을 유리하게 대우받을 마땅한 자격이 있는 국민의 이익보다 앞에 놓을 때 그들은 인간 평등이라는 기본적 제약을 어기면서 행위하고 있는 것이다. 인정컨대, 그렇게 행위하고 있다는 점을 자각하지 못할 수는 있다. 그들은 너무나 자신에게 매몰되어서 다른 사람들의 관심과 기회의 가치를 불의하게 격하하고 있는 면을 진정으로 의식하지 못할 수도 있다. 그렇지 않으면 그들 자신의 탐욕을 아주 잘 알면서 오만하게도 그 자각으로 아무런 동요도 느끼지 않을 수도 있다. 그들 자신의 자기 탐닉을 자각하는 정도가 얼마나 되건, 그들이 그와 같이 불명예스러운 경향에 굴복했다는 점만으로도 그런 굴복에 기초하여 취해지는 결정 모두를 더럽히기에 충분하다. 그 결정들 중 일부는 우연히 그 내용에서 타당할 수 있지만, 그 저변에 깔린 이기적인 유인은 통치자와 피치자의 관계를 이미 훼손한 것이다. 그런 경우, 공무원들은 그른 이유에서 옳은 결과에 도달한 것이다. 그들이 자기중심적인 이유에 기초하여 행위한다는 점이 그들의 행동을 (타당한 결과에 도달한 경우조차도) 그토록 반대할 만한 것으로 만드는 부분이다. 왜냐하면 그 점은 공무원 자신의 복지에 도구적으로 도움이 되는 경우에만 국민의 복지에 중요성을 부여한다는 것을 입증하기 때문이다. 각 국민을 이런 식으로 자신들의 이기적인 목적을 위한 수단으로 환원함으로써 공무원들은 도덕적 행위자로서 각 국민의 존엄에 대한 기본적 존중의 결여를 뚜렷하게 보여 주는 것이다. 그러므로 그들이 그들의 관점을 어떻게 구부렸건 간에, 그들 자신의 이익에 대한 헌신은 그들과 다른 인간의 동등성parity을 위반하는 것이다.

편견, 무지, 변덕 같은 불편부당성을 파괴하는 다른 요인들에 대해서도 비슷한 말을 할 수 있다. 자신들에 대한 불리한 편견 때문에 또는 그들이 속한 집단(들)에 대한 불리한 편견 때문에 국민이 불리하게 대우받을 때, 그들에 대한 비하卑下는 매우 명백하다. 다시금, 편견에 찬 공무원들이 그들의 태도가 부정적이라는 점을 자각하고 있건 아니건 비하가 발생한다. 예를 들어 일부 공무원은 여성이 열등하다는—가정家庭에 머물러 있을 필요가 있는 연약한 존재로 간주하는—편견에 찬 태도를 가지면서 그 문제에 대한 그들의 관점이 특별히 배려하는 것이고 고귀하다고 믿을 수 있다. 그들의 우월감에 기반한 베푸는 듯한 생색이 얼마나 좋은 의도를 가졌든 간에, 그것은 우월감에 기반한 생색이므로 공무원과 국민의 관계에 오점이 된다.

실제로 편견이 비하하는 것이 아니라 우대하는 유리한 것일 때도 공무원과 국민의 관계를 훼손한다. 물론 그런 편견이 유감스러운 이유는 부분적으로 그런 편견이 적용되지 않는 사람들에게 보통 해가 된다는 사실에 있다. 예를 들어 재판 공무원과 행정 공무원이 히스패닉 사람들이 마땅히 자격을 가지는 바를 넘어 더 유리하게 대우하면 히스패닉이 아닌 사람들에게 마땅한 것보다 덜한 것만을 부여하게 된다. 우대하는 조치가 결과로써 발생하지 않을 때조차, 히스패닉이기 때문에 히스패닉을 우대하는 재판 공무원과 행정 공무원의 태도는 여전히 반대할 만한 것이다.

한편으로는 그런 편견을 가진 공무원 누구라도, 법에 규정된 것을 넘어서 어떤 사람의 행동을 관대하거나 자비롭게 처리하는 것이 자신에게 도덕적으로 최적인 행위 경로인 상황에 마주할 수 있음이 분명하다. 다른 한편으로 공적 권한의 행사하는 법-정부 공무원이 법적 권한을 예외적으로 관대하거나 자비롭게 행사하는 동기를 부여하는 고려 사항은 결코 개인이 속한 민족을 포함해서는 안 된다. 그런 요소가 법에 규정된 것을 넘어서 권한을 관대하거나 자비롭게 행사하는 일의 적절성에 관한 공무원의 숙고를 구부리는 경우, 국민의 인격체로서 지위가 아니라 특별한 계보를 가진 존재로서의 지위에 초점을 둠으로써 숙고가 변질된다. 사인이 일부 맥락에서는 (예를 들어 자선을 위한 기부를 할 때) 다른 사람들에게 얼마나 관대하게 대할 것인가를 결정하기 위해 다른 사람들의 민족을 정당하게 고려할 수는 있지만 적용될 수 있는 법에 의해 규정된 것 이상으로 일부 국민에 대해 더 배려하여야 하는지 검토해야 하는 공무원에게는 비슷한 재량이 없다. 자유민주주의 사회에서 그런 검토를 하는 공무원은 모든 국민의 이름으로 통치하는 것이며, 누구나 법적으로 동등한 지위에 있는 존재로서 대우할 법적·도덕적 의무를 진다. (이 문단에서 쓰인 어떤 것도 어떤 체제의 공무원이 민족적 근거에서 사람들을 차별하는 일반적 법을 적용하는 절차의 잠재적 정당성을 배제하지는 않는다는 점을 주목하라. 민족을 근거로 일부 사람들에게 우대조치를 요청하는 법이 자유민주적 통치의 원칙과 일관된 경우는 드물 것이지만, 그 원칙이 그런 법을 모두 불허할 것이라고 추정할 강력한 이유는 없다. 적어도 현재 내 논의의 범위 내에서는, 민족적 근거에서 사람들을 차별하는 일반적 법의 잠재적 정당성은 열린 문제로 남겨져 있다. 일반적 법이 민족을 기준으로 일정한 사람들을 정말로 우대하는 경우, 재판 공무원과 행정 공무원이 그 법의 불편부당한 모두, 사람들이 속한 민족이 무엇인가를 살펴보는 일을 포함할 것이다. 여기서 이야기된 어떤 것도 이와 다른 것을 시사하는 의미를 갖지 않는다. 이 문단에서 논의했던 것은 민족을 기초로 사람들을 차별하는 일반적 법의 불편부당한 시행이 아니라, 법을 넘어서 법 바깥의 영역에서의 공무원의 결정의 불편부당성이었다.)

마찬가지로 무지와 변덕스러움에서 나오는 공무원의 결정 또한 개탄할 만한 것이다. 물론 어떤 정도의 무지는 불가피하다. 그 어떤 신뢰할 수 있는 통치체계도 재판 공무원과 행정 공무원이 직면하는 상황마다 모든 유관한 사실들을 알 수 있도록 해 줄 자원을 갖지 않을 것이다. 더군다나 일정한 사안에서는, 어떤 유관한 사실들을 밝혀내려고 무한한 자원을 소모하더라도 그 사실들이 확인 불가능한 것으로 남을 수 있다. 그러나 마주하는 상황마다 실질적인 사실들에 대해 완전한 지식을 얻는 것이 환상이라고 해도, 법-정부 공무원은 그 사실들을 알기 위한 모든 합당한 조치를 취하지 않는다면, 자신이 불편부당하다고 타당하게 주장할 수 없다. 조급함이나 태만함 또는 늘쩍지근한 무심함의 결과로 생긴 무지는 공무원의 불편부당성을 훼손하는 것이다. 공무원의 판단이 적절한 사실들에 열린 마음으로 주의를 기울여서 나온 것이 아니라 추측과 충동에 달려 있게 만들기 때문이다. 제1장에서 불편부당성을 논의하면서 이 논지를 강조했다. 여기서 새롭게 강조되어야 하는 것은 공무원의 의사결정 절차에서 무지가 가져오는 도덕적·정치적 비용이다.

  논의의 이 단계에서는 자유민주주의적 가치를 준수하는 법을 가진 체제에 집중하고 있으므로, 무지의 한 가지 주요한 결점은, 이로운 법이 그 내용과 일치되게 적용될 가망을 줄인다는 점이다. 대신에 공무원이 자신이 하고 있는 것에 대한 숙지된 이해가 부족한 만큼 공무원은 법을 잘못 적용하기 쉬울 것이며 결과적으로 이로운 법의 목적의 실현을 좌절시키거나 약화시키기 쉬울 것이다. 더 나아가 그 특수한 목적의 실현을 지체시키는 것을 넘어서, 빈번하게 무지에 빠지는 공무원은 법체제로서 그들의 체제의 전반적 기능을 손상하거나 심지어 파괴할 것이다. 지속적으로 그들이 다루고 있는 문제의 복잡성을 적절하게 숙지하기를 거부함으로써 공무원은 법전상의 법과 실제상의 법이 차이 날 확률을 상당히 증가시킨다. 그렇게 함으로써 공무원은 법의 지도 및 조정 기능의 수행을 방해하며, 어쩌면 법체제로서 그들의 체제의 지위를 무효화하는 지점까지 방해할 수도 있다. 그 정도만큼, 그런 공무원은 법체계의 존재가 그 달성에 불가결한 조건을 이루는 절실한 선을 위험에 빠뜨린다.

그렇다면 재판 공무원이나 행정 공무원의 교정할 수 있는 무지의 주된 악덕 중 하나는 그들의 무지몽매함이 나쁜 결과로 이어지는 경향이 있다는 것이다. 무지는 수단적으로 해로운 작용을 하며disvalue 특히 그것이 간헐적이 아니라 지속적으로 공무원들의 숙고를 흐릴 때 더욱 그러하다. 그러나 완화될 수 있는 무지의 도구적 결점 instrumental shortcomings만큼이나 유감스러운 것은 그 본유적 결점 intrinsic shortcomings이다. 공무원이 자신이 판단을 내려야 하는 문제와 유관한 사실들에 익숙해지고자 하는 합당한 노력을 기울이지 않을 때 그들은 그 문제에 이익이 걸려 있는 국민에 대한 적절한 존중을 보여 주지 못하는 것이다. 어느 경우든, 공무원과 국민의 관계는 고압적인 관계가 된다. 공무원들이 쉽게 발견할 수 있는 사실들을 알려고 하지 않는 성향이 부당하다는 것을 자각하고 있든 아니든 그런 성향은 무책임한 것이다. 그것은 의식적인 오만의 산물이 아닐 수는 있지만—예를 들어 그저 게을러서 생긴 부주의에서 나온 것일 수는 있지만—그들의 결정이 자의적이지 않게 하려는 공무원들의 관심이 부적절하게 부족함을 보여 준다. 즉, 그러한 성향은 공무원들이 국민의 도덕적 지위(이 도덕적 지위는 자유민주주의 사회에서는 국민의 법적 지위와 완전히는 아니더라도 밀접한 상관성을 지닌다)에 따라 각 국민에 대한 대우를 보장하고자 하는 그들의 관심이 부적절하게 부족함을 보여 준다. 그런 무심함은 그 궁극적 원천이 무엇이건 고압적인 것이다. 그런 무심함이 공무원의 결정을 구부리는 통치체계의 도덕적 품위는 격하된다.

여기서 즉흥적임이나 변덕스러움 같은 불편부당성을 쫓아내는 요인들을 따로따로 살펴볼 필요는 없다. 그런 요인에 관한 논의는 어느 것이나 피할 수 있는 무지에 대해 방금 이야기한 것과 대체로 같은 내용을 반복하게 될 것이기 때문이다. 실제로, 하나의 지배적인 논제論題가 불편부당성에 반反하는 다양한 마음 상태에 대한 나의 간략한 검토 전체에 걸쳐 성립한다. 이 마음 상태 중 어느 하나가 공무원의 결정에 유의미하게 영향을 미치는 경우에는 언제나, 그 마음 상태가 법-정부 체계의 어떤 국민(들)과의 권위 있는 상호 작용의 유효한 기반으로서 법과 도덕의 명령을 대체한 것이다. 그 마음 상태가 해당 결정의 범위 내에서 법의 지배(그래서 **법의 지배**)를 사람의 지배로 대체한 것이다. 그런 대체는 근본적 인간 평등이라는 자유민주주의적 원칙을 위반한다. 영향받는 국민의 그 행동이 그 자체가 정당성 있는 일반적 규범에 의해 규율되는 도덕적 행위자로서의 지위를 무시하기 때문이다. 그런 대체는 바른 길을 벗어난 공무원의 애호와 특이함에 따른 자의성이 정당성 있는 일반규범을 몰아내도록 함으로써 공무원을 정당화되지 않는 지배자의 위치로 올려놓는다. 그래서 공무원과 국민의 관계—특이함과 독단적 명령이 아니라 유익한 일반적 법과 도덕 원리를 통해 언제나 매개되어야 하는 관계—를 왜곡한다.

　재판과 행정 과정에서 불편부당성의 장점에 대한 논급을 마무리하면서 여기에 주의의 말을 해 두는 것이 좋겠다. 이때까지 한 논급은 법이 언제나 그 내용에 따라 시행되어야 한다는 입장을 필함하지 않는다. 그와는 반대로, 어떤 상황에 대한 불편부당한 평가가, 적용될 수 있는 법의 시행에 반대하는 작용을 하는 경우가 때때로 있다. 자유민주주의 체제에서 공무원에게 도덕적으로 타당한 행위 경로는 통상, 법이 적용될 수 있는 여건이라면 법을 집행하는 것이겠지만, 때때로 그와 다른 행위 경로가 도덕적으로 요구될 때가 있다. 무단횡단을 금지하는 시의 조례는 전면적으로 적용될 수 있는 내용을 갖지만, 한적한 거리에서는 결코 집행되지 않고 훨씬 통행이 많은 거리에서도 거의 결코 집행되지 않는다고 가정해 보자. 더 나아가 시의 법을 시행할 책임을 지는 경찰이 어떤 사람이 극도로 한산한 거리에서 무단횡단을 금지하는 시의 조례를 위반하고 있는 것을 보았다고 가정하자. 그 위반 시점에, 매일매일 늘 거의 그렇듯이 그 거리를 통행하고 있는 차량은 없다. 이런 상황에서는, 경찰은 그 조례를 시행하지 않을 도덕적 의무를 진다. 그런 맥락에서 집행의 조치는 여러 가지 이유에서 도덕적으로 받아들일 만하지 않을 것이다. 집행 조치는 기본적 인간 평등 원칙을 준수하기보다는 위반할 것이다. 같은 방식으로 행동한 다른 사람들에게는 하지 않았던 제재 조치를 일부 보행자만 골라서 가하는 것이기 때문이다. 그런 조치는 어느 것이나, 보행자가 그 도시의 법 집행 패턴에 대해 형성했던 정당한 기대를 충족하는 것이 아니라 부술 것이다. 그런 조치는 아무런 도덕적 가치 있는 목적에도 봉사하지 않을 것이다. 매일의 그 어느 시점에도 사실상 교통량이 없는 거리에서는, 혼잡한 거리에서 무단횡단 금지 조례가 갖는 이득이 없기 때문이다. 상상된 상황에서 조례의 집행은 법을 경시하지 않도록 만드는 경향도 없다. 이와는 반대로, 그런 집행 행위는 형평성 없고 터무니없이 무의미한 방식으로 누군가에게 그 명령을 집행함으로써 불명예스럽게 만드는 경향이 있을 것이다. 요약하자면, 무단횡단 금지 조례 위반 사례를 우연히 보게 된 경찰은 그 조례를 집행하는 조치를 하지 않는 것이 도덕적으로 허용되거니와 또한 도덕적으로 의무적이기도 하다. (또한 아마 경찰이 집행 조치를 하지 않을 법적 의무가 있는 것은 아니겠지만, 하지 않는 것이 법적으로 허용되기는 한다.) 경찰이 그 문제에 불편부당한 관점을 취한다면, 그 법이 집행되지 않아야 한다는 점을 깨달을 것이다.[5]

그래서 공적인 의사결정에서의 불편부당성은 때때로 위법 행위를 묵과하는 결과를 낳을 것이다. 그러나 자유민주주의 사회에서는 불편부당한 입장이 규정대로 법규범을 시행하는 것을 요청하는 경우가 훨씬 더 흔히 발생할 것이다. 그 목적을 위해, 자유민주주의 체

---

5 무단횡단의 예에 대한 더 자세한 논의는 Kramer 1999a, 285-287쪽을 참조.

제의 공무원은 해석적 능숙함interpretive proficiency을 보유하고 있어야 한다. 공무원들의 능숙함 보유가 중차대한 이유는 2.1.8.에서 거론한 것들뿐만이 아니다. 상당한 정도의 해석적 기량 없이는 공무원들은 기능하는 법체계를 운영할 수 없을 것이며, 따라서 그런 체계의 존재로부터 나오는 이득을 유지할 수 없을 것이다. 앞서의 해명은 여기서 보충되어야 한다. 왜냐하면 논의가 여기까지 진행되었으니, 법체계 전체 수준에서뿐만 아니라 각각의 개별 사안에서도 해석적 능숙함이 필수적이라는 점을 이해할 수 있게 되었기 때문이다.

법 공무원이 법을 무능하게 해석할 경우에는 언제나, 부당한 결정에 이르거나 순전히 우연으로만 타당한 결정에 이르거나 둘 중 하나이다. 부당한 결정은 국민과 법 전문가들이 형성한 정당한 기대를 좌절시킬 것이다. 어쨌거나 해석적 능숙함에 대한 앞의 논의가 주장했듯이, 그 어떤 개별 사건에 대해서도 그런 능숙함의 중심적 특성은 실제로 행해진 해석interpretation that is rendered과 합당하게 예상될 수 있었던 해석interpretation that could reasonably have been anticipated 사이의 일치correspondence에 놓여 있다. 그러므로 해석적 과정이 길을 잘못 들어 법에 의해 정당화되지 않는 결과를 산출하는 경우, 그 결과에 영향받는 국민이 법에 의해 오도되었다고 느끼는 것은 당연하다. 국민이 오도되는 것은—비록 그것이 악의의 결과가 아니라 실수의 결과로 발생하였다고 하더라도—그 자체로 악이다. 국민의 적절한 기대를 좌절시키는 것은 국민의 도덕적 행위자로서의 능력이 국민 자신에게 불리하게 작용하도록 만들어버렸기 때문이다. 더구나, 유익한 자유민주주의적 체제가 제정한 법을 잘못 적용하는 것은, 통상 적용해야 할 법의 가치 있는 실질적 목적에 반할 것이므로, 그 잘못된 적용은 절차적으로 유감스러운 것일 뿐만 아니라 내용적으로도 유감스러운 것이다. 그러므로 법의 잘못된 적용이 정당한 기대를 좌절시키는 것과는 별개로, 그 자체로 고려되는 내용적 효과는 실망케 하는 것일 가능성이 높다. 게다가 잘못된 적용과 그 적용을 도출한 잘못된 해석이 선례로서의 힘을 갖게 되면, 법의 미래 방향도 망친다. 그래서 서투른 해석에서 나온 잘못된 적용이 자유민주주의 체계의 기능성에 위협을 가하기에는 너무 드물다고 하더라도, 그런 잘못된 적용 자체로 그 체계를 오염시키는 것이 일반적이다.

법규범에 대한 무능력한 해석에서 나온 우연히 타당한 결과는 부당한 결과만큼 현저히 문제가 되는 것은 아니다. 그 결과에 직접 영향받는 국민의 정당한 기대는 부수지 않을 것이기 때문이다. 마찬가지로, 유익한 법규범의 (비록 우연히 타당하다고 할지라도) 타당한 적용이므로, 그 내용적 효과는 도덕적으로 건전할 가능성이 높다. 그러나 우연히 타당한 결정correct-by-happenstance이 부당한 결정의 결점 모두를 지니지는 않지만, 그 결정의 토대가 된 해석적 서투름inter-pretive maladroitness of their underpinnings이 비용을 낳지 않는 것은 아니다. 그런 결정을 낳은 서투른 해석이 선례로서의 힘을 갖는 한, 법의 어떤 분야의 미래 경로에 왜곡된 영향력을 행사하게 된다. 그 왜곡이 틀림없이 더 나쁜 결과를 낳는 것은 아니지만 그럴 가능성이 매우 높다. 더욱이 선례를 설정하는 효과는 제쳐 놓고 그 자체로 보아도, 잘못된 해석은 모든 다른 측면에서는 나무랄 데 없는 결정의 결함 있는 기초로 기능한다. 이미 논한 바와 같이, 재판 공무원과 행정 공무원은 옳은 결정만 내려서는 안 되고 옳은 이유에서 옳은 결정을 내려야 한다. 혼란에 빠진 해석적 접근에 따라 다른 면에서는 나무랄 데 없는 결정에 도달하는 경우 공무원은 자신이 내린 결정의 근거로서 관련법의 내용을 자기자신의 갈피를 잡지 못하는 사고로 대체한 것이다. 그 공무원의 숙고가 이례적이지 않은 결과로 귀결되긴 했지만, 그런 숙고는 법의 지배―그리고 **법의 지배**―를 사람의 지배로 대체하는 경향을 가짐으로써 체제의 도덕적 권위moral authority에서 벗어나는 것이다.

요컨대 재판 공무원과 행정 공무원의 불편부당성과 해석적 능숙함 둘 다 **법의 지배**의 번영을 위해 불가결하다. 불편부당성으로부터 광범위하고 지속적인 이탈 그리고 해석적 능숙함을 지속적으로 발휘하지 못하는 실패는 법체계의 존재 자체를 위태롭게 할 것이다. 그보다 일어날 가능성이 더 높은 것은 개별적인 이탈 또는 실패이다. 그런 개별적인 이탈과 실패는 법체계의 일반적 기능성을 위험에 빠뜨리지는 않겠지만, 그 제한된 범위 내에서는 그 체계의 전반적인 도덕적 입지의 기반을 거의 언제나 훼손할 것이다. 그러한 이탈이 특정 면에서는 유익한 것으로 이따금 드러날 수는 있다 하더라도, 다른 면에서는 유해한 것으로 드러날 것이다. 그리고 전형적으로는 유해하기만 한 것으로 드러날 것이다. 이에 따라 풀러의 여덟 번째 합법성 원칙은 정말로 정치도덕 원칙으로 이해하는 것이 적합하다.

그것은 법체제의 전반적 품위의 필요조건을 규정하며, 법 공무원이 각각의 개별 사건을 다루는 일의 도덕적 적절성의 필요조건도 통상 규정한다. 폭넓은 수준에서도 그리고 좁게 초점을 맞춘 수준에서도 그 원칙은 **법의 지배**의 으뜸 기조를 뚜렷하게 표명한다.

2.3. 결론

이 장은 법의 지배라는 분석법리학적 현상과 **법의 지배**라는 도덕적·정치적 이상을 탐구했다. 풀러의 합법성 원칙은 그 논의 각각의 구조의 반을 구성했으며, 그래서 내가 분석법리학적 현상과 도덕적·정치적 현상 사이의 많은 친연성親緣性, affinities과 몇 가지 차이점 dissimilarities을 강조할 수 있도록 해 주었다. 물론 친연성이 차이점보다 더 많고 뚜렷하다. 부분적으로는 그 친연성은 법의 지배가 **법의 지배**의 필요조건이라는 순전한 사실에서 나온다. 법의 지배의 실현이 **법의 지배**의 실현의 충분조건은 아니지만 필요조건이기는 하다. 그 결과 법의 지배를 위협하는 것은 모두 **법의 지배**를 위협한다. 그러나 그 논지가 중요하기는 하지만, 법의 지배와 **법의 지배**의 상동관계相同關係, homologies(여기서는 요구와 기회를 제시함으로써 인간 행동을 지도하는 법의 기본적 역할로부터 기원하는 유사성이 있는 관계를 말한다.-옮긴이)를 온전히 포착하지는 못한다.

풀러의 원칙 각각의 분석법리학적 의의와 도덕적·정치적 의의 둘 다에 중심적인 것은, 인간 행위자에게 요구와 기회를 제시함으로써 인간 행동을 지도하는 법의 기본적인 역할이다. 이 모든 원칙들이 법의 지배에 근본적인 한 가지 핵심 이유가, 법의 지배의 역할이 수행되려면 그 원칙들이 준수되는 것이 필수적vital이라는 것이다. 그 각각은 법의 장악력sway of law과 (그 장악력의 적용을 받는 쪽인) 인간의 행위자성human agency 행사 사이에 내장된 연관성integral connection을 유지하는 데 필수적이다. 그런데 그런 연관성 역시 심대한 도덕적·정치적 중요성을 지닌다. 그 연관성은 사람들의 행위자성을 포위包圍해서 그들도 모르게 노리개로 만드는 대우를 하는 순전히 조작적인 형태의 통치purely manipulative mode of governance와 법적 통치legal governance를 구별한다. 법규범과 법규범의 수범자의 행위자성 사이의 연관성이 부서질 때, 그것은 관련된 법 공무원들이 그 행위자성을 적절하게 존중하지 않았다는 것을 드러냄으로써 그 법의 정당성을 손상시킨다. 그렇게 연관성이 부서지는 것이 때때로 유익한 효과를 낳는다고 하더라도, 그 경우 법은 사람들을 책임 있는 도덕적 선택을 하는 존재responsible moral choosers로 대우하는 일에서 벗어난 것이다.

물론 어떤 체제가 그 명령을 행위자성을 가진 개인에게 명확하게 발령한다는 사실만으로는 그 체제의 요구가 정당하다는 점을 확립하기에는 도저히 충분하다고 볼 수 없다. 어쨌거나 총을 든 강도는 피해자에게 제시하고 있는 선택지를 또렷하게 표현하며, 납치자는 인질의 가족이나 친구에게 자신이 제안하고 있는 선택지를 생생하고 또렷하게 표명하는 것이 보통이다(Kramer1999a, 59-60). 그래도 강조한 바와 같이, 풀러주의 원칙들의 도덕적·정치적 함의에 대한 내 전체 설명은, 지배적인 법체제가 그 내용에서 자유민주주의적이라는 가정에 입각해 있다. 그 점을 전제로 하면 그 원칙들은 자유민주주의 체제의 절차적 도덕성의 핵심을 뽑아낸 것이다. 법의 유익한 내용과 결합하면, 풀러주의 원칙들의 적절한 이행은 법의 정당성과 도덕적 권위를 이룩해 낼 것이다. 이 일은 법의 유익한 내용을 국민들에게 그들이 익숙해질 수 있고 그에 대하여 효과적인 선택을 할 수 있는 명령과 기회의 집합으로서 의미 있게 제시함으로써 이루어진다. 다시 말해서, 풀러주의 원칙들의 적절한 이행은 자유민주주의 법체계의 작용이, 통치 공무원이 피치자의 도덕적 행위자성에 대해 마땅한 존중을 보여 주는 영역이 되도록 한다. (이때 풀러주의 원칙들의 적절한 이행은 그 원칙 각각에 대한 완전한 이행에 있지 않다는 점을 상기하라. 상당히 현실적인 것은, 그 원칙들로 요약된 조건에 귀속된 역할이다. 그 역할은 어떤 달성하기 어려운 유토피아적 원형elusively utopian archetype에 속하는 것이 아니다.)

그렇다면 법의 수범자의 합리적 행위자성에 초점을 맞추는 것은 이 장의 탐구의 두 가지 주된 구성부분을 함께 묶는 실이라 할 수 있다. 그렇게 초점을 맞춘 덕택에, 기능하는 법의 존재law's functional existence에 꼭 필요한 것과 그리고 법의 정당성 및 도덕적 권위law's legitimacy and moral authority에 꼭 필요한 것도 분별分別할 수 있었다. 여기서 주목할 가치가 있는 것은, 풀러주의의 이론적 틀이 제대로 포함하는 것도 있지만 누락하는 것도 있다는 점이다. 풀러는 때때로

—예를 들어 Harris 1997, 150에서—그의 원칙들이 법의 지배 또는 **법의 지배**의 법적 차원에 본유적인 몇몇 핵심 특성들을 포괄하지 못한다는 근거에서 비판받았다. 그러나 그런 비판은 부적절한 것이다. 한편으로는 풀러주의 원칙들로는 분명하게 포괄되지 않는, 여러 자유민주주의 법체계에서 두드러지는 특성들이 있다. 한 가지 예는 법원의 엄격한 제도적 분리이고, 또 다른 예는 하급심의 판결에 상소해서 상급심으로 이의를 제기할 수 있는 권리를 사람들에게 부여한다는 것이다. 다른 한편으로는, 그런 어떤 특성도 법의 존재나 그 정당성 그리고 도덕적 권위에 일반적으로 불가결하지 않다. 풀러의 원칙(특히 그의 여덟 번째 원칙)에서 또렷하게 표명된 조건들을 확보하기 위한 질서의 모습은 자유민주주의 법체계별로 어느 정도 달라질 것이다. 방금 언급한 종류의 특성들은 일부 사회에서는 그 질서를 위해 중대할 수 있지만, 다른 사회에서는 질서의 모습이 그와는 다르고 그러면서도 풀러주의 원칙을 실제에 있어서 준수하는 데는 비슷하게 적합할 수 있다. 일정한 절차적 또는 제도적 방비책 procedural or institutional safeguards이 어떤 사회 X에서는 존재하지만 Y 사회에서는 존재하지 않는 경우, Y에 존재하는 어떤 다른 절차적·제도적 방비책으로 문제를 피해 갈 수 있다. 그래서 풀러가 그런 방비책의 특정 집합을 법의 지배 또는 **법의 지배**가 실현되는 예라면 본질적으로 가질 것으로 규정하지 않은 것은 현명한 일이었다. 일정한 제도나 관행이 특정 자유민주주의 통치체계 안에 아무리 깊이 확립되어 있다고 하더라도 그 유익한 역할은 다른 자유민주주의 통치체

계의 상당히 다른 제도나 관행에 의해서도 수행될 수 있다는 점을 풀러는 인식했던 것이다. 예를 들어 심각한 형사사건에서 자신의 동료 국민으로 구성된 배심원에 의한 재판을 받을 권리가 영미의 **법의 지배** 체계에서 오랫동안 이어져 내려온 요소이기는 하지만, 다른 자유민주주의 국가에서 구현된 **법의 지배**의 요소는 아니다. 그렇다면 배심원에 의한 재판을 받을 권리를 합법성의 근본적 원리fundamental principle of legality로 포함시키는 것은 받아들일 수 없을 정도로 지방근성적provincial일 것이다. 풀러가 근본적 원리를 열거하면서 그와 같은 구체적인 제도까지 포함시키지 않은 것은 현명한 판단이었다.

그래서 풀러의 틀은 법의 지배의 모든 필요불가결한 속성을 간결하게 요약한다. 그것이 **법의 지배**의 이상ideal에 있는 필요불가결한 요소에 관한 완결된 개요를 제시하지는 않는다고는 인정할 수 있겠다. 그것은 그 이상의 자유민주주의적 내용(예를 들어 경제적 정의나 민권, 자유)을 완전히 설명하는 것을 목적으로 하지 않았기 때문이다. 그럼에도 불구하고 여기서 **법의 지배**의 기본적인 내용적 특성이 부분적으로만 해명되긴 했지만, 그 형식적 또는 절차적 정수精髓는 풀러의 합법성 원칙에 의해 놀라울 만큼 잘 포착된다. 이 장에서 그의 원칙들을—풀러가 직접 쓴 내용을 자주 넘어서면서—재정교화한 내용은 이 책 첫 장에서 객관성의 주요 차원들을 검토한 내용과 일맥상통한다. 두 장 사이의 연관성은 이미 많은 지점에서 다룬 바 있다. 제3장은 그 연관성 중 일부를 더 면밀하게 살펴볼 것이다.

제 3 장

객관성과 법의 도덕적 권위

마지막 장에서는, 객관성의 몇 가지 주요한 차원이 법의 지배 및 **법의 지배**와 어떻게 관련되는지 좀 더 깊이 고찰하겠다. 객관성과 법(일반적인 법 또는 특별히 자유민주주의의 법)의 연관성 중 많은 것이 이미 앞의 두 장에서 분명히 드러났으므로 여기서 더 설명할 필요는 없겠다. 예를 들어 우리는 임의의 특정 관할 내에서 법전상의 법과 실제상의 법의 합치를 촉진하는 데 불편부당성으로서의 객관성이 하는 중차대한 역할을 자세히 살펴본 바 있다. 그러나 객관성과 법의 지배 또는 **법의 지배** 사이의 관계에 대한 다른 몇몇 측면은 추가적으로 탐구할 필요가 있다. 이 책에서 지금까지 제시한 분석은 이 마지막 장의 고찰을 위해 꼭 필요한 틀을 제공할 것이다.

3.1. 관찰상 마음 독립성 문제에 대한 서론

제1장에서 논한 바와 같이 법규범의 관찰상 마음 독립성observational mind-independence은 한낱 약한 것이 아니라 언제나 강하다. 즉, 모든 법체계의 모든 법규범의 본성은 (그 체계의 공무원들과 같은) 관찰자가 개별적 또는 집단적으로 그것의 본성이라고 여기는 바에 달려 있지 않다는 것이다. 이미 주장한 바와 같이 강한 관찰상 마음 독립성은 비실수량 속성nonscalar property이다. 이는 다양한 수준으로 적용되는 것이 아니라 성립하거나 성립하지 않거나 둘 중 하나이다. 강함과 약함이 통상 실수량 속성이기는 하지만 이 맥락에서 '강하다' 그리고 '약하다'는 1.2.1.에서 규정된 전문적인 의미로 사용된다. 그런 의미에서 이 용어들은 비실수량 속성을 지칭한다. 그렇다면 관찰상 마음 독립성으로서의 객관성은 대부분의 다른 차원의 객관성과는 다르다. 예를 들어 법 공무원의 불편부당성과 법적 진리에 대한 개인을 초월하는 판별 가능성은 상이한 법체계마다 그 정도가 다르다.(그래서 실수량 속성이다. -옮긴이) 이와는 대조적으로 법규범의 강한 관찰상 마음 독립성은 (비실수량 속성으로 법체계가 존재한다면 그저 있는 것이므로-옮긴이) 법체계마다 다르지 않으며, 하나의 법체계 내에서 시대별로 달라지지도 않는다. 어떤 법체제가 존재한다면, 그 법체제의 규범은 강하게 관찰상 마음 독립적이다. 강한 관찰상 마음 독립성을 갖고 있다는 점에서 그 법체제의 규범은 다른 모든 법체제의 규범들과 같다.

법 공무원의 불편부당성과 법적 진리에 대한 개인을 초월하는 판별 가능성이 실수량이므로, 법체계의 작동은 그 속성을 서로 다른 정도로 보여 준다. 임의의 법체계의―심지어 사악한 법체계라 할지라도―효율성과 활력은 그 안의 두 가지 유형의 객관성의 수준에 따라 크게 달라진다. 실제로 그 수준이 상당히 높게 유지되지 않으면 법체계의 존재 자체가 위험에 빠질 것이다. 그런 곤경에 빠진 경우, 풀러Fuller의 합법성 원칙 중 일부(예를 들어 합치의 원칙이나 명확성의 원칙)가 충족되지 않을 것이다. 결과적으로, 그들이 속한 체제의 견고성과 지속성을 확보하고자 하는 법 공무원은 그런 차원들의 객관성을 유지하기 위해 분투할 필요가 있다. 그들의 분투는 그 체제의 유효성과 수명에 차이를 가져올 것이다.

관찰상 마음 독립성은 이와는 꽤나 다른 문제이다. 이 객관성의 차원과 관련하여, 감탄할 만큼 효율적인 법체계와 낙담할 만큼 비효율적인 법체계는 구별 불가능하다. 법체계의 활력이 더 높다고 해서 그 체계의 법의 관찰상 마음 독립성 정도가 더 높은 것은 아니고, 활력이 더 낮다고 해서 법의 관찰상 마음 독립성 정도가 더 낮은 것도 아니다. 법의 관찰상 마음 독립성과 관련하여 상찬할 만큼 유익한 법체제와 개탄할 만큼 해로운 법체제 사이에 구별이 있는 것도 아니다. 두 경우 모두 체제의 법의 관찰상 마음 독립성은 강하다. 공무원들이 그들 체제의 규범이 유익하고 효율적으로 작동하도록 분투한다고 해서 그 규범과 작동의 관찰상 마음 독립성을 증가시키는 것이 (또는 감소시키는 것이) 아니다. 법체계가 지속되는 한, 그 법과 작동은 강하게 관찰상 마음 독립적이다.

방금 이야기한 것을 근거로 삼아, 관찰상 마음 독립성으로서의 객관성과 법의 지배 또는 **법의 지배** 사이에 아무런 관계가 없다고 결론 내려서는 안 된다. 이와는 반대로, 법의 지배와 **법의 지배** 둘 다 반드시 그런 객관성을 가진다는 것이 명백하다.(애초에 법체계가 존재하려면 강한 관찰상 마음 독립성을 갖는 것이 필요조건이기 때문이다. -옮긴이) 그래도 관찰상 마음 독립성과 법의 지배 또는 **법의 지배** 사이의 관계에 정도의 차이가 없다는 바로 그 이유 때문에, 관찰상 마음 독립성은 일단 법체계가 존재하는 경우에는 실천적 중요성을 갖지 않는다. 법체계의 특성에 관계없이―법체계가 도덕적 권위moral authority를 가지고 있는지 없는지를 불문하고―법체계의 규범은 강한 관찰상 마음 독립성이 있다. 공무원의 결정이 사악하거나 삐뚤어져 있다고 하더라도, 강한 관찰상 마음 독립성은 지속될 것이다. 그래서 법체계와 관련된 실천적 중요성을 가진 모든 문제에 대해, 법규범의 강한 관찰상 마음 독립성은 염려하거나 추구되어야 할 것이라기보다는 주어진 것이다.

3.2. 권위 원칙

그 결과 다음과 같은 명제는 그다지 규명해 주는 바가 없고 매우 오도誤導하는 것이다.

권위 원칙 Authoritativeness Doctrine: 법체제는 그 체제의 규범이 강하게 관찰상 마음 독립적이지 않다면 도덕적으로 권위 있을 수 없다.

이런 종류의 논제는 규명해 주는 바가 없다. 법체계로서 존재하지 않고서는 도덕적으로 권위 있는 법체계가 결코 될 수 없다는, 새롭게 알려 주는 바가 없는 주장과 그다지 다르지 않기 때문이다. 더 정확히 말해서, 모든 법체계의 특성 중 하나로서 일정한 기본적이고 불가피한 특성을 갖지 않는다면 법체계가 도덕적으로 권위 있을 수 없다는 주장과 그다지 다르지 않다. 이런 식이라면 법체계가 시공간 안에서 작동하지 않는다면 도덕적으로 권위 있을 수 없다는 주장도 얼마든지 할 수 있다. 더구나 **권위 원칙**은, 법의 강한 관찰상 마음 독립성이 법체제의 도덕적 권위의 필요조건이지만 법체제의 사악함wickedness의 필요조건은 아니라고 시사示唆하기 때문에, 극도로 오도하는 것이다. 그러나 어떤 법체계도 마음 독립성 없이는 존재할 수 없으며 법체계의 존재가 극악한 법체계의 존재에 필요조건이라는 점을 고려할 때, 법규범의 강한 관찰상 마음 독립성은 극악한 법체계의 필요조건이기도 하다. 강한 관찰상 마음 독립성이 없는 법체계는 불가능하므로, 강한 관찰상 마음 독립성이 없는 악한 법체계도 불가능하다.

그런데 처음에는, 법규범의 강한 관찰상 마음 독립성이 유익한 법체계의 필요조건이기도 하고 부정不正한 법체계의 필요조건이기도 하다는 사실 때문에 **권위 원칙**이 규명해 주는 바가 없는 원칙이 아닌 것처럼 보일 수 있다. 어쨌든 나는 다른 곳에서 풀러의 합법성 원칙을 준수하는 것이 도덕적으로 중요한 절실한 선들desiderata을 충족하는 데 반드시 필요할 뿐만 아니라 사악한 체제가 긴 기간에 걸쳐 대규모로 비도덕적인 목적을 달성하는 데도 반드시 필요하다고 논한 바 있다(Kramer 1999a, 62–77; 2004a, 172–222; 2004b). 나의 논증은 새롭게 알려 주는 바가 없거나 사소한 것이 아니었으며—**법의 지배**와는 달리—법의 지배는 본유적인 도덕적 지위를 갖지 않는다는 점을 상세히 보여 줌으로써 그 문제에 대해 전통적으로 지배적이었던 견해를 논박하려는 것이었다. 그런데 그 논증은 **권위 원칙**과 상당히 비슷해 보일 수 있으며, 그래서 **권위 원칙**이 취약한 반론에는 그 논증도 취약해 보일지 모른다. 풀러의 원칙에서 뽑아낸 특성이 모든 법체계의 본질적 속성이라는 점을 전제로 하면, 법의 지배에 관한 내 논증은 법체계가 법체계의 존재를 통해서만 달성할 수 있는 선한 목적이나 악한 목적을 실현하려면 법체계여야만 한다는 사소한 주장을 하는 것으로 보일지 모른다. 내 논증이 실제로 사소하고 빈약한 것이 아니라면 내 논증과 **권위 원칙**이 닮아 있다는 점은, **권위 원칙**에도 내가 주장한 것보다 훨씬 더 많은 내용이 들어 있음을 드러내는 것인지도 모른다. 적어도 그것이 **권위 원칙**의 지지자가 주장할 수 있는 바이다.

상당수의 분석법리학 이론가들이 많은 사악한 목적의 실현에 법의 지배가 불가결하다는 점(그래서 착취적인 장악력을 강화하는 데만 열중하는 악한 통치자가 풀러의 원칙 각각을 상당한 정도로 준수할 강력한 이유를 가질 것이라는 점)을 인식하지 못했다는 논점은 제쳐 두도록 하자. 그 중요한 논점을 제쳐 두더라도, **권위 원칙**과 풀러 원칙들의 준수에 관한 내 논증에는 결정적인 차이점이 있다. 풀러주의 원칙 각각은 법 공무원이 다양한 정도로 추구하고 달성해야 할 실수량 속성의 핵심을 요약한다. 법체계가 법체계로서 기능하고 있는 경우라면 그런 속성이 적어도 어떤 문턱 수준 이상으로 실현되어야 하지만, 해당 문턱 수준 이상으로 각각의 속성이 실현되는 정도는 공무원의 노력 정도에 따라 결정된다. 결론적으로 어떤 철학자가 풀러주의 원칙을 상당한 정도로 준수하는 것이―유익한 것이든 해로운 것이든―갖가지 목적을 달성하는 데 필요조건이라고 논할 때, 그 철학자는 그 갖가지 목적이 법체계(또는 통치체계)의 작동을 통하지 않는다면 시공간 내에 발생하는 일이 결코 없으리라는 주장에 가까운 우스울 정도로 지루한 논제를 제시하고 있는 것이 아니다. 즉, 그 철학자의 논증은 철저하게 불가피한 속성에 초점을 맞추고 있는 것도 아니며, 누군가의 노력으로 변경되기 쉽지 않은 속성에 초점을 맞추고 있는 것도 아니다. 그 철학자는 고찰되고 있는 효과를 가능케 할 정도로 충분히 높은 수준으로 존재할 수도 있고 존재하지 않을 수도 있는 어떤 실수량 속성을 언급하고 있는 것이다.

반대로, **권위 원칙**의 지지자가 모든 법체제의 도덕적 권위가 그 명령과 권한 부여에 대한 강한 관찰상 마음 독립성에 부분적으로 달려 있다고 주장할 때, 그들은 비실수량 속성에 초점을 맞추고 있는 것이다. 그 강한 관찰상 마음 독립성이라는 속성은 주어진 것이므로 추구의 대상이 아니다. 공무원의 노력은 그들 체제의 규범이 그 속성을 갖고 있는 정도를 조금도 바꾸지 못한다. 그 속성 보유 여부는 정도의 문제가 아니라 단적으로 성립하거나 성립하지 않는 것이기 때문이다. 강한 관찰상 마음 독립성은 시공간 내에 위치한다는 속성과 꼭 마찬가지로, 통치체계라면 어느 것이든 완전히 불가피하게 가질 수밖에 없는 특성이다. 따라서 **권위 원칙**은 참이긴 하지만 흥미롭지 않고 오도한다. 우리는 법체제의 부당성, 비효율성, 이슬람적 특성도 그 체제의 명령과 권한 부여의 강한 관찰상 마음 독립성에 부분적으로 달려 있다고 주장할 수도 있다. 이러한 주장들은 참이지만 하나같이 흥미롭지 않고 대단히 오도하는 것이다. 법체제(그리고 통치체계)의 규범은 언제나 강하게 관찰상 마음 독립적이기 때문에, 법체제의 모든 성질은 그 규범의 강한 관찰상 마음 독립성을 하나의 조건으로 하고 있을 것이다. 법체계의 성질 중 체계 그 자체가 존재하지 않는데도 존재하는 것이란 없다. 그리고 그런 체계는 강한 관찰상 마음 독립성을 지닌 규범 없이는 존재할 수 없다. 도덕적 권위성과 같은 일부 성질만 따로 골라내는 것은 자의적이다.

권위 원칙이 법의 도덕적 권위에 관한 통찰을 제시한다고 주장하기는 하지만, 그것이 알려 주는 바는 법의 관찰상 마음 독립성에 관한 제1장의 결론을 유감스러울 정도로 왜곡하여 반복하는 것뿐이다. 다시 말해 그 원칙은 법체계의 잠재적 도덕적 권위에 특유하게 관련된 것을 이야기해 주지 않고—오도하는 면을 빼면—법이 강한 관찰상 마음 독립성을 불가피하게 지닌다는 제1장의 결론을 반복할 뿐이다. 그 결론에 더해 주는 내용이 전혀 없다.

겉보기에는 바로 앞의 몇 문단에서 이야기한 내용과 의견을 달리하면서, 매우 수준 높은 법철학자들이 대체로 **권위 원칙**과 같은 노선에 따라 견해를 표명했다. 이 철학자들에 따르면, 법규범의 관찰상 마음 독립성에 관한 문제는 모든 법체계의 잠재적 도덕적 권위에 특유한 중요성을 가진다. 이 철학자들 중 일부는 (그들이 일부 또는 모든 법체계의 법규범에 포함되어 있다고 여기는) 도덕 원리moral principles의 관찰상 마음 독립성을 준거로 하여 그들의 입장을 표명했지만, 법의 도덕적 권위가 법규범의 관찰상 마음 독립성에 특유하게 의존한다고 본 점에서 **권위 원칙**을 지지하는 철학자들과 의견을 같이했다. 다른 저명한 법철학자들, 특히 제러미 월드론Jeremy Waldron은 **권위 원칙**과는 거리를 두었지만 여기서 개진된 것과는 매우 다른 논증을 펼쳤다. 그들은 **권위 원칙**이, 규명해 주는 바가 없고 (참이긴 하지만) 편향된 것이 아니라, 아예 거짓이라고 주장했다. 그들은 법의 도덕적 권위에 관한 **권위 원칙**의 주장이 중요하지만 지탱될 수 없다고 본다.[1]

이 모든 철학자들이 잘못된 방향으로 간 것인가? 그 철학자들이 법의 도덕적 권위와 관찰상 마음 독립성의 연관성에 관한 진정으로

---

[1] 이 단락에서 대략적으로 개괄한 논쟁에 주요하게 기여한 문헌으로는 Coleman 1995, 46-47, 60-61; Coleman and Leiter 1995, 244-247; Moore 1982, 1063-1071; 1992, 2447-2491; Rosati 2004, 309-313; Waldron 1992를 참조.

흥미로운 논쟁에 관여하고 있다고 생각한다면, 정말로 오해하고 있는 것이다. 그렇지만 그들의 주장과 반론은 결코 전적으로 오도된 것은 아니다. 오히려 그들은 가치 있고 유익한 논쟁을 하고 있었다. 그러나 법의 도덕적 권위와 확정적 타당성으로서의 객관성objectivity qua determinate correctness 사이의 연관성에 관한 논쟁을 하고 있었던 것이지, 법의 도덕적 권위와 관찰상 마음 독립성으로서의 객관성 objectivity qua observational mind-independence 사이의 연관성에 관한 논쟁을 하고 있었던 것은 아니다. **권위 원칙**에 관한 다툼처럼 보이긴 하지만, 그들이 진정으로 다투고 있었던 것은 어떤 법체계가 도덕적 권위를 가지려면 법에 있어서 높은 수준의 확정성이 필요한가에 대한 답이었다. 그들은 다음과 같은 명제의 참에 대해 의견을 달리하고 있다.

> **권위와 확정성 결합 원칙**Authoritativeness-cum-Determinacy Doctrine: 법체계는 그 규범하에서 제기되는 대다수의 문제에 대해 확정적으로 타당한 답이 없다면 도덕적으로 권위 있을 수 없다.

다시 말해서 이 철학자들은 항상적이고 주어진 속성(관찰상 마음 독립성)에 주의를 기울이는 대신, 실제로는 법 공무원의 노력으로 법체계 내에서 증강되거나 감소될 수 있는 실수량 속성(확정성)에 주의를 기울이고 있는 것이다.[2]

---

2 법의 잠재적 도덕적 권위와 그 확정성 간의 관계에 대한 가치 있는 논의로는,

이 책은 진행되고 있는 논쟁에 참여한 다양한 사람들의 입장을 상세히 다룰 수 없다. 설명과 해설의 진창에 빠지는 것을 피하기 위해, 여기서 나는 법규범이 강하게 관찰상 마음 독립적이지 않다고 주장하는 두 가지 방식에 집중하여 큰 줄기만 논의하겠다. 앞으로 살펴보겠지만, 그렇게 부인하는 주장 각각은 법의 잠재적인 도덕적 권위와 관찰상 마음 독립성 사이의 연관성에 대한 흥미로운 논쟁을 이끌어 내기에 부적절하다. 외관상 그 연관성에 관한 논쟁으로 보이지만 실제로는 법의 잠재적 도덕적 권위와 확정성 사이의 연관성에 초점을 맞추고 있기 때문이다.

3.3. 약한 관찰상 마음 독립성?

지적한 바와 같이 **권위 원칙**은 법규범의 강한 관찰상 마음 독립성이 법체계의 도덕적 권위에 필수적이라고 주장한다. 어떤 사람이 법규범의 강한 관찰상 마음 독립성에 이의를 제기할 수 있는 한 가지 방법은, 법규범의 관찰상 마음 독립성이 강하지 않고 약하다고 주장하는 것이다. 예를 들면 제1장(1.2.1.)에서 살펴본 바와 같이 안드레이 마머Andrei Marmor가 추구한 방법이 그것이다. 그런데 나는 그 문제에 대한 마머의 견해가 틀렸다는 점을 입증하려고 했지만,

---

Coleman and Leiter 1995, 228-241쪽을 참조. 비록 그 쟁점에 대한 내 접근 방식이 콜먼과 라이터의 접근 방식과는 현저히 다르지만, 그들의 분석에서 많은 것을 배웠다. 마음 의존성과 대부분의 유형의 불확정성 간의 구별에 대한 그들의 강조가 특히 적절하다. 이 장 말미에서 그들의 논증을 더 다루도록 하겠다.

마머의 견해가 진지하게 고려할 가치가 없다고 볼 수는 없다. 마머를 포함한 많은 수준 높은 철학자들이 그 견해에 끌렸다. 어쨌거나 나의 현재 논의는 그의 입장을 기각하거나 새롭게 다시 논박하려는 것이 아니다. 오히려 여기서 확인할 필요가 있는 것은 마머의 입장과 내 입장 가운데 하나—법이 약한 관찰상 마음 독립성을 가진다는 주장과 강한 관찰상 마음 독립성을 가진다는 주장 가운데 하나—를 선택하는 데 법체제의 도덕적 권위에 대한 함의가 있는지 여부이다.

마머의 관점에 맞게 수정하면 **권위 원칙**은 다음과 같은 명제가 된다.

> **약한 권위 원칙**Weak Authoritativeness Doctrine: 법규범의 약한 관찰상 마음 독립성은 모든 법체계의 도덕적 권위의 필요조건이다.

수정된 형태의 **권위 원칙**이 어떤 의미에서는 (앞 문단에서 진술된) 내 형태의 원칙이 제시한 조건보다 법의 도덕적 권위의 조건을 덜 엄격하게 제시한다는 점은 분명하다. 그러나 여기서 다루는 질문은, 두 형태의 원칙이 등가인지가 아니라, 그 둘의 차이가 법의 잠재적 도덕적 권위에 조금이라도 차이를 가져오는가이다. 후자의 질문에 대한 '아니요'라는 답(법의 잠재적 권위에 차이를 가져오지 않는다는 답-옮긴이)이 정당화된다. 비록 두 형태의 대조가 철학적으로는 중요하지만, 실천적으로는 중요하지 않기 때문이다. 특정한 법체제의 지위—도덕적으로 권위 있는가 아닌가—에 대해 그 대조가 갖는 함의는 없다.

도덕적 권위 문제와 중대한 관련이 있는 것은 내 형태와 마머 형태의 **권위 원칙**에서 공통적으로 나타나는 점이다. 마머와 나 둘 다 법규범이 강하게 관찰상 마음 의존적이지 않다고 본다. 다시 말해서 우리 둘 다 각 법규범의 내용과 함의가 필연적으로 어떤 관찰자(즉, 그 규범의 본성을 고찰하는 공무원이나 국민)가 받아들이는 그대로라는 관념을 거부한다. 나와 마머 둘 다 강한 관찰상 마음 의존성을 거부한다는 점이 다른 형태의 **권위 원칙**에 의해서도 드러날 수 있다.

혼합 권위 원칙 Hybrid Authoritativeness Doctrine: 법체계는 그 명령 및 그 밖의 규범이 강하든 약하든 관찰상 마음 독립적이지 않으면 도덕적으로 권위 있을 수 없다.

법규범에 관찰상 마음 독립성이 없다면 법규범의 내용과 함의에 대한 각자의 견해가 그 내용과 함의가 무엇인지를 결정할 것이다. 그런 견해들은 콜리플라워가 맛있는지에 관한 사람들의 의견이나 현재 자신의 왼발에 통증을 겪고 있다는 누군가의 판단과 비슷할 것이다. 그토록 기이하게 분절된fractionated 상태는 도덕적으로 권위 있는 법체계의 기반을 형성할 수 없다. 왼발의 통증 경험과는 달리, 법규범의 내용과 함의는 뿌리부터 주관적이지 않다. 법규범의 내용과 함의가 그에 대한 저마다의 믿음에 의해 결정된다면 그 역할 중 일부를—특히 공무원이 분쟁을 해결하거나 제재를 부과하는 결정을 정당화하는 근거가 되는 인간 상호 작용에 대한 권위 있는 규준을 설정하는 역할을—만족스럽게 수행할 수 없을 것이다. 어떤 특정한 법규범이 1.2.3.에서 논의한 모든 면에 통일적으로 적용 가능하든 가능하지 않든, 법규범의 내용과 함의의 강한 관찰상 마음 의존성은 법규범으로서 기능할 능력을 사실상 무효화할 것이다. 권위 있는 것으로 기능하는 능력은 철저히 훼손될 것이다.

법규범의 내용과 함의가 관찰상 강하게 마음 의존적이라는 명제를 더 살펴보겠다. 특히, 그 명제의 거짓이 법체제의 잠재적인 도덕적 권위에 중요한 영향을 미치는 이유가 정확히 무엇인지 검토하겠다. 일단 마머와 나 둘 다 그 명제를 거부한다는 점을 짚어야겠다. 그래서 법의 관찰상 마음 독립성에 대한 그의 해명과 결합된 약한 **권위 원칙**과 내 해명과 결합된 **권위 원칙** 사이에 도덕적·정치적으로 의미심장한 차이점이 있다면, 그 차이점은 강한 관찰상 마음 의존성의 문제가 아닌 다른 문제와 관련 있음이 틀림없다. 더 정확히 말하자면, 그 차이점은 강한 관찰상 마음 **독립성**과 약한 관찰상 마음 독립성의 차이와 관련이 있을 수밖에 없다. 그런데 강한 관찰상 마음 의존성의 문제와는 달리, 방금 언급한 차이는 도덕적·정치적 중요성보다는 순전히 철학적 중요성을 지닌다. 그 차이점은 법규범과 그 내용의 존재론적 지위에 대한 타당한 철학적 해명을 제시한다는 목적과는 중요한 관련성이 있지만, 체제의 실제적 또는 잠재적 도덕적 권위에는 영향을 주지 않는다.

법의 관찰상 마음 독립성에 대한 내 논의는 법 공무원들 자신이 집단적으로 만들어 낸 법의 내용과 함의를 이해하려고 할 때 집단적으로 실수를 범할 수 있다고 주장했다. 공무원들이 어떤 결정을 내릴 때 법의 내용과 함의 중 어느 하나라도 집단적으로 오해한다면 법에 효력을 부여하는 것이 아니라 법의 규정으로부터 자신도 모르게 이탈하는 것이다. 그런 집단적 오류가 재빨리 교정되지 않으면 그 오류는 법에 편입되어 법 내용을 바꾸게 된다. 그런 종류의 변경은 극도로 좁은 범위에 국한될 수 있지만, 오류를 범한 결정 또는 그 이유가 선례로서 갖는 힘이 광범위한 경우 법의 일부 분야의 상당한 부분에 변경이 일어날 수 있다.

마머가 이와는 다른 이야기를 한다는 점에는 의심의 여지가 없다. 그는 법-정부 공무원이 법규범의 내용과 함의를 진실되게 설명할 때 집단적으로 틀릴 수 없다고 주장하며, 그래서 방금 기술한 공무원들 자신도 모르는 변경이 일어날 여지를 남겨 두지 않는다. 물론 마머는 공무원들이 집단적으로 일부 경우에 법의 명령과 권한 부여를 의도적으로 왜곡하는 일이 벌어질 여지는 남겨 둘 수 있다. 그러나 그는 법 공무원들이 그들 체제의 법의 내용과 함의를 찾아내려는 정직한 집단적 노력이 오류로 귀결되는 경우는 있을 수 없다고 명시적으로 말한다. 마머는 개별 공무원은 법 해석에서 실수할 수 있지만, 조직된 집단으로서 함께 작업하는 공무원들은 실수할 수 없다고 본다. 그래서 마머는 법규범의 의미와 적용에 관한 공무원들의 집단적 실수가 어떻게 법의 내용으로 수용되는가를 설명할 필요가 전혀 없다고 본다. 그가 보기에는 그런 실수란 없기 때문이다. 공무원들이 집단적으로 어떤 법규범이 특정 결론을 명한다고 믿는다면, 그 사실 때문에 그 규범은 정말로 그 결론을 명한다.

요약하면, 마머의 해명과 내 해명의 구별은, 내 해명에 따르면 오류를 범했다고 보게 되는, 법 공무원이 법을 집단적으로 해석하는 상황이 있는지 여부를 중심으로 이루어진다. 마머의 해명에 따르면 공무원들이 그런 식으로 법을 해석하는 것은 법을 변경한 사례가 아니라 법을 적용한 사례가 된다. 그렇다면 두 해명의 이러한 차이가 철학적으로 중요함이 명백하다. 1.2.1.에서 논한 바와 같이, 일차 믿음과 이차 믿음의 구별에 적절하게 주의를 기울이면, 마머의 입장이 지탱될 수 없음이 드러난다. 그러나 우리는 여기서 철학적 중요성이 아니라 도덕적·정치적 중요성을 다루고 있다. 상정된 상황에서 공무원들이 한 일을 두고 경쟁적으로 제시되는 성격 규정들의 차이가, 도덕적·정치적으로 중요한 어떤 것을 좌우할 수 있는가? 그 차이가 법체제의 도덕적 권위에 사소하지 않은 영향을 미칠 수 있는가?

조금 고찰해 보면, 이 질문 각각에 대한 답이 '아니요'(두 해명의 차이가 도덕적·정치적으로 중요하지 않고, 도덕적 권위에 사소하지 않은 영향을 미치지 않는다.-옮긴이)라는 것이 드러난다. 두 가지 작지만 사소하지 않은 논점을 지적하는 데서 시작해 보자. 이 문제를 다룬 제1장의 원래 논의에서 언명한 바와 같이, 법 공무원의 법 해석에서 집단적 오류가 있는 상황은 드물 것이라고 볼 탄탄한 근거들이 있다. 비록 법 공무원들이 집단적으로 무오류의 존재는 아니지만, 그들 자신의 노력의 산물인 법규범에 대한 식견을 갖추고 있고 또 익숙하기 때문에 그 법규범의 해석에 있어서 집단적으로 길을 잘못 드는 경우가 자주 있지는 않을 것이다. 명확하게 분류 가능한 행동 양태와 관련된 쉬운 사건—즉, 모든 기능하는 법체계 내에서 재판 공무원과 행정 공무원이 다루는 대다수의 사건—을 공무원은 종래의 방법대로 계속 처리하도록 서로를 집단적으로 단속한다. 어려운 사건이라는 부분집합(때때로 두드러져 보이긴 해도 쉬운 사건보다 그 수가 훨씬 적음)에서만 공무원들이 그들 체제의 법의 내용과 함의를 이해할 때 집단적으로 실수를 하기 쉬울 것이다. 더구나 공무원들이 법해석의 문제에서 실제로 집단적으로 실수를 저지르는 드문 경우에서도, 그들의 실수가 항상 더 나쁜 결과를 낳는 것은 아니다. 그런 실수는 어려운 사건에서 벌어지기 때문에 정당한 기대를 저버리는 일은 일반적으로 매우 적을 것이다. 어쨌든 그런 사건은 관련된 여러 사람들 사이에 많은 의견 차이와 상당한 불확실성을 일으킴으로써 확고한 기대를 보통 형성하지 못하는 논쟁적인 문제를 중심으로 하기 때문이다. 공무원들이 실수를 저지르는 문제의 내용에 관해서 보자면, 오해석誤解釋 중 적어도 일부는 법을 훼손하기보다는 법을 강화할 수 있다. 법규범의 내용과 함의에 대한 공무원들의 집단적 오해가 그들 체제의 법의 도덕적 성격을 틀림없이 악화시킬 것이라고 미리 가정할 이유는 없다.

더 중요한 점은, 그 어떤 도덕적·정치적으로 비중 있는 사항도 법 공무원의 집단적인 오해석이 어떤 분석법리학 이론에 의해 오해석으로 분류되는지 아닌지에 달려 있지 않다는 것이다. 이야기한 바처럼, 집단적 오해석이 틀렸다고 재빨리 인식되고 그 권위가 부인되지 않으면 관련된 관할의 법 안으로 들어오게 된다. 공무원들의 집단적 오해석이 부정확하다고 해서 꼭 의문시되고 격퇴되는 것은 아니다. 그럼에도 불구하고 이후 어떤 시점에서 실제로 뒤집힐 수는 있다. 아마도 그 오류가 결국 인정되었기 때문일 수도 있지만, ― 더 일어날 가능성이 높은 것은 ― 어떤 다른 근거에서 반대할 만한 것으로 여겨졌기 때문일 수도 있다. 후자의 경우, 즉 실제로 어떤 법규범을 오해한 것이 해석적으로는 타당하지만 어떤 다른 근거에서 비난할 만한 것으로 여겨지는 경우, 공무원들은 그 오해를 법에서 제거하는 것을 해당 규범에 의도적 변경을 가하는 것으로 이해할 것이다. 다시 말해서, 법 공무원들이 법을 적용하는 활동 과정에서 범한 집단적 해석의 오류는 어느 것이든, 그것이 해석적 오류라는 점을 영원히 눈치채지 못한 채 바뀔 수도 있다. (물론 오해된 법규범이 법령이나 헌법 조항이라면, 재판관과 행정관은 그 규범의 정식formulation의 문언을 변경할 개별적 권위나 집단적 권위를 가지지 못할 것이다. 그러나 그들은 그 정식의 함의를 갱신하기 위해 그 규범의 취지에 호소할 수 있다. 그런 방법은 그 규범이 과거에 해석된 방식이 틀렸음을 인정하는 일을 포함하지 않을 ― 또는 반드시 포함하는 것은 아닐 ― 것이다.)

    법 공무원들이 집단적으로 무오류적이라는 마머의 주장이 타당하다고 가정해 보자. 공무원들의 결정이 파기되거나 수정될 수 있는 정도가 바로 앞 문단에서 기술한 것과 조금이라도 달라질 것인가? 이 질문에 대한 답은 두 가지 이유에서 '아니요'이다. 따라서 세 번째 앞 문단에서 던진 각 질문에 대한 답 또한 '아니요'이다. 공무원의 결정이 다른 것으로 바뀔 가능성에 관한 문제를 제외하고는, 법체계의 도덕적 권위와 관련되는 면에서는 법의 관찰상 마음 독립성에 관한 내 해명이 마머의 해명과 구별되는 점이 없기 때문이다.

첫째로, 방금 언급한 바와 같이, 공무원들의 집단적 결정이 해석적으로 틀렸다고 인식되지 않는다 하더라도 이후 철회될 수 있다. 법 공무원들이 법의 어떤 해석이 원래 결정이 내려진 시점에서는 타당했지만 지금은 수정되거나 파기되어야 한다는 견해에 집단적으로 도달한다면, 그들이 과거의 입장을 버리는 것은 그 과거 입장이 해석적으로 틀렸다는 판단을 조금도 포함하지 않는다. 그래서 법 공무원들이 집단적으로 무오류적이라는 마머의 견해가 타당하고 공무원들 자신이 그 점에서 마머의 견해를 공유한다 해도, 그들은 여러 가지 법규범의 내용 및 함의에 대한 과거의 이해를 무효화할 수 있다. 공무원들이 이때까지 법을 이해했던 바에서 이탈하는 것이 실수를 바로잡는 일로 제시되고 정당화되어야 하는 것은 아니다. 새로운 여건에 적응한 것으로서 충분히 제시되고 정당화될 수 있다. 이때까지 이해했던 바는 그 결정이 유효했던 기간에는 타당했던 것으로 여전히 여겨질 수 있다. 공무원 모두가 이제는 그렇게 타당할 수 있었던 기간이 지났다고 받아들일지라도 말이다.

둘째로, 공무원들이 집단적으로 무오류적이라는 마머의 견해가 정말로 타당하다고 하더라도, 특정 법체제 내의 공무원들이 마머와 같은 견해를 받아들이지 않을 수도 있다. 판사를 비롯한 법 공무원들은 전형적으로 철학적 논쟁에 사실상 아무런 관심을 보이지 않거나 훨씬 덜 능숙하다. 법 해석의 문제를 다룰 때 집단적으로 무오류적이든 아니든, 그들이 철학적 문제를 다루는 전문적 능력은 확실히 불완전할 것이다. 따라서 법 공무원들이 마머의 견해에 맞춰 자신들의 활동을 조정할 가능성은 마머의 주장이 참이든 거짓이든 큰 차이가 없을 것이다. 어떤 특정 법체계에서든, 공무원들은 법규범의 과거 일부 해석이 당시에 그들 자신이나 전임자에 의해 집단적으로 지지되었음에도 불구하고 틀린 것이라고 결론 내릴 성향을 얼마든지 가질 수 있다. 그들의 이러한 성향은 공무원들의 해석 활동이 실제로는 틀릴 수 없음을 보여 주려는 마머를 비롯한 철학자들의 그 어떤 논증에도 불구하고 지속될 것이다. 판사를 비롯한 법 공무원들은 철학적 논쟁을 일반적으로 무시하듯이 그 논증을 태평스럽게 무시할 것이다. 비록 일부 체제에서 공무원들이 스스로를 법 해석에서 집단적으로 무오류적이라고 볼 수는 있겠지만, 그들이 그렇게 보는 것은 철학적 통찰력이 아니라 과장된 자만심 또는 유사 철학적 독단으로부터 나오는 것임이 거의 확실하다. 공무원들이 스스로 집단적으로 무오적이라고 여기는 일은, 그들의 과거 일부 해석을 실수라고 보는 그 반대의 성향과 마찬가지로 일반적으로, 전문적인 철학자들이 제기한 경쟁하는 논증들의 장점 때문이 아니라 그것과는 독립적인 이유나 원인 때문에 생길 것이다.

그러므로 마머의 논증이 설사 설득력이 있다고 해도, 그 자체만으로는 법 공무원들이 특정한 과거 결정들을 집단적 실수라고 보고 뒤집는 성향이 없으리라고 생각할 아무런 근거도 제공해 주지 못한다. 마머와 내 사이에 다툼이 있는 철학적 논점은 법 공무원들이 스스로를 집단적으로 무오류적인 존재로 볼 것인지 아닌지와는 별개의 문제이다. 법체계의 도덕적 권위가 체계의 공무원들이 특정한 과거 결정을 인정하고 바로잡아야 하는 실수로 보고 기꺼이 폐기하려고 하는 태도에 달려 있을 수 있지만, 그런 태도는 앞에서 언급한 다툼이 되는 철학적 논점이 어떻게 해결되는가와는 무관하게 존재할 수 있다. (부수적으로, 제1장에서 지적한 바와 같이 법 공무원들이 어떤 시점 t2에서 그들이 그 이전 시점인 t1에서 실수를 범했다고 집단적으로 주장하는 상황을 마머의 집단적 무오류설은 해명할 수 없다. 마머가 공무원들이 t1 시점에서 집단적으로 무오류적이라고 주장한다면, 마머는 사실상 t2 시점에서 법 해석 문제에 대해 법 공무원들이 오류를 범하고 있다고 자인하는 셈이다. 이와는 반대로, 마머가 법 공무원들이 t2 시점에서 집단적으로 무오류적이라고 주장한다면, 마머는 법 공무원들이 t1 시점에서 법 해석 문제에 대해 오류를 범했다고 자인하는 셈이다. 법 공무원들이 법 해석 활동에서 집단적으로 실수를 할 수 있는가라는 일반적인 문제가 철학적 문제이기는 하지만, t1 시점에서 어떤 법에 대한 특정 해석의 타당성과 t2 시점에서 같은 법이 결과적으로 갖는 함의에 관한 문제는 모두 법 해석의 문제, 즉 마머에 따른다면 관련 공무원들이 집단적으로 오류를 범할 수 없는 문제이다. 그러므로 마머는 t1 시점과 t2 시점에서 충돌하는 해석이 있는 경우가 제기하는 역설을 피할 수 없다.)

요컨대, 앞서 언급했듯이, 법의 관찰상 마음 독립성에 대한 내 해명과 마머의 해명 사이의 의미심장한 철학적 차이는 법체계의 잠재적인 도덕적 권위에 어떠한 사소한 방식으로도 영향을 미치지 않는다. 마머의 해명이 타당하고 그 해명과 결합된 약한 **권위 원칙**이 결과적으로 내 해명과 결합된 **권위 원칙**보다 선호된다고 하더라도, 다양한 법체제의 도덕적 권위에 관한 적절한 판단은 이에 영향받지 않을 것이다. 다시 말해서 **권위 원칙**—법체제는 그 규범의 관찰상 마음 독립성이 강하지 않으면 도덕적으로 권위 있을 수 없다고 주장하는 원칙—과 **혼합 권위 원칙**—법체제는 그 규범이 강한 관찰상 마음 독립성 또는 약한 관찰상 마음 독립성이 있지 않으면 도덕적으로 권위 있을 수 없다고 주장하는 원칙—사이에는 아무런 실천적 차이가 없다. 둘 다 도덕적 권위 문제에 대해 실천적으로 유익하게 규명해 주는 바는 없지만 각각은 참이다.

3.4. 강한 관찰상 마음 의존성과 불확정성

실천적 차이를 찾으려면 마머와 내가 함께 거부하는 명제를 다시 들여다보아야 할 것이다. 법규범의 관찰상 마음 의존성이 강하다는 명제 말이다. 이미 드러난 바와 같이, 그 명제의 거짓은 법체계의 도덕적 권위에 필요불가결하다. 강한 관찰상 마음 의존성은 법체계의 도덕적 권위와 어긋날 것이다. 그러나 그 문제를 조금 더 깊이 검토하면, 법의 도덕적 권위가 만연한 불확정성indeterminacy 때문에 진정한 위험에 처한다는 것을 알게 된다. 법규범의 강한 관찰상 마음 의존성만이 그런 불확정성을 수반하기 때문에 법규범의 강한 관찰상 마음 의존성은 도덕적·정치적 근거에서 문제 있는 것으로 여겨야 한다. 불확정성이 아니라 마음 의존성에 집중하기 때문에 **권위 원칙**은 부정확하고 오도하는 것이다. **권위 원칙**은 온당하게 주의를 끌고자 하는 문제를 정확히 집어내지 못한다.

앞서 논의한 바와 같이 법규범의 강한 관찰상 마음 의존성은 법의 내용과 함의에 대한 모든 사람의 인식이 그 내용과 함의가 무엇인지를 결정하는 극도로 분절된 사태crazily fractionated state of affairs에 있다. 그토록 기이하게 주관주의적인 사태가 어떠할지 생각해 보자. 제프가 특정한 법규범이 일정한 여건에서 결론 X를 필함한다entail고 믿는다면, 그 여건에서 그 규범은 정말로 그 결론을 (제프에게) 필함한다. 이와 동시에, 제인이 그 규범이 규정된 여건에서 반대의 결론 Y를 필함한다고 믿는다면, 그 여건에서 그 규범은 정말로 (제인에게) 반대의 결론을 필함한다. 그리고 그 이외의 사람들이 또 다른 것을 믿는다면 또 다른 결론을 필함한다 등등. 법의 내용과 함의에 관한 각 사람의 믿음의 타당성을 판정하는 기준이 그 믿음을 각 사람이 품고 있다는 점만으로 간단히 충족된다면, 모든 법의 내용이 비정합적으로 가지각색이 되고 파편화될 것이다. 특정 유형의 상황에 적용될 때 이 법 또는 저 법의 함의에 대해 만장일치가 있을 수는 있지만 그런 만장일치는 드물 것이며—어느 정도 규모를 갖춘 사회라면 소수의 어리석은 방식으로 개성이 강한 사람이 있다―결코 보장되지 않는다. 해석의 수많은 지점에서의 의견 불일치를 언제나 수반할 수 있으며, 사실상 거의 언제나 수반할 것이다. 실제로 일부 지점에서는, 의견 불일치가 상충하는 견해가 엄청 뒤죽박죽인 형태를 취할 것이다. 그래서 법규범의 내용은 명료하게 존재하지 않을 것이다. 대신 각 법규범의 내용은 실제로 또는 잠재적으로 파편화될 것이며, 때로는 양립 불가능한 해석이 갈피를 잡지 못할 정도로 이질적으로 뒤섞인 채로 파편화되어 있을 것이다.

논의되고 있는 주된 문제가 불확정성의 문제라는 점을 이해하려면, 먼저 그것이 개인을 초월하는 판별 가능성의 결여와는 어떻게 다른지 주목해야 한다. 그러고 나서 법규범의 강한 관찰상 마음 독립성에도 불구하고 그런 문제가 잠재적으로 출현할 수 있다는 점을 고려해야 한다. 확정성과 마찬가지로, 그리고 관찰상 마음 독립성과는 달리, 개인을 초월하는 판별 가능성은 실수량 속성이다. 법규범의 내용과 함의가 더 크거나 더 작은 정도로 확정적일 수 있는 것처럼, 법규범의 내용과 함의가 개인을 초월하여 판별 가능한 정도는 다양할 수 있다. 그러나 그 중요한 유사성에도 불구하고, 바로 앞 문단에서 묘사된 상황은 법규범의 내용과 함의에 관한 개인을 초월하는 판별 가능성이 사라진 상황과 등가는 아니다. 우선 한 가지 이유는, 상당한 규모의 사회 내에서 법규범 해석에서의 만장일치를 얻긴 힘들지만, 대부분의 법규범의 많은 측면에 대한 해석에서 개인을 초월하는 판별 가능성은 통상 존재한다. 기능하는 법체계라면 대부분의 사건이 쉬운 사건이다. 쉬운 사건이 되는 필요조건은 누구나 그 사건이 제기하는 문제들에 대한 답에 합의하리라는 것이 아니라, 대다수의 사람들이 그 답에 합의하리라는 것이다. 그렇게 필요한 정도의 수렴이 일반적으로 없을 것이라고 시사하는 내용은 앞 문단에 들어 있지 않다. 그 어떤 체제에서든 일부 법 해석 문제는 성가실 정도로 어려우며 논란의 여지가 많지만, 대부분의 법 해석 문제는 간단하고 심지어 판에 박혀 있기도 하다. 그런 문제에 대한 (판에 박힌 문제에 대해서도) 사람들의 실제 또는 가능한 답의 완전한 일치는 일반적으로 실현 불가능하지만, 대부분의 법 해석 쟁점에 대한 충분히 큰 정도의 답의 일치는 완벽히 현실적이다. 앞 문단이 법규범의 강한 관찰상 마음 의존성이 그 내용을 파편화시키고 그 명료성을 박탈하리라고 주장했을 때, 그 내용에 대한 사람들 사이의 광범위한 의견 불일치에서 내용의 파편성이 도출되리라고 함의한 것은 아니었다. 파편성은 인식론적인 것이 아니라 존재론적인 것이다. 즉, 그것은 사람들의 앎의 성격이 아니라 법규범 내용의 존재의 성격에 관련되는 것이다. 법 해석의 문제에 관해 사람들의 의견이 수렴하거나 차이 나는 정도와 관계없이, ― 그 수렴이나 차이가 대상으로 하는 ― 법규범의 내용은 관찰상의 마음 의존성이 강하다면 뿌리부터 주관적일 것이다. 법규범의 내용이 모든 관찰자의 시야에 상대적이라면 그 내용이 무엇인지 특정할 때 대부분의 사람들의 의견이 일치하더라도, 법규범의 내용은 중심적인 장악력을 갖지 못할 것이다.

 강한 관찰상 마음 의존성이 나타나는 파편화된 상황은 존재론적인 반면, 개인을 초월하는 판별 가능성 결여가 나타나는 파편화된 상황은 인식론적이다. 전자의 파편화는 후자 없이도 발생할 수 있다는 점을 곧 다시 살펴보겠다. 여기서 논의를 잠시 멈추어, 후자의 파편화 역시 전자 없이도 발생할 수 있다는 점을 살펴보도록 하자. 제1장의 개인을 초월하는 판별 가능성에 대한 논의가 정확히 이 논점을 짚었다. 개인을 초월하는 판별 가능성으로서의 객관성은 사람들의 믿음과 확신에 수렴하는 경향에 있다. 그런 수렴의 경향성은 관찰상 마음 독립성이 의문의 여지없이 강한 문제와 관련하여 없거나 미약할 수 있다. 앞서의 논의는 그런 경우의 예로 우주론을 거론했다. 우주론은 패러다임적으로 강한 관찰상 마음 독립성이 있는 현상에 초점을 둔다. 많은 점에서, 우주론의 문제는 의견 일치보다는 의견 불일치를 더 많이 낳는다. 인식론적으로 보면 우주론의 문제들 중 많은 것과 관련된 현 사태는 파편화의 상태이다. 우주론은 현재 개인을 초월하는 판별 가능성이 부족한 것이다. 그러나 존재론적으로는 우주론적 사태는 파편화되어 있지 않다. 우주론적 현상의 본성은 뿌리부터 주관적인 것이 아님이 확실하다.

   현재의 논의에서 더 중요한 것은 높은 수준의 개인을 초월하는 판별 가능성이 강한 관찰상 마음 의존성에서 비롯되는 존재론적 파편성과 공존할 수 있다는 점이다. 법규범의 내용이 그런 마음 의존성을 지닌다면, 사람들이 그 내용을 파악한 것들이 수렴하는지 여부와 무관하게 법규범은 철저히 주관적일 것이다. 그러므로 법규범이 강한 관찰상 마음 의존성을 가지면서도 법체계가 도덕적 권위를 가질 수는 없다는 결론이 인식론적 고려 사항을 근거로 하여 나오는 것은 아니다. 더 정확히 말해서 그런 결론은 사람들이 법규범 해석에서 서로 의견이 일치할 수 있는 능력에 마음 의존성이 미치는 불가피한 부정적 효과에서 도출되는 것이 아니다. 한편으로는 법 공무원 및 그 밖의 법 전문가 사이에 그런 해석에 있어서 상당한 정도의 수렴이 있는 것은 법체제의 기능성을 위해 필요불가결하다. 그런 상당한 정도의 수렴 없이는 사람들의 행동을 지도하고 조정하는 법의 역할은 수행되지 못할 것이다. 그러므로 그런 해석적 통일성은 법체제의 도덕적 권위에 명백히 필요불가결하다. 기능하지 못하는 법체계가 도덕적으로 권위 있는 체계라고는 도저히 보기 어렵다. 그러므로 법규범의 강한 관찰상 마음 의존성이 필요한 정도의 해석적 수렴과 양립 불가능하다면, 그 양립 불가능성만으로도 마음 의존성이 법의 도덕적 권위에 치명적이라는 결론을 확립하기에 충분할 것이다. 그러나 다른 한편으로는 그런 불가피한 양립 불가능성은 없다. 그 어떤 법규범에 대해서도 사람들의—적어도 그 의견이 중요한 법 공무원 및 그 밖의 법 전문가의—해석은 상당히 수렴할 수 있다. 설사 각 개인의 해석의 타당성에 대한 유일한 시금석이 그 개인들이 그 해석을 참이라고 믿는다는 순전한 사실뿐이라고 하더라도 말이다. 따라서 법규범의 강한 관찰상 마음 의존성이 모든 법체제의 도덕적 권위를 훼손하는 이유를 정확하게 집어내려고 한다면, 다른 곳을 살펴봐야 한다. 마음 의존성은 개인을 초월하는 판별 가능성의 결여와 등가도 아니고 그 결여를 꼭 조장하는 것도 아니다. 그러므로 개인을 초월하는 판별 가능성이 없다는 것에 집중하게 되면 헤아리려고 하는 것을 제대로 헤아리지 못하게 된다.

오히려 법의 강한 관찰상 마음 의존성과 법체계의 도덕적 권위 사이의 비일관성은 마음 의존성이 필함하는 불확정성 때문에 생기는 것이다. 그 철저한 불확정성은 인식론적 객관성의 결여가 아니라 존재론적 객관성의 결여이다. (비록 인식론적 객관성의 부족이 수반될 수는 있지만 말이다.) 각 법규범의 내용과 함의에 대한 사람들의 이해는 대체로 서로 일치할 수 있지만, 법규범 자체의 내용과 함의는 분명하게 하나로 존재하지 못할 것이다. 각 개인에게는 어떤 특정 법규범의 내용과 함의를 자신이 어떻게 이해해야 하는가에 대해—순환적으로 공허한 답을 제외하고는—아무런 답이 없을 것이다. 각 개인이 도달한 답은 각자가 그 답에 도달했다는 사실 덕분에 타당한 것이 된다. 다시 말해서, 각 법의 내용은 어떤 사람이 그 내용을 타당하게 인식할 수 있는 방식의 범위를 전혀 제한하지 않을 것이다. 오히려 각자에게 그 내용은 각자가 인식하는 방식에서 전적으로 파생될entirely derivative 것이다. 모든 법규범의 내용은 존재론적 독립성이 없으므로, 누가 어떤 법의 내용과 함의를 이해하든 그 이해는—순전히 해석의 문제로서는—다른 어떤 이해보다 더 나을 수는 없게 된다. 어떤 법의 내용과 함의를 이런 식으로 해석해도 저런 식으로 해석해도 결코 틀릴 수 없다. 어떤 사람이 어떤 법이 특정 맥락에서 함의 X를 지닌다고 판단한다면, 그 사실 자체에 의해 해당 법은 (그 사람에 대해) 그런 맥락에서 그 함의를 지닐 것이다. 그 후 그 사람이 마음을 바꾸어 그 법이 특정 맥락에서 함의 X와 정반대의 함의 Y를 지닌다고 판단한다면, 그 경우에도 그 사실 자체에 의해 해당 법은 (그 사람에 대해) 바로 그 함의 Y를 지닐 것이다. 이에 따라 모든 법규범의 내용이 영원히 불확정적으로 남을 것이다. 해석으로서 다른 것보다 나은 해석이 없으므로, 그 어떤 해석도 확정적으로 타당하지 않을 것이다. 잘못된 해석이란 없으므로—그 어떤 상상 가능한 해석적 판단도 부당한 것으로 기각되지 않으므로—확정적으로 타당한 해석도 있을 수 없다.

요컨대 법규범의 관찰상 마음 의존성은 법을 완전히 불확정적으로 만들 것이다. 그러나 그렇게 말한다고 해도, **권위 원칙**에 관해 앞서 경멸적으로 논급한 것이 아직 다 논증된 것이 아니다. 또한 법규범의 강한 관찰상 마음 의존성으로부터 나오는 불확정성이 법의 도덕적 권위에 치명적인 이유도 아직 정확하게 이해한 것이 아니다. 이 두 논점을 차례로 살펴보자.

3.5. 다른 유형의 불확정성

당분간은 만연한 불확정성이 정말로 법의 도덕적 권위와 양립 불가능하다고 가정해야겠다. (왜 이 논의를 함에 있어 그 가정이 건전한지 간단히 보여 주고자 한다.) 이때까지의 논의로 밝혀낸, 법규범의 강한 관찰상 마음 의존성이 만연한 불확정성을 포함한다는 점을 전제로 하면, 내 논의는 **권위 원칙**의 타당성을 입증하는 것처럼 보일 수 있다. 그러나 논의 내내 **권위 원칙**의 참을 어떤 면에서도 진지하게 검토한 적은 없다.(왜냐하면 **권위 원칙**이 비록 부정확하고 오도하는 것이긴 하지만, 참이라는 점은 의문시하지 않았기 때문이다. - 옮긴이) 의문시된 것은 **권위 원칙**의 참이 아니라 그 원칙이 규명해 주는 바가 있는가 하는 점이었다. **권위 원칙**이 규명해 주는 바가 없는 주된 이유는 심각하게 부정확하기 때문이다. 법의 도덕적 권위에 대한 위협을 관찰상 마음 독립성의 부재로 특징지음으로써, **권위 원칙**은 진정한 위험이 확정성이 없어서(또는 확정성이 심각하게 부족해서) 생긴다는 사실을 제대로 보이지 않게 만드는 경향이 있다. 물론 살펴본 바와 같이, 관찰상 마음 독립성의 부재는 확정성 부재를 필함한다. 법규범의 내용과 함의가 강하게 관찰상 마음 의존적이라면 그 규범을 해석하는 방식에 관한 모든 실질적인 문제에 확정적으로 타당한 답은 없다. 그러나 강한 관찰상 마음 의존성이 철저한 불확정성을 필함하기는 하지만, 반대 방향으로의 필함관계는 성립하지 않는다.(철저한 불확정성이 있다면 강한 관찰상 마음 의존성이 반드시 있다는 관계, 즉 불확정성의 원인은 모두 강한 관찰상 마음 의존성에 있다는 관계는 성립하지 않는다. - 옮긴이) 법규범의 관찰상 마음 독립성이 강하더라도 불확정성은 만연할 수 있다. 그리고 법의 강한 관찰상 마음 의존성 이외의 이유로 생긴 불확정성도 마찬가지로 문제가 된다.

어떤 체제가 풀러의 세 번째 합법성 원칙인 명확성 원칙을 위반해서, 그 체제의 모든 또는 거의 모든 규범의 내용과 함의가 불확정적으로 되었다고 가정해 보자. 그 규범들의 정식은 지성적으로 이해할 수 없는 불명확한 번거롭고 우회적인 표현unintelligibly obscure gobbledygook으로 되어 있다. 물론 제2장에서 논의한 것을 고려할 때, 체제가 명확성 원칙을 이렇게 대규모로 위반하면 법체제로서의 지위를 박탈당한다는 것을 알 수 있다. 그렇다면 한층 더 강력한 이유로 그런 대규모 위반은 도덕적으로 권위 있는 법체제가 되지 못하도록 할 것이다. 그러나 현재 논의의 주된 논점은 이 상황에서 존재하는 불확정성과 법규범이 강하게 관찰상 마음 의존적일 경우 존재할 불확정성의 근본적 유사성을 이해하고자 하는 것이다.

한 측면에서, 두 가지 불확정성 상황에는 차이가 있다. 그러나 그 차이는 적어도 법의 도덕적 권위와 관련해서는 중요하지 않은 것으로 드러난다. 법규범이 강하게 관찰상 마음 의존적이라면 법규범 해석의 타당성 기준은 누군가 그렇게 해석했다는 순전한 사실일 것이다. 이와는 대조적으로 체제가 풀러주의의 명확성 원칙을 포괄적으로 위반하여 생긴 불확정성의 경우에는, 그 체제의 규범에 대한 해석의 타당성을 판정해 줄 기준 자체가 없다. 또한 해석의 부당성을 판정해 줄 기준도 없다. 순수 해석의 문제로서, 그런 상황에서 체제의 규범에 대한 해석은 다른 해석보다 조금도 낫지도 않고 조금도 못하지도 않다. 모든 해석은 부당하지 않다는 의미에서 타당할 것이다. 다시 말해서, 대규모 명확성 원칙 위반 상황의 결과는 법규범의 강한 관찰상의 마음 의존성이 있는 상황의 결과와 같을 것이다. 법규범의 강한 관찰상 마음 의존성이 있는 상황에서는 타당성의 뿌리부터 주관적인 기준이 있고, 대규모 명확성 원칙 위반 상황에서는 타당성과 부당성 기준 자체가 없지만, 그 체제의 규범에 대한 누군가의 해석을 부당한 것으로 판정할 아무런 근거가 없다는 결과는 같다. 즉, 그 체제의 규범에 대한 모든 해석은 해석으로서 철저히 동등하다는 결과가 나올 것이다. 그 어떤 해석도 부정확하거나 해석적으로 열등한 것으로 기각될 수 없다. 그렇게 기각할 근거가 전혀 없기 때문이다.

그렇다면 규범의 해석을 평가하고 채택해야 하는 실천적 층위에서, 강한 관찰상 마음 의존성 때문에 생긴 불확정성과 법규범의 전적인 불명확성 때문에 생긴 불확정성은 법체계의 도덕적 권위를 침식한다는 면에서 구별 불가능하다. 두 유형 모두 그 전면적 불확정성은 해석적 무차별성에 있다. 두 유형 모두 규범에 대한 건전한 이해와 불건전한 이해의 구별을 지워 버린다. 바로 그와 같은 두 유형의 불확정성 사이의 핵심적 유사성 때문에 둘 다 각각 법체제의 도덕적 권위에 치명적이다. 결과적으로, 마음 의존성 문제에만 집중함으로써 **권위 원칙**은 그것이 다루고자 하는 문제의 성격을 불분명하게 만든다.

권위 원칙의 단점은 법체계를 괴롭히고 파괴할 수 있는 또 다른 유형의 전면적 불확정성을 고려할 때 더 분명해진다. 모순성을 (그리고 상충성도) 금지하는 풀러주의의 다섯 번째 합법성 원칙을 체제가 광범위하게 위반해서 발생하는 전면적 불확정성 말이다. 제2장에서 논의한 바와 같이, 어떤 통치체계의 규범망 내에 모순이 만연하면 그 체계는 불확정성에 시달린다. 어떤 특정 행동 양태가 허용되는지 불허되는지의 질문에 대해서는 확정적으로 타당한 답이 없을 것이다. 특정 행동 양태가 허용된다고 하는 답변은—법에 대한 해석으로서—그 행동 양태가 금지된다고 하는 답변보다 못하지도 낫지도 않을 것이다. 마찬가지로, 특정한 행위가 특정 법적 권한 행사로 효력 있는가 아닌가의 질문에 대해서도 확정적으로 타당한 답이 없을 것이다. 특정 권한의 행사로서 어떤 행위가 효력이 있다고 하는 답변은 효력이 없다고 하는 답변보다 못하지도 낫지도 않을 것이다. 행위의 효력을 묻는 그와 같은 질문에는 '예'라는 답도 '아니요'라는 답도 부당하지 않을 것이며, 그래서 그 답 중 어느 것도 확정적으로 타당하지 않을 것이다.

이 마지막 유형의 불확정성은 여기서 언급한 다른 두 유형과 한 가지 중요한 면에서 다르다. 이 다른 두 유형의 불확정성은 법규범의 정확한 해석과 부정확한 해석을 구별할 아무런 객관적 규준 objective standards이 없다는 데서 나온다. 불확정성이 통치체계의 권위 있는 자료 내의 만연한 모순에서 발생한 경우, 각 규범의 내용은 그 자체만 따로 떼어 보았을 때는 정해져 있지 않은 것이 아니다. 그 체계 내에서 X를 할 자유를 부여하는 규범은 그 내용과 함의에서 직설적으로 확정적이며, X를 하지 않을 의무를 부과하는 규범도 마찬가지이다. 두 규범의 공존에서 그리고 모순되는 규범의 수많은 다른 쌍의 공존에서 발생하는 불확정성은, 각각 그 자체만 따로 떼어 보았을 때 모순적인 규범의 함의와 관련되는 것이 아니라 함께 보았을 때 모순적인 규범의 쌍의 함의와 관련되는 것이다. 가설상 그 통치체계가 그런 모순적인 규범 쌍을 수없이 갖고 있고 각 쌍의 모순성이 그 쌍 내의 각 규범이 다루는 문제에 대한 확정적인 답을 모두 배제하므로, 그 체계는 아무런 확정적으로 타당한 결과를 산출하지 못한다. 그 체계는 구체적인 여건과 그 규범이 관련되는 방식에 관한 문제들에 아무런 확정적인 답을 내놓지 않는다. 그런 모든 문제에 대한 긍정의 답은 부정의 답보다 낫지도 못하지도 않다. 긍정의 답도 부정의 답도 그와 상반되는 다른 답을 규정하는 법과 모순적으로 공존하는 법에 의해 규정되기 때문이다.

그러나 상이한 종류의 불확정성 사이의 차이보다는 유사성이 훨씬 더 중요하다. 법체계의 규범망 내에 모순이 만연하다고 해서 해석적 불확정성이 초래되는 것은 아니지만, 결과의 층위에서는 전면적인 불확정성이 초래된다. 그러나 그 결과는 불확정성의 다른 유형이 그 파괴적인 효과를 낳은 경우에도 생기는 것이다. 해석적 불확정성이—법체계가 그 체계 자체의 작동을 넘어서 세계에 드러나는 층위인—결과 층위에서 불확정성을 필함한다는 바로 그 이유 때문에 도덕적 권위와 법체제의 존재 그 자체를 파괴하는 성격을 가진다. **권위 원칙**이 그러듯 법규범의 강한 관찰상 마음 의존성에서 나오는 불확정성에만 초점을 맞춘다면 이 논점을 놓칠 것이다. 거기에 초점을 맞추는 대신, 여기서 함께 다룬 세 가지 유형의 불확정성에 공통된 것에 초점을 맞춰야 한다. 이들 세 가지 불확정성이 공유하는 공통점이자 그들이 지닌 해악의 핵심은, 겉보기에 법체계처럼 작동하는 체계의 구체적 의사결정 작용에서의 '최종 결과'에 미치는 효과이다. 물론 그런 불확정성이 있어도 결정을 내릴 수는 있지만, 그 체계의 규범을 준거로 하여 진정으로 그리고 단일하게 정당화되는 결정을 내릴 수는 없다.

3.6. 만연한 불확정성은 왜 도덕적 권위를 파괴하는가?

이제—그 원천이 무엇이든—순전한 불확정성이 법체제의 도덕적 권위를 실제로 훼손하는 이유를 더 자세히 고찰할 필요가 있다. 물론 그런 불확정성이 법체제 그 자체의 지위를 무효화한다는 점은 명백하다. 어떤 영역 내에 법체계가 존재하지 않는다면 그 영역 내에 도덕적으로 권위 있는 법체계도 존재하지 않는다. 그러나 이러한 관찰은 적절한 분석의 출발점에 불과하다. 거기서 더 나아가 전면적 불확정성이 법체제의 존재와 조화되지 않는 측면을 정확하게 집어내야(또는 그 대부분이 제2장의 논의에서 정확히 어떤 부분인지 상기해야) 한다. 그리고 나서야 전면적 불확정성이 도덕적 권위에 미치는 파괴적 충격을 파악할 수 있게 될 것이다.

제2장 전체에 걸쳐 강조했듯이, 법의 중심적 기능은 수없이 많은 개인과 집단의 행동을 지시하고 조정하는 것이다. 그러므로 만연한 불확정성이 해로운 첫 번째 주요 측면은 그것이 법의 중추적 기능 수행을 좌절시킨다는 것이다. 이 지점에서 우리는 강한 관찰상 마음 의존성 때문에 생긴 불확정성과 다른 두 유형의 불확정성을 구별할 필요가 있다. 당분간 법규범의 관찰상 마음 의존성이 강하다고 가정

해 보자. 그 가정에 따라 법규범의 내용과 함의는 그것을 이해하는 각 개인의 해석적 판단에 의해 전적으로 결정될 것이다. 그런 경우에도 다양한 사람들 간에 법규범의 내용과 함의에 관한 판단은 대부분의 여건에서 대단히 높은 수준의 수렴을 보일 수 있다. (앞으로 또 상기할 바이지만 개인을 초월하는 판별 가능성으로서의 객관성은 마음 독립성으로서의 객관성이 없어도 그리고 확정적 타당성으로서의 객관성이 없어도 널리 있을 수 있다.) 더구나 사람들의 규범 해석 행위가 규범의 강한 관찰상 마음 의존성에 전혀 들어맞지 않을 수도 있다. 그들은 규범의 내용과 함의를 결정하는 것이 아니라 확인하고 있다고 여길 수 있다. 많은 여건에서 각 사람은 다른 사람들도 마찬가지로 법 해석의 과정을 창조의 과업이 아니라 발견의 과업으로 여기리라고 기대할 것이다. 이런 여건에서 법체계의 지도와 조정 기능이 이행되지 못하는 것은 아니다. 게다가 (법규범이 관찰상 마음 독립성을 아예 결여한다는 믿기 어려운 관념을 논의의 목적을 위해 잠시 받아들인다면) 그런 여건은 충분히 개연성이 있다고 간주할 수 있다. 그러므로 법규범의 강한 관찰상 마음 의존성이 방금 언급한 지도와 조정 기능의 수행을 손상시킬 가능성이 높다고 생각할 설득력 있는 근거는 없다. 결과적으로 그런 마음 의존성에서 발생하는 불확정성에만 주의를 계속 기울인다면, 일반적 현상으로서 불확정성의 온전한 함의를 놓칠 것이다. **권위 원칙**의 많은 단점 가운데 하나가 바로 그런 협소한 초점을 부추긴다는 것이다.

만연한 지성적 이해 불가능성 때문에 발생하는 불확정성과 다량의 모순 때문에 발생하는 불확정성은 법의 으뜸 기능에 훨씬 더 손상을 가한다. 확실히 불확정성과 예측 불가능성이 구별되기 때문에, 그 두 유형의 불확정성이 있다고 해서 사람들의 행동을 지시하는 권위 있는 규범의 능력 사이에 절대적으로 불가피한 비일관성이 있는 것은 아니다. 특히 제2장에서 그 문제에 대한 내 논의에서 언급된 바와 같이 서로 모순되는 규범들 사이에서 하나를 선별하려는 정부 공무원들의 경향성은 충분히 눈에 띄게 패턴화되어 있어서 예측 가능성이 클 수 있다. 어떤 통치체계의 규범적 구조에 스며든 모순들에 의해 전면적 불확정성이 발생했다고 해서, 그 체계가 일정한 경로를 따라 사람들의 행동을 지도하고 방향을 정하는 일을 꼭 못하게 되는 것은 아니다. 그러나 전면적 불확정성에도 불구하고 행동 지도와 방향 설정을 해내는 사태가 분명히 가능하긴 하지만, 있을 것 같지는 않다. 그 체계의 규범적 구조가 사람들을 어리둥절하게 하고 적절한 행동 경로를 제대로 모른 채 암중모색해야 하는 처지로 내모는 사태가 성립할 가능성이 더 높다. 법의 지시 기능과 더 명백하게 어긋나는 것은, 모두 불투명해서 이해 불가능한 규범들을 지닌 통치체계이다. 사람들 그리고 그 사람들에게 조언을 하는 전문가들이 그런 규범들이 의미하는 바를 모른다면 규범의 지도를 거의 받을 수 없다.

 간단히 말해 어떤 통치체계가 설정한 규범의 만연한 불명확성이나 비정합성은 법의 중심 기능의 달성을 거의 확실히 좌절시킬 것이다. 이에 따라 광범위한 불명확성 또는 비정합성이 낳은 불확정성은 법체계 그 자체의 작동에 치명적일 것임이 거의 확실하다. 그러므로 그것들은 그런 체계가 없으면 적절하게 실현될 수 없는 절실한 선들의 달성에 치명적일 것이다. 그런 절실한 선들을 확보하는 법체계의 능력이 법체계의 도덕적 권위의 필요조건이라는 점을 고려할 때, 방금 언급한 불확정성은 그런 권위에 해롭다. 법규범의 강한 마음 의존성과 연관된 불확정성이 (개인을 초월하는 판별 가능성이 널리 있을 수도 있으므로-옮긴이) 그 자체만으로 사람들의 행위를 지도하는 법의 능력을 위협하지는 않겠지만, 검토되고 있는 다른 두 유형의 불확정성은 (불명확성이나 비정합성이 있을 때에는 개인을 초월하는 판별 가능성이 널리 있을 가능성이 거의 확실히 없으므로-옮긴이) 정말로 그런 효과를 낳을 것이다. 그러므로 **권위 원칙**을 옹호하는 대신, 다른 면에서는 비슷하지만 강한 마음 의존성뿐만 아니라 불확정성의 다른 형태에도 모두 초점을 제대로 맞추는 논제, 즉 **권위와 확정성 결합 원칙**the Authoritativeness-cum-Determinacy Doctrine을 옹호해야 한다.

전면적 불확정성의 두 번째 유해한 측면은 한층 더 중요하다. 세 유형의 불확정성 모두가 그 측면을 갖기 때문이다. 법규범이 그 내용과 함의에서 확정적이라면 법규범은 그것을 준거로 내려지는 결정에 대한 정당화의 근거로 기능할 수 있다. 그 경우 법규범은 그런 결정을 명료하게 요하는 행동 기준으로 정확하게 거론될 수 있다. 분명히, 정당화의 시금석으로 기능할 법규범의 능력 자체만으로는 도덕적 권위 보유의 충분조건은 아니다. 어떤 법 L(law의 약자-옮긴이)의 내용이 대단히 부당하고, L의 내용에 따라 요구되는 결정이 그에 상응하게 사악하다면, L은 도덕적 권위가 없다.—그것이 무수히 많은 여건에서 특정한 결과를 확정적으로 요청함으로써 행동의 방향을 결정하는 법적 규준으로 성립한다는 사실과 무관하게 말이다. 그럼에도 공무원들의 결정의 기반으로서 법규범의 작용은 그 규범의 도덕적 권위의 충분조건은 결코 아니고, 하나의 필요조건이다. 어떤 법규범이 불확정성에 휩싸여 결과적으로 그 어떤 결과도 법적으로 정당화할 수 없다면, 그 법규범은 그 어떤 결과도 도덕적으로 정당화할 수 없을 것이다. 어떤 통치체계가 그런 규범들로 가득 차 있다면, 그 통치체계는 적극적인 도덕적 작용을 하는 것이 아니다. 〔물론, 불확정성이 법규범 간의 모순 때문에 발생한 경우에는, 모순되는 쌍에서 규범의 한쪽은 악의적인 규준과 충돌하는 유익한 규준일 수도 있다. 예를 들어 각 개인에게 자신의 동료 국민을 살해하는 것을 금지하는 의무를 부과하는 법은 각 개인에게 살인을 범할 자유를 부여하는 법과 충돌될 수 있다. 그런 경우에 유익한 법 BL(benevolent law의 약자. 여기서는 동료 국민을 살해하는 것을 금지하는 의무를 부과하는 법과 같은, 모순되는 쌍 중 유익한 내용의 법을 가리킨다-옮긴이)은 타당한 도덕 원리와 그 내용이 일치한다. 물론 그 도덕 원리는 결과를 도덕적으로 정당화해 줄 수 있다. 그러나 BL 그 자체는 훌륭한 내용을 갖고 있긴 하지만 그 내용을 이루는 도덕 원리와 같은 도덕적 정당화의 힘을 갖고 있지는 않다. 어쨌거나 그것은 살인을 지지하는 다른 법과 모순된다. 하나의 법규범으로서 BL은 그것의 법적으로 결정하는 힘이 BL의 내용으로 요구되는 것과 모순된 결과를 결정적으로 요청하지 않는 다른 법규범에 의해 완전히 상쇄되지 않는 경우에만 도덕적으로 권위가 있다. 좋은 내용을 지닌 법규범의 도덕적 권위는—그것이 도덕적 권위가 있다면—그 내용에서뿐만 아니라 그것이 속하는 법체계의 방향을 결정하는 장악력sway에서도 나온다. 어떤 법의 장악력이 다른 법의 장악력과 모순된 상태로 고정되면 그 방향을 결정하는 성격이 사라지고, 따라서 그 도덕적 권위도 손상된다.]

그 어떤 법규범도 그것이 공무원들의 결정의 정당화 근거justificatory basis로 작용할 수 없다면 도덕적으로 권위 있을 수 없다는 점을 고려할 때, 그런 규범 중 어느 것이라도 만연한 순전한 불확정성에 둘러싸인 경우 정당화 근거로 작용할 수 있는지 탐구할 필요가 있다. 분명해질 바와 같이—세 유형의 불확정성 각각에 대해—이 질문에 대한 답은 '아니요'(그런 불확정성이 있다면 법규범이 공무원들의 결정의 정당화 근거로 작용할 수 없다.-옮긴이)임이 입증된다. 법규범의 강한 관찰상 마음 의존성에서 나오는 불확정성부터 시작해 보자. 앞서 살펴보았듯이, 그런 불확정성은 그 규범들의 내용과 함의가 뿌리부터 주관적이라는 데 있다. 임의의 개별 상황과 관련 있는 법에 대한 각 개인의 이해는 그것이 그 문제에 대한 자신의 이해라는 사실만으로도 (그 사람에게는) 타당할 것이다. 그 결과, 어떤 법도 공식적 결정의 독립적인 정당화 근거로 결코 기능할 수 없게 된다. 어떤 법규범이 특정 사실관계에 적용되는지에 대해 공무원이 판단을 내리기 전까지는 (그 공무원에게는) 규범 그 자체가 그 사실과 아무런 관련이 없다. 공무원이 문제의 규범이 어느 한 방향으로의 결정을 명령한다고 판단한다면, 그렇게 판단을 내렸다는 사실 자체에 의해 그 규범은 그런 결정을 명령하는 것이다. 반대로, 공무원이 그 규범이 정반대 방향의 결정을 명령한다고 판단한다면, 그 규범은 그 정반대 방향의 결과를 명령하는 것이다. 반대로, 공무원이 그 규범이 자신이 고찰하고 있는 사실관계와 전적으로 무관하다고 판단한다면, 그 규범은 아무런 관련이 없을 것이다. 요컨대, 공무원이 거론한 모든 법규범의 내용은 공무원의 판단의 정당화 근거로 기능하는 것이 아니라 그 판단의 산물이 될 것이다. 그 규범의 정식은 공무원이 스스로 표현하는 것을 다른 방식으로 표현하는 것에 불과하며, 공무원의 판단을 뒷받침하는 기능을 할 수 있는 독립적으로 규정 가능한 내용은 조금도 전달하지 않을 것이다.

그러므로 법규범에 관찰상 마음 독립성이 전혀 없다면, 법의 지배와 사람의 지배의 구별은 조금만 검토해도 이치에 맞지 않는 것이 된다. 법규범은 그 내용이 전적으로 개인들의 의견으로 채워지는 빈 껍데기가 된다. 더구나, 개인마다 의견이 다를 것이 확실하므로— 명확한 사건에서도 고집 센 사람들 몇몇이 의견을 달리할 것이고, 어려운 사건에서는 그보다 더 많은 사람들이 의견을 달리할 것이므로—어떤 사람들에게는 어떤 규범이 유리한 결과를 명령하는 내용이더라도 그 똑같은 규범이 그 사람들에게 불리하게 적용되는 것이 거의 언제나 불가피할 것이다.(다른 사람들, 특히 법 공무원들에게는 그 규범이 그들에게 불리하게 적용될 내용을 가질 수 있기 때문이다. -옮긴이) 그런 모든 사안에서, 법 L은 그것을 시행하는 공무원들에게 하나의 결과를 명령하면서 L의 시행 대상이 되는 사람(들)에게는 반대의 결과를 명령할 것이다. 그런 결과는 그 내용의 뿌리부터 주관적인 성격에서 따라 나오는 법규범의 기이하게 일관성 없는 존재를 반영하는 것이다. 여기서 강조해야 할 것은 그 일관성 없는 존재가 법의 도덕적 권위에 미치는 파괴적 효과이다. 법규범이 각 개인의 의견을 초월하는 아무런 중심적인 내용을 갖지 않으므로, 어떤 사람에게 어떤 내용으로 어떤 법을 적용하려고 할 때 그 사람이 그 법이 그런 식으로 자신에게 적용할 권위를 부여하는 내용이 아니라고 본다면 그 사람에게 구속력을 가지면서 불리하게 적용되는 일은 결코 가능하지 않게 된다.

요약하자면, 법의 강한 관찰상 마음 의존성과 연관된 불확정성은 모든 법체계의 도덕적 권위를 이중으로 좌절시킨다. 그 불확정성은 법규범이 공무원의 재판 결정이나 행정 결정의 정당화 근거로 진정으로 기능하는 일이 결코 있을 수 없도록 만든다. 그 규범의 내용을 공무원의 결정에서 완전히 파생적인 것으로 만들기 때문이다. 다시 말해서 그런 마음 의존성이 전제된다면 법체계의 작용은 사전事前에 정해져 있어 그 적용을 규율하는 내용을 가진 규범의 적용이 아니라 공무원들의 의견을 강압적으로 관철하는 방식으로 이루어질 것이다. 이에 더해, 강한 관찰상 마음 의존성은 법이 자신에게 불리하게 적용되도록 한 해석에 동의하지 않는 사람에게 법을 원용하는 어떤 시도에서도 모든 도덕적 권위를 벗겨낼 것이다.

방금 말한 악들은, 법규범의 강한 관찰상 마음 의존성과 연관된 불확정성에만 고유한 것이 아니다. 같은 악이 모든 또는 거의 모든 규범이 당황스러울 정도로 (전문가들에게도) 불투명한 통치체계, 모든 또는 거의 모든 규범과 함께 그와 상반되는 규범이 존재하는 통치체계를 괴롭힐 것이다. 전적으로 지성적으로 이해 불가능한 규범을 가진 체제에서는 그 규범들이 독립적으로 의미 있는 내용을 갖지 않는다는 것이 객관적 사실이다. 각각의 규범에는 그런 내용이 없으므로, 그 내용은 각 해석자의 창조적 이해로 채워져야 할 것이다. (내용이 없는) 각각의 규범 자체가 어느 누구의 이해에도 아무런 제약을 가하지 않을 것이므로, 그 규범을 준거로 하여 진정으로 정당화되는 해석이란 아예 있을 수 없다. 법에 대한 해설로서, 각 해석은 다른 해석보다 못하지도 낫지도 않을 것이다. 그 결과 적용되는 규범에 대한 이해에 의견을 달리하는 사람에게 불리하게 이해 불가능한 규범을 적용하는 것은 모두 도덕적 권위가 없을 것이다. 그런 적용이 타당한 도덕 원칙의 실행으로서 독립적인 도덕적 권위를 가질 수는 있지만, 이해할 수 없을 정도로 불명확한 법의 적용으로서는 아무런 도덕적 권위를 갖지 않는다. 그러므로 법은 강하게 관찰상 마음 의존적이라는 관념을 받아들이지 않더라도, 강한 관찰상 마음 의존성에서 발생하는 정당화의 문제가 체제 규범의 전면적인 불투명성과도 연관되어 있음을 알 수 있다. 마음 의존성에서 나오는 불확정성과 불투명성에서 나오는 불확정성은 이러한 문제들을 발생시킨다는 점에서 같다.

이와 다소 다르지만 본질적으로 유사한 것은 통치체계의 규범 구조에서 만연한 모순이 있을 때 나오는 불확정성이다. 이 경우 정당화의 문제는 그 체계의 규범 각각에 독립적인 내용이 없다는 데서 나오는 것이 아니다. 각각의 규범은 확정적인 내용을 갖고 있다. 오히려 정당화의 문제는 각 규범과 쌍을 이루는 모순적 규범 사이에서 그 어떤 선택을 해도 자의적이라는 데서 나온다. ─ 해로운 법이 유익한 법과 모순될 수 있으니 ─ 도덕의 문제로서는 그중 간단히 하나의 선택을 해야 하는 직설적인 문제일 수는 있겠지만, 통치체계 내에서 규범으로서 인정되는 규범들을 적용하는 문제로서는 전적으로 자의적이다. 가정에 따라, 규범 N이 있으면 그 N의 내용을 부정하는 내용이 있는 규범이 있다. 그 규범 각각은 행동의 방향을 결정하려고 하는 규준으로서 그 체계에 속하는 것이다. 그래서 체계 자체 내에는 그중 한 규범을 다른 규범보다 우선할 아무런 근거가 없다. 그 불확정성 때문에, 둘 중 어느 규범도 구체적인 결정을 내릴 정당화 근거로 진정으로 기능할 수 없다. 각 규범은 그 자체만으로는 얼마든지 많은 상황에서 특정한 결과를 요청하지만, 모순을 구성하는 요소로서 각 규범은 다른 규범의 요청을 배제하는 특정한 결과 중 어느 하나를 요청하지 못하는 논리 부정합을 낳는다. 그 부정합의 범위 내에서는, 모든 결정은 다른 결정만큼이나 옹호될 수 있고, 따라서 그 어떤 결정도 체계의 규범을 준거로 하여 확정적으로 정당화될 수 없다. 그러므로 다소 다른 경로를 통해, 다른 유형의 불확정성과 연관되었지만 본질적으로는 같은 정당화 문제에 부딪히게 되는 것이다. 모순이 스며든 규범 구조를 가진 표면적인 법체계는 그 어떤 결정도 확정적으로 정당화할 수 없다.

권위 원칙처럼 관찰상 마음 의존성에 초점을 맞추는 대신 (물론 법규범의 강한 관찰상 마음 의존성이 필함하는 불확정을 포함한) 불확정성에 초점을 맞춤으로써, 법체계의 도덕적 권위와 양립 불가능한 전면적 불확정성blanket indeterminacy을 발견했다. 실제로 그런 불확정성은 법체계의 존재 자체와 양립 불가능하다. 세 유형의 불확정성 중 어느 하나라도 만연한 규범 구조를 지닌 체제는 구체적 결정을 위한 진정한 법적 정당화를 제공할 수 없다. 그렇다면 만연한 불확정성의 여건에서는 체제에 의해 제공되는 법적 정당화가 도덕적으로 권위 있는 정당화도 되는지의 문제는 결코 제기될 수 없다. 왜냐하면 법적 정당화가 없다면 도덕적으로 권위 있는 법적 정당화도 있을 수 없기 때문이다.

3.7. 외관상 경쟁하는 몇 가지 견해

내 결론은 그 주제에 대해 글을 쓴 다른 철학자들이 지지한 결론과 어긋나는 것처럼 보일지 모르겠다. 그 외관상의 충돌에 비추어, 다른 철학자들이 여기서 이야기한 것과 정말로 상충하는 입장을 취했는지 간략히 검토하면서 논의를 맺겠다. 먼저 브라이언 라이터Brian Leiter와 줄스 콜먼Jules Coleman의 논문을, 그 다음엔 제러미 월드론Jeremy Waldron의 논문을 살펴보도록 하겠다.

3.7.1. 불확정성에 대한 콜먼과 라이터의 견해

법적 객관성과 확정성에 대한 정교하고 깨우쳐 주는 바가 많은 해명에서, 라이터와 콜먼은 "자유주의가 깊이 헌신하는 것 중에 확정성의 요구는 없다"라고 공언한다. 그들은 그들의 논증 결론을 다음과 같이 요약한다. "자유주의적 정치 이론은 확정성에 대한 헌신과 혼동될 수 있는 여러 이상에 헌신하고 있다. 그러나 실제로 자유주의는 유일무이하게 보증되는 결과라는 뜻에서 확정성에 헌신하고 있지 않다. 그러므로 재판에서 불확정성의 존재는 법에 의한 정당성 있는 통치 가능성에 실질적인 위협을 제기하지 않는다"(Coleman and Leiter 1995, 240–241). 이러한 공언은 첫눈에는 불확정성에 관한 내 주장과 두드러지게 어긋나는 것 같다. 그러나 자세히 살펴보면 실제로는 어긋나지 않는다는 점이 드러난다.

내 논의는 포괄적 불확정성 상황에 집중한 것이었다. 법규범의 강한 관찰상 마음 의존성과 연관된 불확정성은 필연적으로 포괄적이다. 마음 의존성은 그것이 애초에 성립한다면 규범 전체에 대해 성립할 것이기 때문이다. 법규범이 강한 관찰상 마음 의존성에 의해 특징지어진다면, 그런 각 규범에 대한 특정한 해석의 타당성의 필요충분조건은 어떤 사람이 그렇게 해석했다는 순전한 사실일 것이다. 그 타당성 기준criterion for correctness이 법규범을 규율하는 것이라면, 모든 법규범의 모든 해석을 규율할 것이다. 그러므로 그 타당성 기준이 적용되는 불확정성이 법규범의 해석에 관한 결정을 모조리 뒤덮을 것이다. 그 불확정성은 비실수량 속성이다. 그것은 전부 아니면 전무의 방식으로 적용된다. 이와는 대조적으로 여기서 검토되었던 다른 두 유형의 불확정성, 즉 지성적 이해 불가능성으로 인한 불확정성과 모순으로 인한 불확정성은 실수량 속성이다. 두 불확정성은 각각 다양하게 상이한 정도로 법체계 내에 존재한다. 이 장에서 내 논의는 그 실수량 유형의 불확정성 중 어느 하나가 전면적이거나 all-encompassing 거의 전면적인nearly all-encompassing 상황에 초점을 맞추었다. 표면적인 법체계의 규범 전부 또는 대부분이 불확정성에 사로잡힐 때, 그 체계는 진정한 법체제가 아니며 그래서 도덕적 권위를 전혀 갖지 못한다.

불확정성에 의해 특징지어지는 상황이 훨씬 더 작은 규모라면 훨씬 덜 문제가 된다. 법체계의 규범망 내의 모순은 언제나 유감스러운 것이지만, 엄청나게 많은 정식화된 규범에 소수의 모순이 존재하는 것만으로는 그 질서를 구성하는 규범 집합으로 구성되는 체제의 도덕적 위상을 감지할 수 있을 정도로 떨어뜨리지는 않을 것이다. 불투명해서 지성적으로 이해 불가능한 법규범에 대해서도 거의 같은 이야기를 할 수 있다. 대규모의 법체계 내에 그런 규범이 소수 있는 것은 그 체계의 도덕적 권위를 사소한 정도를 넘어서 격하시키지 않을 것이다. 물론 법체계 내의 법규범 가운데 모순적이거나 불명확한 것이 많으면 많을수록 그 체계의 도덕적 위상은 더욱더 크게 손상될 것이다. 모순이나 불명확성이 광범위해지면 법체제로서의 체계의 지속 가능성 자체가 위협받게 된다. 그래도 그런 심각한 영향은 모순이나 불명확성이 좁은 범위로 한정될 경우에는 나타나지 않을 것이다.

작은 규모의 불확정성은 그다지 문제가 되지 않는 반면에, 대규모의 불확정성은 장애를 초래한다. 논의를 대규모의 불확정성에 집중한 이유는 만연한 불확정성이 흔한 문제이기 때문이 아니라 그렇게 초점을 맞춤으로써 여기서 탐구되었던 세 종류의 불확정성 간의 유사점을 깨달을 수 있기 때문이었다. 법규범의 강한 관찰상 마음 의존성과 연관된 불확정성이 모든 규범을 아우르는 전면적인 것이기 때문에, 그리고 그 불확정성이 권위를 파괴하는 효과가 제한적이기보다는 보편적일 것이기 때문에, 다른 두 종류의 불확정성과 이를 명확하게 비교하려면 작은 규모가 아니라 전면적인 규모의 경우를 고찰해야만 한다. 무제한적 현상으로서 다른 두 유형의 불확정성을 고찰할 때, 그 각각이 법규범의 강한 관찰상 마음 의존성과 연관된 불확정성만큼이나 법의 도덕적 권위에 파괴적이라는 점이 드러난다. 물론 **권위 원칙**이 세 종류의 불확정성의 중차대한 상동성相同性, homology을 부인한 것은 아니지만, **권위 원칙**은 마음 의존성에 몰두하기 때문에 그 상동성을 보지 못하게 되는 경향이 있다. 앞서 언급한 상동성을 강조하고 강한 관찰상 마음 의존성이 법의 도덕적 권위에 가하는 위험이 더 넓은 위협의 한 형태라는 점을 보여 주기 위해 논의를 그와 같이 전면적 불확정성의 경우에 초점을 맞추어 진행했던 것이다.

이와는 대조적으로 콜먼과 라이터는 무제한적 현상으로서 불확정성을 언급하고 있는 것이 아니다. 그들은 불확정성이 특정한 통치체계의 공무원이 하는 모든 결정 또는 사실상 모든 결정을 괴롭히는 공상적인 시나리오하에서가 아니라, 법체계의 공무원이 내리는 결정들 중 일부(그 결정들 중 작은 비율)를 괴롭히는 현실적인 가정하에서 고찰하고 있다. 그들이 보통의 법체계에서 불확정성의 정도가 내가 주장하는 것보다 더 광범위하다고 믿기는 하지만, 비판법학자들의 회의주의는 확고하게 거부한다. 예를 들어 그들은 "통상 제시되는 법이 불확정적이라는 논증은 보통 납득이 가지 않으며 그 범위를 과장하는 경우가 전형적이다."라고 선언한다(Coleman and Leiter 1995, 218). 따라서 콜먼과 라이터가 불확정성이 법체제의 도덕적 권위를 위험에 빠뜨리지 않는다고 선언할 때, 불확정성에 관한 나의 주장과 조화될 수 없는 주장을 하는 것은 아니다. 작은 규모로 발생하는 불확정성 현상은 법체계의 기능성 및 도덕적 권위와 정말로 양립 가능하다.

부수적인 논점이지만, 작은 규모의 불확정성이 왜 대체로 문제가 되지 않는지 이해하려고 한다면, 집행되지 않는 법적 명령의 법적 유효성에 대한 앞 장의 논의를 참고하는 것이 유용할 수 있다. 거기서 지적한 바와 같이 무단횡단 조례와 같은 집행이 이루어지지 않는 상태가 계속되는 법적 명령들은, 상당히 정규적으로 시행되는 훨씬 더 많은 수의 법적 명령 곁에 나란히 존재하기 때문에 법적 유효성을 보유할 수 있다. 이와 대체로 유사한 점이 여기에도 적용될 수 있다. 도덕적으로 가치 있는 법체계 내에서 공무원들이 내리는 대부분의 결정이 체계의 규범을 준거로 하여 확정적으로 정당화될 수 있다면, 그 규범들의 전반적인 정당화의 힘은 부득이 자의적인 상대적으로 적은 수의 결정에 도덕적 구속력을 부여할 수 있다. 체계가 그 결정 대부분의 확정적인 정당화 근거를 제공하고, 어느 정도의 불확정성의 존재는 그 어떤 법체계에서도 불가피하기 때문에, 이따금씩 불확정성이 발생하는 분야에서 공무원들의 결정은 도덕적 권위를 가질 수 있다. 이러한 자의적인 결정은 자의성이 불가피한 여건에서 법체계의 규제 및 치안 유지 그리고 분쟁해결 기능을 지속적으로 수행하기 위해 꼭 필요한 것이다. 그 결정들은 체계의 규범망 내에서 정해지지 않은 분야를 채워 주므로, 다루어지지 않은 채로 남겨져서는 안 되는 문제들을 다루는 그 체계의 도덕적으로 권위 있는 작동을 가능케 한다. 그런 문제들을 아예 다루지 않는 것보다는 자의적 결정을 통해 다루는 것이 낫다. 그런 난제들이 해당 법체계가 직면하는 문제들 중 극히 일부에 불과하고, 그 어떤 법체계도 불확정성을 전적으로 피할 수 없다는 점을 고려할 때, 체계의 공무원들은 그 난제들의 해결 방향을 정할 때 도덕적으로 정당성 있고 권위 있는 방식으로 행동한다. 그들 체제의 일반적 권위는, 그 안에서 내려진 결과들 대부분이 그 체제의 규범을 준거로 확정적으로 정당화될 수 있다는 사실에 중대하게 의존한다. 그리고 그 일반적 권위가 그 방식으로는 어떤 답도 확정적으로 정당화될 수 없는 문제들과 신의성실하게 씨름하는 경우로 이전된다. 만일 만연한다면 법체계의 도덕적으로 권위를 파괴할 불확정성도, 예외적일 정도로 적은 경우에는 체계의 도덕적으로 권위 있는 작동 안에 흡수될 수 있다.

콜먼과 라이터의 입장을 이 장에서 취한 입장과 조화된다고 볼 중요한 점은, 불확정성의 무해함에 대한 그들의 논급이 여기서 고찰한 세 가지와는 다른 불확정성의 종種에 초점을 맞추고 있다는 것이다. 그 네 번째 유형의 불확정성은 사실, 확정적 타당성에 대한 제1장의 논의에서 기본적으로 탐구된 유형이다. 라이터와 콜먼이 염두에 두고 있는 것은 중추적인 법적 문제들에 대한 확정적으로 타당한 답이 통약불가능성이나 모호성 또는 서로 대립하여 균형을 이루고 있는 고려 사항들 때문에 전적으로 없는 상황이다. 그런데 한편으로, 이 요인 중 어느 하나 때문에 생긴 불확정성이 법체계에 만연하다면, 이는 이 장에서 강조되었던 세 종류의 불확정성만큼이나 문제가 될 것이다. 어떤 관할 내에서 사람들 행동의 법적 결과에 관한 질문 중 어느 것도 또는 거의 어느 것도 확정적으로 답변될 수 없다면, 그 결과 생기는 자의성은 그 관할 체제의 도덕적 권위를 박탈한다. 관할의 공무원들이 내린 재판상 결정이나 행정상 결정이 이따금씩만 자의적인 것이 아니라 언제나 또는 거의 언제나 자의적이라면, 그들의 체제는 이따금 발생하는 자의성을 벌충할 수 있는 정당화의 힘을 조금도 비축하고 있지 못한 것이다. 다른 한편으로, 네 유형의 불확정성과 다른 유형의 불확정성 사이의 이러한 친연성에도 불구하고 중요한 차이점이 있다. 그 차이 나는 특성 때문에 이 네 번째 종류의 불확정성은 다른 불확정성보다 덜 골칫거리가 된다.

라이터와 콜먼이 지적하듯이, 모호성이나 통약불가능성 또는 서로 대립하여 균형을 이루고 있는 고려 사항들에서 나오는 불확정성은 결정을 뒷받침하기 위해 거론될 수 있는 요소들의 존재를 배제하지 않는다(Coleman and Leiter 1995, 238-240). 그런 불확정성 영역 내의 모든 판단은 자의적일 것이지만, 꼭 비이성적인 것은 아니며 또 비이성적인 것이어서도 안 된다. 한 방향의 판단의 정당함을 뒷받침하는 고려 사항들이 반대 방향으로 작용하는 고려 사항들과 균등하게 또는 통약불가능한 방식으로 균형을 이루고 있더라도, 그 고려 사항들은 실재하며 어쩌면 상당한 무게를 가질 것이다. 그것들은 거론될 수 있는 근거이다. 유능하고 양심적인 법 공무원들은 자신의 결정을 설명하면서 그런 고려 사항들을 실제로 제시할 것이다. 즉, 설령 그 문제의 반대편에서도 동등하거나 통약불가능한 고려 사항들이 존재한다 하더라도 공무원에게는 설명할 수 있는 것들이 충분히 존재하는 것이다.

이 점에서, 콜먼과 라이터가 많은 주의를 기울였던 불확정성은 이 책에서 살펴보았던 다른 형태의 불확정성과는 상당히 다르다. 그들이 주의를 기울였던 불확정성과 가장 두드러지게 대조되는 것은 법규범의 강한 관찰상 마음 의존성에서 나오는 불확정성과 법규범의 지성적으로 이해 불가능한 불투명성에서 나오는 불확정성이다. 법규범이 강하게 관찰상 마음 의존적이라면, 그 규범 내부에는 다른 해석과 상치되게 특정한 방식으로 해석하는 데 유리하게 작용하는 것이 진정으로는 없을 것이다. 일반적으로 특정 해석을 지지하고 다른 해석을 반대하는 도덕 원리와 같은 독립적인 고려 사항들이 있을 것이지만, 법규범 그 자체는 해석들 가운데서 선택할 아무런 근거도 산출하거나 구성하지 못할 것이다. 그 규범의 내용은 가정에 따라 전적으로 그것들에 대한 사람들의 인식에서 파생된 것이기 때문에 결코 그들의 인식을 진정으로 제약할 수도 그것에 영향을 미칠 수도 없다. 어떤 법규범을 해석하는 어떤 방식을 뒷받침하면서 그 법규범을 거론하는 것은 애초부터 잘못된 순환적인 작업을 하는 것이다. 그런 유감스러운 상황은 콜먼과 라이터가 상정한 불확정성 상황보다 훨씬 더 우려되는 것임이 명백하다. 그들이 상정한 상황에서 불확정성은 법규범이 뿌리부터 비어 있어 순전히 주관에 좌우되기 때문에 생긴 것이 아니다. 오히려 그 각각의 상황에서 불확정성은 어떤 법규범이 어떤 사실관계에 적용되는 것에 찬성하는 고려 사항과 반대하는 고려 사항이 균형을 이루면서 대립하고 있기 때문에 생긴다. 쟁점이 되는 법규범의 내용이 비어 있다고는 도저히 볼 수 없다. 그 규범의 정식을 거론하는 것은 애초부터 잘못 생각된 순환적인 것이 아니라, 오히려 특정된 사실관계에 해당 규범이 적용될 수 있는지 없는지 판단하기 위한 모든 논증에서 필요불가결한 부분이다. 요컨대, 콜먼과 라이터가 고찰한 불확정성 상황에서, 법규범의 내용에 초점을 맞춘 정당화 논증은 설사 결정적인 정당화가 없는 경우에도 전적으로 적절한 것이다. 이와는 대조적으로 강한 관찰상 마음 의존성에 의해 특징지어지는 세계에서는, 법규범의 내용에 초점을 맞춘 정당화 논증은 망상이거나 사기에 불과할 것이다. 그렇다면 라이터와 콜먼이 논의한 불확정성은 마음 의존성에 의해 필함되는 불확정성보다 중요한 하나의 측면에서 덜 문제가 된다. 그러므로 라이터와 콜먼이 불확정성이 일어나도 크게 문제되지 않는다는 태도를 취하는 것은 놀라운 일이 아니다. (불확정성이 상당히 드문 정도를 넘어서 존재한다면 그런 태도가 정당하지는 않겠지만 말이다.)

법규범이 이해할 수 없을 정도로 불명확할 때 생기는 불확정성과 연관하여 비슷한 대조를 할 수 있다. 불확정성이 모호성이나 통약불가능성 또는 서로 대립하여 균형을 이루고 있는 정당화 근거들의 결과로 나온 경우에는 법규범의 내용에 초점을 둔 이성적인 논쟁이 진정 가능한 반면에, 법규범이 이해할 수 없을 정도로 불투명한 결과로 불확정성이 나온 경우에는 그런 논쟁이 가능하지 않다. 법규범의 정식이 (법 전문가가 보아도) 무의미한 공식적 어투에 불과하다면 재판상 결정이나 행정상 결정을 그 규범의 내용을 준거로 해서 정당화하려는 노력은 거짓된 것mendacious이거나 순진하게 오도된 것naively misguided이다. 그 내용이 해석으로 파악해 볼 수 없을 정도로 존재하지 않는다는 점을 고려하면, 법규범을 거론하는 것은 그 어떤 결정을 설명하는 데도 조금도 진정한 도움이 되지 못할 것이다. 그렇다면 이런 종류의 불확정성은 콜먼과 라이터가 집중한 유형의 불확정성보다 훨씬 더 문제가 된다. 후자 유형의 (모호성이나 통약불가능성 또는 서로 대립하여 균형을 이루고 있는 정당화 근거들의 결과로 나온-옮긴이) 일부 불확정성은 불가피한 반면에, 법규범의 정식의 지성적 이해 불가능성 때문에 생기는 불확정성은 완전히 피할 수 있다는 점을 주목해야 한다. 후자 유형의 규범을 합당하게 이해할 수 있는 용어로―적어도 변호사 및 다른 법 전문가들이 이해할 수 있는 용어로―또렷하게 표현하는 것은 법 공무원의 이지력理智力, wit을 넘어서는 어마어마하게 어려운 과업이 아니다.

법규범의 지성적 이해 불가능성 때문에 생긴 불확정성과 마찬가지로, 법체계의 권위 있는 자료에 있는 모순 때문에 생긴 불확정성도 피할 수 있다. 그것은 또한 라이터와 콜먼이 고찰한 불확정성보다 더 골치 아픈 것이기도 하다. 두 모순된 법규범 가운데 하나를 선택해야 할 때, 그중 어느 한쪽의 규범을 거론하는 것은 다른 규범을 무시하는 일을 정당화해 주는 작용을 전혀 하지 못할 것이다. 그러므로 그런 선택은 전적으로 법외적法外的인 요소에만 근거해야 할 것이다. 이 상황은 통상의 (모순적이지 않은) 법을 어떤 사실관계들에 적용할 수 있는가가 논쟁의 대상이 되는 상황과는 상당히 다르다. 후자의 상황에서, 논쟁 참가자는 문제의 법규범의 문언과 목적 둘 다에 적절하게 호소할 수 있다. 논쟁의 반대편에도 동등하게 또는 통약불가능하게 강력한 고려 사항들이 있을 수는 있지만, 규범의 정식과 목적에 적절하게 호소하는 논쟁 참가자는 자신의 해석을 진정으로 찬성하는 요소에 주의를 촉구하며 언급할 것이다. 이와는 대조적으로 두 법이 모순될 때, 어느 하나의 법의 문언과 목적을 거론하는 것은 그 자체로는 왜 (그 고유의 문언과 목적을 가진) 다른 법을 제쳐 놓아야 하는지 설명하는 데 기여하지 않을 것이다. 둘 사이의 선택은 도덕적 근거나 다른 법외적 근거에 직접 근거해야 할 것이고, 어느 한 법을 다른 법에 우선할 법적인 근거는 전혀 없을 것이다. 누군가가 어떤 통상적인 법이 일련의 상황에 적용될 수 있는지 아닌지 논할 때, 그리고 규정된 법이 특정 방향으로 작용한다고 지적할 때, 그는 그의 입장을 뒷받침하는 데 실제로 유효한 법적 요소를 제시하고 있는 것이다. 두 가지 모순된 법이 있을 때에는 엄밀한 의미의 법적 요소—적용 가능성과 유관성이라는 요소(거론한 법이 일련의 상황에 명백히 또는 가장 적절하게 적용될 수 있다는 점을 보여 주고, 바로 그 법이 유일한 또는 가장 큰 유관성을 가진다는 점을 보여 주는 논거-옮긴이)—를 제시할 기회가 없다. 두 법 중 어느 하나가 임의의 사실관계에 대해 갖는 유관성은 다른 하나의 법이 갖는 유관성만큼 크거나 작다. 비록 가리키는 결론은 정반대라 할지라도 모순되는 법 각각이 다른 법만큼이나 정확히 같은 정도로 유관하다. 예를 들어 조Joe가 공원에서 자신의 개를 데리고 산책하는 것을 금지하는 법은 조의 행동의 어떤 사례에 명백히 유관할 것이며, 조가 자신의 개를 데리고 산책하는 것을 허용하는 법도 그럴 것이다. 그러므로 법 공무원이 그 두 법 중 하나를 실행하는 선택을 설명해야 할 때 그중 어느 하나가 어떤 특정된 사실관계에 명백히 적용될 수 있다는 점을 보여 준다고 해도 아무런 진척도 보지 못할 것이다. 그중 어느 하나의 법이 명백히 적용될 수 있다면 그 법 둘 다 명백히 적용될 수 있다. (마찬가지로 그중 어느 하나의 법이 명백히 적용될 수 없다면 그 법 둘 다 명백히 적용될 수 없다.) 모순되는 법 중 하나를 다른 것에 우선하는 것으로 고르는 일과 관련된 이성적 논쟁은 유관성이나 적용 가능성 같은 법적 고려 사항을 활용할 수 없으며, 대신에 그 두 법의 도덕적 장점

같은 법외적 사항에 집중해야만 할 것이다. 이 점에서, 법체계의 규범망 내에 있는 모순에서 나오는 불확정성은 모호성이나 통약불가능성 또는 서로 대립하는 고려 사항들이 균형을 이루는 경우에서 비롯되는 불확정성보다 더 곤혹스럽다. 덜 곤혹스러운 불확정성이 있는 가운데 내려진 결정도 궁극적으로는 자의적이겠지만, 법적 논쟁을 통해 옹호되고 변경될 수 있다. 모순 때문에 생기는 불확정성이 있는 가운데 내려진 결정은 그렇게 법적 논쟁을 통해 옹호되고 변경될 성질의 것이 아니다.

요약하자면, 콜먼과 라이터가 불확정성에 관해 괜찮다며 안심시키는 말을 한 것은 나의 더 비관적인 논급과 긴장관계에 있지 않다. 중요한 점은, 그들의 논급은 —내 논급과 달리— 불확정성을 통치체계의 규범과 작동에 스며든 것이 아니라 주변적인 현상으로 본다는 것이다. 전면적인 규모로 일어나면 재앙적일 것도 작은 규모로 일어나면 그 해로움이 그렇게 크지는 않다. 게다가 콜먼과 라이터가 집중해서 다룬 불확정성은 이 장에서 내 분석이 주로 초점을 맞춘 종류의 불확정성보다 체제를 덜 쇠약하게 한다. 그래서 그들의 논의와 내 논의의 차이점을 주의 깊게 살펴보면, 불확정성에 관한 그들의 공언과 내 공언이 양립 가능하다는 점이 분명해진다.

3.7.2. 불일치와 확정성에 대한 월드론의 견해

이제 **권위 원칙**에 대한 월드론의 반대 배후에 놓인 강력한 추론 방식을 살펴보겠다. 그의 논증은 법의 객관성이 아니라 도덕의 객관성에 대체로 집중하고 있긴 하지만, 월드론 자신이 도덕적 규준이 때때로 법규범으로서 기능한다고 주장한다(Waldron 1992, 160). 도덕적 규준에 관한 그 주장에 대해—'배제적 법실증주의자'로 알려진—일부 법실증주의자들이 이의를 제기하겠지만, 나는 대부분의 다른 이론가들과 의견을 같이하여 그 주장을 받아들인다(Kramer 2004a, 17-140). 더군다나 배제적 법실증주의자도 법 공무원의 재판 활동과 행정 활동에서 도덕 판단이 때때로 두드러지게 꼭 필요한 경우가 있다는 점을 인정한다. 더 중요한 점으로, 월드론의 논증은 그 주장을 받아들이고자 하는 사람에 의해 모든 법규범으로 확장될 수 있다. 그러므로 그의 논증이 건전하고 불확정성에 대한 나의 우려와 어긋난다면, 나의 우려는 재고되어야 할 것이다.

월드론의 많은 저작에서 중심적 주제는 정치적 의사결정과 법적 의사결정에서 의견 불일치가 두드러진다는 점이다. 이 주제에 대한 월드론의 강조는, 도덕(또는 법)의 객관성이 논쟁적인 문제에 대해 공무원이 내린 결정의 도덕적 권위에 차이를 가져오는가라는 질문에 대한 그의 접근의 내용을 형성한다. 월드론은 마음 독립성으로서의 객관성을 준거로 그의 논의 대부분의 틀을 설정한다. 그래서 월드론을 **권위 원칙**의 반대자로 온당하게 분류할 수 있다. 그럼에도 불구하고 월드론의 논의는 확정적 타당성으로서의 객관성과 진정 관련이 있는 형태의 **권위 원칙**이 있는지 드러내는 데 도움을 준다. 월드론이 보기에 논쟁적인 문제에 대한 법 공무원의 도덕적 권위라는 쟁점은 그런 결정의 자의성과 관련된 쟁점이다. 다시 말해서 그가 주로 다루는 질문은, 어려운 법적 문제에 대한 확정적으로 타당한 답의 존재 여부가 그 문제들을 다루는 법 공무원의 노력의 도덕적 정당성 및 권위에 관련되어 있는가이다. 그 질문에 대한 그의 답은 철저한 '아니요'이다. 그는 일단 우리가 공무원과 국민 사이에 논쟁이 많은 법적 문제에 관한 의견 불일치를 적절히 고려하고 나면—즉, 법적 영역에서 개인을 초월하는 판별 가능성이 부족하다는 점을 적절히 고려하고 나면—그 문제들에 대한 확정적으로 타당한 해법이 존재한다고 하더라도 자의성이 없다는 것을 보장해 주지 않는다는 점을 인정할 수밖에 없다고 한다. 법체제의 공무원이 아무리 이해력이 높고 좋은 의도를 갖고 있더라도, 매우 논쟁적인 주제에 대한 그들의 견해가 다른 사람들의 견해에 우선한다는 사실에는 무언가 심대하게 자의적인 점이 있다. 법 공무원들은 그런 문제에 대한 확정적으로 타당한 해법—그런 해법이 있는 경우에도—에 대해 아무런 특권적인 인식적 접근 기회를 갖지 못한다. 어쨌거나 그들이 동료 국민 전부 또는 대부분이 인정할 만큼 입증될 수 있는 특별한 인식적 접근 기회를 갖고 있지 않음이 확실하다. 그렇다면 왜 선출되지 않은 공무원들이 사람들의 중대한 이익에 영향을 미치는 곤혹스러운 쟁점을 파악하려는 사회의 노력을 형성하는 데 결정적인 발언권을 가져야 하는가? 이것이 월드론이 제기하는 이의이다. 월드론의 이의는 법 공무원들(그리고 다른 사람들)의 인식적 한계만을 근거로 해도 제기될 수 있기 때문에, 재판관과 행정관이 직면하는 얽

히고설킨 법적 문제에 대한 확정적으로 타당한 답이 있다는 관념에 의문을 제기할 필요가 없다. 그런 답이 있든 없든, 그 답에 대한 (다른 구성원들보다 특권적인 인식적 접근 기회의 결과로 나온 것도 아닌-옮긴이) 자신의 믿음을 관철하는 데 통치제도의 강제적 기제를 활용할 태세를 갖춘 재판관과 행정관은 의문스러운 기반 위에 서 있는 셈이다.

요컨대 월드론은 법의 불확정성이 존재하든 그렇지 않든 간에 법제도와 법적 의사결정의 도덕적 권위에 영향을 미치지 않는다는 견해를 취하는 것이다. 그렇다면 적어도 처음 검토하기에 그의 견해는 내 견해와 순전히 반대이다. 그 명백한 상치를 더 자세히 살펴보기 전에, 왜 그의 논증을 불확정성에 초점을 맞춘 것으로 이해하는 것이 최선인지 살펴보아야겠다. 어쨌거나 진술한 바와 같이, 월드론 자신은 주로 마음 독립성과 개인을 초월하는 판별 가능성에 대해 이야기한다. 그럼에도 불구하고 세 가지 이유에서 그의 논증은 앞에서 시사한 노선을 따라 (불확정성에 관한 논의라고 보아야-옮긴이) 가장 잘 이해된다.

첫째, 살펴본 바와 같이, 법규범의 강한 관찰상 마음 의존성은 법규범이 뿌리부터 주관적이고 그 결과 불확정적이라는 데 있다. 각 사람이 특정 법규범의 내용이 무엇이라고 결정하기 전에는 그 규범은 (그 사람에게) 아무런 내용을 갖지 않는다. 따라서 월드론이 관찰상 마음 독립성에 관한 질문들의 실천적 중요성을 부인한다는 점을 고려하면, 그는 사실상 방금 언급한 불확정성의 존재에 관한 질문들의 실천적 중요성 또한 부인하고 있는 것이다. 그런데 월드론이 사실상 그 질문들의 실천적 중요성을 부인하고 있다면, 그는 또한 이 장에서 탐구한 다른 종류의 불확정성의 존재에 관한 질문들의 실천적 중요성도 사실상 부인하고 있는 것이다. 법 공무원의 인식적 한계에 관한 그의 논증은 이러한 다른 종류의 불확정성에 의해 특징지어질 수 있는 상황에 적용될 경우에도 마찬가지로 관련이 있게 된다. 예를 들어 어려운 사건에서 상반되는 고려 사항들이 하나의 결과를 유일무이하게 타당한 것으로 만들어 주는 방식으로 배열되어 있든 아니든, 사람들은 그 사건이 어떻게 다루어져야 하는지에 관한 각자의 견해가 해소하기 힘들 정도로 서로 다를 것임이 거의 확실하다. 앞의 장에서 강조한 바와 같이 이 결과 또는 저 결과의 확정적 타당성determinate correctness은 입증 가능한 타당성demonstrable correctness을 필함하지 않는다. 따라서 포함될 수 있는 불확정성의 유형에 관계없이, 다툼이 많은 사건에서 불확정성의 존재나 부재는 사람들 사이에 의견이 크게 나뉠 매우 높은 가능성에 영향을 미치지 못한다. 그렇게 의견이 갈리는 것 자체가 어려운 사건에서 법 공무원의 의사 결정 역할의 정당성과 권위를 의문스럽게 만든다면, 그러한 침식 효과는 확정적으로 타당한 해법이 존재한다고 해도 바뀌지 않을 것이다. 따라서 월드론의 논증 노선은 이러한 어려운 사건들에서 불확정성의 존재나 부재가 법제도 작동의 도덕적 성격과 전혀 관련이 없다는 결론에 이른다.

둘째, 월드론은 그의 논문의 결어에서 확정적 타당성을 명시적으로 언급하면서 자신의 추론을 요약한다. 그는 법적 의사결정에서 적용되는 도덕 원리들이 마음 독립적이라면 "판사가 고려하는 원리들에 관한 모든 질문에 정답이 있다. 이것을 일종의 위안으로 생각하기 쉽다. 정답이 거기 있으니, 결국 판사는 제약을 받는다."라고 주장한다. 그러나 그러고 나서 월드론은 자신이 불러일으킨 이 위안의 감각을 흔들어 깨뜨리려 한다.

> 정답이 있다는 것은 … 판사가 그 정답을 진지하게 찾아 나설 때 어리석은 행동을 하고 있지 않다는 것을 분명히 의미한다. 그러나 그 정답의 존재가 판사가 그 정답에 도달하는 것은 물론 그 정답을 추구할 수밖에 없도록 만들지는 못한다. 서로 다른 판사들이 모두 스스로 정답을 추구한다고 여기면서도 서로 다른 결론에 이를 수 있으며, 정답의 존재론ontology of the right answer은 자신의 견해가 다른 견해보다 조금이라도 더 타당하다고 생각할 이유를 제공하지 못한다(Waldron 1992, 183-184).

셋째, 월드론이 법규범의 관찰상 마음 독립성이 모든 중추적인 법적 문제에 대한 유일무이하게 타당한 답의 존재를 보장한다고 암시한 것은 사실 너무 멀리 나간 것이다. 이와는 달리, 법규범이 관찰상 마음 독립적이라고 해도—제1장에서 논한 바와 같이—법규범의 내용이나 함의 또는 존재에 대한 질문이 가끔 있는데 그 질문들에 대한 확정적으로 타당한 답이 없다면, 이 드물게 발생하는 질문들 각각에 대한 확정적으로 타당한 답이 없다는 것도 마음 독립적인 사실이다.[3] 그러므로 월드론의 논문 결어 부분에서 알 수 있듯이, 월드론은 실제로는 논쟁적인 법적 문제에 확정적으로 타당한 답이 존재하든 하지 않든 아무런 실천적 중요성을 갖지 않는다는 점을 확립하고자 하는 데 관심이 있는 것이며, 그렇다면 그는 마음 독립성의 문제가 아니라 바로 그 문제에 집중해야 한다. 후자의 문제에 집중하는 것은 때때로 불확정성과 연관되는 객관성의 차원에 초점을 맞추는 것이다. 따라서 확정성이 실천적으로 중요하지 않음을 증명하고 싶은 이론가는 그 쟁점을 마음 독립성이 실천적으로 중요하지 않음이라는 쟁점과 상호 교환할 수 있다고 생각하지 않아야 한다.

이제 월드론의 입장과 내 입장이 양립 불가능한 점으로 돌아가자. 이 장은 법의 불확정성이 법의 도덕적 권위에 미치는 파괴적 효과를 강조한 반면, 월드론은 불확정성의 존재가 아무런 실천적 중요성을 갖지 않는다고 주장했다. 어떻게 이 상반되는 입장이 부분적으로는—비록 오직 피상적 조화이기는 하지만—조화될 수 있는지 이해하려면 법 공무원들이 서로 간에 그리고 많은 국민들과 첨예하게 의견을 달리하는 논쟁적인 주제에 집중하고 있다는 점을 주목해야

---

3 이 책의 범위를 벗어나는 기술적 이유 때문에 이따금 불확정성이 발생한다는 점을 인정하는 것이 제1장에서 옹호한 진리에 대한 최소주의적 해명의 수용과 쉽게 조화되지는 않는다. 하지만 이 두 가지를 조화시키는 복잡한 작업은 가능하다. 이 문제에 대한 명쾌한 논의와 문제 해결을 위한 훌륭한 작업으로는 Holton 2000을 참조. (나는 몇 가지 세부 사항을 제외하고 대부분의 측면에서 홀턴의 해결책을 지지한다.)

한다. 이 강경한 의견 불일치가 있기 때문에 공무원들의 결정에 대한 도덕적 권위가 의문시되는 것이다. 그러나 광범위하고 격렬한 논쟁을 일으키는 법적 문제들은 기능하는 법체계에서 다루는 문제 중 매우 작은 비율을 차지한다. 이 책의 여러 지점에서 이야기했듯이, 법체계의 통상적인 작동은 판에 박힌 것routine이다. 재판 공무원과 행정 공무원이 내리는 수많은 결정들은 전혀 논란이 되지 않으며, 그래서 당연히 더 흥미로운 사건의 연구를 선호하는 법학자들에게 크게 주목받지 못한다.—대부분이 학자와 언론인의 흥미를 훨씬 더 많이 끄는—심히 논쟁적인 결정은 훨씬 더 드물다. 그중 일부는 엄청난 중요성을 갖고 있기는 하지만 그렇다고 해도 법체제의 일상적인 작동을 대표하지는 못한다. 그런 사건들은 전형적이라기보다는 이례적이다. 바로 이러한 이유 때문에, 그 논쟁적인 사건들 중 일부에서 진정한 불확정성이 존재한다고 해서 그런 사건들이 발생하는 법체계의 도덕적 권위가 손상되지 않는 것이다. 이미 이 장에서 논했듯이, 좁은 범위의 사건들에 있는 불확정성은 법체제의 기능성과 도덕적 위상에 아주 작은 문제만 될 뿐이다. 법체제의 도덕적 위상은 특별히 어려운 사건이 불확정성으로 특징지어지는지 아니면 단순히 불확실성으로 특징지어지는지에 달려 있지 않다.

그래서 여기서의 논의가 월드론과 같은 결론에 도달한 것처럼 보일지 모른다. 여기서 내 논의는 월드론의 논의처럼 곤혹스러울 정도로 논쟁적인 사건에서 중추적인 문제(들)에 대한 확정적으로 타당한 답(들)의 존재 또는 부재가 그 사건을 다루는 체제의 도덕적 권위에 영향을 미치지 않는다는 것이 요점이었다. 그 존재와 부재는 실천적 차이를 낳지 않는다. 그러나 내 결론과 월드론의 공언의 피상적 유사점은 그 둘 사이의 중대한 차이점에 의해 무색해진다. 월드론에 따르면, 격렬히 다투어지는 사건에서 불확정성이 실천적으로 중요하지 않은 것은 그런 사건을 결정하는 데 있어 법 공무원들의 역할이 그 사건에서 제기된 문제들에 대한 확정적으로 타당한 답의 존재나 부재와 무관하게 도덕적으로 의문스럽다는 사실 때문이다. 내 논의에서, 일부 격렬히 다투어지는 사건에서 불확정성이 실천적으로 중요하지 않은 것은 그런 사건이 정말로 예외적이고 그래서 유익한 법체계 작동의 도덕적 권위에 위험이 되지 않기 때문이다. 월드론이 의문을 제기하는 것을 나는 정당하다고 논증하려고 한다.

그뿐만 아니라 나의 전체적인 강조점은, 월드론의 강조점과 근본적으로 다르다. 그의 주된 관심은 개인을 초월하는 판별 가능성이 없으며 그래서 의견 불일치를 해소할 비민주적 수단을 정당화할 기반이 결과적으로 흔들리는 경우에 있다. 월드론은 논쟁적인 사건에 몰두하고 있어서 결정될 문제가 뜨겁게 다투어지는 사건들만 다룬다. 그는 판에 박힌 사건들—기능하는 법체계에서 대부분을 차지하는 사건—에 관한 견해는 표명하지 않는다. 특히 그는 그렇게 다투어지지 않는 단조로운 사건들에서 불확정성의 존재가 문제가 되는지 아닌지 말하지 않는다. 그러나 그의 논증 취지는 그런 불확정성이 문제가 되지 않음을 가리키는 것으로 보인다. 만일 어떤 유익한 통치제도 내에서 일부 법적 문제에 대한 답에 사실상 모든 사람이 합의한다면 그 문제를 해결하는 비민주적 절차의 부당성은 쟁점이 되지 않을 것이다. 법 공무원들이 광범위하고 까다로운 반대 의견이 있음에도 자신들이 찬성하는 해법을 강제로 부과하는 것은 아닐 테니 말이다. 따라서 월드론 스스로 그 문제를 제기한 적은 없고 그래서 이에 대한 명확한 입장을 취하지는 않았지만, 그는 논쟁적이지 않은 사건에서 불확정성이 존재한다는 것이 우려할 일이라고 볼 아무런 근거가 없다고 여기는 것 같다.

이와는 대조적으로 나의 주된 관심은 두 가지이다. 하나는 인간 행동을 지도하고 조정하는 법 기능의 지속 가능성이고, 다른 하나는 법 공무원의 결정을 정당화하는 근거로서 법규범의 역할이다. 법규범의 강한 관찰상 마음 의존성으로 인한 만연한 불확정성이 법의 지도 기능의 이행과는 일관될 수 있지만, 법 공무원의 결정을 정당화하는 근거로서의 법규범의 역할과는 어긋날 것이다. (다른 유형의 만연한 불확정성은 통상 법의 지도 기능과 양립 불가능할 것이며, 정당화 근거로서 법규범의 역할과도 언제나 양립 불가능할 것이다.) 그러므로 법규범이 정말로 강하게 관찰상 마음 의존적이라면, 모든 법체제의 도덕적 권위는 훼손된다. 국민과 공무원이 강한 관찰상 마음 의존성을 자각하고 있지 않고, 그래서 법규범의 내용을 지시의 독립적인 원천이자 결정의 구속력 있는 근거로 다룰 수는 있지만, 그 내용에 대한 그들의 믿음은 착각이다. 어떠한 법체계 내에서도 공무원들이 자신의 결정을 뒷받침하기 위해 제시하는 정당화는 실제로는 모조 정당화에 해당할 것이다. 결정과 체계가 본질적으로 아무리 자비롭더라도 말이다. 그 경우 정당화라고 주장된 것은 거론되는 법의 내용의 지위를 정확하게 반영하지 못하기 때문이다. 결과적으로, 유익한 법체제의 작동이 집단적 망상이 아니라 진정한 해석과 정당화에 있으려면 법규범은 관찰상 마음 독립성을 보유해야만 한다. 그런 마음 독립성은 법의 도덕적 권위의 필요조건이다.

요컨대 월드론의 논증 노선은 만연한 불확정성이 조금이라도 실천적 중요성을 가진다고 생각할 만한 이유를 제공하지 않는 반면에, 불확정성이 법의 도덕적 권위에 미치는 효과에 대한 내 해명은 바로 그런 이유들(만연한 불확정성이 법의 도덕적 권위를 훼손하는 실천적 중요성을 가진다고 볼 이유들-옮긴이)을 제공한다. 대단히 억제된 불확정성과 만연한 불확정성 사이의 차이는 어마어마한 실천적 중요성을 가진다. 법체계가 다루는 매우 작은 비율의 여건에서만 발생하는 불확정성이 체계의 기능성 및 도덕적 권위와 양립 가능한 반면에, 만연한 불확정성은 그렇지 않다. 만연한 불확정성은 법체제에 언제나 치명적이다. 만연한 불확정성은 법체제의 지시 기능에 일반적으로 치명적일 것이며, 체제의 정당화 역할에는 언제나 치명적일 것이다. 결정이 내려지기 전에 법규범으로부터 아무런 확정적 함의가 따라오지 않는다면, 법규범이 그 결정을 정당화하는 기능을 한다고 도저히 볼 수 없다. 확정적 함의가 전면적으로 결여된 사태는 그런 각각의 규범에 아무런 독립적인 내용이 없어서 일어난 일이든, 아니면 모순이나 그 밖의 요인들 때문에 일어난 일이든, 구체적 결정을 정당화하는 법의 능력에 파괴적이다. 그 능력이 모든 통치체계의 도덕적 권위의 (충분조건은 아니지만) 필요조건이기 때문에, 만연한 불확정성은 최고도의 중요성을 가진다. 법의 객관성의 다른 다섯 가지 차원과 마찬가지로, 확정적 타당성으로서의 객관성 없이는 법적으로나 도덕적으로 권위 있는 통치가 성립할 수 없다.

3.8. 결론

객관성과 법의 지배(그리고 객관성과 **법의 지배**) 사이의 관계를 이 책 전반에 걸쳐 살펴보기는 했지만, 이 장은 그 관계 중 몇 가지를 좀 더 깊이 탐구했다. 이 장은 특히, 관찰상 마음 독립성, 확정적 타당성, 그리고—그보다 덜 살펴보긴 했지만—개인을 초월하는 판별 가능성에 집중했다. 물론 이 장에서 법의 객관성의 그러한 차원들에 초점을 맞췄다고 해서, 다른 차원들이 덜 중요하거나 탐구할 가치가 덜하다는 것은 아니다. 오히려, 이 장에서 불편부당성으로서의 객관성과 통일적 적용 가능성으로서의 객관성에 주의를 덜 기울인 주된 이유는, 앞의 두 장에서 상당히 광범위하게 탐구되었기 때문이다.

의미론적 객관성—진리 적합성으로서의 객관성—을 이 장에서 다루지 않은 이유는, 제1장의 진리에 관한 최소주의적 해명이, 확정적 타당성과 법적 문제에 대한 의미 있는 서술적 답의 참 사이의 구별을 논의의 효력에 영향을 미치지 않고서 무시할 수 있게 해 주었기 때문이다. 한편으로 확정적 타당성과 참은 등가가 아니다. 확정성은 법적 사실들의 정해져 있음settledness과 관련된 존재론적 속성인 반면에, 법적 진술들의 참 또는 거짓으로의 평가 가능성은 그 진술들 및 법적 사실들 사이의 관계에 관련된 의미론적 속성이다. 다른 한편으로 참과 사실에 관한 나의 최소주의적 해명은 (그리고 나의 감축된 형태의 진리대응론은) 의미 있는 서술적 법적 진술이 확정적으로 타당하다면, 그것이 참이라고 말할 수 있게 해 준다. 그 어떤 법적 진술도 의미 있고 서술적이지 않은 경우에만, 확정적 타당성에서 참으로의 이행이 지탱될 수 없을 것이다.(수없이 많은 법적 진술이 의미 있고 서술적이므로 확정적 타당성에서 참으로 이행하는 것은 정당화된다. -옮긴이) 그러나 그 어떤 법적 진술도 의미 있고 서술적인 것이 될 수 없다는 관념은 터무니없다. 그런 관념은 그런 진술의 주된 역할이 일정한 규정적 태도를 표명하는 것이라고 주장하는 대부분의 이론가들에 의해서도 확고하게 거부된다. 그래서 실제로 의미 있고 서술적인 수없이 많은 법적 진술에 관해서는, 그 확정적 타당성은 참에 해당하며, 확정적 부당성은 거짓에 해당한다. 이에 따라 이 장은 법적 진술이 참이거나 거짓일 수 있다는 조건하에서 확정성에 초점을 맞춘 것이다.

  이 장에서는 이 책의 앞 장들의 내용과 함께 법의 객관성의 모든 차원이 법의 지배 및 **법의 지배**에 필요불가결하다는 점을 보여 주려고 했다. 실제로, 풀러주의 합법성 원칙들 각각은 법의 객관성의 차원 중 하나 이상에 불가분의 밀접한 관계를 맺는다. 예를 들어 그 원칙 중 몇 가지—공포, 장래성, 명확성, 비모순성, 항상성—는 법적 요구의 개인을 초월하는 판별 가능성을 명백히 증진한다. 물론, 법덕적 권위의 (충분조건은 아니지만) 필요조건이기 때문에, 만연한 불확정성은 최고도의 중요성을 가진다. 법의 객관성의 다른 다섯 가지 차원과 마찬가지로, 확정적 타당성으로서의 객관성 없이는 법적으로나 도덕적으로 권위 있는 통치가 성립할 수 없다.

3.8. 결론

객관성과 법의 지배(그리고 객관성과 **법의 지배**) 사이의 관계를 이 책 전반에 걸쳐 살펴보기는 했지만, 이 장은 그 관계 중 몇 가지를 좀 더 깊이 탐구했다. 이 장은 특히, 관찰상 마음 독립성, 확정적 타당성, 그리고—그보다 덜 살펴보긴 했지만—개인을 초월하는 판별 가능성에 집중했다. 물론 이 장에서 법의 객관성의 그러한 차원들에 초점을 맞췄다고 해서, 다른 차원들이 덜 중요하거나 탐구할 가치가 덜하다는 것은 아니다. 오히려, 이 장에서 불편부당성으로서의 객관성과 통일적 적용 가능성으로서의 객관성에 주의를 덜 기울인 주된 이유는, 앞의 두 장에서 상당히 광범위하게 탐구되었기 때문이다.

의미론적 객관성—진리 적합성으로서의 객관성—을 이 장에서 다루지 않은 이유는, 제1장의 진리에 관한 최소주의적 해명이, 확정적 타당성과 법적 문제에 대한 의미 있는 서술적 답의 참 사이의 구별을 논의의 효력에 영향을 미치지 않고서 무시할 수 있게 해 주었기 때문이다. 한편으로 확정적 타당성과 참은 등가가 아니다. 확정성은 법적 사실들의 정해져 있음settledness과 관련된 존재론적 속성인 반면에, 법적 진술들의 참 또는 거짓으로의 평가 가능성은 그 진술들 및 법적 사실들 사이의 관계에 관련된 의미론적 속성이다. 다른 한편으로 참과 사실에 관한 나의 최소주의적 해명은 (그리고 나의 감축된 형태의 진리대응론은) 의미 있는 서술적 법적 진술이 확정적으로 타당하다면, 그것이 참이라고 말할 수 있게 해 준다. 그 어떤 법적 진술도 의미 있고 서술적이지 않은 경우에만, 확정적 타당성에서 참으로의 이행이 지탱될 수 없을 것이다.(수없이 많은 법적 진술이 의미 있고 서술적이므로 확정적 타당성에서 참으로 이행하는 것은 정당화된다.-옮긴이) 그러나 그 어떤 법적 진술도 의미 있고 서술적인 것이 될 수 없다는 관념은 터무니없다. 그런 관념은 그런 진술의 주된 역할이 일정한 규정적 태도를 표명하는 것이라고 주장하는 대부분의 이론가들에 의해서도 확고하게 거부된다. 그래서 실제로 의미 있고 서술적인 수없이 많은 법적 진술에 관해서는, 그 확정적 타당성은 참에 해당하며, 확정적 부당성은 거짓에 해당한다. 이에 따라 이 장은 법적 진술이 참이거나 거짓일 수 있다는 조건하에서 확정성에 초점을 맞춘 것이다.

이 장에서는 이 책의 앞 장들의 내용과 함께 법의 객관성의 모든 차원이 법의 지배 및 **법의 지배**에 필요불가결하다는 점을 보여 주려고 했다. 실제로, 풀러주의 합법성 원칙들 각각은 법의 객관성의 차원 중 하나 이상에 불가분의 밀접한 관계를 맺는다. 예를 들어 그 원칙 중 몇 가지―공포, 장래성, 명확성, 비모순성, 항상성―는 법적 요구의 개인을 초월하는 판별 가능성을 명백히 증진한다. 물론, 법체제가 존재하는 경우에는 언제나 적어도 하나의 유형의 법적 객관성(즉, 법규범의 강한 관찰상 마음 독립성)이 그 법체제의 유익함과 해로움을 불문하고 단적으로 성립하는 반면, (법규범의 개인을 초월하는 판별 가능성 같은) 다른 유형들은 법체제마다 차이 나는 정도로 성립하는 실수량 속성이다. 그 차이는 분명히 해당 차원의 법적 객관성 달성이 얼마나 의도적으로 추구하며 분투할 대상인가의 문제와는 관련이 있지만, 각각의 그런 차원이 법의 지배 및 **법의 지배**에 필요불가결한가의 질문과는 관련이 없다. 후자의 질문에 대한 답은 명백히 '필요불가결하다'이다. 이 책 전체에 걸쳐 설명된 여섯 가지 주요 형태의 객관성 각각이, 모든 법적 통치체계에 필요불가결하다.

참고문헌에 관한 안내

이 책에서 지금까지 인용하지 않은 객관성 또는 법의 지배에 관한 수많은 중요한 저작 중 일부를 여기서 소개하겠다. Brian Leiter (ed.), *Objectivity in Law and Morals* (Cambridge: Cambridge University Press, 2001)에 실린 에세이 중 일부는 이미 인용했지만, 그 책 전체가 법적 객관성의 복잡성을 더 탐구하고자 하는 사람에게 훌륭한 출발점이 될 수 있다는 점에서 언급할 필요가 있다. Brian Leiter, "Law and Objectivity," in Jules Coleman and Scott Shapiro (eds.), *Oxford Handbook of Jurisprudence & Philosophy of Law* (Oxford: Oxford University Press, 2002), 969-989도 좋은 출발점이 될 수 있다. 내 견해는 라이터와 여러 면에서 크게 다르지만 그의 명료하고 박력 있는 산문은 특히 이 주제를 처음 접하는 사람들에게 도움이 될 수 있다. Jeremy Waldron, "On the Objectivity of Morals," *California Law Review*, 80, 1361 (1992)에 대해서도 마찬가지 말을 할 수 있다. David Brink, "Legal Theory, Legal Interpretation, and Judicial Review," *Philosophy and*

Public Affairs, 17, 105 (1988)도 마찬가지로 명쾌하다. 가독성은 다소 떨어지지만 읽어 볼 만한 가치가 있는 책으로는 Nicos Stavropoulos, *Objectivity in Law* (Oxford: Oxford University Press, 1996)가 있다.

제1장 초반에 언급했듯이 객관성의 여러 측면은 법철학보다 도덕철학에서 더 심도 있게 탐구되어 왔다. 관련 저작이 너무 많아 일일이 열거할 수 없을 정도이다. 이 책에서 일부 인용된 매우 훌륭한 논문 모음집으로는 Ted Honderich (ed.), *Morality and Objectivity* (London: Routledge & Kegan Paul, 1985)가 있다. 다른 중요한 논문 모음집으로는 David Copp and David Zimmerman (eds.), *Morality, Reason, and Truth* (Totowa, NJ: Rowman & Allanheld, 1985); Geoffrey Sayre-McCord (ed.), *Essays in Moral Realism* (Ithaca, NY: Cornell University Press, 1988); Walter Sinnott-Armstrong and Mark Timmons (eds.), *Moral Knowledge?* (Oxford: Oxford University Press, 1996) 그리고 Ellen Frankel Paul, Fred Miller, and Jeffrey Paul (eds.), *Moral Knowledge* (Cambridge: Cambridge University Press, 2001)가 있다. 흥미롭고 명쾌한 의견 교환으로는 Gilbert Harman and Judith Jarvis Thomson, *Moral Relativism and Moral Objectivity* (Oxford: Blackwell, 1996)를 참조하기 바란다. 객관성에 관한 토머스 네이글 Thomas Nagel의 많은 연구는 특히 통찰력 있고 흥미진진하다. 예를 들어, 그의 *The View from Nowhere* (Oxford: Oxford University Press,

1986)를 참조하기 바란다.

이 책에서 지금까지 인용되지 않은 법의 지배 또는 **법의 지배**에 대한 무수히 많은 인식론적 연구 중에는 다음과 같은 문헌들이 있다. T. R. S. Allan, *Constitutional Justice: A Liberal Theory of the Rule of Law* (Oxford: Oxford University Press, 2001); John Finnis, *Natural Law and Natural Rights* (Oxford: Clarendon Press, 1980), 260-296; F. A. Hayek, *The Constitution of Liberty* (Chicago: University of Chicago Press, 1960); Mark Murphy, *Natural Law in Jurisprudence and Politics* (Cambridge: Cambridge University Press, 2006); John Rawls, *A Theory of Justice* (Oxford: Oxford University Press, 1999) (rev. ed.), 206-213; Joseph Raz, "The Rule of Law and Its Virtue," in *The Authority of Law* (Oxford: Clarendon Press, 1979), 210-229. 그 주제에 관한 많은 논문집 중 일부만 거론하자면 Richard Bellamy (ed.), *The Rule of Law and the Separation of Powers* (Aldershot: Ashgate Publishing, 2005); David Dyzenhaus (ed.), *Recrafting the Rule of Law* (Oxford: Hart Publishing, 1999); Jose Maria Maravall and Adam Przeworski (eds.), *Democracy and the Rule of Law* (Cambridge: Cambridge University Press, 2003) 그리고 Ian Shapiro (ed.), *The Rule of Law* (New York: NYU Press, 1994)가 있다.

때때로 나는 이 책에서 비판법학 운동을 의심쩍은 눈으로 바라보았다. 비판법학자들에 대한 더 자세한 반론은 Andrew Altman,

Critical Legal Studies: A Liberal Critique (Princeton: Princeton University Press, 1990); John Finnis, "On 'The Critical Legal Studies Movement,'" *American Journal of Jurisprudence*, 30, 21 (1985); Kenneth Kress, "Legal Indeterminacy," *California Law Review*, 77, 283 (1989) 그리고 Lawrence Solum, "On the Indeterminacy Crisis: Critiquing Critical Dogma," *University of Chicago Law Review* 54, 462(1987)를 참조하기 바란다.

참고문헌

Bix, Brian. 2005. "Cautions and Caveats for the Application of Wittgenstein to Legal Theory." In Joseph Keim Campbell, Michael O'Rourke, and David Shier (eds.), *Law and Social Justice* (Cambridge, MA: MIT Press), 217-228.

Blackburn, Simon. 1993. *Essays in Quasi-Realism*. Oxford: Oxford University Press.

Coleman, Jules. 1995. "Truth and Objectivity in Law." *Legal Theory*, 1, 33-68.

Coleman, Jules, and Leiter, Brian. 1995. "Determinacy, Objectivity, and Authority." In Andrei Marmor (ed.), *Law and Interpretation* (Oxford: Clarendon Press), 203-278.

Craig, Paul. 1997. "Formal and Substantive Conceptions of the Rule of Law: An Analytical Framework." *Public Law*, 467-487.

Duxbury, Neil. 1999. *Random Justice*. Oxford: Oxford University Press.

Dworkin, Ronald. 1965. "Philosophy, Morality and Law-Observations Prompted by Professor Fuller's Novel Claim." *University of Pennsylvania Law Review*, 113, 668-690.

_____. 1977. "No Right Answer?" In Peter Hacker and Joseph Raz (eds.), *Law, Morality, and Society* (Oxford: Clarendon Press), 58-84.

_____. 1978. *Taking Rights Seriously*. Cambridge, MA: Harvard University Press.

_____. 1985. *A Matter of Principle*. Cambridge, MA: Harvard University Press.

_____. 1986. *Law's Empire*. London: Fontana Press.

_____. 1991. "On Gaps in the Law." In Paul Amselek and Neil Mac-

Cormick (eds.), *Controversies about Law's Ontology* (Edinburgh: Edinburgh University Press).

Dworkin, Ronald. 1996. "Objectivity and Truth: You'd Better Believe It." *Philosophy and Public Affairs*, 25, 87-139.

Endicott, Timothy. 2000. *Vagueness in Law*. Oxford: Oxford University Press.

Fine, Kit. 2001. "The Question of Realism." *Philosophers' Imprint*, 1, 1-30.

Freeman, Michael. 2001. *Lloyd's Introduction to Jurisprudence*. London: Sweet & Maxwell.

Fuller, Lon. 1969. *The Morality of Law*. New Haven, CT: Yale University Press. Revised edition.

Green, Michael. 2003. "Dworkin's Fallacy, or What the Philosophy of Language Can't Teach Us about the Law." *Virginia Law Review*, 89, 1897-1952.

Greenawalt, Kent. 1992. *Law and Objectivity*. New York: Oxford University Press.

Hare, R. M. 1963. *Freedom and Reason*. Oxford: Oxford University Press.

_____. 1981. *Moral Thinking*. Oxford: Clarendon Press.

_____. 1989. "Principles." In *Essays in Ethical Theory* (Oxford: Oxford University Press), 49-65.

Harris, J. W. 1997. *Legal Philosophies*. London: Butterworths. Second edition.

Hart, H. L. A. 1961. *The Concept of Law*. Oxford: Clarendon Press.

_____. 1983. "Lon L. Fuller, *The Morality of Law*." In *Essays in Jurisprudence and Philosophy* (Oxford: Clarendon Press), 343-364.

Hills, Alison. 2004. "Is Ethics Rationally Required?" *Inquiry*, 47, 1-19.

Holton, Richard. 2000. "Minimalism and Truth-Value Gaps." *Philosophical Studies*, 97, 137-168.

Horwich, Paul. 1998. *Truth*. Oxford: Oxford University Press. Second edition.

Kramer, Matthew. 1998. "Rights without Trimmings." In Matthew H. Kramer, N. E. Simmonds, and Hillel Steiner, *A Debate over Rights* (Oxford: Oxford University Press), 7-111.

_____. 1999a. *In Defense of Legal Positivism.* Oxford: Oxford University Press.

_____. 1999b. *In the Realm of Legal and Moral Philosophy.* Basingstoke: Macmillan Press.

_____. 2001. "Getting Rights Right." In Matthew H. Kramer (ed.), *Rights, Wrongs, and Responsibilities* (Basingstoke: Palgrave Macmillan), 28-95.

_____. 2004a. *Where Law and Morality Meet.* Oxford: Oxford University Press.

_____. 2004b. "The Big Bad Wolf: Legal Positivism and Its Detractors." *American Journal of Jurisprudence*, 49, 1-10.

_____. 2005. "Moral Rights and the Limits of the Ought-Implies-Can Principle: Why Impeccable Precautions Are No Excuse." *Inquiry*, 48, 307-355.

Landers, Scott. 1990. "Wittgenstein, Realism, and CLS: Undermining Rule Skepticism." *Law and Philosophy*, 9, 177-203.

Leiter, Brian. 2001. "Introduction." In Brian Leiter (ed.), *Objectivity in Law and Morals* (Cambridge: Cambridge University Press, 2001), 1-11.

Locke, John. 1975 (1689). *An Essay Concerning Human Understanding.* Oxford: Clarendon Press. Edited by Peter Nidditch.

Lucy, William. 2005. "The Possibility of Impartiality." *Oxford Journal of Legal Studies*, 25, 3-31.

Madison, James. 1961 (1788). "Federalist Paper No. 10." In Alexander Hamilton, James Madison, and John Jay, *The Federalist Papers* (New York: New American Library), 77-84. Edited by Clinton Rossiter.

Marmor, Andrei. 2001. *Positive Law and Objective Values.* Oxford: Oxford University Press.

McDowell, John. 1985. "Values and Secondary Qualities." In Ted Honderich (ed.), *Objectivity and Morality* (London: Routledge & Kegan Paul), 110-129.

Moore, Michael. 1982. "Moral Reality." *Wisconsin Law Review*, 1982, 1061-1156.

_____. 1992. "Moral Reality Revisited." *Michigan Law Review*, 90, 2424-2533.

Nozick, Robert. 2001. *Invariances: The Structure of the Objective World*. Cambridge, MA: Harvard University Press.

Paske, Gerald. 1989. "Rationality, Reasonableness, and Morality." *Logos: Philosophic Issues in Christian Perspective*, 10, 73-88.

Patterson, Dennis. 2006. "Wittgenstein on Understanding and Interpretation." *Philosophical Investigations*, 29, 129-139.

Pettit, Philip. 2001. "Embracing Objectivity in Ethics." In Brian Leiter (ed.), *Objectivity in Law and Morals* (Cambridge: Cambridge University Press), 234-286.

Postema, Gerald. 2001. "Objectivity Fit for Law." In Brian Leiter (ed.), *Objectivity in Law and Morals* (Cambridge: Cambridge University Press), 99-143.

Raz, Joseph. 1996. "Intention in Interpretation." In Robert George (ed.), *The Autonomy of Law* (Oxford: Clarendon Press), 249-286.

_____. 2001. "Notes on Value and Objectivity." In Brian Leiter (ed.), *Objectivity in Law and Morals* (Cambridge: Cambridge University Press), 193-233.

Reiff, Mark. 2005. *Punishment, Compensation, and Law: A Theory of Enforceability* (Cambridge: Cambridge University Press).

Rosati, Connie. 2004. "Some Puzzles about the Objectivity of Law." *Law and Philosophy*, 23, 273-323.

Sainsbury, R. M. 1988. *Paradoxes*. Cambridge: Cambridge University Press.

Schauer, Frederick. 1991. *Playing by the Rules*. Oxford: Oxford University Press.

Simmonds, N. E. 2004. "Straightforwardly False: The Collapse of Kramer's

Positivism." *Cambridge Law Journal*, 63, 98-131.
Sosa, David. 2001. "Pathetic Ethics." In Brian Leiter (ed.), *Objectivity in Law and Morals* (Cambridge: Cambridge University Press), 287-329.
Stavropoulos, Nicos. 2005. "Objectivity." In Martin Golding and William Edmundson (eds.), *The Blackwell Guide to the Philosophy of Law and Legal Theory* (Oxford: Blackwell), 315-323.
Stroud, Barry. 1977. *Hume*. London: Routledge & Kegan Paul.
Summers, Robert. 1993. "A Formal Theory of the Rule of Law." *Ratio Juris*, 6, 127-142.
Svavarsdóttir Sigrún. 2001. "Objective Values: Does Metaethics Rest on a Mistake?" In Brian Leiter (ed.), *Objectivity in Law and Morals* (Cambridge: Cambridge University Press, 2001), 144-193.
Tamanaha, Brian. 2004. *On the Rule of Law*. Cambridge: Cambridge University Press.
Waldron, Jeremy. 1992. "The Irrelevance of Moral Objectivity." In Robert George (ed.), *Natural Law Theory* (Oxford: Clarendon Press), 158-187.
Wiggins, David. 1998. *Values, Needs, Truth*. Oxford: Oxford University Press. Third edition.
Williams, Bernard. 1985. "Ethics and the Fabric of the World." In Ted Honderich (ed.), *Morality and Objectivity* (London: Routledge & Kegan Paul), 203-214.
_____. 2001. "From Freedom to Liberty: The Construction of a Political Value." *Philosophy and Public Affairs*, 30, 3-26.
Williams, Glanville. 1956. "The Concept of Legal Liberty." *Columbia Law Review*, 56, 1129-1150.